IMPOSTO SOBRE A RENDA

uma proposta de diálogo
com a contabilidade

FERNANDO DANIEL DE MOURA FONSECA

Prefácios
Paulo Ayres Barreto
Eliseu Martins

Apresentação
Ricardo Mariz de Oliveira

IMPOSTO SOBRE A RENDA

uma proposta de diálogo
com a contabilidade

2ª reimpressão

Belo Horizonte

FÓRUM
CONHECIMENTO JURÍDICO

2020

© 2018 Editora Fórum Ltda.

2019 1ª Reimpressão
2020 2ª Reimpressão

É proibida a reprodução total ou parcial desta obra, por qualquer meio eletrônico, inclusive por processos xerográficos, sem autorização expressa do Editor.

Conselho Editorial

Adilson Abreu Dallari
Alécia Paolucci Nogueira Bicalho
Alexandre Coutinho Pagliarini
André Ramos Tavares
Carlos Ayres Britto
Carlos Mário da Silva Velloso
Cármen Lúcia Antunes Rocha
Cesar Augusto Guimarães Pereira
Clovis Beznos
Cristiana Fortini
Dinorá Adelaide Musetti Grotti
Diogo de Figueiredo Moreira Neto (*in memoriam*)
Egon Bockmann Moreira
Emerson Gabardo
Fabricio Motta
Fernando Rossi
Flávio Henrique Unes Pereira

Floriano de Azevedo Marques Neto
Gustavo Justino de Oliveira
Inês Virgínia Prado Soares
Jorge Ulisses Jacoby Fernandes
Juarez Freitas
Luciano Ferraz
Lúcio Delfino
Marcia Carla Pereira Ribeiro
Márcio Cammarosano
Marcos Ehrhardt Jr.
Maria Sylvia Zanella Di Pietro
Ney José de Freitas
Oswaldo Othon de Pontes Saraiva Filho
Paulo Modesto
Romeu Felipe Bacellar Filho
Sérgio Guerra
Walber de Moura Agra

Luís Cláudio Rodrigues Ferreira
Presidente e Editor

Coordenação editorial: Leonardo Eustáquio Siqueira Araújo
Aline Sobreira de Oliveira

Av. Afonso Pena, 2770 – 15º andar – Savassi – CEP 30130-012
Belo Horizonte – Minas Gerais – Tel.: (31) 2121.4900 / 2121.4949
www.editoraforum.com.br – editoraforum@editoraforum.com.br

Técnica. Empenho. Zelo. Esses foram alguns dos cuidados aplicados na edição desta obra. No entanto, podem ocorrer erros de impressão, digitação ou mesmo restar alguma dúvida conceitual. Caso se constate algo assim, solicitamos a gentileza de nos comunicar através do *e-mail* editorial@editoraforum.com.br para que possamos esclarecer, no que couber. A sua contribuição é muito importante para mantermos a excelência editorial. A Editora Fórum agradece a sua contribuição.

Dados Internacionais de Catalogação na Publicação (CIP) de acordo com a AACR2

F676i	Fonseca, Fernando Daniel de Moura
	Imposto sobre a renda: uma proposta de diálogo com a contabilidade / Fernando Daniel de Moura Fonseca. 2. Reimpressão. – Belo Horizonte : Fórum, 2020. 303p.; 14,5 cm x 21,5 cm
	ISBN: 978-85-450-0577-3
	1. Direito Tributário. 2. Direito Societário. 3. Contabilidade. I. Título.
	CDD: 341.39
2018-705	CDU: 34:336.2

Elaborado por Daniela Lopes Duarte – CRB-6/3500

Informação bibliográfica deste livro, conforme a NBR 6023:2002 da Associação Brasileira de Normas Técnicas (ABNT):

FONSECA, Fernando Daniel de Moura. *Imposto sobre a renda: uma proposta de diálogo com a contabilidade*. 2. reimpr. Belo Horizonte: Fórum, 2020. 303p. ISBN 978-85-450-0577-3.

Aos meus pais, Lisaura e Gerson, por me
ensinarem sempre o sentido de amor,
dedicação e desprendimento.

À Bárbara, por me mostrar que inspiração,
admiração e companheirismo não
conhecem limites.

Ao Professor Paulo Ayres Barreto, pela
oportunidade do doutorado e pelo apoio
incondicional.

À Professora Misabel Derzi, pelo auxílio
inestimável no desenvolvimento do
trabalho.

Il vero rischio non è porsi obiettivi troppo alti e non raggiungerli, ma porseli troppo bassi e raggiungerli.

(Michelangelo Buonarroti)

LISTA DE ABREVIATURAS E SIGLAS

ADI   Ação Direta de Inconstitucionalidade
BNDES   Banco Nacional de Desenvolvimento Econômico e Social
BRF   Brasil Foods
CARF   Conselho Administrativo de Recursos Fiscais
CC   Código Civil
CCCTB   Common Consolidated Corporate Tax Base
CF   Constituição Federal
CPC   Comitê de Pronunciamentos Contábeis
COFINS   Contribuição para o Financiamento da Seguridade Social
COSIT   Coordenação-Geral da Tributação
CSLL   Contribuição Social sobre o Lucro Líquido
CSRF   Câmara Superior de Recursos Fiscais
CTN   Código Tributário Nacional
CVM   Comissão de Valores Mobiliários
EUA   Estados Unidos da América
FASB   Financial Accounting Standards Board
IAS   International Accounting Standards
IASB   International Accounting Standards Board
IASC   International Accounting Standards Committee
ICMS   Imposto sobre Circulação de Mercadorias e Serviços
IFRS   International Financial Reporting Standards
IN/SRF   Instrução Normativa/Secretaria da Receita Federal
IPI   Imposto sobre Produtos Industrializados
IPTU   Imposto Predial e Territorial Urbano
IPVA   Imposto sobre a Propriedade de Veículos Automotores
IRPJ   Imposto de Renda Pessoa Jurídica
ISS   Imposto sobre Serviços de Qualquer Natureza
ITCMD   Imposto sobre Transmissão Causa Mortis e Doação
ITR   Imposto Territorial Rural
JCP   Juros sobre capital Próprio
MEP   Método da Equivalência Patrimonial
MP   Medida Provisória
OCI   Other Comprehensive Income
PGFN   Procuradoria Geral da Fazenda Nacional

PIS	Programa de Integração Social
RE	Recurso Extraordinário
RFB	Receita Federal do Brasil
RTT	Regime Tributário de Transição
SEC	Securities and Exchange Commission
SHS	Schanz-Haig-Simons
SPE	Sociedade de Propósitos Específicos
SRF	Secretaria da Receita Federal do Brasil
STF	Supremo Tribunal Federal
TBU	Tributação em Bases Universais
TRF	Tribunal Regional Federal

SUMÁRIO

PREFÁCIO
Paulo Ayres Barreto 15

PREFÁCIO
Eliseu Martins 19

APRESENTAÇÃO
Ricardo Mariz de Oliveira 27

CAPÍTULO 1
INTRODUÇÃO 33

CAPÍTULO 2
CONSTRUÇÃO DO CONCEITO JURÍDICO DE RENDA 41

2.1 Pressupostos 41

2.2 Os mitos a serem superados 44

2.2.1 A inexistência de um conceito de renda que possa ser chamado de verdadeiro 44

2.2.2 O conceito jurídico de renda não se subordina ao econômico 47

2.2.3 O conceito jurídico de renda não se subordina ao contábil 48

2.3 Um natural ponto de partida: o conceito Haig-Simons de renda 53

2.4 Ainda a busca por um conceito jurídico de renda: as balizas 58

2.4.1 Acréscimo patrimonial e preservação do capital 58

2.4.2 O conceito de patrimônio e sua mensuração 61

2.4.2.1 O patrimônio das pessoas jurídicas 62

2.4.2.2 O patrimônio das pessoas físicas 68

2.4.3 O conceito de manutenção do capital 69

2.4.4 A necessidade de realização 73

2.4.4.1	Considerações essenciais	73
2.4.4.2	Os aparentes novos contornos dessa discussão	80
2.4.4.3	A posição defendida no presente trabalho.........................	87
2.4.5	Renda líquida: a questão da dedução dos gastos para a mensuração do acréscimo patrimonial	91
2.4.6	Há necessidade de que todos os rendimentos recebam o mesmo tratamento?	95
2.4.7	A polêmica da progressividade na incidência...................	100
2.4.8	A questão da periodicidade..	106
2.4.9	O conceito jurídico de renda em uma definição abrangente..	108

CAPÍTULO 3
A CONSTRUÇÃO DO CONCEITO JURÍDICO DE RENDA SOB A PERSPECTIVA BRASILEIRA 109

3.1	Pressupostos teóricos para a compreensão da realidade brasileira	109
3.2	O conteúdo normativo do sistema constitucional tributário brasileiro..	113
3.2.1	A rigidez como o traço mais marcante	113
3.2.2	Os efeitos práticos da rigidez sobre a construção do conceito de renda	122
3.3	Delimitação positiva do conceito de renda para fins tributários no Brasil	126
3.3.1	O pressuposto do acréscimo patrimonial.......................	126
3.3.2	A mensuração do patrimônio para fins de tributação da renda	133
3.3.2.1	Considerações essenciais	133
3.3.2.2	A mensuração do patrimônio das pessoas jurídicas..........	136
3.3.2.3	A mensuração do patrimônio das pessoas físicas..............	139
3.3.3	A necessidade de manutenção do capital e de compensação das perdas de períodos passados	140
3.3.4	A necessidade de realização......................................	145
3.3.5	A necessidade de dedução dos gastos	154
3.3.6	Generalidade, Universalidade e Progressividade..............	160
3.3.6.1	A tributação em conjunto de todas as espécies de rendimentos	164
3.3.6.2	A (des)necessidade de uma incidência progressiva	169

3.3.7	A questão da periodicidade	171
3.4	O conceito de renda do Código Tributário Nacional	173
3.4.1	Considerações iniciais	173
3.4.2	A aquisição de disponibilidade econômica ou jurídica da renda	179
3.5	Uma proposta de conceito constitucional de renda	192

CAPÍTULO 4
DELIMITAÇÃO DO ESPECTRO DE INFLUÊNCIA DA CONTABILIDADE SOBRE A DEFINIÇÃO DO FATO GERADOR DO IMPOSTO DE RENDA DAS PESSOAS JURÍDICAS ... 195

4.1	Aspectos essenciais	195
4.2	Os exemplos escolhidos	198
4.3	A relação entre tributação da renda e contabilidade	204
4.3.1	As origens e as causas dessa relação	204
4.3.2	A realidade brasileira	207
4.3.3	A convergência a um padrão contábil internacional	210
4.4	O padrão IFRS sob a perspectiva brasileira. A estrutura conceitual básica	213
4.5	A discussão acerca dos efeitos tributários	219
4.5.1	Breves notas acerca da experiência europeia	219
4.5.2	Os possíveis efeitos tributários das modificações de práticas contábeis no Brasil	222
4.5.3	Critérios para interpretação da neutralidade tributária	229
4.5.4	Fundamentos para a identificação dos efeitos diretos sobre a base de cálculo do imposto de renda e a necessidade de depuração do lucro líquido para fins tributários	232
4.5.4.1	A relação entre passado e futuro: expectativas e valor justo	233
4.5.4.1.1	A perspectiva econômica	233
4.5.4.1.2	A perspectiva contábil	239
4.5.4.1.3	A perspectiva jurídica	242
4.5.4.2	Os efeitos jurídicos de uma informação contábil fidedigna: essência econômica *versus* forma jurídica	244
4.6	Propostas para resolução dos exemplos selecionados	255
4.6.1	O caso da permuta imobiliária	255
4.6.2	O caso dos instrumentos híbridos	262

4.6.3	O caso do ganho por compra vantajosa	265
4.6.4	O negócio jurídico de incorporação de ações	270

CAPÍTULO 5
CONSIDERAÇÕES FINAIS ... 277

REFERÊNCIAS ... 281

PREFÁCIO

É muito comum que movimentos de ruptura, no Direito, deem ensejo a reações exageradas, muito além dos limites das competências atribuídas pelo próprio sistema jurídico. Parece que algo dessa sorte vem ocorrendo na seara do Imposto sobre a Renda, desde a convergência da legislação comercial brasileira ao padrão internacional de contabilidade (*International Financial Reporting Standards*), por meio das Leis nº 11.638/07 e 11.941/09.

Com efeito, antes desses diplomas normativos, a contabilidade brasileira era fortemente influenciada pela legislação tributária. Como destacam Alexsandro Broedel Lopes e Eliseu Martins,[1] a tradição legal romanista afetava, historicamente, os três estágios do processo contábil, quais sejam: (i) qualificação; (ii) mensuração; e (iii) evidenciação. Com efeito, essas influências mostravam-se, no passado, fatores de decisiva relevância na contabilidade brasileira. Na fase de qualificação, isso se traduzia em uma tendência à prevalência dos aspectos jurídicos sobre os aspectos econômicos. Quanto à fase de mensuração, havia uma predileção à adoção do conceito de custo histórico para a avaliação de ativos, em prejuízo de noções de valor presente de mercado (*fair value*). Por fim, quanto à evidenciação, traduzida na publicidade dos demonstrativos contábeis, essa tendia a ser significativamente menor nos países de tradição romana, seja porque o Estado era o principal usuário desses demonstrativos, seja porque as notas explicativas tendiam a ser negligenciadas.

Nesse contexto, a convergência do Brasil aos padrões internacionais foi vista por muitos como um verdadeiro "grito de liberdade" da contabilidade societária brasileira. Na fase de qualificação, migrou-se do conceito jurídico para o conceito econômico (a chamada "prevalência da substância sobre a forma"). Na fase de mensuração, adotou-se o valor justo de mercado em substituição ao valor histórico, fortalecendo-se, também, a evidenciação. O mais relevante usuário dos demonstrativos contábeis a ser considerado, nesse cenário, não mais é o Estado nem os

---

[1] LOPES, Alexsandro Broedel; MARTINS, Eliseu. *Teoria da Contabilidade*: uma Nova Abordagem. São Paulo: Atlas, 2005.

acionistas minoritários interessados em um retrato do pretérito, mas sim o mercado, interessado em um prospecto do porvir. Com efeito, o maior objetivo das demonstrações financeiras passa a ser retratar as expectativas de fluxos de caixa futuros para o mercado corporativo, é dizer "informar sobre o futuro esperado à luz do passado realizado".[2] Existe algo de errado na independência da contabilidade societária brasileira relativamente à tributação? Nada. Pelo contrário. Trata-se de medida que, da perspectiva societária, possibilita a comparabilidade de demonstrações financeiras das empresas brasileiras, promove a redução de custos de captação em mercados financeiros e a maior transparência nas atividades empresariais.[3]

No entanto, o que não deve acontecer é a transformação da independência da contabilidade em relação ao antigo predomínio da legislação fiscal em um predomínio de visões econômicas incorporadas pela contabilidade sobre conceitos jurídicos, especialmente no que respeita à tributação da renda. Nesse contexto, vem em boa hora a obra de Fernando Daniel de Moura Fonseca. Logra, nesta obra, fornecer parâmetros estritamente jurídicos para a tributação da renda. Não o faz, porém, de uma perspectiva de quem desconhece a contabilidade ou de quem desconhece o Direito Tributário, mas sim de uma posição de plena compreensão da necessidade de resguardo dos princípios e regras que regem cada uma das matérias, em relação aos seus âmbitos próprios de aplicação.

O objetivo primordial da obra consiste na construção de um conceito jurídico-tributário de renda, de índole constitucional, que possa nortear os limites da interdisciplinaridade entre a contabilidade e o Direito Tributário, no que respeita ao referido imposto. Nesta empreitada, o livro conta com profundas análises acerca do critério temporal do Imposto sobre a Renda e de sua vinculação com a ideia de realização, da sua periodicidade e progressividade, dentre outros aspectos.

Não obstante, dois pontos chamam a atenção. O primeiro diz respeito à impossibilidade de considerar-se um conceito fundamental de renda advindo da economia (e supostamente refletido pela contabilidade),

---

[2] CARVALHO, Nelson. Essência x Forma na Contabilidade. *In: Controvérsias jurídico-contábeis*: aproximações e distanciamentos. Coord: Roberto Quiroga Mosquera; Alexsandro Broedel Lopes. São Paulo: Dialética, 2010. p. 373-374.

[3] LOPES, Alexsandro Broedel; MOSQUERA, Roberto Quiroga. O Direito Contábil – Fundamentos Conceituais, Aspectos da Experiência Brasileira e Implicações. In: *Controvérsias jurídico-contábeis*: aproximações e distanciamentos. Coord: Roberto Quiroga Mosquera; Alexsandro Broedel Lopes. São Paulo: Dialética, 2010. p. 63-64.

PREFÁCIO | 17

para fins da tributação da renda. Por um lado, o Fernando Moura demonstra a invalidade dessa conduta a partir das características do Sistema Constitucional Tributário brasileiro, marcado pela rigidez e orientado pela Segurança Jurídica. Por outro, o autor desconstrói, desde seus fundamentos, qualquer pressuposição de que poderia haver um conceito unívoco e fundamental de renda na seara econômica. Conforme expõe, as recentes teorias de caráter comportamental vêm pondo em cheque antigas concepções de mercados eficientes que norteiam boa parte dos chamados conceitos econômicos de renda. Nesse passo, a obra mostra a profunda incompatibilidade e irracionalidade entre uma conceituação de renda a partir de critérios econômicos e o Sistema Constitucional Tributário Brasileiro.

O segundo aspecto que chama a atenção na obra de Fernando Moura diz respeito à distinção entre as receitas e despesas-renda, de um lado, e as receitas e despesas-patrimônio, de outro. Conforme o autor, enquanto as primeiras estão ligadas a efetivas transações ou manifestações de vontade no sentido de transformar em renda o valor potencial de patrimônio, as segundas dizem respeito a meras oscilações do valor de ativos e passivos. Com base nesses conceitos, o autor fixa uma barreira clara à relevância da nova contabilidade na tributação da renda, uma vez que as receitas e despesas-patrimônio não se coadunam com o conceito de renda.

Longe de ser uma questão meramente teórica ou especulativa, as conclusões traçadas neste livro têm influência direta sobre tomadas de posição que serão fundamentais para a realização do Direito Tributário nos próximos anos. Com a passagem do lustro decadencial para as autuações relativas ao primeiro ano de vigência da Lei nº 12.973/14, objeto da conversão da MP nº 627/13 (ano-base de 2015, para os não optantes pela vigência antecipada), diferenças de perspectivas entre a Receita Federal do Brasil e os contribuintes, que já vêm sendo observadas, serão levadas à análise dos órgãos administrativos e judiciais. Nesse passo, advogados, procuradores e julgadores são convidados a desde já, examinar os fundamentos jurídicos das limitações da tributação de certas receitas da nova contabilidade, por meio do Imposto de Renda.

Alegra-me ser este profícuo estudo resultado da tese de doutorado defendida por Fernando Moura perante a Faculdade de Direito da Universidade de São Paulo, a qual tive o prazer de orientar. Durante esse processo, fui testemunha da dedicação, seriedade, talento e comprometimento do autor, que culminaram em competente defesa perante banca examinadora do mais alto gabarito, composta pelos Professores Ariovaldo dos Santos, Humberto Ávila, Luís Eduardo

Schoueri, Renato Lopes Becho e Roque Antonio Carrazza. Após as contribuições desses eminentes professores, chega às mãos do leitor uma obra revista em seus mínimos detalhes, pronta para exercer a sua função de referência no tema da interseção entre o Direito Tributário e a contabilidade societária, no que respeita ao Imposto sobre a Renda.

Nesse passo, felicito, também, a Faculdade de Direito da Universidade de São Paulo e a Editora Fórum, pela obra que ora tenho a honra de prefaciar.

São Paulo, 23 de junho de 2018.

Paulo Ayres Barreto
Professor Associado de Direito Tributário, do Departamento de Direito Econômico, Financeiro e Tributário da USP.

PREFÁCIO

A) Prólogo

"Cada um com o seu", poderia ser o título da obra. O Direito com seus conceitos, a Contabilidade com os delas e a Economia, idem. Por mais que precisem conhecer uns, cada vez mais, os fundamentos subjacentes às áreas dos outros, e às vezes utilizar ou se apoiar em alguns desses fundamentos e conceitos do outro lado, não permite isso que se confundam esses diversos mundos. Muito menos se pode estabelecer qualquer hierarquia entre eles.

(Parece que, com o desenvolvimento recente das normas contábeis brasileiras, mais claro ficou ainda quanto errou quem uma vez afirmou que "a Contabilidade é ciência vicária do Direito". Que barbaridade, não? Mas já faz muito tempo, vamos esquecer.)

A individualidade e autonomia de cada ciência é uma das mensagens básicas deste trabalho, com a qual concordo totalmente. No caso específico, os conceitos de renda da Contabilidade não são os mesmos que os da Economia, por mais que aquela procure se aproximar desta. E os do Direito não são, e não devem mesmo ser, os mesmos que os de qualquer uma das outras duas ciências. Este livro explicita muito bem a razão disso. Algumas vezes alguns empréstimos específicos e até temporários de conceitos podem ser feitos por uma à outra área de conhecimento, mas sem que qualquer submissão de uma à outra possa existir.

B) Apreciações de um Contador

Saindo desse preâmbulo genérico, quando recebi o convite para prefaciar este livro, produto da tese de doutoramento em Direito na USP de seu autor, logo pensei: se procurou um Contador, é porque ele quer a apreciação do ponto de vista dessa profissão, mesmo porque absolutamente incapaz eu de algo fora dessa área.

E com isso me pus a procurar, na leitura da obra, o que poderia eu acrescentar, aclarar ou até criticar do ponto de vista contábil. E aí vi que minha tarefa era muito pior do que imaginara. Afinal, posso convictamente afirmar: como esse Advogado conhece Contabilidade!

Praticamente nada, nada mesmo, de relevante sobrou para qualquer crítica do ponto de vista da teoria contábil. Conceitos muito bem colocados, evolução muito bem mostrada. Mesmo os menos conhecidos e alguns mais sofisticados foram bem tratados, como manutenção do capital físico ou financeiro, efeitos da inflação sobre o patrimônio e os resultados contábeis etc.

Portanto, só me resta repetir alguns dos pontos que considero mais relevantes, do meu jeito, apesar de que praticamente tudo o que vou comentar esteja devidamente inserido no texto.

i) Realização da Receita no Início da Contabilidade

Comecemos pelo princípio. A obra menciona uma fase inicial da contabilidade fundamentada nos ativos avaliados ao custo, e a receita reconhecida na sua realização. E é fácil entender o porquê disso: a contabilidade nasceu há séculos com a ideia de o lucro ser acréscimo de riqueza e, na sua forma mais simples, acréscimo de caixa.

E, considerando que há pelo menos um milênio praticamente não havia operações de compra e venda que não à vista, fica fácil perceber: nada melhor do que deixar o estoque ao custo para confrontar esse caixa nele investido com o caixa obtido quando da venda. Ou seja, o lucro como o resultado da confrontação de dois fluxos de caixa. Mundo perfeito esse também para tributação, certo? Teríamos aí o casamento perfeito entre receitas, renda, lucro para fins contábeis e tributários.

A fixação na figura do lucro contábil quando de efetiva realização em dinheiro era tão grande que até os estoques de moeda estrangeira, mesmo que conversíveis, ficavam ao custo original, bem como os empréstimos ou aplicações em outra moeda.

ii) Expansão do Conceito de Realização

Imagine-se o grave dilema dos comerciantes para reconhecimento da receita quando de suas primeiras vendas a prazo. Reconhecer a receita quando da entrega do bem ou quando do recebimento do dinheiro? Muito deve ter sido discutido e díspares procedimentos devem ter sido adotados (há fragmentos históricos disso). Tanto que, mesmo no início do século passado, quando a norte-americana Sears Roebuck introduziu no mundo a venda a prestação, por diversos anos suas receitas e seus lucros foram sendo reconhecidos proporcionalmente aos recebimentos dos clientes, e não quando das entregas dos bens vendidos.

Foi um certo retrocesso porque as vendas não à vista já existiam, mas agora os prazos se expandiram muito. Até que a experiência

PREFÁCIO | 21

evidenciou, nesse caso da grande varejista, que havia uma certa constância nos não recebimentos, o que podia ser resolvido pelo devido provisionamento, e que a mensuração do desempenho se daria melhor quando da efetiva entrega dos bens, e não à medida dos recebimentos. Reconhecer conforme os recebimentos inclusive permite uma arbitrariedade por se gerenciar o número de prestações contratado. E assim voltou a empresa a reconhecer a receita, a renda, o lucro, no ato da entrega dos bens.

Veja-se a obsessão em só se reconhecer a receita e o lucro quando do caixa recebido ou quando muita certeza quanto ao montante a ser recebido em caixa.

iii) Um Salto Mais Ousado

Mas, voltando um pouco no tempo, o grande salto se dera no século anterior quando proprietários de minas de ouro ingleses se mostraram insatisfeitos com o reconhecimento da receita e do lucro apenas quando da venda do ouro; afinal, vender esse metal é atividade fácil, sem esforço; a venda não é bom indicador de desempenho. O desempenho, entendeu-se, seria muito melhor medido se reconhecidos a receita e o lucro quando terminada a fase da mineração, purificado e lingotado o ouro e devidamente guardado nos cofres. Ainda mais que o preço era de fora para dentro da entidade (vindo do mercado), ou seja, objetivamente verificável. Daí nasceu a prática de reconhecimento do estoque de ouro a mercado, em contrapartida à receita, quando de sua colocação em condição para a venda, mas independentemente desta. (O custo da obtenção do ouro, obviamente, era – na verdade é ainda – baixado contra essa receita.)

E, além disso, com o reconhecimento dos ganhos e perdas dos estoques de moeda estrangeira e das variações dos recebíveis e pagáveis em moeda estrangeira, começaram então os ingleses uma revolução na contabilidade, como aliás reconhecido neste livro. E estenderam, e os norte-americanos assim seguiram também, esse conceito de estoque a mercado a outros minerais, a vegetais e animais onde o reconhecimento da receita a valor de mercado melhor mensurasse o desempenho da entidade quando da produção ou do crescimento, e não quando da venda, mas com uma enorme restrição: desde que esse valor de mercado pudesse ser objetivamente determinado e oriundo de mercado ativo! Aliás, a Lei das S/A, nº 6.404/76, admitiu expressamente esse critério (art. 183, §4º) quando afirmou que "Os estoques de mercadorias fungíveis destinadas à venda poderão ser avaliados pelo valor de mercado, quando esse for o costume mercantil aceito pela técnica contábil". E o costume era o que foi comentado. E o DL nº 1.598/77 fez a regulação fiscal da Lei Societária expressando no art. 14, §4º: "Os estoques de produtos agrícolas, animais e extrativos poderão ser avaliados aos preços correntes de mercado, conforme as práticas usuais em cada tipo de atividade", mas não excluiu da tributação o resultado assim obtido. Logo, acabou ficando em desuso no Brasil essa prática por esse efeito fiscal.

(Por curiosidade, a Lei das Sociedades por Ações anterior, o DL nº 2.627 de 1940, também permitia avaliação de estoques a valor de mercado, mas vedava a distribuição como dividendo desse valor excedente ao custo de aquisição bem como a constituição das reservas com base nele! Art. 129, §1º, letra b.)

iv) A Ousadia Maior

Veja-se que o conceito de realização, na contabilidade, evoluiu então de realização em dinheiro para realização em recebíveis altamente prováveis e devidamente ajustados por expectativa de não recebimento, para realização em bens com característica de *commodities*, obteníveis ao longo de um certo tempo, mas com mercado ativo e preço objetivamente determinável (de fora para dentro).

(Mas os ajustes a preços de mercado de ativos destinados ao uso, todavia, nunca eram admitidos como receita, renda, lucro. Eram tratados como reavaliação diretamente contra o patrimônio líquido.)

Só mais recentemente o conceito de valor de mercado foi estendido para *valor justo*, para englobar outras hipóteses que não mercado ativo, como no caso de fluxo de caixa futuro descontado, e para englobar outros bens que não necessariamente *commodities*. Além da expansão aos produtos biológicos no momento da colheita, receitas/despesas por variação do valor justo passaram a ser aplicadas a certos ativos biológicos (houve, de início, uma aplicação generalizada a todos os ativos biológicos, mas depois se recuou para excluir as plantas portadoras – que produzem produtos biológicos mas elas mesmas não são ordinariamente vendidas – como pés de laranja, p.e.). E foram estendidas também a muitos instrumentos financeiros, às propriedades para investimento (optativamente) etc. Discutiu-se até a extensão compulsória aos ativos imobilizados e intangíveis, mas pesquisas mostraram que tanto investidores quanto credores não tinham interesse por essas avaliações quando de itens não destinados à venda, e os ajustes a valor justo de imobilizados e intangíveis ficaram então apenas como opção, não adotada no Brasil hoje.

Com toda essa expansão da possibilidade do reconhecimento da receita contábil, e perda do seu sentido tradicional, o conceito de "realização" praticamente desapareceu da definição contábil no mundo normativo para o reconhecimento das receitas e dos lucros. Continuamos às vezes nos referindo a "lucros não realizados", em função de tentativa de melhor comunicação, mas normativamente essa expressão não existe mais (a Estrutura Conceitual Básica da Contabilidade da CVM – Delib. 29/86 –, por exemplo, foi revogada a partir de 2010, e ela continha a expressão "realização da receita". A que a substituiu não mais). Mas que existem receitas e lucros não realizados, existem. O autor aqui também se utiliza dessa expressão. E para nós no sentido adequado: realizado é quando transitado pelo caixa ou representado por direitos a serem recebidos em caixa com alta probabilidade de recebimento.

v) Não Dá Mais Para Compatibilizar Contabilidade e Direito Tributário

Obviamente, com essa expansão do conceito de receita na Contabilidade, com distanciamento do momento de sua realização financeira e com aumento significativo no subjetivismo que envolve a sua mensuração, vão ficando cada vez mais distantes então os conceitos de renda, receita e lucro com relação aos do Direito Tributário que, pelo que entendo, não pode carregar tamanha incerteza e distância com o dinheiro que é a prova final de sua realização.

A Contabilidade cada vez mais procura condições de melhor e mais tempestiva informação ao credor e ao investidor, mesmo que à custa de perda de objetividade. É um *trade-off* consciente, do tipo: melhor a informação aproximadamente certa agora, porque útil, do que a correta amanhã, quando talvez inútil. É uma passagem da Contabilidade tão mensuradora do desempenho passado de forma fortemente objetiva como quando começou para uma outra que mede esse mesmo passado, mas com uma régua mais flexível, porém, com a característica de poder ser mais útil para fins de perscrutar o futuro.

E obviamente esse objetivo não atende ao do Direito Tributário em sua tarefa de reduzir conflitos entre tributador e tributado.

C) Não Resistindo À Tentação: a Inflação

Indo agora à parte final: só senti falta nesta obra de uma discussão mais aprofundada (o que está exposto está correto e talvez seja o suficiente segundo a visão do autor), mas, como velho remanescente desses estudos, quero dissertar um pouco a respeito dos efeitos da inflação sobre o lucro. E vou afirmar: a não correção monetária do capital dos proprietários simplesmente deforma o lucro e implica, automaticamente, na tributação do capital, além do da renda. Sempre. E tanto faz isso com a pessoa física (ganhos de capital) quanto com a jurídica (resultados operacionais e ganhos de capital).

Por exemplo, se uma pessoa física aplica R$ 1 milhão durante um ano, ganhando brutos 7%, mostrará uma receita de R$ 70 mil e pagará, digamos, 15% sobre os R$ 70 mil, ou seja, R$ 10,5 mil de imposto. Mas, digamos tenha havido 3% de inflação durante esse ano; assim, os primeiros R$ 30 mil ganhos são mera recomposição do patrimônio inicial. Não são renda efetiva. O lucro, a renda, serão apenas os excedentes R$ 40 mil.

Teremos duas maneiras então pelo menos de ver: a mais simplista é dizer que a taxa nominal de imposto é 15% mas a efetiva é 26,25%, quando comparado o tributo de R$ 10,5 mil com a renda real de R$ 40 mil. E aceitamos pacificamente que há sempre uma alíquota efetiva e real produzida por uma alíquota nominal.

Ou então analisamos de forma mais completa (e correta no meu entender), que é analisar que o tributo de R$ 10,5 mil é a soma de dois tributos:

a) *Tributo sobre a renda real*: 15% × R$ 40 mil = R$ 6 mil. Ou seja, esse é o tributo incidente de fato sobre a renda efetiva, sobre o crescimento real do patrimônio. Mas como o total pago será R$ 10,5 mil, temos que complementar que há um

b) *Tributo sobre o capital*, sobre o patrimônio; 15% sobre a parcela da correção monetária do patrimônio, ou seja, sobre o próprio patrimônio: 15% × R$ 30 mil = R$ 4,5 mil. Ao tributar o que seria a mera recomposição do patrimônio, tributou-se o próprio patrimônio.

Ou seja, pela não dedução da receita da correção monetária do patrimônio inicial, pagou-se imposto sobre o capital, *mesmo que inexistente essa figura até constitucionalmente*. Para se ter certeza disso, imagine-se que a renda tivesse sido apenas de 3%, ou seja, de R$ 30 mil; assim, 15% × R$ 30 mil = R$ 4,5 mil. Fica mais fácil ver-se que a tributação estará se dando sobre apenas a atualização do patrimônio. Como bem lembrado e afirmado nesta obra, correção monetária de um patrimônio não é renda, é recomposição do patrimônio. Logo, tributar essa correção é tributar o principal.

Quem acompanhou de perto e pessoalmente a extinção da correção monetária do balanço no final de 1995 (Lei nº 9.249), e a instituição da figura da dedutibilidade da "remuneração sobre o capital próprio", sabe que esta figura foi criada exatamente para abrandar esse erro de tributação sobre o patrimônio no caso da pessoa jurídica.

Deduzindo-se a título de juro sobre o capita próprio a TJLP sobre o patrimônio líquido inicial, é como se fizesse a dedução do efeito da inflação sobre esse montante. Mas como a TJLP à época era superior à inflação, instituiu-se a alíquota de 15% de imposto exclusivo na fonte para compensar esse excedente. Ou seja, a Receita Federal e o Ministério da Fazenda sabiam exatamente o que faziam e tinham a concepção correta dos efeitos inflacionários sobre o patrimônio.

E nesse caso há algo de muito interessante. O Direito Tributário incorpora uma dedução da renda, válida economicamente, mas que não é reconhecida como despesa pela Contabilidade. Nesse caso quem está atrasada é a Contabilidade!

D) Epílogo

Há, é claro, diversos outros pontos sobre os quais gostaria de me manifestar, para ajudar a fortalecer muitos dos argumentos retirados da Ciência Contábil pelo Autor, mas o importante é a leitura da obra, e assim encerro essas ponderações.

Parabéns ao Dr. Fernando pelo trabalho. Obviamente aprendi muito com ele e acredito será de enorme utilidade e não só para os Operadores do Direito. Para os da Contabilidade também.

São Paulo, 8 de julho de 2018.

Eliseu Martins
Professor Titular do Departamento de
Contabilidade da FEA/USP.

APRESENTAÇÃO

O tema deste livro, de autoria do Doutor Fernando Daniel de Moura Fonseca, mais do que instigante, é audacioso na atual quadra que podemos considerar como sendo formada pelos anos da infância das novas diretrizes contábeis introduzidas no Brasil a partir da Lei nº 11.638, de 2007.

É audacioso porque, a mim, o diálogo se apresenta extremamente complexo ou mesmo impossível, aparentando mais haver dois monólogos que não se entendem, tão diferentes são as premissas daquelas diretrizes e as do direito tributário brasileiro em geral, e em especial as do nosso direito relacionado ao imposto de renda.

Mas, seja diálogo ou confrontação de monólogos, por muitas razões, inclusive porque a determinação do lucro tributável tem como ponto de partida o lucro contábil, a matéria tem que ser enfrentada para a devida identificação e separação dos objetivos e dos objetos de cada campo, como, aliás, vem sendo feito desde a promulgação da mencionada Lei nº 11.638. Nisto reside um dos principais méritos desta nova obra, contendo contribuições judiciosas a propósito do tema.

Um detalhe de ordem pessoal, que me permito mencionar, reside em que meu livro "Fundamentos do Imposto de Renda" estava praticamente pronto quando adveio aquela lei, obrigando-me a fazer algumas alterações e alguns acréscimos no texto original, com a finalidade única de que o livro não deixasse de se referir às inovações. Porém, a realidade é que, com base exclusivamente na lei de 2007, pouco havia a ser acrescentado naquela época, mas hoje, dez anos depois, com a promulgação da Lei nº 12.973 e de tantas manifestações do Comitê de Pronunciamentos Contábeis, além da experiência prática amealhada neste entretempo, aquele livro está a necessitar uma boa atualização nos aspectos particulares afetados pelas novidades, embora em seu âmago continue válido por tratar dos fundamentos que se sobrepõem à legislação ordinária.

Pois Fernando Moura antecipou-se com sua tese de doutorado perante a Faculdade de Direito da Universidade de São Paulo, e seu trabalho, que falará por si ao ser lido, merece alguns comentários à guisa de apresentação.

O primeiro comentário é no sentido de que o leitor não pode apenas ler acriticamente os capítulos da obra, pois cada um deles requer meditação para perfeita captação do seu inteiro conteúdo e para a devida compreensão do mesmo e das mensagens do autor. E cada capítulo pressupõe o conhecimento dos que lhe são anteriores.

Esta postura é necessária porque estamos diante de um trabalho derivado de minuciosa pesquisa junto a autores da atualidade e de outros luminares que nos precederam, com a contraposição de correntes de pensamento e ideias antes de se chegar às conclusões, mensagens e explicações do próprio autor.

A isto se alia a complexidade do assunto, que, pela sua simples exposição, não será facilmente compreendido por leigos ou iniciados, mas será altamente útil aos mais experientes. Esta observação não é uma crítica negativa, mas, sim, o reconhecimento da alta qualidade do trabalho, o qual, por outro lado, e a favor de todos nós, está redigido em texto claro e direto, despido de preciosismos ou rebuscamentos redacionais que poderiam torná-lo ainda mais difícil de ser apreendido.

Portanto, o que está dito aqui apenas chama atenção para que o assunto em si mesmo não é fácil, e requer conhecimentos preliminares para que a abordagem feita por Fernando Moura seja devidamente entendida, apreciada e utilizada corretamente.

Pessoalmente, com base em mais de cinquenta anos de convivência com o imposto de renda, considero este livro um excelente trabalho, que tem feições próprias às teses de doutoramento, dado o seu embrião e as exigências acadêmicas, mas está destinado a ser um livro de doutrina útil para estudos e atividades profissionais. E sinto-me perfeitamente à vontade para manifestar publicamente a minha opinião pessoal, porque Fernando Moura não se limita a se alinhar com os entendimentos que tenho sobre determinados aspectos da tributação da renda, o que muito me honra, pois também, por outro lado, discorda frontalmente da minha visão sobre mais de um ponto por ele abordado.

Ademais, discordâncias teóricas são perfeitamente normais e contribuem para que todos repensem suas posições e evoluam sempre. Aliás, ler e debater com mente aberta os objetos das ciências somente ensinam mais do que já se sabe, além de que ensinam tudo o que se pensa saber e realmente ainda não se sabe. Particularmente para a interpretação e aplicação do direito, este posicionamento é indispensável.

O livro conta com dois preciosos prefácios dos eminentes Professores Paulo Ayres Barreto e Eliseu Martins, não cabendo, por isso, maiores digressões na presente apresentação.

Mas não posso deixar de antecipar que aborda com propriedade todas as facetas da incidência tributária sobre a renda, a partir de um conceito jurídico geral de renda, que também evoca conceituações econômicas, e prosseguindo com a análise do conceito jurídico de renda na perspectiva brasileira, para finalizar com o exame da influência da contabilidade sobre esse imposto, inclusive daquilo que chamamos "nova contabilidade", ou seja, aquela autorizada pela Lei nº 11.638.

São profundas as análises dos vários aspectos envolvidos a partir da noção de renda, entre eles o da conceituação de renda e de proventos de qualquer natureza, o da distinção entre renda econômica e renda jurídica, o da disponibilidade da renda, em suas vertentes econômica e jurídica a que alude o art. 43 do Código Tributário Nacional, o da realização da renda, o do acréscimo patrimonial, não me ocorrendo que tenha faltado qualquer aspecto presente no regime jurídico brasileiro sobre a "materialidade" sujeita à tributação como renda.

Um ponto, praticamente de partida para tudo, é o da existência ou não de um conceito constitucional de renda, em torno do que gravitam manifestações doutrinárias e jurisprudenciais não concordantes, sendo inegável, contudo, ao menos na maneira como me posiciono sobre esta querela, que a Constituição de 1988 deu nova feição ao imposto cuja competência outorgou à União Federal através do inciso III do seu art. 153. Penso que a noção de renda (e também de proventos de qualquer natureza) decorre do sentido semântico mínimo da palavra, tal como também já podia ser entendida nos regimes anteriores, e não impede que a lei complementar desempenhe sua função determinada pelo art. 146, inciso III-a, definindo explicitamente o respectivo fato gerador. Porém, em 1988 esse imposto ganhou nova feição através da prescrição, que é constitucional e própria do atual regime (art. 153, parágrafo 3º, inciso I), de que seja informado pelos critérios, antes inexistentes como normas constitucionais, da generalidade, da universalidade e da progressividade, os quais são examinados sob os enfoques, nem sempre coincidentes, que se lhes dá.

E o art. 43 do CTN não se choca com esta nova feição, pois esta é voltada para o acréscimo patrimonial integral constatado e aferido no encerramento do período de apuração da obrigação tributária (na data do fato gerador), e aquele trata dos elementos positivos que ingressam no patrimônio durante esse período. Ou seja, há plena compatibilidade entre a Constituição, com sua visão macroscópica, e a lei complementar, com sua visão microscópica.

O autor deste livro não abre mão da sua convicção de que o imposto deve incidir sobre fluxos de acréscimos patrimoniais adentrados no patrimônio por atos de vontade do titular do patrimônio, que é o contribuinte, e que pratica atos ou negócios jurídicos geradores desses aumentos.

A mim parece que, como ele mesmo cita, a renda (em sentido lato) também pode advir de situações de fato (até de atos ilícitos), ou seja, pode ser produzida onde não haja ato ou negócio jurídico, mas passa a estar à disposição do contribuinte e não deixa de integrar o seu patrimônio jurídico, mas este ponto está no seio da eterna discussão sobre a distinção entre disponibilidade econômica e disponibilidade jurídica, a propósito da qual Fernando Moura discorre recorrendo às várias correntes que giram em torno da que é mais aceita.

Outro aspecto sobre o qual este livro não transige, embora cuide de expor entendimentos contrários, é o da diferença, que a mim parece nítida, entre mera valorização patrimonial sem ingresso de nova renda, e a real existência de renda.

Com razão, não há como confundir dois fatos (efeitos) econômicos distintos que, inclusive, representam diferentes manifestações de capacidade contributiva e diferentes competências tributárias, pois a valorização do patrimônio, enquanto universalidade estática, é relacionada aos impostos que gravem os bens patrimoniais, ao passo que a renda deriva de um movimento dinâmico de ingresso de algo novo no patrimônio. O próprio art. 43 alude à aquisição como um dos elementos formadores do fato gerador, o que não se dá quando o patrimônio existente é revalorizado por qualquer critério.

Esta questão está relacionada não apenas ao conceito jurídico (conceito legal) de renda, pois corresponde a um dos distanciamentos irredutíveis entre o direito tributário e a contabilidade atual, na qual, além de outras diferenças, em algumas circunstâncias os patrimônios devem ser revalorizados por seus valores ditos justos, para que sejam exprimidos possíveis ganhos (possíveis rendas) que poderão se agregar ao patrimônio no futuro.

Como bem exposto no trabalho de Fernando Moura, o critério contábil está baseado na perspectiva, que passou a adotar para se harmonizar com práticas internacionais, das possibilidades de geração de futuros fluxos de caixa, visando a informação dos acionistas e do mercado, com base na qual se projeta o valor da ação e o da empresa.

Nada há a objetar quanto a tal perspectiva, desde que o leitor das demonstrações financeiras esteja alertado para o detalhe de que são rendas futuras que, mesmo quanto tenham forte possibilidade de se concretizarem, ainda não estão disponíveis.

E assim, até pela última palavra do parágrafo anterior, percebe-se que há registros contábeis de fatos geradores de imposto de renda ainda não acontecidos, porque são eventuais e futuros, ou melhor, tais registros são de eventuais futuros elementos positivos formadores de possíveis futuros aumentos patrimoniais. Esta, portanto, é uma das características da contabilidade que não se ajusta ao Sistema Tributário Nacional, a qual se agrava quando muitos procedimentos na contabilidade decorrem exclusivamente das diretrizes do Comité de Procedimentos Contábeis, não da lei, e até contrariamente a esta.

Entretanto, ainda que para a maioria isto seja evidente, há quem se deixe encantar pelas novas regras contábeis e seus critérios de mensuração patrimonial, numa suposição de que haveria um patrimônio econômico passível de incidência do imposto de renda, mesmo tendo-se em conta o art. 43 do CTN, mas deixando eles de perceber uma verdade simples, e bem apanhada neste livro: uma coisa é haver patrimônio e outra é haver renda, além de que uma coisa é a mensuração do patrimônio e outra é a mensuração da renda.

Assim, quanto ao patrimônio, encontramos na contabilidade objetos reconhecidos diferentemente do que efetivamente são segundo a identidade que lhes é própria e lhes é dada pelo direito, mas também encontramos reconhecimento de ativos em contabilidades de entidades às quais eles não pertencem segundo as normas jurídicas a eles aplicáveis. Tais distinções são verdadeiros desvirtuamentos da titularidade dos direitos ou da identidade dos respectivos objetos, e são desvirtuamentos porque eles são seres próprios do direito que, numa economia regida por normas jurídicas, sequer existem sem a existência destas e o estas põem no mundo econômico.

Outrossim, quanto à mensuração (o valor atribuído a algo), se na valorização das rendas os problemas podem inicialmente ser menores, quanto à mensuração do patrimônio eles são muito maiores.

De fato, uma receita, em que esteja embutido um ganho, é exprimida pelo valor em reais do ato do qual ela deriva, e assim é tanto para os fins tributários quanto para a contabilidade, mas esta, dependendo do caso, já decompõe esse valor para reconhecer sua dimensão presente e registar uma remuneração de capital decorrente do tempo futuro, além de que, atualmente, também o decompõe quando num só contrato enxerga mais de uma prestação economicamente distinta da que constitui o objeto contratual.

E, quanto ao patrimônio, a mensuração dos seus componentes não pelos valores com que nele adentraram, e sim por valores justos ou de mercado, acarreta mutações no patrimônio contábil que nada mais são do que novas expressões monetárias, para mais ou para menos, de itens que já estão no patrimônio, e não de novos itens que, ingressando, possam representar aquisição de renda ou incorrimento em custo ou despesa.

Estes problemas, que hoje se põem para as empresas brasileiras, são tratados na derradeira parte deste excelente "Imposto sobre a Renda: uma proposta de diálogo com a contabilidade", restando cumprimentar Fernando Daniel de Moura Fonseca por seu sucesso e desejar bom proveito a todos que leiam e utilizem seu trabalho.

São Paulo, agosto de 2018.

Ricardo Mariz de Oliveira

CAPÍTULO 1

INTRODUÇÃO

O presente estudo se ocupa de três grandes temas. O primeiro, envolve um exame crítico do conceito de renda para fins tributários, com o objetivo de alcançar os seguintes propósitos: *(i)* definir os seus atributos necessários, sem vinculação a um específico conjunto de normas jurídicas; e *(ii)* identificar de que forma, e em que medida, a legislação brasileira se mostra com eles compatível. Cumprido esse objetivo, o trabalho se propõe a reavaliar a antiga relação existente entre o imposto de renda e o resultado contábil, especialmente em razão das recentes e contínuas mudanças pelas quais vem passando a contabilidade brasileira, desde a determinação legal de sua convergência ao padrão internacional pela Lei nº 11.638/07. Ao final, pretende-se estabelecer uma série de critérios para a interpretação dos possíveis reflexos tributários da atual contabilidade sobre a base de cálculo do imposto de renda.

É preciso reconhecer que a motivação do presente trabalho[1] não teve origem na ideia de se propor um aprimoramento do conceito jurídico de renda. Na verdade, surgiu diante das dúvidas suscitadas após o início do referido processo de convergência da contabilidade ao padrão internacional (especialmente em razão de uma modificação

---

[1] A presente versão é a adaptação da tese intitulada "Delimitação Constitucional do Conceito de Renda", defendida na Faculdade de Direito do Largo de São Francisco (USP), como requisito parcial para a obtenção do título de Doutor em Direito Tributário. O trabalho foi orientado pelo Prof. Paulo Ayres Barreto e avaliado por banca que contou com a presença dos Profs. Ariovaldo dos Santos, Humberto Ávila, Luís Eduardo Schoueri, Renato Lopes Becho e Roque Antônio Carrazza. O autor pretendeu realizar as adaptações necessárias e incorporar as críticas que foram formuladas pela banca examinadora ao longo das arguições, de tal sorte que o resultado final deve também ser dedicado a todos eles. Um agradecimento especial deve ser direcionado ao Prof. Roberto Quiroga, que gentilmente compôs a banca de qualificação e que fez comentários imprescindíveis para um correto desenvolvimento do trabalho. Os erros aqui cometidos, todavia, devem ser atribuídos exclusivamente ao autor.

da estrutura conceitual da contabilidade brasileira) e da constatação de que os diversos trabalhos doutrinários existentes não estavam totalmente aptos a apresentar as respostas buscadas. Percebeu-se que a impossibilidade de se obter as soluções não residia apenas na novidade do assunto, mas na necessidade de que algumas questões fossem trabalhadas com um pouco mais de rigor conceitual. Em resumo, não bastava mais (se é que algum dia bastou) a singela constatação de que renda é o acréscimo patrimonial fruto da confrontação entre receitas e despesas. Era necessária uma maior concretização dessa definição, única forma de se construir um modelo apto a evitar o casuísmo.

De forma mais concreta, identificou-se que o direito não pode simplesmente ignorar as premissas sobre as quais se funda a contabilidade, pela simples razão de que a mensagem que delas decorre apenas ajuda a identificar a necessária separação entre o resultado contábil e o conceito de renda para fins tributários. Uma primeira análise revela uma contabilidade preocupada em fornecer aos seus usuários um conjunto de informações capazes de auxiliar na tomada de decisões que possam repercutir no futuro. A contabilidade nega, então, o papel de retrato do passado e se coloca na função de evidenciar o valor presente dos benefícios econômicos futuros, ainda que seja necessário trabalhar com expectativas e probabilidades. Em segundo lugar, é preciso considerar que a fidedignidade da informação contábil pressupõe a desconsideração da forma jurídica sempre que houver uma divergência, sob a ótica contábil, com a substância econômica. Em resumo, a contabilidade passa a caminhar no sentido da renda econômica, resultado da máxima *accounting follows economics*.

Nesse contexto, alguns questionamentos precisam ser enfrentados. O que fazer quando o lucro líquido passa a estar composto por receitas e despesas baseadas em estimativas? Qual o papel desempenhado pela realização na tributação da renda? Como tratar os efeitos de receitas e despesas que tenham origem em um registro contábil que ignora a forma jurídica escolhida pelos indivíduos? Seria mesmo possível falar-se na existência de um conflito entre substância e forma? As respostas não podem ser encontradas na doutrina, pelo simples fato de que esses não eram problemas concretos. A compatibilidade circunstancial entre postulados contábeis e normas jurídicas se encarregava de estabelecer uma relação de harmonia entre o lucro líquido e a base de cálculo do imposto de renda, de tal sorte que poucos ajustes eram realmente necessários.

Foi em virtude desse contexto que se identificou a necessidade de que a pesquisa desse um passo atrás, para efetivamente propor um conceito de renda, cuja aplicação seria capaz de estabelecer limites para a interação entre o resultado contábil e a base de cálculo do imposto.

Qual não foi a surpresa quando se percebeu que a ideia de renda como acréscimo patrimonial pouco ajudava, eis que as diferentes formas de mensurar o patrimônio e de tratar a sua oscilação impunham a existência de um verdadeiro abismo entre os resultados mensurados pela economia, contabilidade e direito. De todo modo, foi igualmente possível constatar que o principal fator de divergência envolvia considerações de ordem temporal, atinentes aos critérios utilizados por cada ciência para a determinação do momento em que deveria ser reconhecida a renda.

Do ponto de vista metodológico, optou-se, no capítulo segundo, por uma investigação que não estivesse vinculada a um determinado ordenamento jurídico, com a finalidade de identificar um feixe de características que deveriam ser comuns a qualquer conceito jurídico de renda, sob pena de violação do princípio da capacidade contributiva. A partir desse conteúdo mínimo de significação, cada sistema jurídico teria liberdade, de acordo com as suas normas, para manejar o conceito de renda em busca da satisfação de seus propósitos específicos.

No curso desse processo, chamaram a atenção os inúmeros debates em torno da realização como regra (ou não) para a determinação do momento em que o acréscimo patrimonial pode ser considerado adquirido. A despeito de se tratar de uma regra de aplicação quase irrestrita pelo direito tributário, parcela relevante da doutrina norte-americana (que vem se ocupando largamente do assunto) a considera apenas como uma questão de conveniência administrativa, decorrente das dificuldades práticas de seu abandono. O principal fundamento dessa posição pode ser identificado na crença acerca da existência de um *conceito fundamental de renda*, que representaria a melhor aproximação possível entre a mensuração ideal (econômica) e a incidência tributária praticável, cuja concretização caberia ao legislador.

Trata-se do conhecido conceito Haig-Simons, que considera renda uma medida de capacidade relacionada ao poder de consumo gerado pela titularidade de um patrimônio entre dois momentos. De acordo com essa visão da realidade, não seria preciso a ocorrência de uma transação, reputando-se adquirido o acréscimo patrimonial sempre que se possa observar um incremento líquido da capacidade de consumo em um dado intervalo de tempo, de tal sorte que uma incidência mais compatível com a capacidade contributiva manifestada pelo indivíduo deveria dispensar a ocorrência de um ato ou negócio jurídico. Essa concepção jamais chegou a causar maiores implicações, é verdade, pois entendia-se pela impraticabilidade de um modelo de tributação em bases correntes. Ademais, a contabilidade nem sempre trabalhou com a mensuração do valor justo, de modo que um modelo de tributação baseado na realização sempre gozou de elevada estabilidade.

No entanto, argumenta-se que uma contínua modificação da realidade econômica estaria exercendo uma forte pressão no sentido do abrandamento da realização como regra para a tributação da renda. Em linhas gerais, defende-se que a realização gera efeitos negativos diversos, sendo o principal deles o diferimento da incidência do imposto, pois haveria um descolamento entre o momento em que a renda é auferida (valorização do patrimônio) e o seu oferecimento à tributação (realização). Ademais, o atual estágio de desenvolvimento dos mercados financeiro e de capitais revelaria que os ganhos decorrentes desse acréscimo de valor não poderiam ser considerados irreais, porque com base neles atos de consumo poderiam ser praticados, apesar da possibilidade de sua reversão futura.

Esse contexto se mostra coerente com a atual visão da contabilidade. Na medida em que as demonstrações financeiras se aproximam da economia e passam a registrar um incremento do patrimônio baseado no valor justo de determinados ativos e passivos, o legislador já teria à sua disposição uma forma de se aproximar da renda econômica, que representaria a base de cálculo ideal para o imposto de renda. Observa-se uma inegável convergência entre o referido pensamento da doutrina norte-americana e a nova realidade, que decorre de demonstrações financeiras mais próximas da economia. Seria possível, então, defender a tributação do valor justo? A busca pela essência econômica seria compatível com o conceito jurídico de renda? Seria mesmo correto desconsiderar a realização para fins de tributação? Essas respostas também são essenciais para a conformação do conceito jurídico de renda aplicável à tributação.

Ao longo da investigação, foi possível destacar uma premissa econômica amplamente aceita no momento histórico em que foram redigidas as obras de vários dos economistas que pretenderam construir um conceito de renda aplicável à tributação. Trata-se da *hipótese dos mercados eficientes*, que trabalha com a ideia da racionalidade de comportamento dos mercados e de seus agentes.[2] Essa hipótese fazia com que o "valor de mercado" fosse tratado como uma espécie de *entidade*, cuja precisão permitiria que acréscimos de valor observados ao longo

---

[2] Em um mercado eficiente os preços deveriam refletir com precisão as informações disponíveis em um dado momento. Cf.: FAMA, Eugene F. *Foundations of finance. Portfolio decisions and securities prices.* Oxford, NY: Basil Blackwell, Basic Books, 1977, p. 133.

de um determinado período fossem considerados efetivamente aptos a incrementar a capacidade de consumo de seu titular. Por essa razão, não se poderia afirmar a presença de uma riqueza em potencial, mas de um ganho real, ainda que reversível. Em suma, o valor de referência (mercado) contaria com a chancela de uma proposição tratada como um axioma por grande parte da doutrina econômica.

Esse fato parece ajudar a explicar a força das teorias econômicas e a desnecessidade de que a realização fosse colocada como um atributo do conceito de renda. Todavia, quando se fala em evolução da realidade, o que se pode dizer a respeito da força atual da hipótese dos mercados eficientes? Ela certamente continua gozando de elevado prestígio, mas seguramente não pode ser colocada como um axioma, o que se comprova pela existência de um grande número de premiados trabalhos que sustentam a irracionalidade dos mercados e do comportamento de seus agentes, tal como os produzidos por Richard Thaler.[3] Diante desse cenário, será mesmo que Robert Haig e Henry Simons afirmariam que a realização não constitui um atributo do conceito jurídico de renda? Não é possível saber a resposta, mas não se pode deixar de refletir a respeito.

O que se pretendeu investigar é se a doutrina que advoga a supremacia do conceito Haig-Simons não parte de uma premissa parcialmente anacrônica. Será mesmo que a volatilidade dos mercados permite que oscilações de valor sejam tratadas como renda para fins tributários? Acréscimos de valor ao patrimônio não seriam apenas uma nova representação do patrimônio? Renda e patrimônio são conceitos distintos? A existência de renda pressupõe a prática de um ato de vontade pelo indivíduo? As diferenças entre valor e preço são relevantes? De acordo com o presente estudo, a existência de renda para fins jurídico-tributários não prescinde de realização; mudanças na perspectiva de valor do patrimônio não podem ser confundidas com renda; a ideia de realização pressupõe o exercício de um ato de vontade por parte do indivíduo; as diferenças entre valor e preço são relevantes.

Alcançadas essas conclusões, chegou-se a um conceito de renda para fins tributários que não guarda qualquer relação com eventuais especificidades de um determinado ordenamento. No capítulo terceiro, esse conceito foi contraposto ao direito brasileiro, tendo sido possível constatar que todas as limitações inerentes à definição obtida poderiam ser igualmente atribuíveis ao sistema jurídico brasileiro, inclusive em

---

[3] Vide: THALER, Richard H. *Misbehaving*: the making of behavioral economics. New York: W.W. Norton & Company, 2015; e THALER, Richard H. *Quasi rational economics*. New York: Russell Sage Foundation, 1991.

âmbito constitucional. Em resumo, a pesquisa estava madura para enfrentar o problema levantado inicialmente, que envolvia uma proposta de interpretação da relação entre a atual estrutura conceitual básica da contabilidade brasileira e o imposto de renda.

O capítulo quarto tem justamente esse objetivo. Para tanto, o intérprete não pode se olvidar do fato de que a opção do legislador brasileiro de fazer remissão ao lucro líquido como ponto de partida para a incidência do imposto de renda remonta a um momento de elevada compatibilidade entre os resultados societário e tributário, fruto de uma convergência importante entre postulados contábeis e normas jurídicas. Na medida em que a estrutura conceitual básica da contabilidade se altera, é preciso que a relação entre direito tributário e contabilidade seja repensada. Esse aspecto exige um legislador percuciente, que não pode deixar de avaliar as incompatibilidades surgidas. Do contrário, a consequência imediata será a tributação de acréscimos patrimoniais que representam apenas uma mudança sob a perspectiva de valor do patrimônio, sem qualquer relação com a prévia aquisição de renda em sentido jurídico-tributário.

Por essa razão, o presente trabalho propõe uma distinção bipartida, que divide as oscilações do patrimônio em duas espécies de receitas e despesas. São elas: *receitas e despesas-patrimônio* e *receitas e despesas-renda*. O primeiro grupo diz respeito aos acréscimos de valor cuja origem está ligada a uma mudança na perspectiva de valor do patrimônio, que não contaram com atuação do contribuinte no sentido de transformá-los em renda e que, portanto, representam uma verdadeira expressão do patrimônio. O segundo grupo representa os acréscimos de valor compatíveis, *prima facie*, com o conceito jurídico de renda. Esse modelo, ao oferecer um critério seguro para a depuração do lucro líquido, permite que ele continue servindo de referência para a determinação da base de cálculo do imposto de renda e resolve os problemas decorrentes de uma visão preditiva da contabilidade.

Para além disso, o trabalho propõe que o pretenso conflito entre substância econômica e forma jurídica seja resolvido sempre em favor da segunda. Diz-se pretenso, porque não se pode tratar como conflito a comparação entre essências desvinculadas de sua forma (essência *econômica* e forma *jurídica*). Dito de outro modo, para que possa haver efetivo conflito é preciso que à forma jurídica seja confrontada a substância jurídica a ela subjacente, do contrário, o direito ficaria reduzido a mera questão de forma, o que obviamente não se pode admitir. Pretende-se dizer que o registro contábil poderá se afastar da forma jurídica sempre que a visão da contabilidade sobre qual é a essência econômica do ato indicar a necessidade de evidenciação distinta daquela que naturalmente decorreria do instrumento jurídico celebrado.

No entanto, essa divergência não pode gerar efeitos tributários, sob pena de que a norma de incidência tenha parte de seu conteúdo determinado por um juízo de valor estranho ao sistema jurídico. Exceção pode ser admitida apenas quando o legislador expressamente dispuser nesse sentido. Não no sentido de permitir uma irrestrita prevalência do contábil, mas quando determinados negócios jurídicos regulados de uma forma pelo direito privado tiverem os seus efeitos modificados para fins tributários.

Por fim, no que diz respeito às alterações contábeis que não tenham sido objeto de expressa regulamentação, a previsão genérica de neutralidade deve ser interpretada com temperamento. Defende-se que os efeitos das novas práticas contábeis sejam divididos em *diretos* e *indiretos*. Os primeiros representam o reconhecimento de uma modificação de prática cujo efeito repercute diretamente sobre a composição da base de cálculo do imposto de renda, sendo indiretos todos os demais. Dessa forma, aos primeiros aplica-se a regra da neutralidade. Aos restantes, deve-se admitir os efeitos, justamente em respeito à opção do legislador de fazer remissão ao dado contábil.

CAPÍTULO 2

CONSTRUÇÃO DO CONCEITO
JURÍDICO DE RENDA

2.1 Pressupostos

Introduzido o objeto do presente trabalho, é preciso que se avance na construção de um conceito jurídico de renda para fins tributários. De início, não se pode ignorar o fato de que renda é um conceito utilizado não apenas pelo direito, mas também por ciências com as quais ele mantém uma profunda e intrincada relação, como são os casos da economia e da contabilidade. Essa particularidade torna a questão ainda mais complexa, dado que não se mostra trivial a identificação dos limites dessa interação, algo que deve ser analisado sempre com muita cautela pelo intérprete.

A maior dificuldade parece residir no fato de que algumas questões costumam ser colocadas como verdadeiros dogmas por parte da doutrina. A principal delas é a equivocada ideia de que renda seria um conceito essencialmente ligado às ciências econômicas, a quem competiria elaborar a última palavra em termos de qualificação dos fatos ocorridos no mundo fenomênico. Trata-se de uma visão que se baseia na crença de que existiria uma relação entre linguagem e realidade, como se os conceitos fossem capazes de representar a essência dos objetos a que se referem.[4] Esse raciocínio acaba criando uma sensação de subordinação conceitual, como se a contabilidade e o direito devessem

---

[4] NIÑO, Carlos Santiago. *Introducción al análisis del derecho*. 2. ed. ampliada y revisada. Buenos Aires: Editorial Astrea, 2003, p. 12. (Filosofía y Derecho, 5).

partir de uma prévia compreensão da realidade, aquela determinada pela economia.[5]

Ao contrário do que esse raciocínio sugere, é preciso assumir a premissa de que não existe uma necessária vinculação entre as definições de renda oriundas da economia e a forma pela qual direito e contabilidade devem construir os seus conceitos, ainda que as três ciências pareçam estar diante de uma mesma realidade. A qualificação de um fato por mais de uma ciência depende de circunstâncias que podem ser relevantes apenas para uma delas, ou até mesmo de circunstâncias comuns a todas elas, mas que sejam valoradas de forma diversa, o que de igual modo afeta o resultado final.

Nesse contexto, é essencial que as premissas de cada uma das ciências guardem correspondência com o seu respectivo sistema, de modo a evitar influências externas que não tenham sido previstas com base em suas próprias regras. Ou seja, é preciso que o conhecimento seja construído internamente, para que a partir dele a abertura ao ambiente possa ser considerada adequada. Enfim, é necessário que o intérprete conheça a fundo as regras do ambiente em que está inserido, sob pena de não estar apto a identificar quando influxos provenientes de outros sistemas estarão produzindo uma influência não permitida.[6]

A omissão quanto a esse fato pode fazer com que definições utilizadas pela economia (e também pela contabilidade) sejam invocadas como fundamento autônomo para a defesa de um conceito jurídico de renda aparentemente mais abrangente, que acabaria por ignorar normas cuja aplicação, na maioria das vezes, não pode ser relativizada pelo legislador. Por essas razões, e como forma de evitar um indesejado sincretismo metodológico, o presente estudo busca utilizar conceitos econômicos e contábeis com o único propósito de analisar a sua possível compatibilidade com o direito, especialmente com a definição de renda para fins de tributação. Impõe-se, portanto, a necessidade de se estabelecer um corte metodológico, importante para restringir a

---

[5] A esse respeito, recomenda-se a leitura do Prefácio ao livro: Direito Tributário, Direito Penal e Tipo, de Misabel Derzi, escrito por Geraldo Ataliba. Merece destaque o seguinte trecho: "Ao contrário de se perceber que toda discussão desenvolvida na Europa, a esse respeito, tinha em vista assegurar, nesse campo, a autonomia do jurídico, relativamente ao pré-jurídico e, portanto, a autonomia da ciência do direito, diante da ciência das finanças, da economia, da contabilidade, da administração etc. (…)". (DERZI, Misabel Abreu Machado. *Direito Tributário, Direito Penal e Tipo*. 2. ed. São Paulo: Editora Revista dos Tribunais, 2007, p. 12).

[6] DERZI, Misabel Abreu Machado. *Modificações da Jurisprudência no Direito Tributário*: proteção da confiança, boa-fé objetiva e irretroatividade como limitações constitucionais do poder judicial de tributar. São Paulo: Noeses, 2009.

análise do conceito de renda à *ciência do direito*, aqui entendida como um "sistema de conhecimentos sobre a realidade jurídica",[7] mesmo quando o próprio sistema jurídico concede um determinado grau de abertura ao dado colhido fora de seus domínios.

Com essas considerações, demonstra-se a absoluta inexistência de uma obrigação do legislador de convergir a um conceito *ideal* de renda, aquele que deveria se aproximar ao máximo das ciências econômicas. Essa conclusão não se altera diante da constatação de que o direito pode buscar inspiração em conceitos econômicos ou fazer remissão direta ao resultado contábil para fins de determinação da base de cálculo do tributo. É que, da inexistência de subordinação (separabilidade), não segue um dever absoluto de desvinculação (separação). No entanto, a eventual opção pelo reenvio como técnica legislativa jamais indicará uma sujeição do direito a definições presentes em outras ciências, mas apenas o exercício da referida autonomia conceitual em uma dimensão menor do que a permitida.[8]

Apesar dessas considerações, é possível encontrar na doutrina uma grande quantidade de referências a uma definição econômica de renda pretensamente superior às demais, que teria sido capaz de incorporar uma *noção pura de rendimento*, aquela que mais se aproximaria da *real capacidade econômica* manifestada pelos indivíduos.[9] Em razão disso, ter-se-ia um conceito de renda supostamente adaptado às necessidades impostas pelo direito tributário e que, por isso, estaria apto a representar o ponto ótimo na relação entre os conceitos jurídico e econômico. A referida construção remonta a uma leitura conjunta das obras dos economistas Robert Haig e Henry Simons,[10] cujo resultado foi capaz de influenciar teóricos do direito, legisladores e juízes ao longo do último século, em todo o mundo, mas com especial destaque para os Estados Unidos da América (EUA).[11]

É preciso advertir que essa definição não pode ser considerada puramente econômica, dado que os referidos autores, apesar de

---

[7] FERRAZ JÚNIOR, Tércio Sampaio. *A Ciência do Direito*. São Paulo: Atlas, 2012, p. 9.

[8] FALSITTA, Gaspare. *Manuale di Diritto Tributario:* parte speciale. 7. ed. Padova: CEDAM, 2010, p. 3.

[9] TAVARES, Tomás Cantista. *IRC e Contabilidade. Da realização ao justo valor*. Coimbra: Almedina, 2011, p. 25.

[10] Boa parte da doutrina coloca nesse grupo o trabalho de George Von Schanz, o que levaria a um modelo Shanz-Haig-Simons (SHS). Cf.: HOLMES, Kevin. *The concept of income:* a multi-disciplinary analysis. Amsterdam: IBFD Publications BV, 2000, p. 55-57. (Doctoral series, 1).

[11] SHAVIRO, Daniel N. The forgotten Henry Simons. *Florida State University Law Review*, v. 41, p. 1-38, 2013.

economistas, tinham o objetivo declarado de desenvolver um conceito de renda aplicável à tributação. Essa ideia de adaptação já deve ser capaz de retirar do conceito Haig-Simons a sua áurea de pureza inquestionável, pois, assim como em qualquer outra definição, ela incorpora não apenas o que os citados autores entendiam ser a corrente econômica dominante acerca do conceito de renda, como também as suas próprias impressões sobre quais ajustes ela deveria sofrer para que estivesse apta a servir de referência para a incidência do imposto.

Essas considerações devem levar ao entendimento de que o conceito Haig-Simons não deve servir como um referencial necessário para a construção de um conceito jurídico de renda. Em primeiro lugar, porque a intensidade do vínculo existente (com definições oriundas das ciências econômicas) sugere a presença de um conceito ontológico de renda, pelo menos em relação a um feixe de características obrigatórias, a respeito das quais o direito não poderia divergir. Em segundo lugar, porque o raciocínio empreendido parece indicar uma prevalência do pensamento econômico para fins de compreensão da realidade. Em terceiro lugar, porque o resultado das duas considerações anteriores leva a uma subordinação do direito a conceitos econômicos, cuja incorreção foi demonstrada ao longo dos parágrafos precedentes.

Em razão do exposto, é possível afirmar que o conceito de renda não é essencialmente econômico e que, em razão disso, não se pode sustentar a existência de uma subordinação do direito à qualificação atribuída pelas ciências econômicas aos fatos ocorridos no mundo fenomênico. Como decorrência, mostra-se incorreta a afirmação de que o conceito Haig-Simons representa a melhor expressão da capacidade contributiva manifestada pelos indivíduos, o que imporia a sua consideração como base de cálculo ideal para a tributação da renda.

2.2 Os mitos a serem superados

2.2.1 A inexistência de um conceito de renda que possa ser chamado de verdadeiro

No processo de construção de um conceito jurídico de renda o primeiro mito a ser superado diz respeito a uma suposta prevalência do econômico. Trata-se da equivocada consideração de que competeria às ciências econômicas a tarefa de definir de que modo os fatos patrimoniais deveriam ser interpretados, como se eles guardassem uma essência que lhes fosse própria, uma espécie de sentido previamente determinado.

Renda não é, todavia, um fenômeno natural. Ela não pode ser encontrada na natureza.[12] A sua definição será, sempre e necessariamente, uma abstração, que poderá variar de acordo com as circunstâncias adotadas por aquele encarregado de elaborá-la.

Essas considerações se tornam ainda mais persuasivas quando se percebe que a indeterminação a respeito do conceito de renda pode ser verificada inclusive no interior de cada um dos referidos ramos do conhecimento. Nem mesmo em relação à economia pode-se mencionar a existência de uma definição objetiva de renda, pois são variados os desacordos em relação à melhor forma de observação da realidade. Situação bastante similar pode ser observada em relação à contabilidade, em que diversas de suas premissas foram e continuam sendo alteradas ao longo dos anos. Hendriksen e Van Breda,[13] por exemplo, chegam a afirmar que o conceito contábil de renda jamais teria sido claramente formulado pela doutrina.

Ainda a respeito da contabilidade, algumas considerações adicionais são importantes. A contabilidade não tem a sua função ligada à mensuração da renda econômica, no sentido da qualificação atribuída às mutações patrimoniais pela referida ciência. A contabilidade possui os seus próprios objetivos e finalidades, que vão muito além da mera representação do resultado com base em conceitos e critérios provenientes da economia.[14] Basta a verificação de que o processo

---

[12] MACDONALD, Graeme. *The taxation of business income. Aligning taxable income with accounting income.* London: The Institute for Fiscal Studies, Apr. 2002, p. 3. (TLRC Discussion Paper nº 2).

[13] HENDRIKSEN, Eldon S; VAN BREDA, Michael F. *Accounting theory.* 5th ed. Boston: Irwin, 1991, p. 309.

[14] "De forma incidental, as relações entre certos conceitos contábeis e lições fundamentais de teoria econômica são notadas neste estudo. Espera-se que esta discussão possa ajudar a resolver a confusão de conceitos contábeis e econômicos e de terminologia em que muitos contadores (e, possivelmente, alguns economistas) parecem ter se perdido. O contador naturalmente olha para o mundo dos negócios sob a perspectiva de uma empresa considerada individualmente, ao passo que o economista enxerga a situação primariamente pelo ponto de vista de toda uma comunidade industrial, todo o mercado considerado em sua visão (o mercado como um todo). Consequentemente, conceitos e termos completamente válidos em um campo não podem ser transferidos para o outro sem uma cuidadosa qualificação" (Tradução nossa). No original: "Incidentally the relations between certain accounting concepts and fundamental classes of economic theory are noted in this study. It is hoped that this discussion may help to unravel the confusion of accounting and economic ideas and terminology in which many accountants (and perhaps some economists) appear to have lost themselves. The accountant naturally looks upon the business world through the eyes of the individual enterprise, the economist views the situation primarily from the standpoint of an entire industrial community, a whole market situation. Consequently, concepts and terms entirely valid in one field cannot be transferred to the other without, at any rate, very careful qualification". (PATON, William Andrew. *Accounting theory, with*

contábil é composto por três diferentes etapas (reconhecimento, mensuração e evidenciação),[15] para que não se possa ter dúvida acerca de sua independência e da liberdade que o contador dispõe para exercer juízos de valor ao longo desse percurso. A propósito, é justamente na etapa do reconhecimento que o contador qualifica os fatos com base em postulados próprios da ciência contábil.

As razões expostas até aqui apenas reforçam a existência de uma flexibilidade inerente à definição que se busca.[16] A interdisciplinaridade acaba por revelar, a um só tempo, que os conceitos de renda irão variar de acordo com as premissas adotadas e com os objetivos perseguidos,[17] de tal sorte que a pretensão de se construir uma definição de renda que possa ser chamada de neutra ou de científica representa apenas uma miragem.[18] Em virtude disso, não se pode admitir a ideia de um conceito de renda representativo de uma realidade ideal, que deveria ser perseguida pelo legislador em busca da base de tributação mais compatível com a capacidade contributiva (riqueza) manifestada pelo indivíduo.

Em resumo, não é válida a afirmação de que o *verdadeiro* conceito jurídico de renda somente seria alcançado quando as diferenças entre as rendas jurídica e econômica ficassem reduzidas à menor distância possível. É necessário que se parta da concepção contrária: a de que qualquer definição de renda estará sempre de acordo (ou não) com preceitos preestabelecidos, ou melhor, com a finalidade para a qual ela se propõe aplicável, o que conduz à conclusão de que elas podem ser diversas, a depender da ciência que se utiliza do conceito.[19]

---

special reference to the corporate enterprise. New York: The Ronald Press Company, 1922, p. v-vi).

[15] LOPES, Alexsandro Broedel; MARTINS, Eliseu. *Teoria da Contabilidade. Uma nova abordagem.* São Paulo: Atlas, 2007, p. 51.

[16] THURONYI, Victor. The concept of income. *Tax Law Review*, v. 46, p. 45-53, 1990.

[17] "Se usamos um conceito ou outro de renda ou se, de fato, usamos qualquer conceito de renda, claramente deveria depender, como já dito anteriormente, do propósito que perseguimos e do conceito de renda que a este propósito melhor servirá" (Tradução nossa). No original: "Whether we use one concept of income or another, or indeed whether we use any concept of income at all, clearly should depend, as I have already said, on the purpose we want to serve and the income concept which will best serve it". (SOLOMONS, David. Economic and accounting concepts of income. *The Accounting Review*, v. 36, n. 3, p. 374-383, Jul. 1961, p. 377).

[18] BITTKER, Boris. A "Comprehensive Tax Base" as a goal of income tax reform. *Harvard Law Re-view*, v. 80, n. 5, p. 925-985, Mar. 1967, p. 925.

[19] WHEELER, John T. Economics and accounting. In: BACKER, Morton (Ed.). *Handbook of modern accounting theory.* Englewood Cliffs, NJ: Prentice-Hall, 1953, p. 60-61.

2.2.2 O conceito jurídico de renda não se subordina ao econômico

Da ideia de que não há um conceito verdadeiro de renda segue a conclusão de que o direito tem autonomia para construir a sua própria qualificação da realidade, sem qualquer subordinação a definições oriundas de outras ciências. Até mesmo porque, é preciso não se descuidar do fato de que as definições que podem ser encontradas na economia não possuem qualquer pretensão de funcionar como um referencial teórico para a tributação. O uso que o legislador fará das teorias econômicas definitivamente não faz parte das preocupações de seus autores. Por essa razão, ainda que definições externas ao direito possam servir de inspiração para o legislador, este jamais deixará de considerar pressupostos inerentes ao sistema jurídico, muitos deles incompatíveis com a visão econômica a respeito da realidade.[20] Dito de outro modo, renda é um conceito tão jurídico quanto é econômico ou contábil.

Essa premissa não se desfaz diante da constatação que o legislador pode optar por vincular o conceito jurídico de renda a algumas definições adotadas pela economia. O importante é ter em mente que quando isso ocorrer jamais se estará diante de uma hipótese de subordinação técnica do direito em relação às ciências econômicas. Será apenas a constatação de que o ordenamento jurídico pode permitir um determinado grau de abertura a definições obtidas fora dos seus domínios, que poderá ser maior ou menor, dependendo da situação.

A questão do grau de abertura tem relação direta com as limitações impostas ao poder de tributar por cada ordenamento jurídico. De um lado, é possível encontrar sistemas em que prevalece uma maior liberdade para que o legislador busque gravar todas as manifestações de riqueza disponíveis. De outro lado, é possível que existam rígidas limitações materiais, de modo que a existência de capacidade contributiva estará vinculada ao conceito jurídico de cada uma das manifestações de riqueza cuja tributação se admite. Em relação ao imposto de renda, no primeiro caso a tendência é uma maior aproximação entre os conceitos jurídicos e as teorias econômicas, justamente pelo menor número de restrições impostas pelo direito; no segundo caso, contudo, a existência

---

[20] GASSNER, Wolfgang. The influence of tax principles on the taxation of income from capital. In: ESSERS, Peter; RIJKERS, Arie (Ed.). *The notion of income from capital:* EATLP Congress, Cologne 12-14 June 2003. [Amsterdam]: IBFD Publications, International Bureau of Fiscal Documentation, 2005, p. 35. (EATLP International Tax series, v. 1).

de riqueza em sentido econômico pode não se mostrar consentânea com as regras que limitam o exercício da competência impositiva relacionada ao imposto de renda.

Enfim, não se mostra correta uma determinada visão da realidade que predique a superioridade conceitual do resultado econômico, uma vez que o seu protagonismo para a definição do conceito tributário de renda dependerá de questões jurídicas relacionadas à competência tributária e à forma de seu exercício pelo legislador de cada país. Justamente por isso, deve-se sempre partir do sistema jurídico, seja no que diz respeito aos princípios e regras aplicados à tributação da renda, de maneira direta ou indireta, seja em relação à forma pela qual o direito qualifica os fatos patrimoniais capazes de gerá-la.

2.2.3 O conceito jurídico de renda não se subordina ao contábil

A relação entre os conceitos contábil e jurídico de renda precisa ser compreendida de forma semelhante ao que foi exposto acima em relação à economia. O ponto de partida, contudo, deve ser a superação do mito em torno do caráter absolutamente preciso dos conceitos contábeis, percepção que decorreria do fato de que o resultado prático da sua aplicação quase sempre representa um dado numérico nas demonstrações financeiras.[21] Essa visão do processo contábil contribui para a crença em torno de um procedimento de mera subsunção do fato econômico à regra contábil, com reduzidíssima margem de discricionariedade e poucas divergências.

A realidade revela, contudo, o caráter multiparadigmático da contabilidade.[22] Seus conceitos fundamentais estão baseados em determinadas convenções, que não podem ser tratadas como a única possibilidade de percepção da realidade que lhes é subjacente.[23] A contabilidade promove, por assim dizer, um recorte sobre essa realidade,[24]

---

[21] MORGAN, Gareth. Accounting as a reality in construction: towards a new epistemology for accounting practice. *Accounting, organizations and society*, v. 13. n. 5, p. 477-485, 1988.

[22] CHUA, Wai Fong. Radical developments in accounting thought. *The Accounting Review*, v. 61, n. 4, p. 601-632, Oct. 1986, p. 602.

[23] PATON, William Andrew; LITTLETON, Ananias Charles. *An introduction to corporate accounting standards*. [Chicago]: American Accounting Association, 1940, p. 19-21. (Monograph (American Accounting Association), nº 3).

[24] FLORES, Eduardo; BRAUNBECK, Guillermo Oscar. What is better: to be roughly right or exactly wrong? The role of quantitative methods in financial accounting. *International Journal of Multivariate Data Analysis (IJMDA)*, v. 1, n. 2, p. 162-172, 2017, p. 163.

capturando apenas os fatos que serão considerados relevantes para o seu propósito e que deverão ser reconhecidos e mensurados de acordo com determinados critérios previamente definidos, o que pressupõe um certo grau de discricionariedade.[25] Dessas constatações, segue uma necessária limitação do escopo e da validade da informação contábil, algo presente desde a criação do método das partidas dobradas.[26]

A uma primeira vista, essas considerações parecem atentar contra a ideia de um balanço consistente, resultado da aplicação do referido método. Essa exatidão, no entanto, representa mera coerência interna e formal, algo inerente ao registro contábil em partidas dobradas e que definitivamente não elimina a possibilidade de imprecisões.[27] Hopp e Leite são enfáticos ao destacar que "[a] liturgia da contabilidade sempre produziu, aos menos avisados, uma falsa sensação de segurança e conforto". Segundo eles, "[a] elegância algébrica do perfeito empate entre os totais do ativo e passivo, (...) sempre emprestam a eles (demonstrativos de resultados) uma áurea de exatidão e conservadorismo".[28] Portanto, atribuir excessiva objetividade a essas propriedades, além de incorreto, equivale a reduzir a complexidade do processo contábil à singela constatação de que o ativo é igual ao passivo mais o patrimônio líquido. O resultado acaba sendo uma indesejada confusão entre escrituração e ciência contábil.[29]

A verdade é que as regras contábeis são menos objetivas (logo, mais indeterminadas) do que um raciocínio intuitivo sugere.[30] Assim como ocorre com os enunciados normativos no âmbito do direito, elas estão sujeitas a diferentes interpretações ao longo do processo hermenêutico.[31]

---

[25] MATTESSICH, Richard. *Critique of accounting*: examination of the foundations and normative structure of an applied discipline. Westport, Conn.: Quorum Books, 1995, p. 213.

[26] EDWARDS, Edgar O.; BELL, Philip W. *The theory and measurement of business income*. Berkeley: University of California Press, 1961, p. 6-11.

[27] COMPARATO, Fábio Konder. Natureza jurídica do balanço de sociedade anônima. Licitação. In: WALD, Arnoldo (Org.). *Doutrinas Essenciais de Direito Empresarial:* sociedade anônima. São Paulo: Editora Revista dos Tribunais, 2011. v. 3, p. 693. (Edições Especiais Revista dos Tribunais 100 anos – Doutrinas Essenciais).

[28] HOPP, João Carlos; LEITE, Hélio de Paula. O crepúsculo do lucro contábil. *Revista de Administração de Empresas*, São Paulo, v. 28, n. 4, p. 55-63, out./dez. 1988, p. 56.

[29] IUDÍCIBUS, Sérgio; MARTINS, Eliseu; LOPES, Alexsandro Broedel. Os vários enfoques da contabilidade. In: LOPES, Alexsandro Broedel; MOSQUERA, Roberto Quiroga (Coord.). *Controvérsias jurídico-contábeis*: aproximações e distanciamentos. São Paulo: Dialética, 2012. v. 3, p. 348.

[30] SANDERS, Thomas Henry; HATFIELD, Henry Rand; MOORE, Underhill. *A statement of accounting principles*. New York: American Institute of Accountants, 1938, p. 5-6.

[31] "Ao tentar avaliar praticamente conceitos tão abstratos como 'valor' e 'renda', a Contabilidade frequentemente adota procedimentos arbitrários, eternamente sujeitos à fácil refutação

O próprio regime de competência, que é a base da escrituração contábil, nada mais é do que um método de alocação da variação patrimonial no tempo, baseado em determinados postulados. Trata-se de um regime que pode ser considerado ambíguo e indefinido, dado que para quase todos os fatos capazes de afetar as demonstrações financeiras há uma variedade de métodos alternativos para a confrontação entre receitas e despesas. Ao final, a questão acaba girando em torno de qual pode ser considerado o melhor momento para o reconhecimento da variação patrimonial.[32]

Essas considerações já deveriam ser suficientes para afastar qualquer argumento no sentido da existência de subordinação do conceito jurídico de renda ao resultado apurado segundo a contabilidade. No entanto, é preciso ir além, para igualmente afastar a ideia de que a contabilidade seria a ciência encarregada de evidenciar o resultado econômico, pois as diferenças entre as técnicas de mensuração para as duas ciências são consideráveis.[33] Trata-se de questão essencial, pois poder-se-ia argumentar que a constatação de que a contabilidade não é uma ciência exata não eliminaria o fato de que ela representa um sistema intermediário entre o direito e a economia. Em razão disso, ela se mostraria a melhor alternativa disponível para que o legislador pudesse buscar tributar a renda econômica, esta sim, a melhor estimativa da real riqueza manifestada pelas pessoas.

Esse raciocínio se mostra equivocado. O resultado contábil não é um mero reflexo da visão da economia sobre a realidade, mas o produto de três diferentes etapas, em que a primeira delas consiste justamente na emissão de juízos de valor acerca dos fatos patrimoniais ocorridos. Assim, não é incomum que conceitos oriundos da economia sejam inaplicáveis à contabilidade, sendo a recíproca igualmente verdadeira.[34] Como precisamente adverte Comparato, "[o]s fatos econômicos não passam para os livros contábeis no estado bruto, mas são traduzidos, simbolicamente, em conceitos e valores; ou seja, são previamente estimados e valorados, segundo um critério determinado em função

---

teórica". (HOPP, João Carlos; LEITE, Hélio de Paula. O crepúsculo do lucro contábil. *Revista de Administração de Empresas*, São Paulo, v. 28, n. 4, p. 55-63, out./dez. 1988, p. 57).

[32] BEAVER, W. *Financial reporting*: an accounting revolution. 3rd ed. London: FT Prentice Hall, 1998, p. 3.

[33] CANNING, John B. *The economics of accounting*: a critical analysis of accounting theory. New York: The Ronald Press Company, [c1929], p. 143.

[34] PATON, William Andrew. *Accounting theory, with special reference to the corporate enterprise*. New York: The Ronald Press Company, 1922, p. v-vi.

de uma finalidade específica".[35] Compete à contabilidade, portanto, qualificar os fatos patrimoniais de acordo com os seus postulados, o que pressupõe a inexistência de subordinação da informação contábil às ciências econômicas.

Para que essas considerações sejam colocadas em seu devido lugar, é preciso afirmar que, historicamente, a autonomia conceitual da contabilidade nem sempre foi exercida de forma plena.[36] Durante um longo período os teóricos da contabilidade financeira adotaram uma abordagem baseada na economia. A lógica desse raciocínio residia no fato de que a renda econômica seria o resultado da aplicação de conceitos bem definidos, muito próximos de uma ideia de objetividade científica. Nesse contexto, a existência de incertezas era tratada como algo apenas acidental, com pouca (ou quase nenhuma) relevância. Dessa forma, diante da existência de uma aproximação mais adequada da realidade, que seria justamente aquela originária das ciências econômicas, era dela que a contabilidade deveria partir.

O referido cenário começou a se modificar no final da década de 1960, ocasião em que se percebe uma mudança em direção a uma *abordagem informacional* da contabilidade, que teria representado uma verdadeira *revolução contábil,* em expressão cunhada por Beaver.[37] O autor aponta duas razões principais para essa mudança de enfoque. A primeira delas seria exatamente a ideia de que renda não é um conceito bem definido, especialmente quando se observa a presença de um mercado imperfeito ou incompleto. Ademais, mesmo nas hipóteses em que a existência de um mercado perfeito fosse admitida, ainda assim não haveria consenso acerca do melhor método de apresentação das demonstrações financeiras.

Essa é, inegavelmente, a leitura mais correta da situação. A economia efetivamente trabalha com premissas e objetivos diversos

---

[35] COMPARATO, Fábio Konder. Natureza jurídica do balanço de sociedade anônima. Licitação. In: WALD, Arnoldo (Org.). *Doutrinas Essenciais de Direito Empresarial:* sociedade anônima. São Paulo: Editora Revista dos Tribunais, 2011. v. 3, p. 693. (Edições Especiais Revista dos Tribunais 100 anos – Doutrinas Essenciais).

[36] "Entre este ponto e até, talvez, apenas o passado recente, ninguém, eu imagino, teria pensado na contabilidade como uma ciência humana. Possivelmente, a maioria das pessoas até hoje pensa que o contador é apenas um escriturário, o inocente guardador dos registros. Mas isso certamente é um equívoco" (Tradução nossa). No original: "To this point, until perhaps only the recent past, no one, I think, would have thought of accounting as a human science. Perhaps even today most people think of the accountant as the bookkeeper, the innocent keeper of the records. But surely this a mistake". (MANICAS, Peter. Accounting as human science. *Accounting Organizations and Society,* v. 18, n. 2-3, p. 147-161, Apr. 1993, p. 147).

[37] BEAVER, W. *Financial reporting:* an accounting revolution. 3rd ed. London: FT Prentice Hall, 1998, p. 2-4.

daqueles buscados pela contabilidade, o que leva à existência de diferenças estruturais entre essas duas visões da realidade.[38] Recortes promovidos sobre a realidade econômica são necessários para que se obtenha um modelo praticável de análise, que jamais deixará de ser uma aproximação.[39] Nesse contexto, Hendriksen e Van Breda[40] mencionam interessante posicionamento do "Grupo de Estudos sobre os Objetivos das Demonstrações Financeiras",[41] no sentido de que o resultado contábil deve estar baseado em convenções e regras portadoras de lógica e consistência internas, ainda que não coerentes com as noções de renda oriundas da economia. Eliseu Martins[42] adota posicionamento semelhante, indicando a existência concreta de dois fatores econômicos desconsiderados pela contabilidade para apuração do lucro: a inflação e o custo de oportunidade.

Os distanciamentos entre a economia e a contabilidade também não escaparam à arguta percepção de Iudícibus.[43] Em sua tese de doutorado o autor destacou "a falta de aproximação e entendimento que se verifica entre economistas e contadores no estudo dos fatos da empresa", que girava em torno, basicamente, da mensuração do lucro. E apontou como causa o fato de que o lucro contábil apurado de acordo com os processos tradicionais é, essencialmente, o reflexo de eventos passados, enquanto a economia estaria preocupada com a comparação entre o passado e os eventos que ainda iriam ocorrer. Essa é igualmente

---

[38] CANNING, John B. *The economics of accounting*: a critical analysis of accounting theory. New York: The Ronald Press Company, [c1929], p. 144-159.

[39] "Economistas têm se contentado em desenvolver suas teorias em um mundo estilizado que contém numerosas premissas simplificadoras, tais como a livre disponibilidade de informações para todos os participantes no mercado. Contadores estão proibidos de adotarem tais premissas porque com elas não há qualquer razão para a contabilidade ser feita. Dito de outra forma, no típico mercado perfeito que habita os livros de economia não há espaço para a contabilidade" (Tradução nossa). No original: "Economists have been content to develop their theories in a stylized world containing numerous simplifying assumptions, such as free availability of information to all participants in the market. Accountants are prevented from making these assumptions, because with them there is no reason for accounting to be done at all. Stated otherwise, in the typical perfect market that inhabits economic textbooks, there is no room for accounting". (HENDRIKSEN, Eldon S; VAN BREDA, Michael F. *Accounting theory*. 5th ed. Boston: Irwin, 1991, p. 88).

[40] HENDRIKSEN, Eldon S; VAN BREDA, Michael F. *Accounting theory*. 5th ed. Boston: Irwin, 1991, p. 288.

[41] Study Group on the Objectives of Financial Statements.

[42] MARTINS, Eliseu. Avaliação de empresas: da mensuração contábil à econômica. *Caderno de Estudos*, São Paulo, Fipecafi, v. 13, n. 24, p. 28-37, jul./dez. 2000, p. 28.

[43] IUDÍCIBUS, Sérgio. *Contribuição à teoria dos ajustamentos contábeis*. 1966. 123 f. Tese (Doutorado em Ciências Contábeis) – Faculdade de Economia, Administração e Contabilidade, Universidade de São Paulo (USP), São Paulo, 1966, p. 12-47.

a posição de Edwards & Bell,[44] ao sustentarem que para a economia o passado estaria morto, enquanto para a contabilidade o futuro seria inexistente. De forma mais específica, a economia trabalharia com uma série de expectativas que gerariam uma perspectiva de lucro, enquanto a contabilidade estaria baseada em fatos ocorridos e o lucro por eles já gerado. Ainda que esse cenário tenha se modificado substancialmente ao longo dos últimos anos, com a presença de uma informação contábil cada vez mais voltada para o futuro, deve-se manter inalterada a constatação acerca da inexistência de vinculação ao resultado apurado de acordo com as ciências econômicas. À contabilidade compete reconhecer, mensurar e evidenciar os fatos patrimoniais, sem uma necessária vinculação a quaisquer outras qualificações, fazendo com que ela definitivamente não possa ser considerada um instrumento de representação meramente formal do dado econômico. Assim, é possível concluir-se que o direito não se subordina à contabilidade da mesma forma que não está subordinado à economia.

2.3 Um natural ponto de partida: o conceito Haig-Simons de renda

Uma vez estabelecidas as premissas de que inexistiria, na economia ou na contabilidade, um conceito *verdadeiro* de renda, e de que o direito não estaria subordinado à qualificação atribuída aos fatos patrimoniais pelas referidas ciências, é necessário fixar as balizas que irão nortear a construção de um conceito de renda aplicável à tributação.[45] Como forma de tornar esse trabalho mais racional, optou-se por partir de uma definição bastante utilizada pela doutrina jurídica. Como já mencionado

---

[44] EDWARDS, Edgar O.; BELL, Philip W. *The theory and measurement of business income*. Berkeley: University of California Press, 1961, p. 1-4.

[45] "Não existe definição 'ideal' de renda (ao menos alguma que possa ser objetivamente definida e mensurada) que, se adotada, mensuraria a quantidade de 'acréscimo líquido de poder econômico' de um indivíduo (Haig) ou a quantidade que cada indivíduo poderia despender em um certo ano e 'manter a sua riqueza ao fim de um período no mesmo patamar em que estava no seu início' (Hicks). A busca pela 'verdadeira' capacidade de consumo ou o 'verdadeiro acréscimo de poder econômico' é uma busca sem fim". (Tradução nossa). No original: "There is no 'ideal' definition of Income (at least none that could be objectively defined and measured) which, if adopted, would measure the amount of 'net accretion to economic power' of an individual (Haig) or the amount which each individual could spend in any particular year and 'still be as well off at the end of the period as he was at the beginning' (Hicks). The search for the 'true' measure of the spending capacity or the 'true increment of economic power' is a chase of a will-o'-the-wisp". (KALDOR, Nicholas. *An expenditure tax*. London: Routledge, 1955, p. 45).

na parte inicial do presente capítulo, trata-se do conceito Haig-Simons, chamado por muitos de *conceito fundamental de renda*.

Ainda assim, cabível novamente a ressalva de que o referido conceito, por mais coerente que seja em suas premissas, não será aqui considerado como um ideal a ser buscado pelo legislador tributário, tampouco como sinônimo da existência de uma verdadeira capacidade econômica, mas apenas como a sistematização de uma série de características que, na visão dos seus autores, seriam capazes de transformar a renda apurada, segundo preceitos da economia, em um conceito aplicável ao direito tributário. Trata-se de uma abstração baseada na obra de dois autores, o que implica a existência de uma particular visão deles acerca do conceito de renda para a economia, da forma como esse conceito deve ser adaptado para o direito (o que envolve uma prévia visão de qual deve ser a base de cálculo do imposto de renda) e que não pode ignorar o momento histórico e as particularidades do sistema jurídico em que estavam inseridos.

A propósito, muito embora seja mais comum encontrar referências aos trabalhos de Robert Haig e Henry Simons, Kevin Holmes[46] aponta a obra do economista alemão George Von Schanz (1896) como a pioneira na conceituação de renda como acréscimo de poder econômico ao patrimônio, para fins de determinação da base de cálculo do imposto de renda.[47] Schanz teria feito referência a uma ideia de poder econômico medido em termos de capacidade, desvinculada de seu efetivo exercício, desde que ela fosse suscetível de avaliação em dinheiro. Esse conceito pressupõe a existência de um incremento líquido ao patrimônio, considerado em um determinado intervalo de tempo, cuja origem seria a aquisição de poder econômico,[48] por meio da identificação dos meios que permaneceriam sob o seu poder de disposição, sem prejudicar o capital ou gerar novas dívidas.[49]

A definição de Haig[50] (1921) segue linha semelhante. O autor mencionava um incremento líquido do poder do indivíduo de satisfazer

---

[46] HOLMES, Kevin. *The concept of income*: a multi-disciplinary analysis. Amsterdam: IBFD Publications BV, 2000, p. 55. (Doctoral series, 1).

[47] Kevin Holmes ainda faz referência aos economistas Sax (1887) e Garelli (1914). Cf.: HOLMES, Kevin. *The concept of income*: a multi-disciplinary analysis. Amsterdam: IBFD Publications BV, 2000, p. 55. (Doctoral series, 1).

[48] HOLMES, Kevin. *The concept of income*: a multi-disciplinary analysis. Amsterdam: IBFD Publications BV, 2000, p. 57-59. (Doctoral series, 1).

[49] PEDREIRA, José Luiz Bulhões. *Imposto sobre a renda – Pessoas Jurídicas*. Rio de Janeiro: Justec, 1971. v. 1, item 2.11 (12).

[50] HAIG, Robert Murray. The concept of income – economic and legal aspects. In: HAIG. Robert Mur-ray. *The Federal Income Tax*. New York: Columbia University Press, 1921, p. 27.

as suas vontades em um dado intervalo de tempo, que poderia ser representado por dinheiro ou por qualquer coisa suscetível de avaliação em dinheiro. Novamente, não há qualquer vinculação ao efetivo exercício da capacidade de consumo pelo contribuinte, bastando a sua existência, medida em termos de poder econômico. Kevin Holmes[51] aponta que essa definição também pressupõe a preservação do capital, uma vez que renda seria aquilo que o indivíduo teria condição de obter, caso houvesse optado por manter inalterado o seu patrimônio. Assim, sob a ótica de Haig, renda seria o acréscimo líquido de riqueza, representado pelo incremento de poder econômico (capacidade de consumir no futuro), sem que o capital fosse afetado e medido em um intervalo de tempo predeterminado.

É interessante notar que as definições citadas pressupõem a existência de um *poder de consumo*, sem qualquer vinculação ao seu efetivo exercício. A capacidade de controlar benefícios econômicos bastaria para que a existência de renda pudesse ser sustentada. Como bem destaca Holmes,[52] a tributação deveria incidir sobre a capacidade de fazer algo no futuro e não sobre o agir efetivo. A lógica residiria no fato de que o ato de dispor deve pressupor a prévia aquisição dessa prerrogativa.

Finalmente, a definição de Simons[53] (1938) também adota lógica bastante similar. O autor atribui relevância à presença "dos direitos que comandam preços" *(rights which command prices)*. Renda, então, seria o exercício do controle sobre benefícios econômicos. Do ponto de vista aritmético, ela poderia ser medida com base no acréscimo de valor dos ativos detidos pelo contribuinte, no espaço de tempo considerado, desde que não tivesse havido consumo ou perda de capital; ou com base no valor dos direitos que poderiam ser consumidos sem alteração do saldo inicial. Interpretando esse conceito, Holmes[54] sustenta que renda seria o valor dos ativos detidos pelo contribuinte, como representativos do montante que poderia ser consumido em um dado intervalo de tempo, desde que o ato de consumo não fosse capaz de colocar o contribuinte

---

[51] HOLMES, Kevin. *The concept of income:* a multi-disciplinary analysis. Amsterdam: IBFD Publications BV, 2000, p. 60-61. (Doctoral series, 1).

[52] HOLMES, Kevin. *The concept of income:* a multi-disciplinary analysis. Amsterdam: IBFD Publications BV, 2000, p. 61. (Doctoral series, 1).

[53] SIMONS, Henry C. *Personal income taxation:* the definition of income as a problem of fiscal policy. Chicago: Chicago University Press, 1938.

[54] HOLMES, Kevin. *The concept of income:* a multi-disciplinary analysis. Amsterdam: IBFD Publications BV, 2000, p. 67. (Doctoral series, 1).

em uma condição inferior à do início do período. Nessa linha, renda seria apenas o valor disponível para consumo.

Com base nas ideias expostas até aqui é possível notar uma série de características comuns a todas as definições de renda acima citadas. A primeira delas diz respeito à necessidade de ocorrência de um acréscimo patrimonial,[55] do que decorre uma imprescindível diferenciação entre renda e capital. Renda é o que acresce ao patrimônio, de modo que a sua existência deve considerar os elementos que o afetam negativamente, bem como a necessidade de que sejam adotados mecanismos para que o capital seja mantido. É possível inferir, ainda, que o conceito de incremento líquido ao patrimônio igualmente implica a dedução das despesas necessárias à obtenção da renda, bem como daquelas que são incorridas de forma compulsória pelo contribuinte.

De igual modo, todas as definições estão baseadas na ideia de capacidade, medida com base no poder econômico relacionado ao patrimônio, sendo desnecessário o seu efetivo exercício. É dizer, não deveria fazer parte do conceito de renda a ideia de realização, sendo suficiente que o acréscimo de valor ao patrimônio pressuponha uma efetiva ampliação do poder econômico do indivíduo. A lógica reside na crença de que a mera existência do patrimônio já permitiria ao seu titular efetivo acesso à riqueza, que acabaria aumentando na medida da valorização observada e que tornaria irrelevante o momento em que o ganho se materializa por meio de um ato ou negócio jurídico.[56]

Por fim, extrai-se do conceito Haig-Simons a ideia de que os rendimentos sejam considerados em conjunto, submetidos a um mesmo universo de alíquotas e tributados de forma progressiva, o que teria a finalidade de diminuir desigualdades por meio da utilização do tributo como mecanismo de distribuição de renda. Esses predicados tornariam a referida definição mais adequada sob o prisma da igualdade, o que seria altamente desejável.[57] Levado às últimas consequências, o conceito Haig-Simons de renda tende a promover máxima arrecadação e justiça

---

[55] Ainda na linha do acréscimo de valor, merecem destaque, dentre outros, os trabalhos de Alfred Marshall, Lawrence Dicksee, Henry Hatfield, Arthur Dickinson e John Canning, que também definiram renda como uma mudança de valor sobre patrimônio. Cf.: BROWN, Cary; BULOW, Jeremy I. The definition of taxable business income. In: PECHMAN, Joseph A. (Ed.). *Comprehensive income taxation.* Washington, D. C.: Brookings Institution, 1977. cap. 7, p. 241.

[56] PEDREIRA, José Luiz Bulhões. *Imposto sobre a renda – Pessoas Jurídicas.* Rio de Janeiro: Justec, 1971, v. 1, item 2.11 (12).

[57] ABREU, Alice G.; GREENSTEIN, Richard K. Defining Income. *Florida Tax Review,* v. 11, n. 5, p. 295-348, May 2011.

redistributiva, o que obviamente ajuda a justificar o seu enorme prestígio ao longo do último século.

No entanto, esse conceito também foi objeto de críticas diversas, que merecem ser pontuadas. No Brasil, por exemplo, Bulhões Pedreira[58] se manifestou no sentido de que "os autores citados, ao procurarem definir renda, não se preocuparam em saber o que é renda, e sim o que, no seu entender, deve ser considerado renda pessoal como base de incidência do impôsto". E prosseguiu, no sentido de que as visões de Shanz, Haig e Simons estariam baseadas em preocupações de justiça social, em um contexto econômico completamente distinto do brasileiro, o que não poderia ser ignorado por quem pretendesse considerar as suas ideias.

Sob perspectiva um pouco diversa e partindo da hipótese de que a literatura econômica jamais será capaz de desenvolver uma teoria sobre a renda que possa ser integralmente utilizada pelo legislador, Gassner[59] questiona como a doutrina jurídica poderia chegar a um conceito universal de renda para fins tributários. A impossibilidade, segundo ele, decorreria das diferenças econômicas, culturais e jurídicas de cada jurisdição. Para o autor, como se poderia obter uma noção geral do que é renda se existem diferentes abordagens sobre quais são os conceitos de substância e forma, por exemplo? Em sua resposta, afirma que seria difícil a obtenção de consenso até mesmo acerca dos aspectos mais gerais da definição de renda. Avançando sobre questões mais complexas, assevera que o número de opiniões divergentes seria enorme, o que conduziria à conclusão de que não se poderia jamais atribuir a um determinado grupo de pessoas, a despeito do quão qualificadas elas sejam, a titularidade da definição do que deve ser considerado renda para fins tributários.

Essa posição não pode ser negligenciada. O autor alemão tem razão quando questiona a possibilidade da existência de um conceito de renda aplicável à tributação que possa ser tido por universal e inquestionável. De fato, qualquer definição de renda será objeto de considerações de política tributária e de adaptações às mais diversas necessidades de uma determinada jurisdição, o que faz com que se

---

[58] PEDREIRA, José Luiz Bulhões. *Imposto sobre a renda – Pessoas Jurídicas*. Rio de Janeiro: Justec, 1971, v. 1, item 2.11 (13-14).

[59] GASSNER, Wolfgang. The influence of tax principles on the taxation of income from capital. In: ESSERS, Peter; RIJKERS, Arie (Ed.). *The notion of income from capital:* EATLP Congress, Cologne 12-14 June 2003. [Amsterdam]: IBFD Publications, International Bureau of Fiscal Documentation, 2005, p. 38-39. (EATLP International Tax series, v. 1).

trate de um conceito intimamente relacionado ao ordenamento jurídico em que está inserido e que, por isso, não pode estar subordinado à economia, conforme já ressaltado. Thuronyi[60] também teceu duras críticas. Para ele, o conceito Haig-Simons utiliza termos e expressões ambíguas, tais como *consumo* e *acréscimo de valor*, sem indicar como eventuais dúvidas a respeito dos seus sentidos e abrangência seriam resolvidas. Além disso, afirma que o próprio Simons teria adotado diferentes conceitos de renda ao longo de sua obra, o que ajudaria a demonstrar a sua inaplicabilidade ao direito tributário. O autor apresenta um contraponto interessante, sustentando que a construção de um conceito de renda deve começar respondendo qual será o seu propósito e com base em quais critérios determinados rendimentos serão incluídos ou excluídos da base de cálculo, o que o transformaria em um conceito essencialmente jurídico.

As críticas, no entanto, não são capazes de tornar imprestável o conceito Haig-Simons de renda. Como generalização, parece importante o estabelecimento de um núcleo de significação, que gira em torno, justamente, da necessidade de acréscimo patrimonial e de manutenção da fonte produtora da renda. Além disso, é importante notar a preocupação em relação a uma incidência progressiva, que pressupõe a consideração de todas as rendas em conjunto. Assim, apesar de suas aparentes deficiências, parte delas atribuível ao passar dos anos, a definição proposta por Haig e Simons parece um bom ponto de partida para a construção de um conceito jurídico de renda.

2.4 Ainda a busca por um conceito jurídico de renda: as balizas

2.4.1 Acréscimo patrimonial e preservação do capital

Superados os mitos, o trabalho de construção de um conceito jurídico de renda deve prosseguir a partir da identificação de um atributo que pode ser considerado objeto de consenso doutrinário histórico: a ideia de que renda é um *quid novi*, ou seja, uma riqueza nova que acresce ao patrimônio de seu titular.[61] A verificação da existência desse acréscimo obviamente pressupõe a necessidade de que o capital seja

---

[60] THURONYI, Victor. The concept of income. *Tax Law Review*, v. 46, p. 45-53, 1990.
[61] FALSITTA, Gaspare. *Manuale di Diritto Tributario:* parte speciale. 7. ed. Padova: CEDAM, 2010, p. 5.

CAPÍTULO 2
CONSTRUÇÃO DO CONCEITO JURÍDICO DE RENDA | 59

preservado, de modo que ao final do período considerado o indivíduo esteja, sob um determinado ponto de vista, com um patrimônio de valor pelo menos equivalente ao do seu início. É dizer, não pode haver renda sem que o patrimônio seja acrescido e não haverá acréscimo sem que o capital seja preservado.[62]

É preciso destacar que esses dois atributos estão presentes na doutrina econômica há séculos, sendo a referência mais marcante a obra "A Riqueza das Nações", de Adam Smith,[63] escrita em 1776. No entanto, a questão é visualizada com um pouco mais de clareza na obra de Sir John Hicks,[64] vencedor do Prêmio Nobel de Economia em 1972. De acordo com o seu entendimento, renda seria uma medida da capacidade de consumo, que, se exercida dentro de um determinado intervalo de tempo, deveria deixar o seu titular em posição pelo menos equivalente à do início do período considerado. O objetivo de se mensurar a renda seria dar às pessoas um indicativo de quanto elas poderiam consumir sem se empobrecerem. De forma mais específica, renda seria o valor máximo que estaria disponível para consumo em uma semana, desde que ao seu final a pessoa estivesse tão rica (as well off) quanto em seu início.[65]

Embora as considerações acima tenham sido formuladas sob a perspectiva das pessoas físicas, as suas ideias são igualmente aplicáveis às pessoas jurídicas. Especificamente em relação à doutrina brasileira, essa é a posição de Natan Szuster, para quem lucro[66] é "o valor que a empresa pode consumir durante certo tempo sem alterar as condições iniciais"[67] e

---

[62] Capital deve ser entendido como o estoque de riqueza por meio do qual se espera obter riqueza adicional. Cf.: SANDERS, Thomas Henry; HATFIELD, Henry Rand; MOORE, Underhill. *A statement of accounting principles*. New York: American Institute of Accountants, 1938, p. 11.

[63] SMITH, Adam. *An inquiry into the natures and causes of the wealth of nations*. Digital edition. MetaLibri, 2007, p. 338-339.

[64] HICKS, John R. *Value and capital:* an inquiry into some fundamental principles of economic theory. 2nd ed. Oxford: Clarendon Press, 1946, p. 172.

[65] O próprio Hicks reconheceu as dificuldades práticas de aplicação da sua teoria. "Como Hicks destaca, a dificuldade sobre a sua definição está no que queremos dizer com 'estar tão rico quanto' em uma data quanto em outra" (Tradução nossa). No original: "As Hicks points out, the difficulty about his definition is in saying what we mean by 'being as well off' at one date as at another" (SOLOMONS, David. Economic and accounting concepts of income. *The Accounting Review*, v. 36, n. 3, p. 374-383, Jul. 1961, p. 376).

[66] Renda e lucro estão sendo tratados como sinônimos.

[67] SZUSTER, Natan. *Análise do lucro passível de distribuição:* uma abordagem reconhecendo a manutenção do capital da empresa. 1985. 534 f. Tese (Doutorado em Contabilidade) – Faculdade de Economia, Administração e Contabilidade, Universidade de São Paulo (USP), São Paulo, 1985, p. 7.

de Eliseu Martins,[68] para quem renda é o resultado econômico que pode ser retirado da entidade em um período, de forma tal que o patrimônio líquido, no final desse período, seja exatamente igual ao inicial. Assim, é necessário que o conceito mínimo de renda não desvie dessas duas características essenciais, que se ligam uma à outra de forma indissociável. Jamais haverá renda que não revele a existência de uma riqueza nova que tenha sido acrescida ao patrimônio de seu titular, propriedade que traz consigo a exigência de que o capital seja preservado, pois é dele que a renda deriva. Para que não reste dúvida, tem-se como elementos fundamentais de qualquer definição de renda a necessária ocorrência de um acréscimo patrimonial e o compromisso de manutenção da fonte produtora, o que se pode denominar de "conceito Smith-Hicks de renda".[69]

De todo modo, a existência desses atributos, por si só, não confere ao conceito de renda a concretude necessária para o direito. Voltando às definições de Smith, Hicks, Haig, Simons, Martins e Szuster, percebe-se que o acréscimo deve ser determinado com base na variação da capacidade econômica de consumir, sem que o efetivo exercício desse poder seja exigido. De tal sorte que renda seria sempre o aumento de uma capacidade, medido com base na oscilação de valor dos bens que compõem o patrimônio, sendo desnecessária a ideia de realização. Como dito, a lógica reside na crença de que a mera existência do patrimônio já permitiria ao seu titular efetivo acesso à riqueza, que acabaria aumentando na medida da valorização observada e que tornaria irrelevante a ocorrência de um ato ou negócio jurídico.

Mas se renda é algo que acresce ao patrimônio, o que se deve entender por patrimônio e de que forma a sua oscilação deve ser mensurada? O aumento da capacidade econômica é condição suficiente para a existência de renda em sentido jurídico? No que consiste a ideia de manutenção do capital? É relevante e/ou aplicável para o direito a distinção entre os conceitos de manutenção do capital financeiro e de manutenção do capital físico? O que é realização e qual a sua importância para o conceito jurídico de renda? Para que se chegue a um conceito de incremento patrimonial líquido, quais despesas devem ser consideradas

---

[68] MARTINS, Eliseu. *Contribuição à avaliação do ativo intangível*. 1972. 109 f. Tese (Doutorado) – Faculdade de Economia e Administração, Departamento de Contabilidade e Atuaria, Universidade de São Paulo (USP), São Paulo, 1972, p. 52.

[69] A obra de Hicks, embora seja posterior às de Haig e Simons, está sendo adotada por revelar uma abordagem essencialmente econômica, desprovida da preocupação de construir um conceito apto a servir de base de cálculo para o imposto de renda.

na determinação da base de cálculo? O objetivo, daqui em diante, é tentar obter respostas para cada um desses questionamentos, o que certamente colocará o trabalho em um estágio mais próximo de um conceito de renda efetivamente adaptado às necessidades do direito tributário.

2.4.2 O conceito de patrimônio e sua mensuração

A primeira questão que precisa ser abordada, após ter sido assumida a premissa de que renda pressupõe a ocorrência de um acréscimo patrimonial, é justamente o conceito de patrimônio. Trata-se de questão intrincada, mesmo que se parta de uma definição baseada na ideia de universalidade de direitos e obrigações com conteúdo econômico, uma vez que é justamente na determinação desse conteúdo que as divergências aparecem. Na prática, podem existir dúvidas quanto aos critérios de avaliação e quanto aos elementos que necessariamente devem ser considerados, o que conduz à conclusão de que patrimônio não é um dado da realidade que poderá simplesmente ser adotado como ponto de partida pela norma tributária.

Nesse contexto, ao legislador compete promover um recorte da realidade, de modo a selecionar os elementos que deverão ser considerados na determinação da variação patrimonial, o que ocorrerá tanto no caso das pessoas físicas quanto no das pessoas jurídicas. Como será visto, não é possível que a mensuração de patrimônio, para fins de apuração do imposto de renda, leve em conta toda e qualquer mutação patrimonial, uma vez que existirão elementos (positivos e negativos) que deverão ser necessariamente desconsiderados. Pode-se falar em uma específica forma de mensuração do patrimônio, e, por conseguinte, de seu acréscimo, relacionada ao direito tributário.

Alguns exemplos tornam a situação mais evidente. No caso das pessoas físicas, pudesse o patrimônio ser tratado como uma absoluta universalidade, então todos os elementos positivos deveriam ser considerados para fins de determinação da base de cálculo do imposto de renda, incluindo bens e direitos recebidos em doação, por exemplo. O mesmo raciocínio deveria ser aplicado aos elementos negativos, já que mesmo os gastos classificados como atos de consumo são capazes de reduzir o patrimônio. Admitida essa situação, a definição do valor do acréscimo acabaria atrelada às preferências pessoais dos contribuintes, manifestadas em atos de aplicação da renda por eles obtidas, o que obviamente não se pode admitir como correto.

A mesma situação se mostra presente no caso das pessoas jurídicas. Nessa hipótese, contudo, deve ser considerado um fator adicional, que é a presença do lucro líquido contábil como ponto de partida para a determinação do resultado passível de tributação. Inegavelmente, é do dado contábil que o legislador parte, em maior ou menor grau, dependendo da jurisdição considerada. A despeito da posição do intérprete acerca das funções da contabilidade e da sua relação com as ciências econômicas, é forçoso reconhecer a existência de variadas formas de se determinar o resultado contábil, o que requer do legislador uma atuação no sentido de refiná-lo, seja para excluir acréscimos e decréscimos de valor que tenham origem no patrimônio e não na renda, seja para incluir aqueles que tenham escapado ao filtro da contabilidade.

Em suma, nem todas as mutações patrimoniais das pessoas físicas e jurídicas serão relevantes para fins de determinação do acréscimo patrimonial passível de tributação. O que se deve ter em mente é que renda pressupõe a ocorrência de um acréscimo ao patrimônio, mas que nem todo acréscimo patrimonial poderá ser considerado renda. Cabe ao legislador, portanto, partindo de uma universalidade de mutações patrimoniais, estabelecer uma determinada metodologia de mensuração que seja capaz de selecionar apenas as situações cujo efeito conjunto imponha a caracterização da existência de renda em sentido jurídico, apta a ser oferecida à tributação.

2.4.2.1 O patrimônio das pessoas jurídicas

O primeiro ponto de atenção diz respeito à origem do acréscimo patrimonial das pessoas jurídicas, que não necessariamente será a existência de um resultado positivo (lucro), apurado por meio da confrontação entre receitas e despesas. O patrimônio de uma pessoa jurídica poderá aumentar de valor mesmo diante de um resultado negativo (prejuízo), desde que outras mutações o superem. Essas outras mutações podem ter origem em transações com os sócios (aumentos e reduções de capital) ou até mesmo na mudança de perspectiva sobre os critérios de avaliação de ativos e passivos já existentes, cuja contrapartida poderá vir a ser lançada diretamente no patrimônio, como outros resultados abrangentes, sem prévio registro em contas de resultado, como ocorre na hipótese da marcação a mercado de certos ativos e passivos.[70]

---

[70] A marcação a mercado está sendo tratada como espécie do gênero valor justo.

Um exemplo deixa a questão mais clara. Suponha-se que uma determinada jurisdição tenha adotado o lucro líquido como ponto de partida para o cálculo do imposto de renda. Em um dado exercício, um contribuinte possuía, em 1º de janeiro, um patrimônio líquido de $500,00, composto pelo capital social ($300,00) e reservas ($200,00). Esse mesmo contribuinte apurou, em 31 de dezembro, um lucro líquido equivalente a $100,00, integralmente destinado a uma conta de reserva. Contudo, em razão de o capital ter sido considerado excessivo para a realização do objeto social da entidade, promoveu-se uma redução de capital no valor de $120,00. Nesse cenário, o balanço patrimonial elaborado ao final do exercício apresentava um patrimônio líquido equivalente a $480,00, composto pelo capital social ($180,00) e reservas ($300,00).

No exemplo, considerada a hipótese de o lucro ($100,00) ter sido escolhido como ponto de partida para a determinação da base de cálculo do tributo, o imposto de renda incidiria mesmo diante de uma diminuição do patrimônio. Perceba-se a existência de uma diminuição que ocorre a despeito da apuração de lucro no período, fruto de uma deliberação societária de redução do capital social, em montante superior ao lucro apurado no exercício. Veja-se que o incremento patrimonial de uma pessoa jurídica não se verifica apenas em um cenário no qual as suas receitas são maiores do que as despesas, sendo possível que o acréscimo tenha origens diversas, o que não necessariamente indicará a existência de renda sob a perspectiva jurídica.

Diante desse panorama, compete ao legislador selecionar apenas os acréscimos e decréscimos patrimoniais compatíveis com o conceito jurídico de renda, o que conduz à conclusão de que a existência de lucro prescinde da consideração conjunta de todas as operações capazes de gerar mutação patrimonial. Em outras palavras, poderá haver renda mesmo diante da inexistência de um acréscimo nominal ao patrimônio, bastando, para tanto, que o resultado positivo seja apurado mediante a consideração do universo de mutações patrimoniais que respeitem as limitações impostas pelo conceito jurídico de renda.

O segundo ponto a ser observado está relacionado às diferentes formas existentes para a mensuração do acréscimo patrimonial, o que passa: *(i)* pelos critérios de avaliação de ativos e passivos; *(ii)* pelo tratamento que será conferido às suas oscilações de valor; e *(iii)* por determinar se o resultado do exercício está intrinsecamente ligado ao exercício de atividades relacionadas ao objeto social da entidade. A consideração dessas circunstâncias acaba influenciando as premissas sobre as quais se funda o conceito de acréscimo patrimonial para a contabilidade, algo que o legislador não pode desconhecer.

Sob a perspectiva contábil, o registro dos ativos e passivos pode estar baseado em valores de entrada ou de saída. A primeira hipótese (valores de entrada), representa o sacrifício (passado, presente ou futuro) da entidade na aquisição de um determinado recurso. Portanto, os valores de entrada podem ser representados, de acordo com o aspecto temporal, em: custo histórico (passado), custo corrente (presente) e custo de reposição (futuro). No caso de uma contabilidade baseada em valores de saída, também haverá diferentes metodologias à disposição, sendo dignas de nota: o valor realizado (passado); o valor corrente de venda, o valor realizável líquido, o valor de liquidação (presente); o valor de realização futuro e o valor presente do fluxo futuro de caixa ou valor presente líquido (futuro).[71]

Veja-se que não apenas são variadas as formas de se mensurar um mesmo objeto – o patrimônio –, como igualmente inexiste uma que possa ser considerada a mais correta, uma vez que a utilidade do método dependerá da finalidade perseguida. Nas palavras de Eliseu Martins, "a diferença é a perspectiva temporal: transações ocorridas, prestes a ocorrer, que poderiam ocorrer e que se espera ocorrerão".[72] Portanto, já no primeiro aspecto acima destacado, a contabilidade revela uma série de variáveis que precisarão ser levadas em consideração pelo legislador.

De forma mais concreta, em uma contabilidade baseada no custo histórico, por exemplo, a lógica gira em torno do fluxo de caixa consumido por transações já ocorridas. A rigor, os ativos são mensurados pelo montante dos recursos incorridos para a sua aquisição e confrontados com os fluxos de caixa obtidos com a sua venda ou com as receitas por eles geradas. Ao revés, adotada uma contabilidade baseada em custos de reposição, o lucro será medido com base na diferença entre o caixa recebido pela mercadoria vendida e o caixa que será gasto para a aquisição da mercadoria que irá substituí-la. Partindo-se para uma apuração baseada em valores de saída, os ativos e passivos serão avaliados a valor de mercado de venda.[73]

A despeito de qual seja o critério adotado para a mensuração de ativos e passivos, os seus valores poderão sofrer alguma espécie de variação a ser considerada pela contabilidade, o que conduz ao

---

[71] MARTINS, Eliseu (Org.). *Avaliação de empresas*: da mensuração contábil à econômica. São Paulo: Atlas, 2012, p. 28, 95.

[72] MARTINS, Eliseu. Avaliação de empresas: da mensuração contábil à econômica. *Caderno de Estudos*, São Paulo, Fipecafi, v. 13, n. 24, p. 28-37, jul./dez. 2000, p. 35.

[73] MARTINS, Eliseu. Avaliação de empresas: da mensuração contábil à econômica. *Caderno de Estudos*, São Paulo, Fipecafi, v. 13, n. 24, p. 28-37, jul./dez. 2000, p. 28-35.

segundo aspecto apontado acima: se essas oscilações de valor deverão (ou não) compor o resultado do exercício. A relevância da questão é evidente. Admitindo-se que o lucro contábil é o ponto de partida para a determinação da base de cálculo do imposto de renda, a depender dos elementos que o compõem, mais ou menos ajustes serão necessários para adaptá-lo ao direito. Portanto, assim como ocorre na hipótese de avaliação de ativos e passivos, também não há um único critério contábil para determinar quais acréscimos e decréscimos de valor deverão compor o resultado do exercício. O efeito prático é a existência de duas diferentes perspectivas sobre o conceito de renda para contabilidade.

A primeira delas apresenta uma visão centrada na oscilação de valor dos ativos e passivos *(asset and liability view)*, também conhecida pela denominação "abordagem estática, de balanço ou de manutenção do capital".[74] De acordo com ela, o resultado é medido em razão do incremento de valor líquido ao patrimônio, mensurado com base nos acréscimos de valor dos ativos e decréscimos de valor dos passivos em um determinado período. É o que se chama de conceito abrangente de renda *(all-inclusive income)*, fortemente relacionado às teorias econômicas mencionadas nos itens precedentes, com especial destaque para o pensamento de Hicks.[75] Nesse cenário, as demonstrações financeiras acabam centradas na figura do balanço patrimonial *(balance sheet approach)*,[76] o que pressupõe a existência de definições mais abrangentes (e menos rígidas) de receita e despesa.[77]

---

[74] SZUSTER, Natan. *Análise do lucro passível de distribuição:* uma abordagem reconhecendo a manutenção do capital da empresa. 1985. 534 f. Tese (Doutorado em Contabilidade) – Faculdade de Economia, Administração e Contabilidade, Universidade de São Paulo (USP), São Paulo, 1985, p. 8.

[75] BULLEN, Halsey G.; CROOK, Kimberley. *Revisiting the concepts. A new conceptual framework project.* Financial Accounting Standards Board; International Accounting Standards Board, May 2005, p. 7.

[76] DICHEV, Ilia D. *On the balance sheet-based model of financial reporting.* New York: Columbia Business School – Center for Excellence in Accounting & Security Analysis CEASA, Sept. 2007. 28 p. (Occasional Paper Series).

[77] Bulhões Pedreira foi preciso ao visualizar esse cenário e relacioná-lo à tributação da renda. Em suas palavras: "[d]e um modo muito geral pode classificar-se em dois grandes grupos as principais concepções doutrinárias de renda propostas para o direito fiscal ou as finanças públicas: (a) as que conceituam renda como um fluxo de satisfações, serviços ou riquezas; e (b) as que conceituam a renda como acréscimo (ou acumulação) de riqueza ou poder econômico. Sob certos aspectos, a diferença de pontos de vista adotados em cada um dêsses grupos de teorias é comparável à observada nas noções contábeis de demonstração de resultados e de comparação de balanços. As concepções de renda como fluxo encaram-na do ponto de vista da demonstração de resultados, que mede o fluxo de entradas e saídas durante determinado período. As do segundo grupo adotam o ponto de vista da comparação dos balanços de abertura e de encerramento do período, e consideram como renda o acréscimo ou acumulação de riqueza (ou de poder econômico) revelado por essa

Para que a presente exposição não se perca em considerações abstratas, é preciso esclarecer que uma abordagem baseada no balanço patrimonial irá considerar como receita determinadas valorizações de ativos ou desvalorizações de passivos, ainda que esses acréscimos e decréscimos de valor não estejam relacionados à atividade habitual da pessoa jurídica e que a eles não se possa atribuir a existência de uma efetiva transação. Assim, admite-se como componentes do resultado do exercício (fruto da confrontação entre receitas e despesas) mudanças no valor de ativos e passivos, mesmo que essa alteração diga respeito apenas a modificações na perspectiva de sua avaliação, o que pode prescindir de relação com a atividade-fim da entidade e de sua realização por meio de uma operação.

Ao enfoque baseado no balanço patrimonial se opõe aquele que tem no resultado do exercício a sua principal referência – *revenue and expense view*[78] ou *income statement approach*.[79] A rigor, a diferença está na consideração sobre o que são consideradas receitas e despesas e quais devem ser os critérios para que uma determinada mutação patrimonial seja registrada diretamente no resultado do exercício. De acordo com essa perspectiva, deveriam compor o resultado apenas as oscilações de valor relacionadas às atividades habituais da pessoa jurídica, o que acabaria excluindo os acréscimos e decréscimos decorrentes de eventuais mudanças nos critérios de avaliação de ativos e passivos, que deveriam ser registrados diretamente no patrimônio. Para Szuster, essa abordagem, por ele denominada de dinâmica, gera maior capacidade de análise de formação do resultado,[80] dado que o verdadeiro objetivo desse modelo é estimar a capacidade de geração de lucro, o que impõe sejam desconsideradas as demais mutações patrimoniais que não estejam a ele diretamente relacionadas.

A esse respeito, o exemplo dos ativos financeiros é elucidativo. As normas contábeis do *Financial Accounting Standards Board* (FASB) e do

---

comparação" (PEDREIRA, José Luiz Bulhões. *Imposto sobre a renda – Pessoas Jurídicas*. Rio de Janeiro: Justec, 1971. v. 1, item 2.11 (12).

[78] BULLEN, Halsey G.; CROOK, Kimberley. *Revisiting the concepts. A new conceptual framework project*. Financial Accounting Standards Board; International Accounting Standards Board, May 2005, p. 7.

[79] DICHEV, Ilia D. *On the balance sheet-based model of financial reporting*. New York: Columbia Business School – Center for Excellence in Accounting & Security Analysis CEASA, Sept. 2007. 28 p. (Occasional Paper Series).

[80] SZUSTER, Natan. *Análise do lucro passível de distribuição*: uma abordagem reconhecendo a manutenção do capital da empresa. 1985. 534 f. Tese (Doutorado em Contabilidade) – Faculdade de Economia, Administração e Contabilidade, Universidade de São Paulo (USP), São Paulo, 1985, p. 8.

IASB atualmente têm diferenciado os ativos financeiros em *held for trading* e *available-for-sale*.[81] Os primeiros são adquiridos com a finalidade de serem negociados, enquanto os demais, embora disponíveis para venda, não foram adquiridos com essa intenção. Em razão disso, previu-se um tratamento distinto para o eventual acréscimo de valor decorrente da utilização do valor justo como critério de sua avaliação. No caso dos ativos financeiros registrados como *held for trading*, o acréscimo de valor deve ser tratado como receita e compor o resultado do exercício. No caso dos *available-for-sale*, o acréscimo deve ser tratado como resultado abrangente e lançado em contrapartida a uma conta de patrimônio. Ou seja, conforme a qualificação atribuída ao ativo financeiro pela contabilidade, o seu acréscimo de valor será registrado no resultado do exercício (receita) ou diretamente em conta de patrimônio (outros resultados abrangentes), com impacto direto sobre a formação do lucro líquido do exercício.

Em arremate, voltando aos três aspectos mencionados anteriormente, pode-se afirmar existirem na contabilidade: *(i)* diferentes formas de avaliação de ativos e passivos, que podem ser divididas em critérios baseados em valores de entrada ou de saída; *(ii)* diferentes formas de mensuração do resultado, com conceitos mais ou menos amplos de receita e despesa, capazes de afetar a formação do lucro contábil;[82] e *(iii)* a desnecessidade, segundo a perspectiva adotada, de que o resultado do exercício decorra de operações diretamente relacionadas à execução das atividades habituais de uma entidade – na verdade, não se exige essa vinculação, tampouco que a oscilação de valor esteja realizada por meio da ocorrência de um negócio jurídico.

Essas considerações apenas reforçam a insuficiência da ideia genérica de renda como o acréscimo patrimonial oriundo da confrontação entre receitas e despesas, bem como deixam ainda mais evidente a ausência de subordinação do legislador tributário ao resultado contábil. Mesmo que esse resultado seja adotado como ponto de partida pelo direito, há de se ter parcimônia na sua consideração, sob pena de escaparem à tributação acréscimos patrimoniais caracterizadores da existência de renda, pelo simples fato de que o registro contábil não se

---

[81]   A esse respeito, vide a IAS 39. Há outras diferenciações na norma contábil, mas que se mostram irrelevantes para a compreensão do exemplo.

[82]   É interessante notar a visão de Richard Barker, para quem os conceitos de receitas e despesas estão incorretamente definidos na estrutura conceitual básica do IASB. Segundo o autor britânico, ainda existiriam dois conceitos conflitantes de lucro no IFRS. (BARKER, Richard. On the definitions of income, expenses and profit in IFRS. *Accounting in Europe*, v. 7, n. 2. p. 147-158, Nov. 2010).

deu em conta de receita, por exemplo. De igual modo, podem acabar sendo considerados acréscimos de valor cuja origem seja apenas a própria oscilação do patrimônio, sem qualquer relação com a existência de renda em sentido jurídico, apenas porque o seu registro contábil ocorreu em conta de resultado.

2.4.2.2 O patrimônio das pessoas físicas

O raciocínio desenvolvido acima é semelhante para as pessoas físicas, cujo acréscimo patrimonial também pode ser medido de diferentes formas. Fosse o caso de se considerar uma definição rígida de patrimônio, que levasse em conta a universalidade dos direitos e obrigações com valor econômico, então as decisões pessoais sobre como geri-lo determinariam a ocorrência do fato gerador do imposto de renda.

Novamente, um exemplo ajuda a esclarecer. Imagine-se uma pessoa física que comece o exercício fiscal com $1.000,00 em sua conta bancária, sendo este o seu único bem. Ao longo dos doze meses do ano essa pessoa recebe o equivalente a $50.000,00 de salários. Deduzidas as despesas autorizadas por lei ($10.000,00), ela decide consumir o saldo remanescente em uma viagem pela Europa. No dia 31 de dezembro deste mesmo ano, ao consultar o seu extrato bancário, ela se depara com um saldo de $800,00, menor do que aquele existente em 1º de janeiro. Assim, o seu patrimônio foi reduzido em $200,00, a despeito de ter obtido uma renda (produto do trabalho) disponível equivalente a $40.000,00.

O exemplo revela que a apuração das pessoas físicas não pode considerar renda como acréscimo líquido ao patrimônio, ou melhor, não pode partir do pressuposto de que o cálculo deve abranger todos os elementos que contribuíram para o aumento ou para a diminuição do patrimônio. A mesma conclusão se aplica aos ingressos que afetarem positivamente o resultado global. Basta acrescentar ao exemplo um imóvel recebido em doação, no valor de $100.000,00. Ao final do período de apuração, o patrimônio terá sofrido um acréscimo de $99.800,00, muito embora a base de cálculo do imposto de renda deva ficar restrita aos mencionados $40.000,00.

No caso das pessoas físicas, assim como para as pessoas jurídicas, nem todos os ingressos que contribuem para o aumento do seu patrimônio devem ser considerados para fins de formação da base de cálculo do imposto de renda, da mesma forma que nem todos os gastos deverão ser dela deduzidos. Assim, é absolutamente possível que um resultado negativo sob a ótica do direito privado represente um acréscimo patrimonial sob a ótica do direito tributário.

A determinação do acréscimo patrimonial das pessoas físicas, portanto, não considera todos os seus direitos e obrigações. Trata-se de uma forma especial de mensuração do patrimônio, decorrente da lei tributária, e que promove um recorte sobre determinados elementos positivos e negativos que não se amoldam ao conceito jurídico de renda. Logo, nem todos os acréscimos de valor terão como origem a obtenção de renda (doação, *v.g.*), da mesma forma que deverão ser desconsiderados os gastos caracterizados como atos de aplicação de uma renda já obtida (consumo discricionário). Em resumo, não é necessário que se observe um efetivo aumento do patrimônio civil de um contribuinte para que ele manifeste ter adquirido renda disponível para ser tributada.

2.4.3 O conceito de manutenção do capital

Explorado o conceito de patrimônio, o momento é de trabalhar em outra definição importante, especialmente para as pessoas jurídicas, que é a de manutenção do capital. Como visto, a existência de renda está vinculada a que o capital seja preservado, condição que materializa a garantia de que uma determinada pessoa esteja, ao final de um determinado intervalo de tempo, com um patrimônio em montante pelo menos equivalente ao do início do período de apuração.

Sob a perspectiva contábil, o capital a ser mantido representa, nas palavras de Eliseu Martins, "o conjunto de ativos líquidos (ativos deduzidos dos exigíveis) que deve permanecer na empresa, visando igualar sua situação atual à inicial ou determinada".[83] Avançando um pouco mais na definição, do ponto de vista prático poderão existir diferentes conceitos de manutenção do capital, que estão relacionados "com a forma pela qual a entidade define o capital que ela procura manter.[84] Ele representa o elo entre os conceitos de capital e os conceitos

---

[83] MARTINS, Eliseu (Org.). *Avaliação de empresas*: da mensuração contábil à econômica. São Paulo: Atlas, 2012, p. 142.

[84] Das lições de Eliseu Martins, depreende-se a ideia de manutenção do capital voltada para o futuro, ou seja, relativa ao montante de capital que deverá ser mantido, em uma análise prospectiva, para que o lucro possa ser mensurado. Apesar de não se desconhecer que seja essa a ideia de manutenção do capital para a doutrina contábil, as definições estão sendo utilizadas no contexto do presente trabalho como aplicáveis para o passado, representando um elo entre os valores do patrimônio no último momento e no primeiro instante de cada período de apuração. O propósito é medir o acréscimo patrimonial já ocorrido, que é o verdadeiro objeto da tributação. Além disso, esses conceitos também serão utilizados no contexto de avaliação da possibilidade de tributação de rendas desvinculadas de transações, como será visto no momento oportuno. Em razão disso, deve-se alertar para o fato de que os conceitos da doutrina contábil estão sendo aqui utilizados de forma adaptada, de

de lucro, pois fornece um ponto de referência para a medição do lucro (...)".[85]

A despeito das diferenças, só se poderá efetivamente falar na existência de lucro quando se verificar a existência de um acréscimo de ativos em montante superior aos necessários para que o capital seja mantido.[86] Nessa linha, Natan Szuster[87] esclarece serem duas as principais correntes em torno do conceito de manutenção do capital. São elas: *(i)* manutenção do capital monetário ou financeiro; e *(ii)* manutenção do capital físico ou operacional. A primeira corrente ainda pode ser dividida em outras duas: *(i.i)* capital financeiro sem reconhecimento da variação no poder aquisitivo da moeda; e *(i.ii)* capital financeiro corrigido em termos do poder de compra geral, o que pressupõe um ajuste do capital investido por um índice capaz de medir a variação média de preços.[88]

Szuster conclui que em uma economia inflacionária apenas a última subdivisão do conceito de manutenção do capital financeiro deveria ser considerada. Essa é também a posição de Eliseu Martins,[89] para quem a contabilidade a valores históricos consegue manter o capital monetário, salvo a presença de um ambiente inflacionário, em que a efetividade da manutenção dependerá da existência de uma "idêntica capacidade de compra de bens e serviços, em termos médios (poder aquisitivo constante)", o que pressupõe a adoção do custo histórico corrigido.

Por manutenção do capital financeiro entende-se a necessidade de que seja preservada a integralidade do valor investido. Trata-se de posição alinhada com a ideia de que o investidor deseja, a um só tempo, preservar o montante investido e incrementá-lo, ainda que sem consideração à forma e à qualidade dos ativos utilizados pela entidade.[90]

---

modo que as suas lições possam ser aplicadas ao direito tributário, na exata medida em que compatíveis.

[85] CPC 00, item 4.60.

[86] CPC 00, item 4.60.

[87] SZUSTER, Natan. *Análise do lucro passível de distribuição:* uma abordagem reconhecendo a manutenção do capital da empresa. 1985. 534 f. Tese (Doutorado em Contabilidade) – Faculdade de Economia, Administração e Contabilidade, Universidade de São Paulo (USP), São Paulo, 1985, p. 10-11.

[88] A partir de agora será adotada a terminologia capital financeiro para a primeira hipótese e capital físico para a segunda.

[89] MARTINS, Eliseu (Org.). *Avaliação de empresas:* da mensuração contábil à econômica. São Paulo: Atlas, 2012, p. 143.

[90] SZUSTER, Natan. *Análise do lucro passível de distribuição:* uma abordagem reconhecendo a manutenção do capital da empresa. 1985. 534 f. Tese (Doutorado em Contabilidade) – Faculdade de Economia, Administração e Contabilidade, Universidade de São Paulo (USP), São Paulo, 1985, p. 11.

Nesse conceito, o capital é definido em termos de unidades monetárias nominais, sendo lucro justamente "o aumento do capital monetário nominal ao longo do período".[91] As críticas a esse modelo se voltam para a sua aparente incapacidade de evidenciar "a variação dos recursos manuseados pela empresa",[92] decorrência direta da prevalência de um registro contábil baseado no custo histórico.[93] Teria sido justamente em razão dessa "deficiência" que o conceito de manutenção do capital físico surgiu.

Sob essa perspectiva – de manutenção do capital físico –, o patrimônio da entidade deveria ser "quantificado em termos de uma capacidade de operação, medida através do conjunto de bens necessários a esta, mensurados à data de avaliação".[94] Nessa linha de raciocínio, a existência de lucro dependeria de que o valor do patrimônio fosse superior aos ativos necessários à execução da atividade, nos termos da referida capacidade de operação. Assim, ao contrário do que ocorreria no âmbito do conceito de manutenção do capital financeiro, "[t]odas as mudanças de preços afetando os ativos e passivos da entidade são vistas, nesse conceito, como mudanças na mensuração da capacidade física produtiva da entidade",[95] fazendo com que o capital a ser mantido seja o físico. Veja-se que a mais relevante diferença entre os dois conceitos de manutenção do capital "está no tratamento dos efeitos das mudanças nos preços dos ativos e passivos da entidade".[96]

---

[91] CPC 00, item 4.63.

[92] MARTINS, Eliseu (Org.). *Avaliação de empresas*: da mensuração contábil à econômica. São Paulo: Atlas, 2012, p. 147.

[93] CPC 00, item 4.63. De acordo com o conceito de manutenção do capital financeiro, por meio do qual o capital é definido em termos de unidades monetárias nominais, o lucro representa o aumento do capital monetário nominal ao longo do período. Assim, os aumentos nos preços de ativos mantidos ao longo do período, convencionalmente designados como ganhos de estocagem, são, conceitualmente, lucros. Entretanto, eles podem não ser reconhecidos como tais até que os ativos sejam realizados mediante transação de troca. Quando o conceito de manutenção do capital financeiro é definido em termos de unidades de poder aquisitivo constante, o lucro representa o aumento no poder de compra investido ao longo do período. Assim, somente a parcela do aumento nos preços dos ativos que exceder o aumento no nível geral de preços é considerada como lucro. O restante do aumento é tratado como ajuste para manutenção do capital e, consequentemente, como parte integrante do patrimônio líquido.

[94] SZUSTER, Natan. *Análise do lucro passível de distribuição*: uma abordagem reconhecendo a manutenção do capital da empresa. 1985. 534 f. Tese (Doutorado em Contabilidade) – Faculdade de Economia, Administração e Contabilidade, Universidade de São Paulo (USP), São Paulo, 1985, p. 11.

[95] CPC 00, item 4.64.

[96] CPC 00, item 4.62.

De forma simplificada, o conceito de manutenção do capital financeiro está mais presente em uma contabilidade baseada no custo histórico (ou no custo histórico corrigido), em que a mensuração do lucro se dá em um contexto de transações já ocorridas, por meio do confronto entre receitas e desembolsos efetuados (ou ainda por efetuar) relativos ao consumo de ativos vinculados à obtenção das referidas receitas. Portanto, não são considerados os desembolsos necessários à reposição desses mesmos ativos ou para a obtenção de receitas futuras. Trata-se de metodologia que deve ser evitada quando o objetivo for a apuração da capacidade de geração futura de riqueza, oportunidade em que se deve recorrer aos conceitos de custo corrente ou de reposição.[97]

Todas essas considerações são absolutamente relevantes para que se possa compreender a manutenção do capital em um contexto de tributação da renda. Partindo-se do pressuposto de que o conceito jurídico de renda está vinculado à efetiva existência de uma transação (renda pressuporia realização), a sua determinação deve estar baseada na confrontação entre o custo histórico de transações passadas e o valor de realização de transações efetivamente ocorridas e sobre as quais não paire qualquer condição. Se o resultado dessa confrontação for positivo, haverá renda apenas quando o acréscimo verificado superar os efeitos da inflação do período e forem compensadas as perdas correntes e as de exercícios passados. Ausentes esses pressupostos, a tributação estará efetivamente gravando uma parcela do capital e não uma renda previamente adquirida.

Noutro giro, caso se parta da concepção de que o direito tributário deveria mensurar a renda com base na comparação a respeito de expectativas de benefícios econômicos futuros relacionadas àqueles ativos (renda não pressuporia realização), o que levaria em conta o incremento da capacidade de consumo gerada pelo acréscimo de valor do patrimônio existente (renda com base em uma análise dinâmica do patrimônio), o conceito de manutenção do capital financeiro não se revela mais suficiente. Uma análise em perspectiva do patrimônio impõe que a sua preservação adote um critério que se mostre coerente com essa premissa, o que conduz à necessidade de adoção do conceito de manutenção do capital físico, em que a determinação do custo não estaria mais vinculada ao valor histórico de transações passadas.

---

[97] MARTINS, Eliseu (Org.). *Avaliação de empresas*: da mensuração contábil à econômica. São Paulo: Atlas, 2012, p. 36.

Do contrário, seria observado um indesejável sincretismo, na medida em que o resultado apurado levaria em conta a desnecessidade da ocorrência de uma transação, em prol de uma análise que considera a possibilidade de sua ocorrência no futuro, ao mesmo tempo em que trabalharia com valores de entrada baseados no custo histórico de transações passadas. O que se pretende afirmar é que deve haver consistência na utilização dos métodos, de modo que uma apuração baseada na perspectiva da existência de uma transação também leve em conta a necessidade de uma nova entrada no futuro, o que pode ser obtido por meio da substituição do custo histórico da transação já ocorrida pelo seu custo de reposição, por exemplo. Seria como se a perspectiva da ocorrência de saídas futuras, baseadas em valores de mercado, estivesse ligada ao custo corrente (presente), ou de reposição (futuro) dos itens que determinam o custo, de modo que renda seria a diferença entre valores de entrada e de saída determinados com base em critérios compatíveis entre si. Do contrário, assim como no caso da manutenção do capital financeiro, o imposto de renda estaria incidindo sobre uma parcela do capital e não sobre a renda apurada no período.

Em conclusão, ao conceito de patrimônio soma-se o de manutenção do capital, de modo que a existência de acréscimo dependerá da constatação de que o contribuinte deve estar, ao final do período de apuração considerado, com um capital pelo menos equivalente ao do início. Essa equivalência pode variar caso a referência para a mensuração do patrimônio leve em conta a manutenção do capital sob o aspecto financeiro, o que requer sejam descontadas as perdas financeiras e os efeitos da inflação, ao que se denomina manutenção do capital financeiro; ou diante da hipótese de uma análise do capital com base na perspectiva da sua capacidade produtiva, ocasião em que o capital será mantido apenas por meio da aplicação do conceito de capital físico, mantido o pressuposto da compensação das perdas.

2.4.4 A necessidade de realização

2.4.4.1 Considerações essenciais

Fixada a premissa de que renda é uma riqueza nova acrescida ao patrimônio, mensurada entre dois pontos previamente definidos, desde que *(i)* preservado o capital (sob o aspecto físico ou financeiro), *(ii)* considerados os efeitos da inflação e *(iii)* compensadas as perdas de períodos anteriores, é preciso que se investigue o momento em que ela deverá ser oferecida à tributação. É nessa oportunidade que entra em cena a polêmica em torno da realização, certamente um dos mais complexos tópicos relacionados ao imposto de renda, objeto de incontáveis discussões na doutrina e na jurisprudência mundo afora. Um correto enfrentamento da questão deve partir do conceito de realização. A esse respeito, pode-se afirmar haver certo consenso na doutrina, que acaba não divergindo ao definir realização como o vínculo existente entre a incidência do tributo e a ocorrência de uma transação.[98] É dizer, considera-se realizado o ganho que tiver origem em um ato ou negócio jurídico levado a efeito pelo contribuinte; e não realizado aquele cuja referência é a valorização do patrimônio existente, mesmo que a sua causa seja a mudança acerca da perspectiva de valor de itens que já compunham o patrimônio, ainda que nenhuma transação tenha ocorrido.[99]

Ultrapassado o problema terminológico, é preciso que a questão seja analisada sob a perspectiva do conceito jurídico de renda, de modo a identificar se a realização deve ser somada às demais balizas fixadas ao longo do presente capítulo. Em linhas gerais, será necessário definir se a realização é um atributo do referido conceito ou apenas uma regra de demarcação do aspecto temporal da hipótese de incidência, cuja utilização estaria ao alvedrio do legislador. Adotada a primeira linha de pensamento, acréscimos de valor não realizados não poderiam ser considerados renda, pelo menos sob a ótica jurídica, o que impediria a sua tributação. Já sob o outro aspecto, a renda seria considerada auferida no momento em que se observa um acréscimo de valor ao patrimônio, cuja tributação ficaria diferida para o momento da realização, mas tão somente nas hipóteses em que uma incidência em bases correntes não se revelasse possível em termos práticos.

De forma mais específica, o argumento central da primeira vertente baseia-se no caráter precário dos acréscimos de valor que não possam ser atribuídos a uma transação.[100] A sua reversibilidade, no sentido de que o acréscimo atual pode vir a ser superado por um decréscimo futuro, só ficaria superada diante de uma manifestação de vontade do contribuinte, oportunidade em que a incerteza do ganho,

---

[98] No contexto do presente trabalho o vocábulo *transação* está sendo utilizado em sentido genérico, abrangendo quaisquer atos ou negócios jurídicos, uma vez que o elemento tido por relevante é a presença de uma manifestação de vontade, o que não necessariamente ocorrerá no contexto de uma efetiva transação.

[99] KALDOR, Nicholas. *An expenditure tax*. London: Routledge, 1955, p. 38.

[100] CHORVAT, Terrence R. *Perception and income*: the behavioral economics of the realization doc-trine. Arlington, VA: George Mason University, 2003. (George Mason Law & Economics Research Paper nº 03-23).

baseado em uma estimativa de valor, ficaria superada pelo preço efetivamente atribuído pelas partes a um negócio jurídico.[101] Ou seja, a inexistência de vinculação a uma transação imporia ao acréscimo de valor uma precariedade incompatível com a certeza que se exige para a tributação, dado que a norma deveria incidir sempre sobre situações definitivas, em relação às quais não paire qualquer condição.[102]

A segunda corrente adota posicionamento diverso e busca seu fundamento de validade no conceito Haig-Simons de renda, que, definitivamente, não exige que o ganho esteja realizado para que ele possa ser considerado incorporado ao patrimônio de um indivíduo, bastando que se verifique a existência de um acréscimo de valor, apurado em um determinado intervalo de tempo.[103] Esse raciocínio parte da superioridade do referido conceito, que, como visto, é tratado por muitos autores como a mais adequada adaptação da renda econômica para fins tributários, aquela capaz de fornecer os melhores critérios para uma correta mensuração da capacidade econômica manifestada pelo contribuinte.[104] Justamente em razão disso, o legislador teria o dever de buscar convergir a base de cálculo do imposto de renda às premissas do conceito Haig-Simons, o que imporia a caracterização da realização como uma regra de conveniência administrativa, absolutamente desvinculada do conceito jurídico de renda.[105]

Essa discussão foi levada a julgamento perante a Suprema Corte dos EUA em 1920, no célebre caso *Eisner v. Macomber*, cuja decisão foi no sentido de que não há renda sem realização e de que essa seria uma regra de natureza constitucional, de modo que a lei tributária não poderia determinar a incidência do imposto antes de ocorrida uma transação.[106] Grande parte da doutrina norte-americana sustenta, entretanto, que esse precedente veio a ser superado ao longo dos anos, em casos como *Bruun v. Helvering* (1940) e *Glenshaw Glass v. Commissioner* (1955), de tal sorte que o entendimento atual da Suprema Corte seria no sentido

---

[101] SELIGMAN, Edwin L. A. Are stock dividends income? *American Economic Review*, v. 9, n. 3, p. 517-536, Sept. 1919, p. 530.

[102] HALPERIN, Daniel. Saving the income tax: an agenda for research. *Tax Notes*, v. 77, p. 967-977, Nov. 1997.

[103] LAND, Stephen B. *Defeating deferral*: a proposal for retrospective taxation. *Tax Law Review*, New York, v. 52, p. 65-73, 1996.

[104] KLEINBARD, Edward D; EVANS, Thomas L. The role of mark-to-market accounting in a realization based tax system. *Tax Notes*, v. 75, p. 788-823, Dec. 1997, p. 789-790.

[105] CUNNINGHAM, Noël B; SCHENK, Deborah H. Taxation without realization: a "Revolutionary" approach to ownership. *Tax Law Review*, v. 47, 1992, p. 741.

[106] SURREY, Stanley S. The Supreme Court and the federal income tax: some implications of the recent decisions, *Illinois Law Review Northwestern University*, v. 35, p. 779-791, 1941.

de que a realização não configura um atributo do conceito de renda, mas tão somente uma regra relacionada ao aspecto temporal do fato gerador, competindo ao legislador utilizá-la (ou não), a depender da situação considerada.[107]

A divergência permanece viva até os dias de hoje, com a existência de um intenso debate em torno do papel desempenhado pela realização e da possibilidade de seu abandono em determinadas hipóteses.[108] Do ponto de vista acadêmico, ainda se discute se a existência de renda depende de sua prévia realização ou se a base de cálculo do imposto deveria se alinhar ao conceito Haig-Simons. Em termos mais concretos, o debate avança no sentido de que os entraves práticos à tributação do acréscimo de valor, que representavam um ponto de consenso em favor da utilização da realização, teriam sido parcialmente superados, a ponto de justificar o abandono da regra para determinados casos. Como forma de conferir maior força a esse argumento, são apresentadas considerações no sentido de que a realização, além de não possuir qualquer relação com o conceito jurídico de renda, impõe graves distorções ao sistema tributário, o que deveria ser levado em conta pelo legislador.

Além disso, uma análise da doutrina indica que dois entraves de ordem prática (liquidez e avaliação) são apontados como as principais justificativas para a manutenção da realização como pressuposto para a incidência do imposto de renda. O primeiro decorreria do fato de que acréscimos de valor desvinculados de uma transação não gerariam os meios necessários ao pagamento do imposto. Como consequência, o contribuinte deveria recorrer a recursos gerados por outras atividades ou, no extremo, se veria obrigado a alienar o bem valorizado com a finalidade exclusiva de pagar o imposto. Nessa última hipótese, a tributação acabaria distorcendo a realidade econômica ao induzir

---

[107] A respeito dessa discussão, vide: ROEHNER, Edward T; ROEHNER, Sheila M. Realization: administrative convenience or constitutional requirement. *Tax Law Review*, v. 8, p. 173-200, 1953, p. 173-174.

[108] Há autores que se colocam em uma posição intermediária, atribuindo à realização um determinado e específico conteúdo normativo, o que imporia mais um óbice à sua relativização. São dignos de nota os entendimentos de que a realização caracterizaria um subsídio aos investimentos privados, de modo a estimular a aplicação de recursos em ativos que teriam seus ganhos tributados apenas por ocasião de uma transação, na linha sustentada por David Schizer; e de que a sua utilização estaria em consonância com o ideal de progressividade que se espera para o imposto de renda, na medida em que a tributação em bases correntes dificilmente poderia ser suportada por contribuintes de menor renda, tal como defendido por Ilan Benshalom e Kendra Stead. Cf.: SCHIZER, David M. Realization as subsidy. *New York University Law Review*, v. 73, p. 1549-1626, Nov. 1998 e BENSHALOM, Ilan; STEAD, Kendra. Realization and progressivity. *Columbia Law Journal of Tax Law*, v. 3, n. 1, p. 43-8[5], 2011.

comportamentos que não seriam praticados pelo contribuinte, não fosse a exigência legal de pagamento do tributo sobre um ganho não monetário. O segundo problema decorreria das dificuldades práticas envolvendo a avaliação de todos os ativos, o que tornaria inexequível um modelo de tributação integralmente baseado no acréscimo de valor.[109] Não deixa de ser comum a identificação de outros dois obstáculos ao abandono da realização. Não se tratam efetivamente de entraves de ordem prática, mas ainda assim seriam capazes de impedir a cobrança do imposto antes de ocorrida a realização. São eles: a ideia de que acréscimos de valor não realizados deveriam ser considerados "ganhos de papel"; e de que a estabilidade da realização como requisito para a incidência do imposto de renda seria capaz de influenciar o sentimento das pessoas sobre o que efetivamente se considera acréscimo patrimonial. Ambos os problemas deixariam de existir apenas diante da ocorrência de uma transação.

Em razão desse contexto, a realização deveria ser vista como a única regra capaz de superar os referidos óbices, uma vez que, diante de uma transação: *(i)* o contribuinte tenderia a dispor dos recursos necessários para pagamento do imposto incidente sobre o acréscimo de valor auferido; *(ii)* a avaliação se tornaria desnecessária, visto que a referência utilizada passaria a ser o preço atribuído pelas partes ao negócio e não mais uma estimativa acerca de sua ocorrência; e *(iii)* o resultado deixaria de ser reversível, tendo em vista que a transação representaria a vontade da partes de aceitarem o preço por elas atribuído a um negócio livre de quaisquer vícios.[110]

Essa realidade obviamente não impediu que parte relevante da doutrina tenha continuado a tratar a realização como uma espécie de modelo *second-best*,[111] verdadeiro ponto médio entre o momento em que a renda teria sido adquirida (acréscimo de valor) e a sua efetiva realização financeira.[112] A justificativa para a sua adoção, portanto, decorreria apenas da impossibilidade momentânea do estabelecimento de um modelo de tributação inteiramente baseado no acréscimo de valor. Sendo assim, na medida em que fossem superados os referidos

---

[109] SCHENK, Deborah H. An efficiency approach to reforming a realization-based tax. *Tax Law Review*, v. 57, p. 503-548, 2004.

[110] SHAVIRO, Daniel N. An efficiency analysis of realization and recognition rules under the federal in-come tax. *Tax Law Review*, v. 48, p. 1-68. 1992, p. 13.

[111] SHAVIRO, Daniel N. An efficiency analysis of realization and recognition rules under the federal income tax. *Tax Law Review*, v. 48, p. 1-68. 1992, p. 5-7.

[112] TAVARES, Tomás Cantista. *IRC e contabilidade. Da realização ao justo valor*. Coimbra: Almedina, 2011, p. 77.

óbices à tributação do ganho por oscilação de valor aqui trabalhada, a legislação deveria ser alterada para relativizar a exigência da realização, em busca de uma convergência cada vez maior ao conceito Haig-Simons, especialmente em razão das supostas distorções causadas pela utilização da realização como regra para a incidência do imposto de renda.

Especificamente a respeito das referidas distorções, a doutrina costuma apontar, sempre com base na premissa de que a renda é auferida e pode ser tributada no momento do acréscimo de valor, que a realização impõe um diferimento na cobrança do imposto, cuja consequência seria a redução da alíquota efetivamente incidente.[113] Durante esse intervalo (entre o acréscimo de valor e a incidência do imposto de renda), o contribuinte poderia reinvestir o valor que seria devido a título de imposto de renda, de modo a potencializar o retorno sobre o seu investimento.[114] Como decorrência, seria possível observar um tratamento diferenciado entre contribuintes em idêntica situação, com base na natureza do ganho auferido, o que violaria o princípio da igualdade, em suas dimensões vertical e horizontal.

Os argumentos contrários à realização ganham força sempre que se busca demonstrar que para determinados rendimentos os óbices à tributação do acréscimo de valor estariam superados, o que obrigaria o legislador a relativizar a regra e caminhar no sentido de fazer convergir a base de cálculo do tributo ao *conceito fundamental de renda*, sob pena de afrontar o princípio da capacidade contributiva. A questão pode ser resumida da seguinte maneira: se a realização não tem qualquer relação com o conceito jurídico de renda, sendo a sua justificativa a existência de entraves práticos que impediriam a tributação do acréscimo de valor, então, na medida em que superados esses problemas, estaria o

---

[113] "Renda realizada implica alguma postergação do pagamento do imposto se comparada com a tributação sobre a renda acumulada, já que investidores podem deixar de realizar ganhos de capital por toda uma vida, ou deixar de fazê-lo por alguns após a ocorrência da valorização; ademais, a própria existência de um tributo sobre ganhos de capital instigaria os contribuintes a postergar a realização de perdas de modo a se beneficiarem dos juros sobre a obrigação fiscal durante o período da postergação". (Tradução nossa). No original: "Realized Income means some postponement of tax liability as compared with taxation based on Accrued Income, since investors may not realize their capital gains during their lifetime at all, or not for some years after the appreciation of value has occured; moreover, the very existence of a capital gains tax would tempt taxpayers to postpone the realization of losses, in order to benefit from the interest on the tax liability during the period of postponement". (KALDOR, Nicholas. *An expenditure tax*. London: Routledge, 1955, p. 14).

[114] BROWN, Fred B. "Complete" accrual taxation. *San Diego Law Review*, v. 33, n. 4, p. 1559-1680, 1996, p. 1568).

legislador obrigado a aproximar a base de cálculo do imposto de renda ao conceito Haig-Simons.[115] Diversos trabalhos publicados nas últimas décadas apontam justamente nesse sentido, fazendo com que a estabilidade da realização como pressuposto da tributação da renda seja constantemente desafiada. A linha de raciocínio comum indica que a liquidez não poderia ser invocada como óbice para a tributação de certos ativos, dado que a verossimilhança do acréscimo de valor a eles relacionado permitiria a prática de atos de consumo, gerando benefícios econômicos reais para os contribuintes, como na hipótese da contratação de empréstimos garantidos pelos bens valorizados, considerados sempre (ou quase sempre) a valores de mercado.

Além disso, argumenta-se que para uma parte relevante dos ativos existiria uma cotação de mercado, à disposição de todos os agentes econômicos, o que eliminaria qualquer argumento no sentido das dificuldades práticas de sua avaliação. Em resumo, superados esses entraves, pretensamente as únicas justificativas válidas para a exigência de realização, deveria o legislador relativizar a regra para impor um modelo de tributação parcialmente baseado no acréscimo de valor. Ou seja, o acréscimo do poder de consumo decorrente do incremento no valor do patrimônio deveria ser considerado não apenas real, como já tendo gerado benefícios concretos e determináveis para o seu titular.

O exemplo mais comumente utilizado é o dos rendimentos obtidos nos mercados financeiro e de capitais, ao argumento de que a sua conversão em dinheiro poderia ocorrer de forma imediata, baseada em uma cotação atribuída pelo próprio mercado, cada vez mais refletida nas demonstrações financeiras das companhias (valor justo).[116] Ademais, sustenta-se que os contribuintes que operam nesses

---

[115] ELKINS, David. The myth of realization: mark-to-market taxation of publicly-traded securities. *Florida Tax Review*, v. 10, n. 5, p. 375-407, 2010, p. 378.

[116] "A liquidez é a qualidade do 'imediatismo'. Para que a liquidez seja valiosa ela deve ser confiável. Um aspecto da alquimia dos mercados financeiros é a crença de que os mercados são sempre líquidos. Isto é uma ilusão, porque os ativos subjacentes (os ativos físicos e o ágio de uma companhia, por exemplo) são usualmente ilíquidos, e a liquidez depende da contínua disponibilização de compradores e vendedores em lados opostos do mercado. (...) Mercados podem ser líquidos por um dia e ilíquidos no próximo, como ocorreu em 19 de outubro de 1987 ('Segunda-feira negra'), quando o Índice Dow Jones caiu 23 por cento em um dia e os marcadores de mercado desapareceram temporariamente porque os agentes de mercado estavam preocupados com o risco de comprar por um preço e serem capazes de vender apenas a um preço muito menor, pouco tempo depois" (Tradução nossa). No original: "Liquidity is the quality of 'immediacy'. For liquidity to be valuable it must be reliable. One aspect of the alchemy of financial markets is the belief that markets are always liquid. It is an illusion because the underlying assets (the physical assets and goodwill

mercados não costumam ter problemas de liquidez e que a incidência do imposto de renda em bases correntes seria apenas mais um custo de transação, que passaria a compor o preço desses ativos, em nada alterando a atual situação de equilíbrio econômico.

Portanto, verifica-se a presença de uma pressão cada vez maior para que a realização seja relativizada, de modo que sejam oferecidos à tributação ganhos não realizados, ao argumento de que eles seriam efetivamente capazes de gerar benefícios imediatos aos seus titulares, tornando necessário retirar dos contribuintes o suposto poder de controlar e determinar o momento da incidência do imposto de renda.[117] Nesse contexto, é crucial que a realização seja compreendida de forma correta, o que pressupõe a sua análise em termos jurídicos, de maneira que influências externas, especialmente aquelas oriundas das ciências econômicas e contábeis, não causem um efeito incompatível com a realidade jurídica, não bastando apenas a aceitação da ideia de que a realidade imporia a sua presença.

O objetivo do presente tópico é justamente determinar o verdadeiro papel da realização na tributação da renda. Admitindo-se como correta a primeira linha de pensamento apresentada, a realização deve se juntar às demais balizas já fixadas ao longo dos itens precedentes para constituir-se em um atributo insuperável do conceito jurídico de renda. A opção pela segunda corrente, ao revés, fará com que a realização não represente um requisito para que a renda seja considerada auferida, o que acaba por atribuir ao legislador a prerrogativa de tributar acréscimos de valor não realizados, desvinculados da ocorrência de uma transação.

2.4.4.2   Os aparentes novos contornos dessa discussão

Como mencionado, apesar de a discussão em torno da necessidade de realização para a tributação da renda não ser nova, o assunto vem ganhando novo fôlego nas últimas décadas, em razão de alguns fatores que merecem destaque. O principal deles seria a presença de um inegável desconforto causado por uma tributação do capital cada

---

of a company, for example) are themselves usually illiquid, and liquidity depends on a continuing supply of buyers and sellers on opposite sides of the market. (…) Markets can be liquid one day and illiquid the next, as happened on 19 October 1987 ('Black Monday') when the Dow Jones Industrial Average fell 23 percent in a day and the market-makers temporarily disappeared because they were worried about the risk of buying at one price and being able to sell only at a much lower price a short time later". (KING, Mervyn. *The end of alchemy*: money, banking, and the future of the global economy. New York: W.W. Norton & Company, 2016, p. 149).

[117] McCAFFERY, Edward J. *Income tax law*. Oxford: Oxford University Press, 2012, p. 49.

vez menos eficiente, principalmente quando comparada a essa mesma tributação incidente sobre o trabalho, o que tem acontecido em nível mundial e gerado um aumento da pressão por reforma estruturais do sistema tributário.[118] De fato, a realidade revela que as alíquotas efetivas de imposto de renda aplicadas sobre o capital costumam ser menores do que aquelas que gravam o trabalho assalariado, o que conduziria a uma (in)questionável impressão de que a parcela mais abastada da população suporta uma carga tributária menor, atentando contra um ideal de justiça na incidência do imposto de renda.[119]

Nesse cenário, a realização costuma ser apontada como a principal causa dessa deformidade. A razão, conforme já discutido, teria origem no diferimento causado por um regime de tributação baseado na ocorrência de transações, o que teria o efeito de deslocar a incidência do imposto para um momento posterior à real aquisição da renda pelo contribuinte. Em razão disso, uma série de distorções poderiam ser verificadas, tais como redução da alíquota efetiva, aumento da regressividade, além do estímulo à aplicação de recursos em ativos sujeitos à realização e do desestímulo à realização de ganhos já incorporados ao patrimônio do contribuinte.

Há na doutrina quem apelide a realização de "o calcanhar de Aquiles do sistema tributário", "as raízes de vários demônios",[120] entre outras críticas igualmente duras, cujo pano de fundo comum são as referidas distorções causadas pelo distanciamento entre o *conceito fundamental de renda* (Haig-Simons) e a base de cálculo do tributo.[121] Para um melhor entendimento da questão, recorre-se ao que Edward

---

[118] McCAFFERY, Edward J. *Income tax law*. Oxford: Oxford University Press, 2012, p. xviii.

[119] "O exame da evolução do fiscal de renda na doutrina estrangeira revela nítida tendência para a sua ampliação, e a análise das definições propostas mostra que essa ampliação resulta em grande parte do objetivo de procurar encontrar a medida mais justa da capacidade contributiva individual, traduzindo, na verdade, a utilização da expressão 'renda' como sinônimo de base mais equitativa para a distribuição da carga fiscal". (PEDREIRA, José Luiz Bulhões. *Imposto sobre a renda – Pessoas Jurídicas*. Rio de Janeiro: Justec, 1971, v. 1, item 2.11 (14)).

[120] ANDREWS, William D. The Achilles heel of the comprehensive income tax. In: WALKER, Charles E.; BLOOMFIELD, Mark A. (Ed.). *New directions in federal tax policy for the 1980s*. Cambridge, MA: Ballinger, 1983, p. 278.

[121] VLADIMIROVA, Iana. Solving the realization problem with a consumption tax: reconsidering An-drew's proposal. *Fordham Journal of Corporate and Financial Law*, v. 18, n. 2, p. 489-517, 2013, p. 3.

McCaffery[122] denomina de *"Tax Planning 101"*,[123] que estaria inteiramente baseado na realização. Basicamente, a sua execução seria o resultado de três condutas: *(i)* comprar, *(ii)* tomar emprestado, e *(iii)* morrer. Segundo esse interessante raciocínio, bastaria ao contribuinte a prática dos três referidos passos para que ele se visse desobrigado ao pagamento do imposto de renda ao longo de toda a sua existência, considerando que o seu acréscimo de valor jamais se realizaria.

De forma mais específica, o primeiro passo consistiria em adquirir ativos cuja valorização somente estaria sujeito à tributação por ocasião de sua realização, o que permitiria ao contribuinte controlar o momento da incidência do imposto de renda. O segundo passo estaria baseado na obtenção de empréstimos contra os ativos valorizados, com a finalidade de adquirir os recursos necessários à prática de atos de consumo. Segundo McCaffery, os referidos atos teriam como referência o valor de mercado do patrimônio do contribuinte, dado que o empréstimo teria sido obtido justamente por meio do oferecimento dos ativos que o compõem, como garantia de pagamento. Em outras palavras, a ausência de realização não seria capaz de impedir um efetivo acesso do contribuinte à oscilação positiva de valor do seu patrimônio. Pelo contrário, permitiria que esse acesso ocorresse sem que qualquer valor fosse devido a título de imposto de renda. Por fim, esses mesmos ativos poderiam ser transferidos aos herdeiros a valor de mercado, novamente sem a incidência do imposto de renda.[124]

O objetivo das considerações propostas pelo professor norte-americano é apenas o de enfatizar que a realização representaria uma regra que afasta a tributação sobre uma riqueza real, o que se comprovaria pelo fato de que atos de consumo poderiam ser praticados com base no valor de mercado dos bens que integram o patrimônio. Em razão disso, deveria o legislador buscar relativizar o peso dessa regra, de modo a alcançar as situações em que a inexistência de realização não fosse capaz de impedir que o contribuinte tivesse efetivo acesso à sua riqueza econômica.

Indubitavelmente, os citados argumentos acabam fortalecidos por situações específicas e pontuais, muitas vezes expostas para o público

---

[122] "Eu chamo de planejamento tributário 101 a orientação que consiste em: comprar, tomar emprestado e morrer" (Tradução nossa). No original: *"I call Tax Planning 101 the simple advice to: buy, borrow, die"*. (McCAFFERY, Edward J. *Income tax law*. Oxford: Oxford University Press, 2012, p. xix).

[123] A expressão "101", em inglês, faz referência a algo extremamente básico, elementar.

[124] O último passo do planejamento tributário não é aplicável ao Brasil, na medida em que haverá incidência do imposto de renda caso os bens sejam transferidos a valor de mercado.

em geral de forma pouco técnica. Um exemplo amplamente citado é a declaração do bilionário Warren Buffet de que a alíquota efetiva do seu imposto de renda seria menor do que a da sua secretária.[125] Em 2010, por exemplo, ele declarou um rendimento bruto da ordem de $62,9 milhões; um rendimento tributável de $39,8 milhões; e pagou $6,9 milhões a título de imposto de renda, o que significou uma alíquota efetiva de 17,4%. Além disso, nesse mesmo ano as ações de seu portfólio sofreram uma valorização de $8 bilhões, acréscimo que não foi oferecido à tributação por não estar realizado. Em resumo, dos rendimentos que compuseram a base de cálculo do seu imposto de renda, a alíquota efetiva foi de 17,4%. Considerando a totalidade da sua renda econômica, medida com base na oscilação de valor do seu patrimônio, a alíquota efetiva cairia para 0,09%.[126]

Atrelada à questão da justiça fiscal, há uma preocupação com a instituição de um tributo destinado a onerar as *grandes fortunas*, como se houvesse um montante de riqueza a partir do qual o Estado devesse ser mais rigoroso na previsão de incidências tributárias, em busca de uma medida mais equitativa de distribuição de renda. Como os grandes patrimônios costumam ser compostos por ativos que podem sofrer valorização ao longo do tempo, valorização essa que geralmente não é tributada enquanto não for objeto de uma operação de troca no mercado, a realização passa a ser vista como um obstáculo à tributação de uma riqueza que já estaria efetivamente à disposição do contribuinte, que poderia realizá-la no momento que melhor lhe conviesse.

Esses dois argumentos estão vinculados a uma questão de política fiscal que nada parece ter de original. A novidade, contudo, residiria em uma suposta modificação da realidade econômica e negocial, especialmente em termos de um mercado de capitais cada vez mais desenvolvido, cujo efeito seria o de retirar do acréscimo de valor grande parte de sua aparente incerteza, transformando-o em um poder de consumo novo, efetivamente disponível para o contribuinte. Desse modo, os rendimentos decorrentes da valorização de ativos deveriam ser considerados realmente aptos para consumo, dada a liquidez cada vez maior dos mercados financeiro e de capitais. Em suma, teria havido uma alteração do que verdadeiramente se entende por renda.

---

[125] O impacto de suas declarações foi tão grande que um projeto de lei do então Presidente Barack Obama, que tinha por objetivo estabelecer uma alíquota efetiva mínima de imposto de renda para determinados contribuintes, tornou-se conhecida como *Buffet Rule*.

[126] MILLER, David S. *How mark-to-market taxation can lower the corporate tax rate and reduce income inequality*. October 20, 2015, p. 7-8.

É nesse contexto que ganham força as propostas de tributação baseadas nos valores de mercado de determinados ativos, especialmente sedutoras em um contexto de desigualdade econômica e social crescente, uma vez que essa *nova renda*, a ser objeto de tributação, poderia ser encontrada no patrimônio da minoria mais rica da população. Esse universo reduzido de contribuintes deveria ser responsável por suportar uma carga tributária mais elevada, não apenas em termos proporcionais, mas também em termos progressivos, o que seria decorrência do princípio da solidariedade.

Esses argumentos seriam igualmente aplicáveis às pessoas jurídicas, visto que a contabilidade cada vez mais passa a descolar o seu registro do custo histórico, em busca de demonstrações financeiras mais alinhadas à realidade econômica. Essa mudança de paradigma teria aproximado as demonstrações financeiras do real valor do patrimônio da entidade, supostamente aquele que melhor revelaria a sua riqueza econômica. Dessa forma, se o valor de mercado pode ser mensurado com segurança; se ele representa a referência mais adequada sobre o valor do patrimônio; se ele serve de base para que transações ocorram em um mercado financeiro altamente organizado; se com base nele lucros e bônus são pagos; então, qual seria o verdadeiro problema de que esse valor pudesse compor a base de cálculo do imposto de renda?

Uma possível resposta seria: se não há qualquer impedimento do ponto de vista conceitual; se a única barreira a essa tributação é a exigência normativa de realização, cujos obstáculos vêm sendo superados de forma gradativa; então, na exata medida em que for possível, do ponto de vista prático, afastar a realização, caberia ao legislador fazê-lo, com o objetivo de aproximar a base de cálculo do imposto ao conceito Haig-Simons, sob pena de se distanciar do conceito fundamental de renda.

Essa conclusão é justamente a obtida por Miller,[127] com base em uma particular visão acerca do contexto histórico em que surgida a realização. O autor sustenta que a regra da tributação baseada na ocorrência de transações teria despontado em um momento marcado pela existência de um mercado de capitais ainda incipiente, fortemente caracterizado pela iliquidez e pela volatilidade. De acordo com a sua visão, o conceito de custo do dinheiro no tempo era pouco entendido, os contratos de opção não eram precificados e a definição em torno de um conceito econômico de renda ainda se mostrava distante.

---

[127] MILLER, David S. Toward an economic model for the taxation of derivatives and other financial instruments. *Harvard Business Law Review Online*, v. 3, p. 108-119, 2013, p. 108-109.

Precisamente em razão disso, o sistema tributário girava ao redor do dinheiro, sendo a realização um princípio fundamental. Nesse cenário específico, a renda somente poderia ser considerada auferida quando representada por uma transação, momento em que se transformaria em moeda. Kornhauser[128] faz apontamentos semelhantes a esse respeito, ao afirmar que em períodos pretéritos predominava a concepção de que enquanto o dinheiro estivesse aplicado em um ativo haveria um elemento de risco a ser considerado, retirando a certeza quanto à existência da renda e ao seu verdadeiro montante. Veja-se que, na visão dos citados autores, a realização teria surgido em um contexto específico bastante diverso do atual, o que deveria justificar uma interpretação da regra mais compatível com essa nova realidade.

A doutrina também recorre a exemplos diversos para explicar essa situação. O caso da abertura de capital do *Facebook* é utilizado com bastante frequência. Argumenta-se que, ainda que Mark Zuckerberg tenha optado por manter a propriedade de grande parte das ações por ele detidas por ocasião da oferta pública de ações da companhia, o que o transformou em um dos homens mais ricos do mundo, nada foi pago a título de imposto de renda em relação ao acréscimo de valor apurado, tendo em vista a sua decisão de não realizar o ganho obtido.[129] É igualmente costumeira a referência ao exemplo de um executivo da *Oracle*, que teria utilizado parte de suas ações da companhia para a obtenção de um empréstimo bancário destinado à aquisição de um iate avaliado em $100.000.000,00.[130] Schenk[131] também segue essa linha e cita o exemplo de Bill Gates para afirmar que aquele que possui milhões em ações de uma companhia certamente ostenta uma capacidade contributiva maior do que um trabalhador assalariado, ainda que eles tenham consumido o mesmo valor em um dado intervalo de tempo.

Os argumentos inquietam. Não pode o intérprete, contudo, ignorar a possibilidade de que a questão seja vista sob prisma diverso. Para que não se desvie do objeto central do presente trabalho, bastam algumas considerações. De plano, não se discute que acréscimos de

---

[128] KORNHAUSER, Marjorie E. The story of *Macomber*: the continuing legacy of realization. In: CA-RON, Paul (Ed.). *Tax Stories*. 2nd ed. New York: West Academic, 2009. cap. 3, p. 96. (Law Stories).

[129] MILLER, David S. The zuckerberg tax. *The New York Times*, New York, Today's Paper, p. A27, 7 Feb. 2012.

[130] BENSHALOM, Ilan; STEAD, Kendra. Realization and progressivity. *Columbia Law Journal of Tax Law*, v. 3, n. 1, p. 43-8[5], 2011, p. 49-50.

[131] SCHENK, Deborah H. A positive account of the realization rule. *Tax Law Review*, v. 57, p. 355-396, 2004, p. 380.

valor possam ser vistos como manifestações de capacidade econômica. O grande problema é que nem toda manifestação de capacidade econômica terá como consequência a existência de renda jurídica. A rigor, acréscimos de valor podem apenas denotar a existência de uma riqueza nova, exclusivamente atribuível ao patrimônio, mas que com renda não se confunde.

Ademais, a ideia de uma tributação fundamentada em ganhos não realizados ignora a opção manifestada pelo contribuinte de substituir a possibilidade de consumo imediato, baseada no valor corrente do seu patrimônio (valor justo), por um consumo futuro, que se acredita será maior do que a possibilidade de consumo atual e que terá como base a valorização desse mesmo patrimônio no tempo. Dito de outro modo, o valor presente do consumo futuro deve ser superior ao valor da possibilidade de consumo atual. Do contrário, seria melhor consumir no presente. Ou seja, se a realização pressupõe um ato comissivo, a inexistência de realização não deixa de ser um ato comissivo por omissão.

Entendimento em sentido contrário levaria a uma insuperável contradição. É que se o valor atribuído pelo mercado aos bens pode ser adotado para fins tributários, exatamente pelo seu alto grau de confiabilidade, que deriva da ideia de um mercado eficiente e operado por agentes racionais, então a tributação de ganhos antes da sua materialização por meio de uma transação parece ignorar que esses mesmos agentes econômicos decidiram, também de forma eficiente e racional, que a valorização atual dos seus ativos é inferior ao valor presente dos fluxos de caixa futuros, o que tornaria a sua alienação uma decisão ineficiente do ponto de vista econômico. É dizer, a decisão dos agentes econômicos de não realizar os seus ganhos atuais deveria ser vista como uma decisão racional, baseada na expectativa de ganhos mais elevados no futuro. Como mencionado acima, a decisão de não realizar é uma verdadeira ação e não uma singela omissão.

Além disso, a tributação sobre rendimentos não realizados retira dos contribuintes uma riqueza não monetária, que será transferida aos cofres públicos por meio do caixa oriundo de outros ganhos já transformados em moeda, ou, no extremo, por meio de empréstimos contraídos com essa finalidade. Parece evidente o efeito de descapitalização infligido aos contribuintes, o que tem como resultado a redução da sua capacidade de geração de riqueza, em um ciclo que pode levar, no longo prazo, a uma diminuição do valor de tributos devidos, fazendo com que essa política tributária acabe atentando contra o próprio ideal de continuidade que se espera da produção de riquezas em uma sociedade.

Em que pese a relevância desse embate, de complexidade elevada, que ultrapassa o objetivo do presente trabalho, é imprescindível que o enfrentamento da questão se dê em bases estritamente jurídicas, sem que argumentos de justiça pretensamente mais nobres sejam alçados à condição de verdadeiros axiomas do sistema jurídico. Não se está afirmando que justiça fiscal e redistribuição de renda não sejam temas relevantes, mas apenas que sob a ótica da incidência tributária a sua juridicidade deve ter sido definida previamente pelo legislador, com base em regras claras e bem demarcadas, e não com base nos resultados pretendidos. Especificamente em relação ao imposto de renda, a aparente ineficiência desse tributo na oneração do capital não autoriza que o conceito seja mutilado para nele incluir manifestações de riqueza que não passam de uma nova forma de se mensurar o patrimônio.

2.4.4.3 A posição defendida no presente trabalho

Em que pese os relevantes argumentos no sentido de que o conceito Haig-Simons representaria a melhor aproximação, para fins de tributação, entre a capacidade econômica manifestada pelo contribuinte e a base de cálculo do imposto de renda, a premissa da desnecessidade de realização não pode ser validamente sustentada quando se está diante de um conceito jurídico de renda que deve respeitar todos os pressupostos que norteiam a tributação.

Nessa linha de ideias, a primeira reflexão a ser conduzida deve levar em conta que a verdadeira discussão acerca da definição de renda e da sua relação com a ideia de realização gira em torno do que se entende por ganhos reais e fictícios.[132] Para tanto, é preciso não se desviar da ideia de que o direito tributário tem os seus olhos voltados para o passado, ocupando-se de atos ou negócios jurídicos já ocorridos, cujo resultado deve representar um acréscimo definitivo de valor ao patrimônio do contribuinte, com origem em uma riqueza que tenha trocado de mãos.[133] Esses seriam os ganhos reais, que se oporiam àqueles fictícios, que ostentariam uma precariedade compatível com a ideia

---

[132] "A distinção apropriada para o propósito de mensuração da capacidade contributiva, portanto, não é entre acréscimos e rendimentos aleatórios, ou entre ganhos esperados ou inesperados, mas entre ganhos genuínos e fictícios". (Tradução nossa). No original: "The proper distinction for the purpose of measurement of taxable capacity therefore is not between accruals and windfalls, or between expected and unexpected gains, but between genuine and fictitious gains". (KALDOR, Nicholas. *An expenditure tax*. London: Routledge, 1955, p. 69).

[133] PEDREIRA, José Luiz Bulhões. *Imposto sobre a renda – Pessoas Jurídicas*. Rio de Janeiro: Justec, 1971, v. 1, item 2.11 (20).

de um patrimônio em constante mutação. A fronteira entre essas duas espécies de ganhos é demarcada justamente pela realização.

Por essa razão, o acréscimo de valor decorrente da valorização de patrimônio preexistente não admite a existência de renda em sentido jurídico. Do ponto de vista puramente conceitual, sustentar a possibilidade de tributação da renda medida com base na oscilação de valor dos ativos é ignorar uma diferença estrutural entre as definições de patrimônio e renda.[134] O primeiro, embora seja um bom indicativo da riqueza de uma pessoa, por representar a expressão monetária de uma universalidade de direitos e obrigações, não tem origem em um fluxo (renda), cuja principal característica é justamente estabelecer o momento em que eventuais acréscimos de valor poderão ser tidos por definitivos.

O que marca a superação da reversibilidade da valorização é a decisão livre do contribuinte de aceitar essa nova expressão monetária do seu patrimônio,[135] praticando atos ou negócios jurídicos que façam transformar em renda o acréscimo de valor baseado no mercado de referência.[136] Em razão disso, o imposto de renda deve ser considerado

---

[134] FALSITTA, Gaspare. *Manuale di Diritto Tributario:* parte speciale. 7. ed. Padova: CEDAM, 2010, p. 9.

[135] As conclusões acima são igualmente aplicáveis às hipóteses conhecidas como *windfall gains*, cujo exemplo mais marcante envolve um bilhete de loteria premiado encontrado na rua. Mesmo nesse caso a existência de renda dependerá de um ato de vontade do contribuinte. Em primeiro lugar, a aquisição do bilhete decorreu de um negócio jurídico (a compra do bilhete), que não foi realizado por aquele que aufere o rendimento, mas que se torna desimportante em razão do fato de se tratar de um título ao portador. Em segundo lugar, o resgate do prêmio pressupõe a decisão de fazê-lo, sendo o bilhete apenas o meio físico que materializa o direito. Portanto, nota-se a presença de um negócio jurídico e o exercício de um ato de vontade.

[136] Segundo Pontes de Miranda, a vontade é elemento essencial para qualificar como "ato" determinado fato jurídico. Define o autor serem jurídicos os fatos havidos no mundo sobre os quais haja incidência de norma jurídica, ainda que no sentido de definir sua ilicitude. Os fatos jurídicos classificam-se entre (a) fatos jurídicos stricto sensu, (b) atos-fatos jurídicos e (c) atos jurídicos lato sensu, que se subdividem entre (c.1) atos jurídicos stricto sensu e (c.2) negócios jurídicos. O critério nuclear para a primeira distinção (ato versus fato) é a existência de conduta humana: havendo, fala-se de ato; caso contrário, de mero fato. A segunda distinção (ato-fato jurídico versus ato jurídico lato sensu) define-se pela existência de vontade a permear a conduta humana: não havendo – ou sendo irrelevante –, está-se diante de ato-fato; havendo, trata-se, apenas aqui, propriamente de ato jurídico (em cujo âmbito insere-se o negócio jurídico). Com efeito, enquadra-se a "transação" como negócio jurídico, ou, quando nada, como ato jurídico. Também por esta razão é que apenas pode se qualificar quando houver vontade, já que, não havendo, estar-se-ia diante de mero fato jurídico, inapto a configurar renda – jurídica – tributável. Cf.: PONTES DE MIRANDA, Francisco Cavalcanti. *Tratado de Direito Privado:* parte geral. Introdução. Pessoas físicas e jurídicas. Atualização Judith Martins-Costa, Gustavo Haical, Jorge Cesar Ferreira da Silva. São Paulo: Editora Revista dos Tribunais, 2012. t. 1, p. 65-76, 145-172; PONTES DE MIRANDA, Francisco Cavalcanti. *Tratado de Direito Privado:* parte geral. Bens. Fatos jurídicos.

um tributo essencialmente transacional,[137] oportunidade em que o sujeito passivo manifesta a sua vontade de transformar em renda (*i.e.*, realizar) o valor atual do seu patrimônio. Nesse contexto, não se pode deixar de consignar a importância do preço, que, ao contrário do valor, acaba representando um "porto seguro", que "supera a álea do justo valor, ainda que à custa dum reducionismo teórico e duma simplificação conceitual", como esclarece Tavares.[138]

Essa é a linha sustentada com rara precisão por Falsitta.[139] De acordo com a sua visão, a primeira condição para que se possa falar em renda é a possibilidade de que o acréscimo patrimonial seja tratado como certo. O autor italiano faz a importante ressalva de que certeza não pode ser confundida com definitividade ou irreversibilidade, mas deve decorrer de um vínculo jurídico, oriundo de um contrato, de um fato ilícito, de um ato do Poder Público, ou diretamente da lei, de modo que a certeza mencionada tenha origem no direito. Em outras palavras, a renda jurídica dependeria de que o direito a tenha conferido essa qualidade, momento em que ela se tornaria certa, ainda que não irreversível.

Portanto, acréscimos de valor não realizados indicarão sempre a presença de uma renda em potencial, seja em razão da possibilidade de sua reversão no futuro, seja em razão da inexistência de uma manifestação de vontade do contribuinte (que está ligada à sua autonomia), no sentido de transformar em renda o acréscimo de valor observado sobre o seu patrimônio. Enquanto pairar sobre um determinado ganho a possibilidade de sua reversão futura, pela inexistência de prévia manifestação de vontade, ter-se-á, se tanto, uma renda econômica, cujos atributos não se revelam suficientes para que ela possa ser chamada de jurídica. Justamente por isso, a certeza que o direito exige para a caracterização da renda faz com que a situação de fato não possa

---

Atualização Ovídio Rocha Barros Sandoval. São Paulo: Editora Revista dos Tribunais, 2012. t. 2, p. 253-274, 457-459, 485-491, 535-542; PONTES DE MIRANDA, Francisco Cavalcanti. *Tratado de Direito Privado*: parte geral. Negócios jurídicos. Representação. Conteúdo. Forma. Prova. Atualização Marcos Bernardes de Mello, Marcos Ehrhardt Júnior. São Paulo: Editora Revista dos Tribunais, 2012. t. 3, p. 53-74, 90-96.

[137] OLIVEIRA, Ricardo Mariz de. Reconhecimento de receitas – questões tributárias importantes (uma nova noção de disponibilidade econômica?). In: LOPES, Alexsandro Broedel; MOSQUERA, Roberto Quiroga (Coord.). *Controvérsias Jurídico-Contábeis*: aproximações e distanciamentos. São Paulo: Dialética, 2012. v. 3, p. 306-307.

[138] TAVARES, Tomás Cantista. *IRC e Contabilidade. Da realização ao justo valor*. Coimbra: Almedina, 2011, p. 97-98.

[139] FALSITTA, Gaspare. *Manuale di Diritto Tributario*: parte speciale. 7. ed. Padova: CEDAM, 2010, p. 318-319.

estar baseada na presunção de futura ocorrência de uma transação, por mais provável que ela se revele. A certeza depende, sempre e necessariamente, de que o contribuinte tenha atuado no sentido de transformar expectativa em realidade, o que deve ocorrer de forma expressa, mediante participação voluntária no mercado econômico.[140] Desse modo, a tributação de ganhos não realizados atenta contra o princípio da capacidade contributiva, justamente por se ocupar de situações não definitivamente concretizadas.[141]

Ademais, a abstenção do contribuinte quanto à celebração de atos ou negócios jurídicos não pode ser interpretada como uma decisão autoritária (expressão de um já superado voluntarismo para a tributação da renda), em que o valor supostamente devido a título de imposto de renda seria reinvestido e acabaria por incrementar os rendimentos à custa dos contribuintes que não dispõem da opção de um diferimento indefinido. Ao contrário, a decisão de não realizar o acréscimo de valor deve ser vista igualmente como um ato de vontade, que pode ter origem, por exemplo, na expectativa de que o ganho atual seja ainda maior no futuro, sendo mais inteligente (e eficiente) manter o patrimônio em sua composição atual. Portanto, a ideia de se tributar rendimentos não realizados, com base em valores de mercado, representa uma intolerável violação à autonomia do contribuinte, negando a mencionada necessidade de que a renda esteja representada pela valorização decorrente de (e materializada por) um ato de vontade.[142]

Desse modo, até o presente momento a tributação da renda impõe a ocorrência de três condições simultâneas. São elas: *(i)* a existência de um ganho, *(ii)* a sua realização por intermédio de um ato ou negócio jurídico, e *(iii)* a presença de um ato de vontade do titular da renda. A transferência determina quando o tributo é devido, enquanto o acréscimo de valor determina o quanto é devido naquele dado momento. Portanto, ambos os elementos (quando e quanto) são igualmente necessários para a ocorrência do fato gerador do imposto de renda.[143]

---

[140] ÁVILA, Humberto. *Conceito de renda e compensação de prejuízos fiscais*. São Paulo: Malheiros, 2011, p. 24.

[141] LANG, Joachim. The influence of tax principles on the taxation of income from capital. In: ESSERS, Peter; RIJKERS, Arie (Ed.). *The notion of income from capital*: EATLP Congress, Cologne 12-14 June 2003. [Amsterdam]: IBFD Publications, International Bureau of Fiscal Documentation, 2005, p. 14. (EATLP International Tax series, v. 1).

[142] DELMOTTE, Charles. The right to autonomy as a moral foundation for the realization principle in in-come taxation. In: BHANDARI, Monica (Ed.). *Philosophical foundations of tax law*. Oxford: Oxford University Press, 2017. cap. 12, p. 281.

[143] SHAVIRO, Daniel N. An efficiency analysis of realization and recognition rules under the federal in-come tax. *Tax Law Review*, v. 48, p. 1-68. 1992, p. 1-7.

2.4.5 Renda líquida: a questão da dedução dos gastos para a mensuração do acréscimo patrimonial

Superadas as questões acerca da mensuração do acréscimo patrimonial e da necessidade de que a renda esteja realizada, é preciso discutir como os gastos serão considerados na formação da base de cálculo do imposto. Trata-se de uma questão polêmica, atinente ao conceito de renda líquida. De plano, essa expressão (renda líquida) parece revelar uma tautologia, dado que renda será sempre o resultado líquido positivo, decorrente da comparação entre receitas e despesas em um dado período. O real desafio, portanto, é o de estabelecer quais critérios deverão ser atendidos para que determinados gastos incorridos pelos contribuintes sejam considerados para fins de definição do montante de renda auferido em cada período de apuração.[144]

O ponto de partida requer uma necessária distinção entre pessoas físicas e jurídicas, dado que irão variar os fundamentos a serem considerados na análise pertinente a cada uma delas. Em quaisquer das hipóteses não deverão ser considerados, para fins de determinação da base de cálculo, todos os gastos incorridos pelo contribuinte. Como discutido, o acréscimo tributado pelo imposto de renda se vincula a uma determinada forma de mensuração do patrimônio baseada em considerações de natureza tributária. É dizer, não se busca nas pessoas físicas o acréscimo ao seu patrimônio civil, da mesma forma que para as pessoas jurídicas não haverá uma necessária identidade em relação ao acréscimo medido de acordo com normas contábeis. Ao fim e ao cabo, o patrimônio será mensurado de acordo com pressupostos essencialmente tributários.

No caso das pessoas físicas, a definição não pode buscar estabelecer uma vinculação entre a despesa incorrida e a renda obtida, como se os gastos tivessem o objetivo precípuo de viabilizar um incremento da capacidade produtiva do indivíduo. A realidade parece apontar para uma lógica absolutamente diversa, em que o próprio indivíduo representa a unidade produtora da renda, cujo intento é adquirir os recursos necessários para a sua existência. Nessa linha, deveriam fazer parte do conceito de renda líquida todos os gastos incorridos com essa finalidade. O problema desse raciocínio é que as preferências particulares de cada indivíduo acabariam fazendo com que a base de cálculo do imposto ficasse atrelada a desígnios estritamente pessoais, o

---

[144] GRIFFITH, Thomas D. Theories of personal deductions in the income tax. *Hastings Law Journal*, v. 40, n. 2, p. 343-395, 1989.

que certamente iria de encontro ao princípio da capacidade contributiva, entendido em seu sentido objetivo, além de tornar absolutamente impraticável o controle de incidência da norma tributária.[145]

Assim, é necessário que seja estabelecido um corte, de modo a vincular ao conceito jurídico de renda apenas os gastos necessários a uma existência digna. A determinação de quais seriam esses gastos é tarefa que compete ao legislador, por estar relacionada à fixação de um padrão compatível com as diretrizes determinadas pelo ordenamento jurídico em questão. De todo modo, a ideia de um mínimo existencial impõe que os gastos a ele relacionados sejam considerados compulsórios, uma vez que não se considera possível que um indivíduo possa viver dignamente sem eles.[146] Portanto, a parcela dos recursos recebidos que são destinados a suportar esse padrão mínimo de gastos jamais terá estado à disposição do cidadão, de tal sorte que não haverá sobra passível de tributação. Até o limite do mínimo existencial o contribuinte não terá demonstrado possuir capacidade contributiva, o que previne a incidência do imposto de renda.

Esse parece ser o parâmetro central para a dedução de despesas nas pessoas físicas. A rigor, todos os gastos desvinculados do padrão mínimo de existência deveriam ser considerados atos de consumo, cuja principal marca seria a voluntariedade vinculada ao poder de dispor do sujeito passivo e que, por isso, não poderiam ser deduzidos da base de cálculo do imposto de renda. No entanto, parte relevante da doutrina vai além, para incluir no rol de despesas dedutíveis o que se pode chamar de gastos extraordinários, cujo atributo fundamental também seria a sua compulsoriedade. Um exemplo seria o dos gastos relacionados ao custeio de tratamentos médicos.[147] Em ambos os casos (mínimo existencial e gastos extraordinários), a principal marca para a determinação da dedutibilidade é o caráter compulsório do dispêndio, o que retira do contribuinte a liberdade de aplicar a sua renda da maneira que melhor lhe convém.

A realidade observada na maioria dos países revela que a permissão de dedução de gastos incorridos por pessoas físicas extrapola

---

[145] McCAFFERY, Edward J. *Income tax law*. Oxford: Oxford University Press, 2012, p. 88.

[146] KELMAN, Mark G. Personal deductions revisited: why they fit poorly in an "ideal" income tax and why they fit worse in a far from ideal world. *Stanford Law Review*, v. 31, n. 5, p. 831-883, May 1979.

[147] LANG, Joachim. The influence of tax principles on the taxation of income from capital. In: ESSERS, Peter; RIJKERS, Arie (Ed.). *The notion of income from capital*: EATLP Congress, Cologne 12-14 June 2003. [Amsterdam]: IBFD Publications, International Bureau of Fiscal Documentation, 2005, p. 16. (EATLP International Tax series, v. 1).

as hipóteses mencionadas acima. Talvez, a situação mais comum seja a autorização para a dedução das doações destinadas a entidades de caráter assistencial, que definitivamente não têm qualquer relação com a subsistência do contribuinte, tampouco podem ser caracterizadas como despesas extraordinárias. É importante deixar claro que a possibilidade de dedução desses gastos não tem qualquer relação com o conceito jurídico de renda, considerando tratar-se de verdadeiros atos de aplicação da renda disponível. Portanto, não há uma relação de subordinação entre a composição da base de cálculo do imposto de renda e a dedução dessas despesas.[148]

Em regra, a razão de ser do permissivo legal estará ligada à implementação de alguma política pública, tendo sido eleita a via do gasto tributário como mecanismo de promoção dessa finalidade. A tendência é que haja relação direta com a ideia de direitos sociais, que são aqueles vinculados a uma obrigação do Estado de realizar prestações positivas em prol dos cidadãos. Nesse contexto, a doutrina norte-americana usualmente recorre aos exemplos da dedução das despesas dos juros pagos no financiamento de imóveis residenciais, que teria estimulado o mercado imobiliário; e da dedução de doações, que teria fomentado a capitalização das instituições de ensino privadas.[149]

De toda sorte, estar-se-á sempre diante de uma renúncia fiscal *(tax expenditure)*,[150] já que, ausente a autorização legal para a dedução, tais gastos naturalmente deveriam compor a base de cálculo do imposto de renda.[151] Em razão disso, dispõe o legislador de elevada margem de discricionariedade para restringir e/ou eliminar a autorização da dedução. O fundamento poderá ser, por exemplo, a desnecessidade de continuidade da política pública anterior, ou até mesmo a escolha por uma forma diversa para a sua promoção, desvinculada do direito tributário, cujo critério caberá apenas ao legislador.

Acerca da utilização do regime de deduções legais para a promoção de finalidades específicas, algumas considerações se fazem

---

[148] CHIRELSTEIN, Marvin A.; ZELENAK, Lawrence. *Federal income taxation*. 12th ed. Washington, D. C. Foundation Press, 2012, p. 203.

[149] BANKMAN, Joseph; SHAVIRO, Daniel N.; STARK, Kirk J. *Federal income taxation*. 16th ed. New York: Wolters Kluwer, 2012, p. 8.

[150] A definição de *tax expenditures* está quase sempre relacionada aos estudos de Stanley Surrey, empreendidos no contexto da reforma tributária dos EUA, ocorrida nas décadas de 1960 e 1970. Cf.: SHAVIRO, Daniel N. *Rethinking tax expenditures and fiscal language*. New York: NYU Law School, Sept. 2003. p. 1-67. (Public Law and Legal Theory Research Paper Series, nº 72).

[151] McCAFFERY, Edward J. *Income tax law*. Oxford: Oxford University Press, 2012, p. 91.

necessárias. Tendo em vista que o real efeito da dedução está relacionado ao montante do imposto que deixará de ser pago pelo contribuinte, quanto maior a alíquota incidente maior terá sido o benefício gerado.[152] Na prática, essas políticas públicas tendem a beneficiar mais justamente os contribuintes que demonstraram uma capacidade contributiva mais elevada e que, em tese, seriam os menos necessitados de uma proteção estatal direcionada, causando um inegável efeito regressivo sobre o imposto de renda.[153] É o que se denomina *'upside-down' subsidies*, que seriam aquelas políticas públicas que beneficiam mais os que delas menos precisam.[154]

Voltando a análise para as pessoas jurídicas, é nítida a possibilidade de vinculação entre gastos e obtenção da renda, ao contrário do que acontece em relação às pessoas físicas.[155] Na realidade, os gastos são incorridos ao longo do processo produtivo justamente com a intenção de obter lucro. Sendo assim, não deverão ser considerados para a formação da base de cálculo do imposto de renda aqueles gastos que não puderem ser imputados à atividade empresarial. É preciso destacar que a distinção entre gastos necessários e atos de consumo não está relacionada a questões subjetivas, mas a uma análise da probabilidade de uma objetiva vinculação entre o esforço financeiro e a possibilidade de obtenção de lucro.[156]

Ainda assim, há uma presunção de que os gastos incorridos estejam relacionados à obtenção de receitas, uma vez que o objetivo final das pessoas jurídicas é a geração de lucro. Em um cenário de normalidade, há uma tendência de que o lucro acompanhe o crescimento dos gastos. Precisamente por isso, o Estado tem a obrigação de encorajar os dispêndios que tenham o objetivo de maximizar os resultados que serão oferecidos à tributação.[157] Nessa linha, não cabe ao legislador determinar quais serão os gastos dedutíveis, uma vez que a presunção milita em favor de uma dedução ampla. De acordo com a realidade

---

[152] McCAFFERY, Edward J. *Income tax law*. Oxford: Oxford University Press, 2012, p. 92.

[153] CHIRELSTEIN, Marvin A.; ZELENAK, Lawrence. *Federal income taxation*. 12th ed. Washington, D. C. Foundation Press, 2012, p. 2.

[154] BANKMAN, Joseph; SHAVIRO, Daniel N.; STARK, Kirk J. *Federal income taxation*. 16th ed. New York: Wolters Kluwer, 2012, p. 334-335.

[155] O conceito de gastos está sendo utilizado em sentido amplo, compreendendo custos e despesas.

[156] LANG, Joachim. The influence of tax principles on the taxation of income from capital. In: ESSERS, Peter; RIJKERS, Arie (Ed.). *The notion of income from capital*: EATLP Congress, Cologne 12-14 June 2003. [Amsterdam]: IBFD Publications, International Bureau of Fiscal Documentation, 2005, p. 15-19. (EATLP International Tax series, v. 1).

[157] McCAFFERY, Edward J. *Income tax law*. Oxford: Oxford University Press, 2012, p. 88.

de cada atividade, deverão ser considerados os gastos vinculados à obtenção do resultado, devendo ser limitada a dedução daqueles incorridos após esse momento, ao que se pode denominar de atos de aplicação da renda.[158]

Do exposto, pode-se concluir que alguns gastos incorridos por pessoas físicas e jurídicas têm a sua dedução vinculada ao conceito jurídico de renda, que requer a existência de um resultado positivo, decorrente da confrontação entre determinadas receitas e despesas. No caso das pessoas físicas, estão relacionados ao conceito de renda os gastos que são incorridos de forma compulsória pelos contribuintes; aqueles vinculados a uma existência digna, bem como os gastos extraordinários, como seria o caso de tratamentos de saúde. No caso das pessoas jurídicas, dada a possibilidade de vinculação objetiva entre o gasto incorrido e a receita obtida, devem ser considerados dedutíveis todos os custos e despesas necessários à formação do lucro.

Por fim, as hipóteses de autorização legal de dedução de gastos que não se amoldem aos critérios acima representam a promoção de uma política pública, geralmente conectada à promoção de direitos sociais ou à realização de atividades que competem, diretamente, ao Estado.[159] Para esses casos, possui o legislador liberdade para autorizar bem como para restringir a dedução, de acordo com critérios compatíveis com o ordenamento jurídico. Nessas hipóteses, a dedução não possuirá qualquer relação com o conceito jurídico de renda.

2.4.6 Há necessidade de que todos os rendimentos recebam o mesmo tratamento?

Dando continuidade ao estabelecimento das balizas necessárias à construção de um conceito jurídico de renda, é essencial que se defina a necessidade, ou não, de que todos os rendimentos sejam tratados em conjunto e submetidos a um mesmo universo de alíquotas. Levando-se em conta os pressupostos adotados pelo conceito Haig-Simons de renda a resposta seria positiva, dado que se defende a aplicação de um

---

[158] CHIRELSTEIN, Marvin A.; ZELENAK, Lawrence. *Federal income taxation*. 12th ed. Washington, D.C.: Foundation Press, 2012, p. 114-115.

[159] ANDREWS, William D. Personal deductions in an ideal income tax. In: CARON, Paul L.; BURKE, Karen C.; McCOUCH, Grayson M.P. *Federal income tax anthology*. 4 ed. rev. Cincinnati: Anderson Publishing Company, 1997, p. 282.

tratamento uniforme para todos os contribuintes, o que passaria pela não discriminação da incidência com base na natureza do rendimento.[160]

Autores como Joachim Lang,[161] por sua vez, embora reconheçam que um modelo de tributação conjunta de todos os rendimentos representaria o formato ideal, admitem que a realidade acaba impondo a necessidade de que determinados ganhos sejam tributados separadamente. É o que igualmente afirmam Essers e Rijkers,[162] ao sustentarem que um regime de tributação cedular, contendo, por exemplo, previsões que levam a uma tributação menor do capital, quando comparada à incidente sobre o trabalho, parece mais adequado ao enfrentamento dos desafios impostos por uma economia globalizada. Nesse mesmo sentido, Lang[163] cita os exemplos dos modelos escandinavo e holandês, cuja incidência cedular seria uma característica marcante.

De um lado, parece haver certo consenso em torno de um modelo ideal de tributação da renda, em que todos os ganhos são considerados de forma conjunta e submetidos a um mesmo universo de alíquotas. De outro lado, há igualmente o reconhecimento de que a complexidade da realidade acabaria permitindo a existência de regimes cedulares, em que determinados rendimentos seriam separados dos demais e tributados por alíquotas diversas, geralmente menores. O desafio, então, está em identificar em quais circunstâncias o legislador está autorizado a promover essa diferenciação sem que, ao assim proceder, acabe por violar o princípio da igualdade e tornar ilegal a previsão.

Uma primeira hipótese seria a diferenciação promovida para o atingimento de finalidades fiscais, sendo o exemplo dos ganhos de capital o mais citado na doutrina,[164] que costuma apontar a necessidade

---

[160] MURPHY, Liam; NAGEL, Thomas. *The myth of ownership*: taxes and justice. Oxford: Oxford University Press, 2002, p. 37.

[161] LANG, Joachim. The influence of tax principles on the taxation of income from capital. In: ESSERS, Peter; RIJKERS, Arie (Ed.). *The notion of income from capital*: EATLP Congress, Cologne 12-14 June 2003. [Amsterdam]: IBFD Publications, International Bureau of Fiscal Documentation, 2005, p. 15-16. (EATLP International Tax series, v. 1).

[162] ESSERS, Peter H. J.; RIJKERS, Arie (Ed.). *The notion of income from capital*: EATLP Congress, Cologne 12-14 June 2003. [Amsterdam]: IBFD, International Bureau of Fiscal Documentation, 2005, p. xxiii. (EATLP International tax series, v. 1).

[163] LANG, Joachim. The influence of tax principles on the taxation of income from capital. In: ESSERS, Peter; RIJKERS, Arie (Ed.). *The notion of income from capital*: EATLP Congress, Cologne 12-14 June 2003. [Amsterdam]: IBFD Publications, International Bureau of Fiscal Documentation, 2005, p. 3. (EATLP International Tax series, v. 1).

[164] FREEDMAN, Judith. Treatment of Capital Gains and Losses. In: ESSERS, Peter; RIJKERS, Arie. (Ed.) *The notion of income from capital*: EATLP Congress, Cologne 12-14 June 2003. [Amsterdam]: IBFD Publications, International Bureau of Fiscal Documentation, 2005, p. 207. (EATLP International Tax series, v. 1).

de aplicação de uma alíquota reduzida em virtude de três razões principais: *(i)* o acréscimo não surgiria no momento em que o ganho é realizado, mas seria formado ao longo do período em que o contribuinte deteve o bem. Assim, uma tributação *cheia*, por ocasião da realização, faria com que o imposto de renda gravasse, em um único período, ganhos formados ao longo de um intervalo de tempo maior, o que se convencionou denominar de *bunching effect*; *(ii)* parte do montante do ganho de capital nada mais seria do que o efeito da inflação sobre o valor do bem, de tal sorte que a redução da alíquota teria o efeito de mitigar a incidência do imposto de renda sobre ganhos inflacionários; *(iii)* a equiparação dos ganhos de capital aos demais rendimentos desestimularia a alienação de ativos valorizados, influenciando, de forma exagerada, a decisão dos agentes econômicos *(lock-in effect)*.[165]

Em resumo, a tributação dos ganhos de capital de forma conjunta com os demais rendimentos levaria a uma situação de inegável injustiça, pois acabaria aplicando um tratamento claramente inadequado para aquela espécie de rendimento. Veja-se que, se o acréscimo de valor obtido no contexto de uma alienação foi incorporado ao bem ao longo de um grande período, não faria sentido (argumenta-se) que a incidência do imposto ocorresse como se a riqueza tivesse sido adquirida no exato momento em que realizada a transação. Adicionalmente, justamente em razão dos efeitos da passagem do tempo, uma parte do ganho verificado no ato de alienação representaria inflação, não podendo ser qualificado como efetivo acréscimo patrimonial. Por essa razão, a redução da alíquota funcionaria como uma espécie de correção dos referidos efeitos. Por fim, a aplicação do mesmo conjunto de alíquotas poderia desestimular a realização dos ganhos, o que justificaria a aplicação de uma alíquota diferenciada.[166]

Especificamente em relação aos ganhos de capital, há na doutrina quem refute os argumentos acima e sustente que a sua presença tem apenas o condão de prever uma injustificada condição especial de incidência do imposto de renda. Nessa linha, de acordo com Chirelstein e Zelenak,[167] dois erros somados não levariam a um acerto, de tal sorte que os problemas inerentes aos rendimentos decorrentes de ganhos

---

[165] STEPEK, Michael J. Tax reform act of 1986: simplification and the future viability of accrual taxation. *Notre Dame Law Review*, v. 62, n. 4, p. 779-795, 1987, p. 781-782.

[166] Esse último argumento parece mais próximo de uma preocupação extrafiscal, no sentido de corrigir os efeitos de uma alíquota mais elevada sobre as decisões dos contribuintes de realizarem os seus ganhos.

[167] CHIRELSTEIN, Marvin A.; ZELENAK, Lawrence. *Federal income taxation*. 12th ed. Washington, D.C.: Foundation Press, 2012, p. 402-403.

de capital deveriam ser resolvidos de forma direta (por meio do ajuste dos efeitos da inflação, por exemplo) e não por meio da redução de alíquotas, em que não é possível demonstrar a capacidade de que a redução promovida corrija os efeitos que se busca afastar.

De fato, não parece adequado o tratamento diferenciado conferido aos ganhos de capital, especialmente quando se constata que diversas situações que acabam abrangidas por essa regra estão claramente fora da preocupação original. Basta imaginar ganhos de capital auferidos em curto intervalo de tempo, como em um mesmo ano-calendário, o que não é incomum. Ou até mesmo a irrelevância da inflação para uma considerável gama de países, que não raramente se veem em situação de deflação. Finalmente, não se pode superestimar os efeitos da aplicação de alíquotas ordinárias sobre a decisão dos contribuintes de manter ou de vender ativos valorizados, dada a aparente marginalidade de seus efeitos. Em contextos específicos, em que se pretenda obter um efeito determinado e temporário sobre o comportamento dos contribuintes, talvez faça sentido a redução das alíquotas incidentes sobre ganhos de capital, o que seria insustentável em um contexto permanente de diferenciação de alíquotas, como o atual.

Em razão dos fundamentos acima, não parece coerente com a estrutura do imposto de renda a previsão de incidências que se diferenciam em razão da natureza do rendimento, pelo menos não em virtude de critérios fiscais, como geralmente defendido para os ganhos de capital. Do contrário, estar-se-ia admitindo a incidência do imposto de renda sobre um "fato isolado", na feliz expressão de Mariz de Oliveira.[168] Dito de outro modo, não se pode tolerar a diferenciação dos rendimentos em um regime cedular quando a justificativa de sua adoção estiver ligada a questões essencialmente relacionadas à arrecadação, sob pena de ofensa direta aos princípios da igualdade e da capacidade contributiva.

Dito isso, resta apenas a análise de justificativas baseadas na utilização da norma de incidência do imposto de renda com finalidades extrafiscais. Apesar de poder ser considerado incontroverso o caráter essencialmente fiscal desse imposto, característica marcante das várias tentativas de sua instituição, quase sempre vinculadas à necessidade de aumento da arrecadação para o custeio de despesas extraordinárias com guerras, não se pode negar a sua capacidade de

---

[168] OLIVEIRA, Ricardo Mariz. *Fundamentos do Imposto de Renda*. São Paulo: Quartier Latin, 2008, p. 268.

funcionar como relevante mecanismo de intervenção na economia.[169] A questão remanesce, portanto, em verificar quais circunstâncias devem estar presentes para que a imposição de tratamento diferenciado possa ser considerada legítima.

Trata-se de uma exceção admissível apenas diante de situações extraordinárias. É que a consequência dessa escolha impõe um certo distanciamento do princípio da capacidade contributiva, que deixa de ser a principal referência para a determinação da hipótese de incidência, o que acaba autorizando, dentro de certos limites, a imposição de tratamentos diferenciados compatíveis com o princípio da igualdade.[170] Nessa linha de pensamento, é importante recorrer-se às lições de Humberto Ávila,[171] no sentido de que a igualdade se presta à regulação dos "casos normais", sendo possível que ela se mostre insuficiente à regulação de "casos excepcionais". Assim, "a aplicação da regra geral deve manter-se dentro dos casos-padrões, não se orientando àqueles atípicos", que seriam os que reclamariam uma atuação pautada na extrafiscalidade.

Dentre desse contexto, a extrafiscalidade retiraria da capacidade contributiva a condição de referência imediata para a diferenciação entre contribuintes, permitindo, por conseguinte, que sejam utilizados outros valores igualmente caros ao sistema jurídico.[172] Por óbvio, a finalidade perseguida deve gozar do mesmo status conferido ao princípio da igualdade pelo legislador. Do contrário, a previsão de tratamento diferenciado caracterizaria um benefício, que se revelaria um desvio inaceitável sob a perspectiva da isonomia. Ademais, deve ficar comprovada a capacidade de que a finalidade pretendida venha a ser alcançada por meio da diferenciação determinada. Ausentes esses pressupostos, o legislador não poderá se valer do imposto de renda com a finalidade de obter efeitos extrafiscais, de modo que os rendimentos devem ser considerados de forma conjunta e submetidos a um mesmo conjunto de alíquotas.

Estabelecidas essas premissas, fica mais fácil perceber que são várias as situações em que o imposto de renda poderá ser utilizado com

---

[169] BITTKER, Boris. A "Comprehensive Tax Base" as a goal of income tax reform. *Harvard Law Re-view*, v. 80, n. 5, p. 925-985, Mar. 1967, p. 929.

[170] AVI-YONAH, Reuven S. The three goals of taxation. *Tax Law Review*, v. 60, n. 1, p. 1-28, 2006, p. 22.

[171] ÁVILA, Humberto. *Conceito de renda e compensação de prejuízos fiscais*. São Paulo: Malheiros, 2011, p. 21.

[172] ÁVILA, Humberto. *Conceito de renda e compensação de prejuízos fiscais*. São Paulo: Malheiros, 2011, p. 25.

o objetivo de promover uma dada finalidade, desvinculada da mera arrecadação de recursos. Basta recorrer-se às diversas previsões legais de adoção de taxas de depreciação aceleradas, com o objetivo de estimular um determinado setor da atividade econômica (atividade agrícola, *v.g.*) ou a aquisição de bens de capital em períodos de crise econômica. Sob a perspectiva brasileira, pode-se mencionar a autorização para a utilização de parte do imposto de renda devido pelas pessoas jurídicas para a promoção de atividades culturais, bem como a autorização para a dedução de gastos com certas entidades assistenciais para fins de apuração do imposto de renda das pessoas físicas.

É verdade que nos exemplos acima a norma não atua promovendo uma diferenciação de acordo com a natureza do rendimento, porque a preocupação do legislador foi direcionada à regulação do tratamento conferido ao gasto incorrido. No entanto, esse fato não é incapaz de invalidar a premissa de que o legislador pode atuar também sobre o rendimento, tributando de forma diferente aqueles cuja origem seja diversa. Atualmente, mostra-se bastante comum, embora não se possa negar a enorme controvérsia acerca do assunto, a previsão de tributação, em separado e por meio de alíquotas fixas e reduzidas, dos rendimentos obtidos no mercado financeiro, em virtude da inegável mobilidade do capital e da competição internacional entre os países em torno desses recursos. Em resumo, a excepcionalidade da situação autorizaria a diferenciação empreendida.

A despeito das polêmicas envolvidas na imposição de tratamentos diferenciados com base na natureza do rendimento, algumas conclusões podem ser estabelecidas. Em razão da natureza essencialmente arrecadatória do imposto de renda, o princípio da capacidade contributiva deve ser utilizado como a principal referência pelo legislador, o que requer sejam os rendimentos considerados em conjunto e submetidos a um mesmo universo de alíquotas. Contudo, caso demonstrada a necessidade de concessão de tratamentos diferenciados, desde que vinculados à promoção uma determinada finalidade, compatível com valores prestigiados pelo ordenamento jurídico, as medidas poderão ser justificadas com base nesses fundamentos, cabendo ao Poder Judiciário o seu controle.

2.4.7   A polêmica da progressividade na incidência

Prosseguindo no caminho da definição de balizas à construção de um conceito jurídico de renda, deve ser analisada a necessidade de que a incidência ocorra de forma progressiva, tal como proposto no modelo Haig-Simons. Em termos conceituais, um sistema tributário progressivo é aquele no qual a alíquota efetiva cresce com o aumento da renda, sendo a situação oposta característica de sistemas regressivos.[173] Diz-se alíquota efetiva, porque a progressividade pode ser verificada mesmo em um sistema com alíquotas nominais constantes, uma vez que as alterações podem ocorrer diretamente sobre a base de cálculo.[174]

Dito isso, o primeiro passo deve ser o de estabelecer qual o fundamento de validade da progressividade, para justificar a possibilidade de um aumento da alíquota baseado no incremento da capacidade econômica do contribuinte.[175] É recorrente na doutrina que a progressividade seja justificada com base nas teorias do benefício e do sacrifício. De acordo com a primeira teoria, os benefícios recebidos do Estado pelo contribuinte cresceriam com o aumento da renda disponível. De acordo com a segunda, as alíquotas deveriam ser maiores para os contribuintes mais abastados, uma vez que a utilidade marginal da renda diminuiria com o aumento da riqueza. Qualquer que seja a referência, estaria justificada, portanto, a imposição de alíquotas progressivas.

Em relação à teoria do benefício, a lógica parece apontar em sentido contrário à afirmação de que os benefícios experimentados cresceriam em função do incremento da renda, uma vez que os contribuintes menos abastados são justamente os que mais se socorrem do aparato estatal, dele retirando vantagens que não poderiam ser suportadas apenas pela utilização da sua renda disponível.[176] Ou seja, mostra-se mais razoável que os benefícios diminuam com o crescimento da renda e não o contrário. E ainda que não fosse assim, uma tributação proporcional já faria com que a arrecadação fosse suportada majoritariamente pelos que ganham mais, uma vez que ela também é capaz de gerar esse resultado. Finalmente, a confirmação das premissas em que baseada a teoria do benefício dependeria da mensuração das reais vantagens auferidas pelo contribuinte, o que é evidentemente irreal.[177]

---

[173] KAMIN, David. What is a progressive tax change?: Unmasking hidden values in distributional de-bates. *New York University Law Review*, v. 83, p. 241-292, Apr. 2008, p. 243.

[174] KAPLOW, Louis. *Taxation and redistribution:* some clarifications. Harvard Law School. John M. Olin Center for Law, Economics, and Business, 2003, p. 2-3. (Discussion Paper 424).

[175] CAPANO, Raffaele. L'Imposizione personale a base piana tra vinculi di progressività e di coerenza del sistema. In: BERLIRI, Claudio; PERRONE, Leonardo (Org.). *Diritto tributario e Corte costituzionale.* Napoli: Edizione Scientifiche Italiane, 2006, p. 343.

[176] LEÃO, Martha Toribio. A (Des)Proporcionalidade da progressividade do Imposto de Renda da Pessoa Física no sistema brasileiro. *Revista de Direito Tributário Atual*, São Paulo, n. 28, p. 188-205, 2012, p. 193-194.

[177] MURPHY, Liam; NAGEL, Thomas. *The myth of ownership*: taxes and justice. Oxford: Oxford University Press, 2002, p. 16.

A teoria do sacrifício parte de pressuposto diverso: o de que contribuintes que manifestem idêntica capacidade contributiva deveriam suportar o mesmo ônus quando chamados a repartir o custo estatal. Há uma relação direta com a teoria da utilidade marginal do capital, com base na qual se afirma que quanto maior a riqueza existente mais dispensável ela se mostra no que diz respeito à satisfação das necessidades vitais.[178] Em síntese, como a perda de uma unidade monetária causaria mais sacrifício ao pobre do que ao rico, a tributação progressiva faria com que o pobre pudesse ser tributado apenas quando a incidência impusesse a todos os envolvidos o mesmo sacrifício.[179] A aplicação dessa teoria revelaria um efeito perverso: os pobres seriam tributados apenas quando os ricos se tornassem pobres, ocasião em que seria possível perceber a existência de um sacrifício equivalente.[180]

Dessa forma, percebe-se que as teorias do benefício e do sacrifício não se prestam a justificar uma tributação baseada na progressividade, sendo necessário o recurso a algum outro fundamento. Nesse contexto, há na doutrina quem defenda a existência de um vínculo entre a progressividade e o princípio da capacidade contributiva. É o caso de Antonini,[181] para quem a capacidade contributiva, enquanto especificação do dever de solidariedade, impediria que os custos a ela relacionados recaíssem sobre os seus beneficiários. Isso determinaria que a carga tributária e os benefícios sociais fossem distribuídos em sentido inverso, dos mais ricos para os mais pobres, de onde se poderia construir a justificativa para a progressividade.

Carrazza apresenta entendimento em sentido oposto. Para ele, a capacidade contributiva exigiria apenas que a pessoa que possui maior riqueza pague, em termos proporcionais, maior quantidade de imposto, o que o autor denomina de isonomia positiva.[182] A progressividade, então, acabaria por relativizar o princípio da igualdade, uma vez que ele se mostraria plenamente satisfeito por meio de uma incidência apenas proporcional do imposto. De fato, em uma tributação baseada

---

[178] SCHOUERI, Luís Eduardo. *Direito Tributário*. São Paulo: Saraiva, 2011, p. 358.

[179] MURPHY, Liam; NAGEL, Thomas. *The myth of ownership*: taxes and justice. Oxford: Oxford University Press, 2002, p. 24.

[180] WEISBACH, David A. *Taxes and torts in the redistribution of income*. Chicago, IL: The Law School. The University of Chicago, 2002, p. 2. (John Olin Program in Law & Economics Working Paper, nº 148).

[181] ANTONINI, Luca. *Dovere Tributario, interesse fiscale e Diritti Costituzionali*. Milano: Giuffrè, 1996, p. 348.

[182] CARRAZZA, Roque Antônio. *Imposto sobre a renda*: perfil constitucional e temas específicos. 2. ed. São Paulo: Malheiros, 2006, p. 106.

na proporcionalidade os contribuintes com maior renda acabam sendo os responsáveis pela maior parte da arrecadação, o que seria suficiente para que o princípio da capacidade contributiva fosse atendido.[183] Veja-se que, de um lado, posicionam-se os autores (Antonini, *e.g.*) que enxergam no princípio da capacidade contributiva o fundamento para uma incidência tributária baseada em alíquotas progressivas. Aplicada essa premissa ao imposto de renda e considerando o seu caráter essencialmente fiscal, não haveria outra opção senão a conclusão pela imperatividade de uma incidência baseada na progressividade. De outro lado, contudo, podem ser colocados os autores que veem na progressividade uma relativização do princípio da igualdade, sem que o seu fundamento de validade possa ser buscado na capacidade contributiva (Carrazza, *e.g.*). Nessa hipótese, a progressividade deveria ser justificada de outra forma, o que tem o inegável potencial de afetar o modo como ela é encarada em um contexto de tributação da renda.

Nesse aspecto, a segunda corrente parece ser a mais acertada e será adotada como referência no presente trabalho, embora o assunto inegavelmente requeira uma análise mais profunda e detida. A previsão de uma tributação progressiva tem relação direta com a opção por uma política pública de distribuição de renda, baseada em alguma teoria de justiça redistributiva.[184] Trata-se de um mecanismo de transferência de renda,[185] que se aperfeiçoa por meio de uma combinação entre arrecadação e gasto público,[186] sempre com vistas à melhoria das condições de vida das camadas menos favorecidas da população.[187] Verdadeiramente, em uma economia de mercado, há forte tendência para a concentração de riqueza, requerendo que o tributo exerça um

---

[183] BLUM, Walter J.; KALVEN, Harry. The uneasy case for progressive taxation. *The University of Chicago Law Review*, v. 19, n. 3, p. 417 – 520, Spring 1952.

[184] BANKMAN, Joseph; GRIFFITH, Thomas. Social welfare and the rate structure: a new look at progressive taxation. In: CARON, Paul L.; BURKE, Karen C.; McCOUCH, Grayson M.P. *Federal income tax anthology*. 4 ed. rev. Cincinnati: Anderson Publishing Company, 1997, p. 121-122.

[185] COSTA, Alcides Jorge. Capacidade Contributiva. *Revista de Direito Tributário*, São Paulo, v. 15, n. 55, p. 297-302, jan./mar. 1991, p. 301.

[186] "A fundamentação da progressividade na teoria distributiva não fica, por outro lado, isenta de críticas, quando se tem em conta que a justiça distributiva não deve ser buscada apenas pela arrecadação, mas também, e principalmente, pelos gastos. Com efeito, de pouco adiantaria, do ponto de vista da justiça distributiva, que um imposto fosse cobrado dos mais ricos, se os gastos públicos fossem a eles dirigidos. Daí por que a efetividade da justiça distributiva apenas se assegura quando se levam em conta os gastos públicos". (SCHOUERI, Luís Eduardo. *Direito Tributário*. São Paulo: Saraiva, 2011, p. 359).

[187] GRIFFITH, Thomas D. Progressive taxation and happiness. *Boston College Law Review*, v. 45, n. 5, p. 1363-1398, 2004, p. 1363-1364.

papel no sentido de combater a desigualdade na sua distribuição entre os diversos membros da sociedade.[188]

É interessante destacar a visão de Franco Gallo,[189] para quem o tributo não pode ser visto apenas como um preço que se paga ao Estado para a garantia de serviços básicos e bom funcionamento do sistema, devendo ser igualmente encarado como um instrumento de justiça distributiva e solidariedade, do que decorreria a necessidade de que se obtenham critérios justos de realização das despesas públicas. Nesse cenário, a progressividade funcionaria como uma expressão do princípio da igualdade, no sentido de realizá-la por meio de uma redistribuição de bens destinada a corrigir as falhas decorrentes de situações indesejadas e não escolhidas pelos indivíduos.[190] Seria uma espécie de seguro obrigatório, destinado a garantir um grau satisfatório de cobertura, ditado pela necessidade de um igual nível de dignidade ao alcance de todos os indivíduos.[191]

Não se pode negar tratar-se de uma função absolutamente consentânea com o atual direito tributário, que deve também ser encarado como uma ferramenta para a realização de direitos sociais. A existência de um Estado Social reclama uma atuação estatal focada na alteração da situação econômica dos indivíduos e da sociedade.[192] O reconhecimento da necessidade de um certo nível de intervenção, muitas vezes objeto de expressa determinação constitucional, não pode permitir, contudo, que a progressividade tenha o seu fundamento de validade justificado de maneira equivocada. Novamente, o fundamento de uma incidência progressiva não se liga ao princípio da capacidade contributiva, mas à necessidade de que o tributo seja utilizado como mecanismo de distribuição de renda, cuja finalidade precípua é proporcionar um padrão mínimo de dignidade a todos os cidadãos.

As conclusões expostas no parágrafo acima exercem uma consequência direta sobre a forma como se deve interpretar a previsão de incidência de alíquotas progressivas na tributação da renda. Afastada

---

[188] AVI-YONAH, Reuven S. The three goals of taxation. *Tax Law Review*, v. 60, n. 1, p. 1-28, 2006, p. 3.

[189] GALLO, Franco. *Le ragioni del fisco. Etica e giustizia nella tassazione*. 2. ed. Bologna: Mulino, 2011, p. 64-66.

[190] DWORKIN, Ronald. *Justiça para ouriços*. Tradução Pedro Elói Duarte. Coimbra: Almedina, 2012, p. 369.

[191] DWORKIN, Ronald. *Is democracy possible here? Principles for a new political debate*. Princeton, Oxford: Princeton University Press, 2008, p. 113-117.

[192] BREYNER, Frederico Menezes. *Normas tributárias e direitos sociais*. 2017. 376 f. Tese (Doutorado) – Faculdade de Direito, Universidade Federal de Minas Gerais (UFMG), Belo Horizonte, 2017.

CAPÍTULO 2
CONSTRUÇÃO DO CONCEITO JURÍDICO DE RENDA | 105

a vinculação entre progressividade e capacidade contributiva, o único fundamento de validade possível passa a ser, assim como no caso da previsão de tributação conjunta de todas as rendas, a utilização da norma tributária em sua finalidade extrafiscal, como em uma espécie de interpretação finalística. Isto é, uma visão da norma tributária como mecanismo de intervenção na ordem econômica e social, baseada em uma justificativa de cunho político-social.[193]

As consequências práticas dessa visão são absolutamente relevantes. Ao se retirar da capacidade contributiva a justificativa para uma tributação da renda baseada em alíquotas progressivas, a progressividade passa a não poder ser considerada uma baliza para a construção do conceito jurídico de renda. Para que fique claro, não se está afirmando que a previsão de alíquotas progressivas contrarie o conceito de renda, mas tão somente que a sua justificativa não pode ser tratada como uma exigência baseada nos atributos desse conceito. É dizer, o conceito de renda não requer progressividade, de tal sorte que eventual previsão legal em sentido diverso terá como fundamento a utilização da norma tributária como mecanismo de intervenção na ordem econômica e social, com a finalidade de corrigir desigualdades.

Por fim, é preciso fazer a ressalva de que se deve buscar um nível ótimo de progressividade, de modo a não se desestimular a geração de riquezas na sociedade.[194] É que, no extremo, o resultado de uma progressividade desmedida poderá levar a uma perda de arrecadação, o que acabaria frustrando os próprios objetivos de uma incidência progressiva (arrecadação de recursos com a finalidade de corrigir desigualdades por meio de uma melhor distribuição de renda). Nesse sentido, um dos grandes desafios está em determinar o quão progressivo deve ser o sistema tributário, o que representa um verdadeiro *tradeoff* entre justiça redistributiva e eficiência econômica.[195]

---

[193] LEÃO, Martha Toribio. A (Des)Proporcionalidade da progressividade do Imposto de Renda da Pessoa Física no sistema brasileiro. *Revista de Direito Tributário Atual*, São Paulo, n. 28, p. 188-205, 2012, p 189-195.

[194] AVI-YONAH, Reuven S. The three goals of taxation. *Tax Law Review*, v. 60, n. 1, p. 1-28, 2006, p. 8.

[195] SLEMROD, Joel; BAKIJA, Jon. *Does growing inequality reduce tax progressivity? Should it?* Cambridge, MA: National Bureau of Economic Research (NBER), Mar. 2000, p. 3. (Working Paper nº 7576).

2.4.8 A questão da periodicidade

O elemento temporal também faz parte do conceito de renda. Em todas as definições estudadas até aqui, renda foi definida como um acréscimo patrimonial mensurado em um determinado intervalo de tempo. De fato, somente com a fixação de um termo inicial e de um termo final é que será possível aferir se o patrimônio sofreu alguma espécie de variação, seja ela positiva ou negativa. Portanto, renda será sempre uma variação positiva do patrimônio entre dois pontos.

Uma primeira observação necessária diz respeito a qual seria o intervalo de tempo ideal para a mensuração da renda de um contribuinte. A resposta parece apontar no sentido de que apenas ao final da vida da pessoa, seja ela física ou jurídica, o acréscimo patrimonial verificado poderá ser considerado, de fato, definitivo. Até lá, os acréscimos de valor observados podem vir a ser superados por decréscimos posteriores, o que colocaria qualquer intervalo de tempo entre o início e o fim da vida de um indivíduo como um marco temporal incapaz de efetivamente determinar o real acréscimo patrimonial, por qualquer perspectiva adotada.

Essa é a posição de Lang, para quem o único critério efetivamente adequado ao conceito jurídico de renda e ao princípio da capacidade contributiva seria o de *lifetime income*, que impediria a separação arbitrária em períodos de apuração, como o anual, por exemplo. De acordo com a sua visão, a impossibilidade de se aguardar o final da vida do indivíduo, bem como a necessidade de que o imposto de renda seja pago em bases periódicas, muito embora possa justificar a adoção de uma apuração em intervalos de tempo específicos, não poderia violar o conceito jurídico de renda. Assim, a correção na construção da definição dependeria da consideração de que os períodos de apuração considerados, quaisquer que sejam eles, jamais serão intervalos estanques e incomunicáveis. Em outras palavras, a mensuração da renda deve ser intertemporal.[196]

Sob a ótica das pessoas físicas, pode-se afirmar que a razão pela qual a sua existência é segregada em períodos de apuração (em regra, anuais) é o fato de que a necessidade de arrecadação faz com que os cofres públicos devam ser abastecidos em bases correntes, até mesmo

---

[196] LANG, Joachim. The influence of tax principles on the taxation of income from capital. In: ESSERS, Peter; RIJKERS, Arie (Ed.). *The notion of income from capital*: EATLP Congress, Cologne 12-14 June 2003. [Amsterdam]: IBFD Publications, International Bureau of Fiscal Documentation, 2005, p. 17-18. (EATLP International Tax series, v. 1).

CAPÍTULO 2
CONSTRUÇÃO DO CONCEITO JURÍDICO DE RENDA | 107

para que os próprios contribuintes recebam do Estado a contrapartida das prestações que lhes foram exigidas. Já sob a perspectiva das pessoas jurídicas, cujo imposto de renda costuma partir do resultado apurado segundo a contabilidade, deve-se investigar a razão pela qual a referida ciência também trabalha com base em intervalos de tempo menores do que a vida das entidades.

Conforme já mencionado, a contabilidade tem o objetivo de estabelecer critérios de alocação, em unidades específicas de tempo, da riqueza gerada no desempenho das atividades sociais.[197] Assim, a contabilidade não nega o conceito de *lifetime income*, mas se propõe a demonstrar, ao longo da existência da entidade, de que forma o histórico financeiro deverá ser segregado.[198] A veracidade dessa proposição é evidenciada pelo fato de que a primeira destinação do lucro apurado em um exercício deverá ser a absorção dos prejuízos relativos a períodos anteriores. É a tal da consideração intertemporal dos resultados, que as regras contábeis inegavelmente respeitam.

Dito isso, o intervalo de tempo mais frequente encontrado na legislação dos mais diversos países para a apuração do imposto de renda é o de um ano, com algumas variações. De todo modo, é absolutamente razoável afirmar-se que o período de doze meses, que não necessariamente corresponde ao ano civil, é amplamente aceito por economistas, contadores e juristas. É fundamental insistir-se na ideia de que a necessidade de estabelecimento de um intervalo de tempo menor do que a vida do contribuinte não faz com que os períodos possam ser considerados de forma estanque, sob pena de um dos atributos da renda (a periodicidade) se chocar com outro (a preservação do capital). Desrespeitado qualquer dos requisitos apontados ao longo do presente

---

[197] PATON, William Andrew. *Accounting theory, with special reference to the corporate enterprise.* New York: The Ronald Press Company, 1922, p. 469.

[198] "É possível afirmar com certeza que as diferenças entre a renda contábil e a renda econômica são apenas de curto prazo, i. e., se tomarmos um período suficientemente longo na vida de uma empresa, as mudanças de valor do capital que distintamente afetam a renda econômica também serão refletidas pela renda contábil. (...) Todos os problemas relacionados à mensuração da renda são resultado do nosso desejo de atribuir renda a períodos de tempo arbitrariamente determinados. Tudo se torna certo ao final; mas é muito tarde para que faça alguma diferença" (Tradução nossa). No original: "It may be said, and with truth, that the differences between accounting income and economic income are only short-run differences, i.e. if we take a sufficiently long period in the life on an enterprise the changes in the value of equity which distinctively enter into economic income will also be reflected in accounting income. (...) All the problems of income measurement are the result of our desire to attribute income to arbitrarily determined short periods of time. Everything comes right in the end; but it is too late to matter". (SOLOMONS, David. Economic and accounting concepts of income. *The Accounting Review*, v. 36, n. 3, p. 374-383, Jul. 1961, p. 378).

capítulo para a existência de renda sob a perspectiva tributária, o que se terá é um tributo incidindo sobre materialidade diversa.

Em termos práticos, a não consideração do saldo final do período de apuração anterior (lucro ou prejuízo) fará com que a apuração do acréscimo patrimonial não tenha como referência o valor do patrimônio no início do período de apuração, o que viola qualquer definição de renda que se adote. A situação se revelará ainda mais grave quando o resultado do exercício anterior envolver a apuração de prejuízo, uma vez que essa situação revela perda de capital. Em outras palavras, o acréscimo de um período não pode desconsiderar o prejuízo do período anterior. Fosse isso possível, então, o tributo estaria incidindo sobre o patrimônio, a menos que se admitisse como válida a ficção de que a mensuração do patrimônio recomeça a cada novo período de apuração. Em conclusão, pode-se afirmar que a periodicidade faz parte do conceito jurídico de renda, seja pelo fato de que a mensuração do acréscimo pressupõe a necessidade de comparação do valor do patrimônio em dois momentos distintos, seja porque o Estado depende da arrecadação periódica do imposto de renda.

2.4.9 O conceito jurídico de renda em uma definição abrangente

Do exposto, o conceito de renda pode ser definido como sendo: *(i)* um conceito jurídico, não subordinado às definições oriundas das ciências econômicas e contábeis; *(ii)* indicativo da existência de um acréscimo de valor ao patrimônio do contribuinte; *(iii)* oriundo de um fluxo, que não se confunde com o capital ou com o patrimônio; *(iv)* apurado sob a perspectiva da manutenção do capital; *(v)* medido em bases preferencialmente anuais; *(vi)* necessariamente realizado, o que pressupõe a ocorrência de um ato ou negócio jurídico decorrente da vontade do sujeito passivo; *(vii)* desde que deduzidos os gastos necessários ou aqueles que o contribuinte incorre de forma compulsória; e *(viii)* autorizada a compensação integral das perdas relacionadas aos períodos de apuração anteriores. Além disso: *(ix)* deve-se partir de uma necessária apuração conjunta de todos os rendimentos, *(x)* por meio da aplicação de alíquotas progressivas; *(xi)* ressalvada a existência de previsões legais e excepcionais que indiquem a utilização da norma de incidência com efeitos extrafiscais.

CAPÍTULO 3

A CONSTRUÇÃO DO CONCEITO JURÍDICO DE RENDA SOB A PERSPECTIVA BRASILEIRA

O presente capítulo tem por objeto a continuidade do raciocínio empreendido até aqui, mas agora sob a perspectiva da realidade brasileira.[199] É dizer, pretende-se construir o conceito jurídico de renda com base na perspectiva doméstica, sem descurar, todavia, de todos os pressupostos identificados no capítulo anterior.

3.1 Pressupostos teóricos para a compreensão da realidade brasileira

A construção de um conceito jurídico de renda no ordenamento jurídico brasileiro depende de uma análise cuidadosa da forma pela qual o legislador, especialmente o constituinte, regulou a matéria tributária. Sobre esse aspecto, a realidade indica que a questão foi disciplinada de forma minuciosa, por meio de um conjunto estruturado de dispositivos, com especial destaque para aqueles que repartem competências entre os entes tributantes.[200] É exatamente em razão disso que a doutrina costuma apontar para a existência de um *Sistema Constitucional Tributário*,[201] que precisa ser corretamente compreendido pelo intérprete de seus dispositivos.

---

[199] "[a] adoção sem maiores críticas dos conceitos de renda propostos pela doutrina estrangeira, com as finalidades antes indicadas, pode constituir fonte inesgotável de mal-entendidos e de distorções na aplicação do sistema tributário nacional". (PEDREIRA, José Luiz Bulhões. *Imposto sobre a renda – Pessoas Jurídicas*. Rio de Janeiro: Justec, 1971, v. 1, item 2.11 (14)).

[200] COÊLHO, Sacha Calmon Navarro. *Curso de Direito Tributário Brasileiro*. 13. ed. rev. atual. e ampl. Rio de Janeiro: Forense, 2014, p 43-44.

[201] BARRETO, Paulo Ayres. *Imposto sobre a renda e preços de transferência*. São Paulo: Dialética, 2001, p. 37.

Antes disso, porém, é necessário ter em mente que o sistema tributário está inserido no contexto de uma Constituição marcadamente analítica, que revela a preocupação do legislador constituinte com a transformação da realidade econômica e social então existente.[202] Salta aos olhos o extenso rol de garantias e o grande número de princípios e regras presentes em seu texto.[203] Assim, a interpretação dos dispositivos atinentes à matéria tributária não pode descurar desse panorama, sob pena de se obter uma interpretação fragmentada do texto constitucional,[204] que deixará de considerar a existência de *normas que decorrem da relação entre normas,*[205] bem como as que delas derivam por implicação.[206] Como ensina Aarnio,[207] expressões só fazem sentido quando relacionadas a outras expressões e, finalmente, quando elas são lidas como partes de um todo, fenômeno por ele denominado de círculo hermenêutico.

Aplicando esse entendimento à temática do presente estudo, não se pode partir da ideia de que o conceito de renda deve ser construído apenas com base no art. 153, III, da CF/88. É o que observa Humberto Ávila, ao ressaltar que "não existe uma correspondência biunívoca entre norma e dispositivo, no sentido de que sempre que houver uma norma deverá haver um dispositivo que lhe sirva de suporte".[208] Por isso, no curso do processo hermenêutico o intérprete estará obrigado a uma "compreensão sistemática dos dispositivos que expressa ou implicitamente, imediata ou mediatamente, entrem em contato com os bens jurídicos restringidos na concretização da relação obrigacional tributária (que envolva o imposto sobre a renda)".[209]

---

[202] ÁVILA, Humberto. *Sistema constitucional tributário.* 4. ed. São Paulo: Saraiva, 2010, p. 207-208.

[203] "A Constituição de 1988 supõe, então, um constitucionalismo que trabalha essas exigências jurídicas concretas. O Estado deve pôr-se a serviço de uma nova ordem social, mais justa, menos desigual, em que seja possível a cada homem desenvolver digna e plenamente sua personalidade". (DERZI, Misabel Abreu Machado. *Modificações da Jurisprudência no Direito Tributário:* proteção da confiança, boa-fé objetiva e irretroatividade como limitações constitucionais do poder judicial de tributar. São Paulo: Noeses, 2009, p. 12).

[204] Uma leitura fragmentada da Constituição leva ao fenômeno da "desintegração". Cf. TRIBE, Laurence; DORF, Michael. *Hermenêutica constitucional.* Tradução Amarílis de Souza Birchal. Belo Horizonte: Del Rey, 2007, p. 20.

[205] CHIASSONI, Pierluigi. *Tecnica dell'interpretazione giuridica.* Bologna: Il Mulino, 2007, p. 49.

[206] GRICE, Paul. *Aspects of reason.* Londres: Oxford, 2001.

[207] AARNIO, Aulis. *The rational as reasonable:* a treatise on legal justification. Dordrecht, Holland: D. Reidel Publishing Company, 1986, p. 69. (Law and Philosophy Library).

[208] ÁVILA, Humberto. *Teoria dos princípios.* 18. ed. São Paulo: Malheiros, 2018, p. 50.

[209] ÁVILA, Humberto. *Conceito de renda e compensação de prejuízos fiscais.* São Paulo: Malheiros, 2011, p. 14.

CAPÍTULO 3
A CONSTRUÇÃO DO CONCEITO JURÍDICO DE RENDA SOB A PERSPECTIVA BRASILEIRA | **111**

Em outros termos, a construção de conceitos a partir da CF/88 é tarefa complexa, não apenas no sentido das dificuldades enfrentadas pelo intérprete, como também pela quantidade de dispositivos que devem ser considerados, o que inclui aqueles que, como visto acima, têm relação apenas implícita e mediata com o imposto em questão. O que se percebe é a necessidade de se trabalhar com um conjunto de normas que seja resultado da interpretação sistemática de um elevado número de enunciados prescritivos de diferentes perfis, ainda que todos eles estejam inseridos no corpo de um mesmo texto normativo.

Ainda nesse contexto, mais alguns esclarecimentos se mostram essenciais. O primeiro deles é a necessária diferenciação entre texto e norma. É que as normas não são o objeto da interpretação, mas o seu resultado,[210] o "conteúdo de sentido construído a partir da interpretação sistemática de textos normativos".[211] Em segundo lugar, fala-se em construção de sentido, pois o ato de interpretar pode envolver uma decisão acerca do sentido atribuído ao texto dentre as alternativas possíveis,[212] o que decorre da sua frequente vagueza e ambiguidade.[213] Assim, a análise deve ser deslocada para as justificativas indicadas pelo intérprete para fundamentar a sua decisão, não se admitindo a existência de um sentido que tenha sido atribuído ao texto pelo legislador e que deva ser revelado por aquele que o interpreta.

É preciso, contudo, fazer a ressalva de que o intérprete não está inteiramente livre para fazer escolhas, dado que a interpretação não ocorre no vácuo.[214] Há de se conferir o devido valor ao sentido preexistente atribuído ao texto pela doutrina e pela jurisprudência, especialmente quando as expressões objeto de interpretação foram mantidas inalteradas pelo legislador ao longo do tempo ou objeto de consenso histórico acerca de sua definição.[215] A utilização dos mesmos

---

[210] TARELLO, Giovanni. *L'Interpretazione della legge*. Milano: Giuffrè Editore: 1980, p. 102.

[211] ÁVILA, Humberto. *Teoria dos princípios*. 18. ed. São Paulo: Malheiros, 2018, p. 50.

[212] BETTI, Emilio. *Interpretazione della legge e degli atti giuridici*. Milano: Giuffrè Editore: 1971, p. 57.

[213] PECZENIK, Aleksander. *On law and reason*. New York: Springer, 2009, p. 16-17.

[214] AARNIO, Aulis. *The rational as reasonable*: a treatise on legal justification. Dordrecht, Holland: D. Reidel Publishing Company, 1986, p. 68. (Law and Philosophy Library).

[215] "Afirmar que o significado depende do uso não é o mesmo que sustentar que ele só surja com o uso específico e individual. Isso porque há traços de significado mínimos incorporados ao uso ordinário ou técnico da linguagem. Wittgenstein refere-se aos *jogos de linguagem*: há sentidos que preexistem ao processo particular de interpretação, na medida em que resultam de estereótipos de conteúdos já existentes na comunicação linguística geral. Heidegger menciona o *enquanto hermenêutico*: há estruturas de compreensão existentes de

vocábulos denota, inegavelmente, uma intenção de permanência em relação aos sentidos previamente definidos.[216] Em outras palavras, a existência de um sentido anterior reduz a indeterminação e a possibilidade de controvérsias em torno do objeto em questão.[217]

Feitas essas considerações, pode-se afirmar que o art. 153, III, da CF/88 deve funcionar apenas como o ponto de partida para a construção do conceito de renda para fins tributários. Esse dispositivo deve ser visto em consonância com o fato de que a expressão "renda e proventos de qualquer natureza" vem sendo utilizada pelo legislador constituinte há décadas, sem qualquer alteração de texto, fazendo com que o seu sentido tenha sido objeto de inúmeras manifestações, por parte da doutrina e da jurisprudência, ao longo desse período.[218] De acordo com a jurisprudência do STF, em consonância com a doutrina indicada até aqui, não se concebe a existência de renda sem a ocorrência de um acréscimo patrimonial, ponto sobre o qual não parece mais pairar qualquer controvérsia.[219] A esse respeito, portanto, não há o que interpretar, cabendo ao exegeta apenas descrever (e não adscrever) o conteúdo já atribuído aos vocábulos pelo órgão competente para fazê-lo.

---

antemão *ou a priori,* que permitem a compreensão mínima de cada sentença sob certo ponto de vista já incorporado ao uso comum da linguagem. Miguel Reale faz uso da *condição a priori intersubjetiva:* há condições estruturais preexistentes no processo de cognição, que fazem com que o sujeito interprete algo anterior que se lhe apresenta para ser interpretado. Pode-se, com isso, afirmar que o uso comunitário da linguagem constitui algumas condições de uso da própria linguagem". (ÁVILA, Humberto. *Teoria dos princípios.* 18. ed. São Paulo: Malheiros, 2018, p. 52-53).

[216] RATTI, Giovanni Battista. *Norme, principi e logica.* Roma: Aracne, 2009, p. 64.

[217] AARNIO, Aulis. *The rational as reasonable:* a treatise on legal justification. Dordrecht, Holland: D. Reidel Publishing Company, 1986, p. 136. (Law and Philosophy Library).

[218] "A previsão de conceitos constitucionais pode ser feita de duas formas. De um lado, de modo direto, nos casos em que a Constituição já enuncia expressamente as propriedades conotadas pelos conceitos que utiliza. De outro, de modo indireto, nas situações em que o Poder Constituinte, ao escolher expressões cujas propriedades já eram conotadas em conceitos elaborados pelo legislador infraconstitucional à época da promulgação da Constituição, opta por incorporá-los ao ordenamento constitucional. Em qualquer dessas hipóteses a Constituição fixa balizas que não podem ser ultrapassadas pelo legislador ordinário sob a sua vigência". (ÁVILA, Humberto. *Teoria dos princípios.* 18. ed. São Paulo: Malheiros, 2018, p. 138).

[219] STF, 1ª Turma, RE 89.791, Relator: Ministro Cunha Peixoto, julgado em: 03/10/1978, publicado em: DJU 20/10/1978.

CAPÍTULO 3
A CONSTRUÇÃO DO CONCEITO JURÍDICO DE RENDA SOB A PERSPECTIVA BRASILEIRA | 113

3.2 O conteúdo normativo do sistema constitucional tributário brasileiro

3.2.1 A rigidez como o traço mais marcante

Basta uma rápida incursão pelo texto da CF/88 para ser possível perceber que o legislador constituinte foi minucioso no trato da matéria tributária, tendo discriminado competências, determinando o que cabe a cada ente, especificado os princípios e regras que devem nortear determinadas incidências, estabelecido limitações ao poder de tributar e atribuído contornos mais concretos a uma série de garantias já presentes no texto constitucional, tais como legalidade, irretroatividade, etc.[220] Essa postura revela a intenção do Poder Constituinte de construir um "sistema de segurança",[221] cujo atributo mais marcante se revela na sua rigidez,[222] algo que não pode ser negligenciado pelo intérprete.[223]

De plano, salta aos olhos a particularidade da Constituição Brasileira, especialmente quando comparada a de seus pares nas principais economias do mundo. Como regra, não se preocupa o legislador constituinte em discriminar competências, tampouco em regular e limitar o seu exercício descendo a minúcias. Essa tarefa normalmente fica a cargo do legislador infraconstitucional, que deve respeito apenas a princípios como igualdade, capacidade contributiva e legalidade.[224] Fora isso, dispõe o legislador de autonomia para criar tributos que incidirão sobre quaisquer manifestações de riqueza, sem que se possa perceber uma nítida separação conceitual entre elas. Esse

---

[220] "A Constituição da República de 1988, ao erigir a República Federativa em Estado Democrático de Direito, construiu um sistema tributário norteado pelo reforço ao federalismo e dirigido pela igualdade, capacidade contributiva, segurança e certeza do Direito, mostrando-se pródiga em normas limitadoras do poder de tributar e, secularmente inspiradas pela Ciência das Finanças". (DERZI, Misabel Abreu Machado. *Modificações da Jurisprudência no Direito Tributário:* proteção da confiança, boa-fé objetiva e irretroatividade como limitações constitucionais do poder judicial de tributar. São Paulo: Noeses, 2009, p. 1).

[221] ÁVILA, Humberto. *Segurança jurídica. Entre permanência, mudança e realização no Direito Tributário.* São Paulo: Malheiros, 2011, p. 199.

[222] Acerca da rigidez, a análise das diversas constituições brasileiras revela tratar-se de uma constante busca do legislador constituinte. Desde a origem, com a Constituição Imperial de 1824, já era possível perceber a imposição de balizas ao poder de tributar, não tendo o legislador constituinte ficado limitado a repartir competências. Cf: ATALIBA, Geraldo. *Sistema constitucional tributário brasileiro.* São Paulo: Editora Revista dos Tribunais, 1966, p. 43-47.

[223] "Em primeiro lugar, a *rigidez*, decorrente da previsão constitucional das normas estruturantes da tributação, como as regras de competência, as hipóteses de incidência de cada um dos tributos, os princípios fundamentais e gerais aplicáveis à tributação". (ÁVILA, Humberto. *Conceito de renda e compensação de prejuízos fiscais.* São Paulo: Malheiros, 2011, p. 14).

[224] SCHOUERI, Luís Eduardo. *Direito Tributário.* São Paulo: Saraiva, 2011, p. 65-66.

contexto apenas evidencia que o sistema brasileiro deve ser interpretado de acordo com as suas especificidades, o que restringe a possibilidade de recurso ao direito comparado, que deve ser feito sempre com extrema parcimônia pelo intérprete.

Discorrendo sobre essa questão, Barreto[225] destaca que o legislador constituinte tinha diante de si diferentes possibilidades para regular a matéria tributária. Por um lado, poderia ter optado por um texto sucinto, marcadamente principiológico, que deixaria a cargo do legislador infraconstitucional a tarefa de atribuir contornos mais rígidos às normas tributárias. Uma alternativa seria repartir as competências entre os entes tributantes de forma genérica, por meio de previsões no sentido de que os tributos seriam cobrados com a finalidade de satisfazer as necessidades financeiras do Estado, alicerçados em princípios como igualdade e solidariedade. Por outro lado, o legislador constituinte poderia ter optado por positivar um sistema constitucional tributário edificado com base nos mesmos princípios, desta feita, contudo, concretizado por regras igualmente constitucionais, cujo resultado seria capaz de conferir ao direito tributário brasileiro uma estrutura essencialmente rígida, que acabaria por restringir o campo de atuação do legislador infraconstitucional.

O legislador constituinte brasileiro claramente optou pela segunda alternativa. Com o intuito de reforçar princípios como igualdade, legalidade, segurança jurídica e capacidade contributiva, cuidou de prever regras que determinam quais materialidades serão tributadas por cada um dos entes, de que forma a competência deverá ser exercida e quais são os seus limites, explícitos e implícitos. Percebe-se a existência de um sistema rígido, baseado na repartição de competências, o que retira qualquer possibilidade de que ele seja encarado apenas como uma espécie de sugestão do legislador constituinte,[226] ou como um protocolo de boas intenções.[227] Trata-se, na verdade, de uma decisão firme no sentido de bem delimitar a incidência tributária, que não pode ser desobedecida pelo intérprete, e para a qual deve ser conferida a devida normatividade.

---

[225] BARRETO, Paulo Ayres. *Planejamento Tributário*: limites normativos. São Paulo: Noeses, 2016, p. 45-46.

[226] BARRETO, Paulo Ayres. *Imposto sobre a renda e preços de transferência*. São Paulo: Dialética, 2001, p. 65.

[227] MOSQUERA, Roberto Quiroga. *Renda e proventos de qualquer natureza. O imposto e o conceito constitucional*. São Paulo: Dialética, 1996, p. 72-77.

Como resultado, deve-se reconhecer que a decisão sobre quais fatos econômicos podem ser tributados foi tomada diretamente (e previamente) pelo Poder Constituinte. Por meio de um recorte da realidade, conferiu-se juridicidade a determinadas e específicas manifestações de riqueza, excluindo-se outras, que não poderão ser objeto de tributação, a despeito de revelarem a existência de capacidade econômica.[228] Ao assim proceder, o legislador constituinte deixou claro que o tributo incide sobre fatos jurídicos e não sobre o dado econômico a eles subjacente,[229] ainda que não se ignore que a economia é "o substrato sobre o qual age a lei".[230]

Essa opção do Poder Constituinte impõe ao sistema tributário um nítido viés formal,[231] o que acaba por retirar do legislador infraconstitucional a possibilidade de ponderação.[232] Assim, por mais que a existência de capacidade econômica seja condição necessária para a incidência do tributo (não há imposto que não incida sobre fatos com conteúdo econômico), ela não é suficiente (nem todas as manifestações de capacidade econômica serão tributadas), dada a necessidade de prévia autorização constitucional, que se expressa por meio de uma regra de competência, ressalvado o exercício da competência residual.[233] Em outros termos, pode o legislador deixar de exercer a sua competência, mas jamais poderá fazê-la avançar sobre materialidade diversa daquela prevista na Constituição.[234]

Ainda na linha do que sustenta Barreto,[235] em relação às matérias que entendeu ser possível conferir maior grau de abstração, o legislador constituinte positivou princípios; nos casos em que concluiu ser

---

[228] SCHOUERI, Luís Eduardo. *Direito Tributário*. São Paulo: Saraiva, 2011, p. 638.

[229] VELLOSO, Andrei Pitten. *Conceitos e competências tributárias*. São Paulo: Dialética, 2006, p. 204.

[230] SCHOUERI, Luís Eduardo. *Direito Tributário*. São Paulo: Saraiva, 2011, p. 46.

[231] CARVALHO, João Rafael L. Gândara de. *Forma e substância no Direito Tributário*. São Paulo: Almedina, 2016, p. 185.

[232] ÁVILA, Humberto. *Sistema constitucional tributário*. 4. ed. São Paulo: Saraiva, 2010, p. 164-165.

[233] TORRES, Heleno Taveira. *Direito Constitucional Tributário e segurança jurídica*: metódica da segurança jurídica do sistema Constitucional Tributário. São Paulo: Editora Revista dos Tribunais, 2011, p. 308-309.

[234] "Observamos que a concepção de Estado de Direito liga-se à de democracia e de contenção do arbítrio. A segurança jurídica fica, então, hipertrofiada e a lei parece o caminho mais idôneo para alcançá-la". (DERZI, Misabel Abreu Machado. *Direito Tributário, Direito Penal e Tipo*. 2. ed. São Paulo: Editora Revista dos Tribunais, 2007, p. 121).

[235] BARRETO, Paulo Ayres. *Elisão tributária*: limites normativos. 2008. 288 f. Tese (Livre Docência) – Faculdade de Direito, Universidade de São Paulo (USP), São Paulo, 2008, p. 83-84.

preciso restringir a abstração e o âmbito de discricionariedade do intérprete, estabelecendo um regramento específico, criou regras; ademais, demarcou as frações das normas que não podem ser objeto de modificação ("núcleo imutável"); e, por fim, definiu o modo como o restante de suas prescrições pode ser alterado.

A doutrina majoritária parece não divergir quanto aos pontos até aqui discutidos. Os problemas começam a aparecer no momento em que os referidos pressupostos são colocados à prova durante o efetivo processo de construção de conceitos, o que passa pela determinação do exato conteúdo que precisa ser atribuído às regras que compõem o sistema constitucional tributário, com especial destaque para aquelas que discriminam competências.

Barreto[236] identifica na doutrina quatro possíveis posicionamentos a esse respeito. Seriam eles: *(i)* os significados dos vocábulos presentes na CF/88 deveriam ser fixados pelo legislador infraconstitucional; *(ii)* a natural imprecisão dos vocábulos utilizados pelo legislador constituinte permitiria um relevante espaço de atuação do legislador infraconstitucional; *(iii)* a CF/88 teria se utilizado de tipos para discriminar as competências, cabendo ao legislador complementar determinar o conceito; *(iv)* os conceitos constitucionais devem ser construídos com base em um processo hermenêutico de índole constitucional, o que levaria à identificação de balizas que deveriam ser respeitadas pelo legislador infraconstitucional.

No contexto específico do presente trabalho, com a finalidade de facilitar a compreensão do problema, as quatro hipóteses acima podem ser reduzidas a apenas duas. São elas: *(i)* em determinadas circunstâncias, a definição dos conceitos constitucionais demandará um maior grau de participação do legislador infraconstitucional, não bastando o recurso às normas constitucionais; e *(ii)* a construção de sentido dos vocábulos que definem competências se esgota na compreensão das normas constitucionais que a eles se relacionam, de forma mediata ou imediata.

Essa dicotomia revela a conhecida polêmica doutrinária em torno de qual teria sido a opção adotada pelo legislador constituinte para a definição das competências tributárias: a utilização de tipos (raciocínio tipológico) ou de conceitos (raciocínio conceitual).[237] Os

---

[236] BARRETO, Paulo Ayres. *Planejamento Tributário*: limites normativos. São Paulo: Noeses, 2016, p. 53.

[237] De acordo com Humberto Ávila, conceitos seriam "significados que conotam propriedades necessárias e suficientes para sua verificação, exaustivamente determinadas, devendo ser examinadas individualmente e estar necessariamente presentes para sua existência". Os

A CONSTRUÇÃO DO CONCEITO JURÍDICO DE RENDA SOB A PERSPECTIVA BRASILEIRA | 117

adeptos da primeira linha de pensamento admitem a presença de tipos na Constituição Federal nas hipóteses em que a construção do conceito demandar a participação do legislador complementar, ao passo que aqueles que se posicionam no sentido da segunda corrente irão sustentar apenas a possibilidade da existência de conceitos em nível constitucional. A opção por uma ou outra corrente de pensamento terá efeito direto sobre a liberdade de que dispõe o legislador infraconstitucional para definir o fato gerador dos tributos.[238]

Em última instância, as diferenças tendem a não se manifestar na definição em si, mas no seu *status* (constitucional ou infraconstitucional), o que pode gerar repercussões relevantes quando se discute a possibilidade de sua modificação e quais os limites que deveriam ser respeitados pelo legislador ordinário por ocasião da positivação da regra de incidência. Em síntese, o grande ponto de divergência diz respeito ao conteúdo normativo que pode ser atribuído aos enunciados prescritivos que repartem competências tributárias, o que pode ter efeito prático relevante sobre a determinação do seu conteúdo jurídico.

Avançando um pouco mais nos fundamentos, para a primeira vertente não se deveria superestimar a atuação do legislador constituinte, considerando-se que a sua preocupação fundamental teria sido apenas a de distribuir competências impositivas com a finalidade específica de assegurar a cada ente federado a sua autonomia financeira, por meio da cobrança de tributos.[239] Sob essa perspectiva, não seria possível identificar uma lógica previamente concebida, tampouco um elevado grau de coerência nessa atuação do legislador, o que induziria a conclusão de que o produto da interpretação das regras de competência não poderia levar, necessariamente, à existência de um conceito.[240] Desse modo, competiria ao legislador complementar a tarefa de efetivamente conceituar o fato gerador do tributo, quando isso não fosse possível apenas com base em normas constitucionais.[241] Em resumo, muito embora a incidência de um tributo pressuponha a existência de um

---

tipos, por sua vez, "apenas descrevem propriedades típicas, comumente observadas e exemplificativamente indicadas, devendo ser examinadas conjunta e concretamente, sem precisarem estar todas necessariamente presentes para sua constatação". (ÁVILA, Humberto. *Competências Tributárias*. São Paulo: Malheiros, 2018, p. 9-10).

[238] Para uma análise mais completa acerca do assunto, vide: ÁVILA, Humberto. *Competências Tributárias*. São Paulo: Malheiros, 2018.

[239] A respeito da relação entre discriminação de rendas e autonomia financeira, vide: ALVES, Raquel de Andrade Vieira. *Federalismo fiscal brasileiro e as contribuições*. Rio de Janeiro: Lumen Juris, 2017, p. 29.

[240] SCHOUERI, Luís Eduardo. *Direito Tributário*. São Paulo: Saraiva, 2011, p. 108-109.

[241] SCHOUERI, Luís Eduardo. *Direito Tributário*. São Paulo: Saraiva, 2011, p. 248.

conceito, ele não precisaria estar presente na Constituição Federal, que igualmente admitiria a presença de tipos.

Em sentido oposto, a segunda vertente sustenta que os conceitos podem (e devem) ser construídos diretamente a partir das normas que compõem o sistema tributário, não se admitindo que essa atividade conte com a participação do legislador complementar, a quem competiria apenas conferir maior concretude aos conceitos adscritos com base em normas constitucionais. Parte-se do pressuposto de que o caráter rígido e analítico das regras delimitadoras de competência seria capaz de fornecer ao intérprete todos os elementos necessários à construção dos conceitos, sempre portadores de características rígidas e irrenunciáveis. Sustenta-se que o entendimento contrário levaria a um esvaziamento do conteúdo normativo originalmente pretendido pelo legislador constituinte, que buscou regular com detalhes a dinâmica da incidência tributária.[242]

Ademais, aponta-se a incoerência que decorreria do fato de que o legislador complementar acabaria determinando a dimensão da sua própria competência, o que violaria a hierarquia normativa prevista no texto constitucional.[243] Em razão disso, dever-se-ia pressupor que as competências previstas constitucionalmente formariam um conjunto de regras que, "por intermédio da fixação de conceitos, e não tipos (abertos, flexíveis), estabeleceu e, ao mesmo tempo, delimitou o espaço de atuação legislativa dos entes políticos na instituição de tributos".[244] Ou, nas palavras de Misabel Derzi, "[o]nde quer o legislador reforçar a segurança jurídica, impõe a legalidade material absoluta. A norma legal colhe então o tipo (socialmente aberto) modelando-o e fechando-o em conceitos determinados".[245]

---

[242] Ainda com arrimo nas precisas lições de Humberto Ávila, "uma regra de competência é o significado de um enunciado prescritivo, com eficácia comportamental direta e indireta e qualificado como abstrato, heterônomo e coativo em sentido amplo. Sendo assim, a admissão de que os termos constantes dos dispositivos constitucionais exprimem tipos leva, direta ou indiretamente, à descaracterização das regras de competência: elas deixam de ser significados de enunciados prescritivos, com eficácia comportamental direta e indireta, qualificados como abstratos, heterônomos e coativos em sentido amplo, e passam a ser significados de enunciados descritivos, sem eficácia comportamental direta, qualificados como concretos, autônomos e não coativos". (ÁVILA, Humberto. *Competências Tributárias*. São Paulo: Malheiros, 2018, p. 10).

[243] GONÇALVES, José Artur Lima. *Imposto sobre a Renda. Pressupostos constitucionais*. São Paulo: Malheiros, 2002, p. 170.

[244] BARRETO, Paulo Ayres. *Planejamento Tributário*: limites normativos. São Paulo: Noeses, 2016, p. 61.

[245] DERZI, Misabel Abreu Machado. *Direito Tributário, Direito Penal e Tipo*. 2. ed. São Paulo: Editora Revista dos Tribunais, 2007, p. 127.

A CONSTRUÇÃO DO CONCEITO JURÍDICO DE RENDA SOB A PERSPECTIVA BRASILEIRA

Esta parece ser a posição mais comumente adotada pelo STF, que se revela em uma série de julgados no sentido da existência de conceitos classificatórios, no sentido acima definido. Merecem destaque as definições de mercadoria,[246] de serviço,[247] de faturamento,[248] de folha de salários,[249] de renda,[250] e de valor aduaneiro,[251] todas construídas pela Suprema Corte diretamente a partir da CF. Essa é a visão de Humberto Ávila, para quem haveria a presença de uma "cadeia de decisões do STF que demonstram que só há poder de tributar sobre fatos cujos conceitos se enquadrem nos conceitos previstos nas regras de competência (...)". Em razão disso, segundo sustenta o autor, seriam "intransponíveis os limites conceituais previstos nas regras de competência. Fora deles não há poder de tributar".[252]

Não se pode ignorar, contudo, a existência de decisões recentes do STF que parecem apontar na direção de que os conceitos constitucionais podem conter características não tão rígidas. Nesse sentido, merece destaque o Recurso Extraordinário (RE) nº 651.703,[253] que declarou a incidência do Imposto sobre Serviços de Qualquer Natureza (ISS) sobre serviços de operadoras de planos de saúde, sob o argumento (entre outros) de que o conceito de serviço para fins tributários não precisa corresponder àquele encontrado no direito civil. Pode ser citado ainda o RE nº 547.245,[254] que trata da incidência do ISS sobre operações de *leasing*, em que o voto-vista do Min. Joaquim Barbosa expressamente destaca a possibilidade de mutação dos conceitos que delimitam competências tributárias; a Ação Direta de Inconstitucionalidade (ADI) nº 4.389 MC,[255] de relatoria do Min. Joaquim Barbosa, em que se afirmou que a evolução social e técnica desafia uma tributação baseada em conceitos

---

[246] STF, Tribunal Pleno, RE 203.075-9/DF, Relator: Ministro Ilmar Galvão, Relator para Acórdão: Ministro Maurício Corrêa, Ementário nº 1969-2, p. 386, julgado em: 05/08/1998, publicado em: DJU 29/10/1999, p. 00018.

[247] STF, 2ª Turma, RE 166.121-3/SP, Relator: Ministro Néri da Silveira, publicado em: DJU 12/11/1993

[248] STF, RE 346.084-6/PR, Relator: Ministro Ilmar Galvão, publicado em: DJU de 01/09/2006.

[249] STF, RE 166.772-9/RS, Relator: Ministro Marco Aurélio, publicado em: DJU de 16/12/1994.

[250] STF, RE 117.887-6/SP, Relator: Ministro Carlos Velloso, julgado em: 11/02/1993, publicado em: DJU de 23/04/1993; RTJ, 150/585.

[251] STF, RE 559.937/RS, Relatora: Ministra Ellen Gracie, Relator para Acórdão: Ministro Dias Toffoli, julgado em: 20/03/2013, publicado em: DJE de 17/10/2013.

[252] ÁVILA, Humberto. *Sistema constitucional tributário*. 4. ed. São Paulo: Saraiva, 2010, p. 209.

[253] STF, Tribunal Pleno, RE 651.703/PR, Relator: Ministro Luiz Fux, julgado em: 29/09/2016, publicado em: DJE 26/04/2017.

[254] STF, RE 547.245/SC, Relator: Ministro Luiz Fux, publicado em: DJE 14/12/2009.

[255] STF, ADI 4.389/MC, Relator: Ministro Joaquim Barbosa, julgado em: 13/04/2011, publicado em: DJE 25/05/2011.

ultrapassados de industrialização, comércio e serviços; e a ADI nº 1.945 MC,[256] cujo relator para o acórdão foi o Min. Gilmar Mendes, em que se consignou que o STF não pode ignorar a existência de situações novas, sobretudo valendo-se de premissas jurídicas que não se mostram mais totalmente acertadas.[257]

Ainda que não seja necessário para a construção de um conceito jurídico de renda assumir uma posição específica acerca da mencionada divergência entre tipos e conceitos, o presente estudo adota como premissa a concepção de que a CF/88 fornece todos os elementos necessários para que o intérprete identifique os limites ao exercício da competência tributária relativa ao imposto de renda,[258] cabendo ao legislador infraconstitucional apenas a sua concretização, dada a evidente complexidade da matéria.[259] Essa conclusão parece respaldada até mesmo pelas decisões do STF que não adotaram a existência de um conceito constitucional de renda como pressuposto.

Nesse sentido, pode ser destacado o RE nº 582.525,[260] de relatoria do Min. Joaquim Barbosa, em que restou assentada a necessidade de que o conceito de renda seja construído a partir de uma série de "influxos provenientes do sistema jurídico", tais como proteção ao mínimo existencial, direito amplo de acesso à saúde, capacidade contributiva, proteção à livre iniciativa e ao livre exercício da atividade econômica, para mencionar apenas os citados no voto, além "de outros sistemas com os quais o Direito mantém acoplamento, como o sistema econômico e o contábil".

---

[256] STF, Tribunal Pleno, ADI 1.945/MC, Relator: Ministro Octavio Gallotti, Relator para o Acórdão: Ministro Gilmar Mendes, julgado em: 26/05/2010, publicado em: DJE 14/03/2011.

[257] A esse respeito, vide: SERRA LIMA, Daniel Batista Pereira. *Definição, concretização, e evolução das normas de competência tributária.* 2017. 225 f. Dissertação (Mestrado) – Faculdade de Direito, Universidade de São Paulo (USP), São Paulo, 2017.

[258] "Se fosse aceita a interpretação de que tais conceitos constitucionais não apresentam limites máximos, a exaustiva prescrição da *competência ordinária discriminada*, levada a termo pela Constituição ficaria sem qualquer sentido, isto é, representaria um nada jurídico, pois o legislador infraconstitucional (complementar) teria a possibilidade de definir o fato 'renda e proventos de qualquer natureza' como bem quisesse (…)" (QUEIROZ, Luís Cesar Souza. *Imposto sobre a Renda. Requisitos para uma tributação constitucional.* Rio de Janeiro: GZ Editora, 2017, p. 180).

[259] Novamente, de acordo com Humberto Ávila: "os termos constitucionais exprimem significados, sendo as definições a mera explicitação desses significados, com a finalidade de torná-los mais precisos, mas nunca exatos. Desse modo, o fato de a Constituição ter atribuído à lei complementar a função de definir os tributos, suas espécies e seus elementos não quer dizer que eles não tenham sido conceituados nem definidos, expressa ou implicitamente, direta ou indiretamente, pela própria Constituição". (ÁVILA, Humberto. *Competências Tributárias.* São Paulo: Malheiros, 2018, p. 10).

[260] STF, Tribunal Pleno, RE 582.525/SP, Relator: Ministro Joaquim Barbosa, julgado em: 09/05/2013, publicado em: DJE 07/02/2014.

A CONSTRUÇÃO DO CONCEITO JURÍDICO DE RENDA SOB A PERSPECTIVA BRASILEIRA | CAPÍTULO 3 | 121

Mesmo diante dessa aparente abertura conferida pela decisão, o voto não se descuidou de considerar que "a estipulação dos conceitos em matéria tributária não está à livre disposição do legislador infraconstitucional". O mesmo raciocínio foi empreendido por ocasião do julgamento do RE nº 208.526.[261] Em seu voto-vista, o Min. Cezar Peluso buscou determinar qual seria o conteúdo semântico mínimo do vocábulo "renda", asseverando que "o essencial é notar que a Constituição traz demarcação rígida dos contornos do tributo". Ele fez essa observação para afirmar que uma disposição deverá ser declarada inconstitucional se exorbitar os contornos estabelecidos para a regra de competência. Ainda de acordo com a sua visão, embora as normas infraconstitucionais confiram concretude à captura dos fatos jurídicos tributários, elas não servem para definir o conceito, em uma interpretação de "baixo para cima", sob pena de violação à "hierarquia nomológica do sistema".

Veja-se que o entendimento do Min. Peluso menciona a existência de uma demarcação rígida dos contornos do tributo, para concluir que um dado dispositivo deve ser declarado inconstitucional sempre que os referidos limites tiverem sido desobedecidos pelo legislador. Ainda que não haja menção expressa à existência de um conceito constitucional (em oposição à possibilidade da existência de tipos), basta a constatação de que a decisão foi firme no sentido de que a construção dos conceitos deve ser realizada de "cima para baixo", precisamente em razão da estrutura hierarquizada do sistema jurídico, ou seja, de modo a guardar o mais absoluto respeito aos limites prescritos pelo texto constitucional.

Desse modo, o desafio estaria em estabelecer qual o exato conteúdo das limitações constitucionais impostas ao poder de tributar pelo legislador constituinte. Prosseguindo nesse raciocínio, o voto registra que a metodologia mais adequada para alcançar o conceito passa por precisar os seus limites negativos, retirando tudo aquilo que não esteja no campo de competência da União, em especial os pressupostos de fato que desencadeiem outras competências tributárias. Assim, conclui que "o campo semântico da palavra, demarcado também à luz do que acrescentou a jurisprudência do Tribunal, envolve notas de ganho e de acréscimo". Uma vez mais, destaca-se o uso dos vocábulos ganho e acréscimo, como exemplos de notas definidoras de um conceito de renda para fins tributários, o que pressupõe o reconhecimento de limitações materiais que decorrem diretamente do texto constitucional.

---

[261] STF, RE 208.526/RS, Relator: Ministro Marco Aurélio, julgado em: 20/11/2013, publicado em: DJE 30/10/2014.

Dito isso, o ponto central não está em identificar se a CF/88 traz um tipo ou um conceito de renda (embora o presente trabalho se alinhe à segunda vertente), nos termos da divergência doutrinária mencionada linhas acima, mas em como atribuir a devida normatividade aos limites que se reputam existentes em qualquer acórdão relacionado ao imposto de renda.[262] Partindo de um núcleo comum, composto por limitações constitucionais ao poder de tributar, deve-se buscar definir qual o exato conteúdo que deverá ser conferido a cada uma delas, cujo resultado deverá levar à segurança necessária para que a legislação do imposto de renda seja controlada a partir do que determina a CF. O essencial é que os limites à atuação do legislador infraconstitucional estejam bem fixados, e com o seu conteúdo normativo corretamente determinado, à luz do que dispõe a CF. Caso eles venham a ser desrespeitados, a definição será atípica ou não se subsumirá ao conceito, o que deverá levar ao mesmo resultado, que será sempre a inconstitucionalidade do enunciado normativo em questão.[263]

3.2.2 Os efeitos práticos da rigidez sobre a construção do conceito de renda

Adotada a premissa de que os elementos que compõem o núcleo de significação relativo ao imposto de renda podem ser obtidos por meio

---

[262] Não se ignora e nem se despreza a importância dos embates doutrinários relacionados à existência de tipos ou conceitos em âmbito constitucional. Apenas entende-se que a sua relevância acaba restrita a uma questão didática quando a discussão está relacionada ao imposto de renda. De acordo com o entendimento adotado no presente estudo, os limites ao exercício da competência tributária reconhecidos pelas decisões do STF, mesmo nas hipóteses em que o resultado apontou para uma maior abertura conferida ao legislador ordinário para a definição da base de cálculo do imposto de renda, podem ser reinterpretados de modo que o conteúdo normativo a eles atribuído se revelará suficiente para que o espaço reservado ao legislador infraconstitucional seja controlado com base na CF.

[263] No sentido de um conceito constitucional de renda: ÁVILA, Humberto. *Conceito de renda e compensação de prejuízos fiscais*. São Paulo: Malheiros, 2011, p. 16; GONÇALVES, José Artur Lima. *Imposto sobre a Renda. Pressupostos constitucionais*. São Paulo: Malheiros, 2002, p. 174; BARRETO, Paulo Ayres. *Imposto sobre a renda e preços de transferência*. São Paulo: Dialética, 2001, p. 71; OLIVEIRA, Ricardo Mariz. *Fundamentos do Imposto de Renda*. São Paulo: Quartier Latin, 2008, p. 172-173. Em sentido oposto: LEMKE, Gisele. *Imposto de Renda:* os conceitos de renda e de disponibilidade econômica e jurídica. São Paulo: Dialética, 1998, p. 31; QUEIROZ, Luís Cesar Souza de. Os conceitos de renda e de disponibilidade no art. 43 do CTN. In: CARVALHO, Paulo de Barros (Coord.). *50 Anos do Código Tributário Nacional*. São Paulo: Noeses, 2016, p. 774-776; SCHOUERI, Luís Eduardo. O mito do lucro real na passagem da disponibilidade jurídica para a disponibilidade econômica. In: LOPES, Alexandro Broedel; MOSQUERA, Roberto Quiroga (Coord.). *Controvérsias jurídico-contábeis:* aproximações e distanciamentos. São Paulo: Dialética, 2010, p. 243-246; POLIZELLI, Victor Borges. *O princípio da realização da renda:* reconhecimento de receitas e despesas para fins do IRPJ. São Paulo: Quartier Latin, 2012, p. 131-145.

CAPÍTULO 3
A CONSTRUÇÃO DO CONCEITO JURÍDICO DE RENDA SOB A PERSPECTIVA BRASILEIRA | 123

da interpretação de enunciados constitucionais, é preciso que isso seja efetivamente demonstrado. O primeiro passo, conforme mencionado, deve ser dado no sentido de atribuir a devida força normativa ao sistema constitucional tributário. Ignorado esse pressuposto, o enorme esforço empreendido pelo legislador constituinte no trato da matéria tributária ficaria reduzido a uma questão de estilo, representado por normas de conteúdo meramente programático.[264]

Dito isso, pode-se afirmar que a primeira consequência advinda da rigidez do sistema tributário é a constatação de que a tributação pressupõe o prévio consentimento dos cidadãos. Não há poder de tributar fora dos limites estabelecidos na Constituição, ainda que a realidade indique a presença de manifestações de riqueza não selecionadas pelo legislador constituinte.[265] Nunca é demais ressaltar que a capacidade contributiva, embora seja condição necessária à incidência de um imposto, jamais será condição suficiente. A possibilidade da incidência depende de uma prévia atuação do legislador constituinte, no sentido de selecionar as materialidades passíveis de serem tributadas.

De forma mais específica, a rigidez do sistema constitucional tributário "tem como pedra básica a competência privativa, mola mestra do sistema, o qual repele a bitributação e evita a promiscuidade entre tributos distintos".[266] Significa dizer, em outras palavras, que as regras de competência envolvem conceitos mutuamente excludentes, de modo que o poder conferido a um determinado ente tributante não terá sido igualmente conferido a outro,[267] em razão da presença de uma "cláusula vedatória", também denominada por Humberto Ávila de "reserva material pressuposta".[268] Assim, as competências abrangem conceitos necessariamente diversos, sem possibilidade de sobreposição, o que

---

[264] QUEIROZ, Luís Cesar Souza. *Imposto sobre a Renda. Requisitos para uma tributação constitucional*. Rio de Janeiro: GZ Editora, 2017, p. 107.

[265] De acordo com Humberto Ávila, as regras de competência "podem ser qualificadas como regras que estabelecem proibições (ou comandos para não agir de determinado modo), na medida em que, ao preverem, expressamente ou por implicação lógica, determinados aspectos das hipóteses de incidências e das consequências (fatos geradores, bases de cálculo, sujeitos ativos e passivos), proíbem que o destinatário exerça a competência relativamente a fatos geradores, bases de cálculo e sujeitos diversos daqueles previstos". (ÁVILA, Humberto. *Competências Tributárias*. São Paulo: Malheiros, 2018, p. 23-24).

[266] DERZI, Misabel Abreu Machado. *Direito Tributário, Direito Penal e Tipo*. 2. ed. São Paulo: Editora Revista dos Tribunais, 2007, p. 137.

[267] MANEIRA, Eduardo. Sistema tributário nacional e princípio da legalidade. In: COÊLHO, Sacha Calmon Navarro (Coord.). *Segurança jurídica*: irretroatividade das decisões judiciais prejudiciais aos contribuintes. Rio de Janeiro: Forense, 2013, p. 402.

[268] ÁVILA, Humberto. *Sistema constitucional tributário*. 4. ed. São Paulo: Saraiva, 2010, p. 207.

já é capaz de reduzir a indeterminação da linguagem empregada pelo legislador constituinte. Esse raciocínio foi justamente o empreendido por Bulhões Pedreira[269] em relação ao imposto de renda. De acordo com a sua visão, o legislador infraconstitucional deve buscar diretamente no texto da Constituição o referido conceito, o que passa precisamente pelo respeito à discriminação constitucional de competências tributárias. Por isso, menciona a necessidade de um "teste de sua constitucionalidade em função da sua compatibilidade com essa discriminação". Em sua fundamentação, o autor destaca o interessante contexto envolvendo a Emenda Constitucional nº 18, reproduzida pela Constituição de 1967, que havia se preocupado em definir, de forma sistemática, os diversos impostos de competência dos entes tributantes, de modo a evitar os abusos que haviam sido cometidos na vigência da Constituição de 1946. Em síntese, da rigidez da repartição de competências tributárias devem decorrer os limites a cada um dos impostos discriminados em âmbito constitucional, como é precisamente a hipótese do imposto de renda.

Progredindo na identificação dos limites à construção de conceitos, deve-se reconhecer que os vocábulos e expressões empregadas pelo legislador constituinte carregam um sentido prévio, que lhes foi atribuído ao longo dos anos pela doutrina e pela jurisprudência.[270] Esse sentido deverá ser considerado recepcionado pela atual Constituição, restringindo a liberdade do intérprete, ressalvadas as hipóteses em que se verificar que o legislador constituinte tenha pretendido regular a matéria de forma diversa,[271] impondo-lhe um sentido novo, ou apenas distinto daquele que vigorava na ordem constitucional anterior.[272] Desse modo, quando houver um sentido previamente incorporado aos vocábulos e expressões utilizadas pelo legislador constituinte, caberá ao intérprete apenas descrevê-lo e não propriamente construí-lo.

Outra característica marcante da rigidez do sistema constitucional tributário é a impossibilidade de que os limites ao exercício da

---

[269] PEDREIRA, José Luiz Bulhões. *Imposto sobre a renda – Pessoas Jurídicas*. Rio de Janeiro: Justec, 1971, v. 1, item 2.10 (02).

[270] ÁVILA, Humberto. *Segurança jurídica. Entre permanência, mudança e realização no Direito Tributário*. São Paulo: Malheiros, 2011, p. 251.

[271] QUEIROZ, Luís Cesar Souza. *Imposto sobre a Renda. Requisitos para uma tributação constitucional*. Rio de Janeiro: GZ Editora, 2017, p. 194.

[272] BARRETO, Paulo Ayres. *Planejamento Tributário*: limites normativos. São Paulo: Noeses, 2016, p. 61.

competência sejam interpretados de forma dinâmica,[273] a pretexto de se adaptarem à evolução da realidade econômica, social e tecnológica. É que a existência de uma Constituição cuja modificação não é permitida senão por meio de um procedimento mais dificultoso, implica uma pretensão de permanência, decorrência direta da busca por um ideal de segurança jurídica.[274] Nessa linha, a defesa da possibilidade de conceitos dinâmicos ou pragmáticos vai de encontro, justamente, ao princípio da legalidade e à rigidez que o legislador constituinte pretendeu impor ao sistema tributário brasileiro.[275]

Esse entendimento é reforçado pela estrutura do Pacto Federativo brasileiro, em que a rigidez das regras de competência acaba sendo calibrada pela possibilidade do exercício da competência residual, que tem o objetivo de conferir a abertura necessária para a instituição de tributos que incidirão sobre outras bases, que não aquelas previamente discriminadas, desde que o faça por meio de lei complementar. Como precisamente pontua Humberto Ávila, justamente sobre a possibilidade de exercício da competência residual, "[n]ão haveria sentido em outorgar uma competência residual sobre *bases diversas* se a competência ordinária não fosse limitada a *determinadas bases*". Afinal de contas, "quem tem competência para tributar tudo, não precisa de uma competência suplementar para tributar algo mais".[276]

Aplicando esse raciocínio à identificação dos limites à construção do conceito de renda para fins tributários, é preciso que se considere renda como uma materialidade não coincidente com as demais previstas constitucionalmente para a atribuição de competências tributárias, especialmente no que diz respeito aos conceitos de patrimônio, capital, faturamento, além de transmissão *causa mortis* e doação. Ademais, deve-se levar em conta que a expressão *renda e proventos de qualquer natureza* teve o seu uso consagrado pelo legislador constituinte, o que

---

[273] Para Humberto Ávila, "não se está a defender que a heteronomia seja insensível a mudanças de sentido no tempo, como pode ocorrer noutros âmbitos, a exemplo do que ocorre no Direito Civil, como expressões tais como 'usos do tráfico', empregada pelo Código Civil Alemão. O que se está a sustentar é unicamente que não se pode admitir a automática mudança de significado de termos constitucionais pelo uso dos seus destinatários quando tais termos constam de disposições constitucionais atributivas do poder de tributar cujo significado foi incorporado do âmbito infraconstitucional ao tempo da promulgação da Constituição". (ÁVILA, Humberto. *Competências Tributárias*. São Paulo: Malheiros, 2018, p. 32).

[274] ÁVILA, Humberto. *Segurança jurídica. Entre permanência, mudança e realização no Direito Tributário*. São Paulo: Malheiros, 2011, p. 233-234.

[275] CARVALHO, João Rafael L. Gândara de. *Forma e substância no Direito Tributário*. São Paulo: Almedina, 2016, p. 67.

[276] ÁVILA, Humberto. *Competências Tributárias*. São Paulo: Malheiros, 2018, p. 33.

impõe a consideração dos contornos que lhe foi atribuída pela doutrina, pela jurisprudência e pelo próprio legislador complementar ao longo do tempo, e que acabam girando em torno da necessidade da presença de um acréscimo de valor ao patrimônio.

As considerações realizadas até aqui marcam uma delimitação negativa do conceito de renda. A delimitação positiva, entretanto, igualmente pode ser realizada à luz da CF/88. Isso é necessário também para que o raciocínio não se perca em uma lógica circular, em que a identificação de um conceito pressupõe a definição prévia de todos os demais. Justamente por isso, inteiramente cabível a ressalva de Ávila[277] no sentido de que a delimitação negativa da regra de competência deve funcionar como uma espécie de restrição, não podendo se transformar no objeto central da investigação, que deve ser sempre a sua delimitação positiva.

3.3 Delimitação positiva do conceito de renda para fins tributários no Brasil

Uma vez que tenham sido estabelecidos os limites negativos à conceituação de renda, o passo seguinte deve ser dado no sentido de identificar o que se pode chamar de delimitação positiva, ou seja, a identificação de um conjunto de atributos que precisam estar presentes em qualquer definição de renda que se pretenda compatível com a realidade jurídica brasileira. Trata-se de um feixe de qualidades exigidas pelo sistema constitucional e que não pode ser negligenciado pelo intérprete.

3.3.1 O pressuposto do acréscimo patrimonial

Conforme melhor explicitado no capítulo antecedente, assumiu-se a premissa de que renda pressupõe um acréscimo de riqueza nova ao patrimônio, ponto sobre o qual se posiciona em sentido semelhante a doutrina brasileira, de forma majoritária.[278] A ideia de acréscimo ao patrimônio também traz consigo a necessidade de que a fonte produtora seja preservada. Do contrário, um incremento obtido por meio do sacrifício daquilo que compõe o capital levaria à extinção da

---

[277] ÁVILA, Humberto. *Conceito de renda e compensação de prejuízos fiscais*. São Paulo: Malheiros, 2011, p. 33.

[278] OLIVEIRA, Ricardo Mariz. *Fundamentos do Imposto de Renda*. São Paulo: Quartier Latin, 2008, p. 203.

unidade produtora da renda no futuro. Dessa forma, pode-se afirmar que o acréscimo patrimonial deve ser mensurado sob a perspectiva da manutenção do capital, única forma de se garantir que o contribuinte esteja, ao final do período de apuração, em uma posição pelo menos equivalente (em termos de riqueza) à do início.

A questão do acréscimo ao patrimônio como requisito mínimo para a tributação da renda já foi enfrentada pelo STF em diversas oportunidades. Na generalidade dos casos, entendeu-se que esse predicado da renda jurídica pode ser buscado diretamente na CF. Uma primeira manifestação firme nesse sentido pode ser atribuída ao Min. Oswaldo Trigueiro, nos autos do RE nº 71.758,[279] julgado em 1973. Embora vencido, o entendimento esposado pelo Min. Trigueiro acabou servindo de orientação para uma série de julgados posteriores da Corte. Em síntese, sustentou-se que o principal atributo do conceito de renda é a necessidade de acréscimo patrimonial, que dependeria da aquisição de disponibilidade econômica ou jurídica sobre um determinado rendimento. Na sua visão, esse atributo integraria o conceito constitucional de renda, de modo que o legislador não poderia efetivamente definir a base de cálculo do tributo sem observar os limites semânticos mínimos do conceito, presentes no texto constitucional.

Nessa mesma linha, merece destaque o RE nº 89.791,[280] de relatoria do Min. Cunha Peixoto. A decisão foi enfática no sentido de que o conceito de renda já havia sido estabelecido nas leis tributárias há mais de meio século e ao sustentar que, "[n]a verdade, por mais variado que seja o conceito de renda, todos os economistas, financistas e juristas se unem em um ponto: renda é sempre um ganho ou acréscimo do patrimônio". Fazendo considerações específicas sobre o caso, o Min. Cunha Peixoto rechaçou a possibilidade de tributação da correção monetária, já que o seu recebimento teria como única finalidade a recomposição do valor do capital, o que impediria a existência de um acréscimo. E ao discorrer nesse sentido, reforçou a necessidade de que o capital seja preservado, dado que a renda deve ser destacada de sua fonte sem lhe causar empobrecimento.

Em outra manifestação relevante a respeito do tema, a Suprema Corte declarou a inconstitucionalidade do art. 38 da Lei nº 4.506/64, que havia instituído um adicional de imposto de renda de 7%, incidente

---

[279] STF, Tribunal Pleno, RE 71.758/GB, Relator: Ministro Thompson Flores, publicado em: DJU 31/08/1973.

[280] STF, 1ª Turma, RE 89.791/RS, Relator: Ministro Cunha Peixoto, julgado em: 03/10/1978, publicado em: DJU 20/10/1978, RTJ 96/781.

sobre lucros distribuídos. Trata-se do RE nº 117.887-6,[281] relatado pelo Min. Carlos Velloso, em que restou assentado que a existência de renda implica reconhecer um acréscimo patrimonial, que ocorre mediante o ingresso de algo a título oneroso. De acordo com essa visão do STF, trata-se de um conceito que pode ser buscado diretamente na Constituição Federal. Cumpre destacar, ainda, a posição da Corte no sentido de que a legislação tributária não poderia chamar de renda uma ficção legal, o que configura mais um importante atributo do conceito constitucional considerado pela jurisprudência.

Em outros julgados posteriores o STF manteve esse mesmo posicionamento. Merecem atenção as decisões proferidas nos REs nº 195.059[282] e nº 188.684,[283] em que se discutia a possibilidade de incidência do imposto de renda na fonte sobre o pagamento de férias não gozadas por servidor público estadual. Entre outras matérias, os recursos alegavam que o conceito de renda tem natureza legal e que, portanto, o Tribunal *a quo* não poderia ter resolvido a questão com base no argumento de que o conceito constitucional de renda pressupõe a ocorrência de um acréscimo patrimonial. Em relação a esse ponto, os recursos não foram conhecidos, tendo consignado o STF, expressando concordância com os acórdãos recorridos, que a questão relativa a saber se o imposto de renda incide, ou não, sobre indenização é matéria constitucional, passível de apreciação pela Corte, "até porque não pode a Lei infraconstitucional definir como renda o que insitamente não o seja".

Não se pode deixar de conferir o devido destaque ao acórdão proferido no RE nº 221.142,[284] julgado pelo Tribunal Pleno, em sede de repercussão geral, cuja relatoria coube ao Min. Marco Aurélio, em que foi declarada a inconstitucionalidade da atualização prevista no art. 30 da Lei nº 7.789/89, que, por desconsiderar os efeitos da inflação, acabou por determinar a incidência do imposto de renda sobre lucro fictício. Na visão do Relator, seguida pela unanimidade de seus pares, a previsão estabelecida na referida lei ordinária teria desrespeitado os limites impostos à tributação da renda pelo legislador constituinte, bem como teria infringido "o caráter pedagógico do art. 44 do Código Tributário Nacional". Veja-se que a decisão não só reitera a existência

---

[281] STF, RE 117.887/SP, Relator: Ministro Carlos Velloso, publicado em: DJU 17/02/1993.

[282] STF, RE 195.059/SP, Relator: Ministro Moreira Alves, julgado em: 02/05/2000, publicado em: DJU 16/06/2000.

[283] STF, RE 188.684/SP, Relator: Ministro Moreira Alves, julgado em: 16/04/2002, publicado em: DJU 07/06/2002.

[284] STF, Tribunal Pleno, RE 221.142/RS, Relator: Ministro Marco Aurélio, julgado em: 20/11/2013, publicado em: DJU 30/10/2014.

de um conceito constitucional de renda, como também impede que o tributo incida sobre as perdas impostas pela inflação, o que foi chamado de "lucro fictício".

Com base nesse rol de manifestações do STF, proferidas ao longo de décadas, pode-se afirmar que renda é um conceito cujo pressuposto constitucional é a ocorrência de um acréscimo patrimonial, apurado mediante o ingresso de um elemento novo ao patrimônio do contribuinte, o que deve ocorrer a título oneroso, sem qualquer possibilidade de utilização de ficções legais, e que deve considerar a necessidade de manutenção da fonte produtora. No entanto, essas balizas à construção de um conceito jurídico de renda, embora de relevância absolutamente inquestionável, não foram capazes de impedir que a legislação infraconstitucional avançasse para fazer com que o imposto de renda incidisse, em determinadas circunstâncias, sobre o patrimônio, como será visto na sequência.

Em alguns momentos esse desrespeito aos limites previstos no texto constitucional foi referendado pelo próprio STF. Essa permissividade da jurisprudência tem como efeito permitir que, em determinadas circunstâncias, fique a cargo do legislador ordinário a definição sobre como o acréscimo patrimonial deve ser mensurado, o que gera impacto direto sobre a base de cálculo do imposto. Essa abertura equivale a reduzir o entendimento da Corte à constatação de que renda é um incremento do valor do patrimônio, dado que a efetiva determinação do aspecto material da hipótese de incidência, que passa pela delimitação de quais devem ser as premissas adotadas para a mensuração do referido acréscimo, estaria a cargo da legislação infraconstitucional. O efeito prático desse entendimento, portanto, é o esvaziamento do conteúdo normativo das limitações constitucionais relativas ao imposto de renda.

Essa é justamente a situação verificada no RE nº 201.465,[285] utilizado como fundamento para várias outras decisões do STF, em que se discutiu a constitucionalidade do art. 3º da Lei nº 8.200/91, também relacionado aos efeitos tributários da inflação. Nesse caso, prevaleceu o entendimento do Min. Nelson Jobim, baseado no argumento de que o *"substantivo 'RENDA' está na Constituição, sem qualquer adjetivação"*, o que acarretaria a necessidade de buscar a sua definição no CTN. Na sequência, em manifestação acerca do conceito de lucro real, o Min. Jobim seguiu essa linha ao concluir que *"o conceito de LUCRO*

---

[285] STF, RE 201.465/MG, Relator: Ministro Luiz Fux, Relator para o Acórdão: Ministro Nelson Jobim, publicado em: DJU 17/10/2003.

REAL TRIBUTÁVEL é puramente legal e decorrente exclusivamente da lei", consagrando a expressão de que inexiste *"um conceito ontológico, como se existisse, nos fatos, uma entidade concreta denominada de LUCRO REAL"*. Esse entendimento, além de relativizar o conteúdo da jurisprudência do STF acerca do conceito de renda presente na CF, baseia-se em premissas equivocadas. A primeira delas é a suposta ausência de adjetivação do vocábulo renda pelo legislador constituinte, o que acabaria por conferir à legislação infraconstitucional a competência para definir renda. Essa decisão ignora que inexiste uma necessária relação entre texto e norma, como anteriormente demonstrado. A ausência de adjetivação explícita não impede que diversos dos atributos do conceito de renda, com especial destaque para a necessidade de acréscimo patrimonial, decorram de outros enunciados constitucionais. Desconsiderar essas questões equivale a promover uma interpretação fragmentada da Constituição Federal, cujo resultado acaba sendo a redução da força normativa do sistema constitucional tributário.

Da inquestionável inexistência de uma "entidade concreta denominada de lucro real" não segue a conclusão de que o legislador constituinte tenha deixado a cargo da legislação infraconstitucional a definição de todos os elementos, positivos e negativos, que deverão ser confrontados para fins de determinação da matéria tributável. Fosse esse o entendimento correto, então o legislador constituinte teria criado uma limitação (acréscimo patrimonial) para nada limitar, um pressuposto que nada pressupõe, uma vez que a definição do aspecto nuclear da regra de incidência ficaria a cargo do legislador ordinário, já que tampouco no CTN há uma definição concreta de lucro real.

Ao contrário do que restou consignado no acórdão, a definição de lucro real pode ser confrontada com o conceito constitucional de renda e existem determinadas deduções que são inerentes a esse conceito e que não podem ser limitadas pelo legislador ordinário, sob pena de violação direta ao princípio da capacidade contributiva. É preciso insistir que o entendimento constante do referido voto vencedor retira qualquer relevância acerca da consideração de que há limites constitucionais rígidos à construção do conceito jurídico de renda, pois a sua explicitação, que pode chegar até mesmo à incidência do imposto em uma situação de decréscimo patrimonial, não encontraria praticamente limite algum.

Ao final, a situação decorrente do referido acórdão poderia ser assim descrita: renda é um conceito constitucional, que pressupõe a ocorrência de um acréscimo patrimonial, decorrente da aquisição da disponibilidade econômica ou jurídica da renda, *na forma da lei*. Em resumo, renda seria um acréscimo patrimonial, que caberia ao legislador ordinário conceituar. Ou, em outras palavras, uma definição que nada define, um conceito que nada conceitua. O resultado prático dessa linha de raciocínio é a constatação de que o pressuposto constitucional relativo ao acréscimo patrimonial acaba por não oferecer ao intérprete as garantias necessárias para que apenas a riqueza nova que tenha se incorporado ao seu patrimônio seja efetivamente tributada. Novamente, deixar a cargo do legislador infraconstitucional a definição do que é acréscimo patrimonial acaba por reduzir a nada as limitações que decorrem diretamente do texto constitucional.

De nenhuma relevância será a afirmação de que rígidos e intransponíveis limites estão postos na Constituição se diversos dos elementos nucleares que compõem a definição estiverem a cargo da legislação infraconstitucional. Se o conceito de renda pode ser construído a partir da CF/88, então todos os seus atributos precisam ser identificados com base em seus enunciados, sob pena de a sua existência não passar de um discurso vazio. Essa é a acertada posição de Mariz de Oliveira,[286] para quem não passa de um engano a afirmação genérica de que renda é aquilo que a lei disser que é, dado que essa tarefa foi executada diretamente pelo legislador constitucional.

De todo modo, ainda que se desconsidere o acórdão proferido no RE nº 201.465, é preciso ir além da premissa de que renda é um conceito com limites previstos diretamente no texto constitucional; de que estes limites pressupõem um acréscimo patrimonial, que depende da preservação da fonte produtora; que deve decorrer da aquisição uma riqueza nova a título oneroso, não sendo admitida a utilização de ficções para atribuir concretude ainda maior a esses pressupostos, de maneira que a tarefa reservada ao legislador infraconstitucional fique efetivamente restrita à explicitação do conceito e não à sua efetiva determinação.

É que os mencionados atributos, se considerados de forma superficial, não são capazes de fornecer ao intérprete a concretude necessária para a construção de um conceito de renda compatível com as exigências do sistema tributário brasileiro. Para chegar a essa conclusão, basta a constatação de que a economia e a contabilidade não negam que renda pressuponha a verificação de um acréscimo patrimonial, tampouco que a fonte produtora deva ser preservada. Igualmente, não negam a necessidade de que uma riqueza nova tenha sido adquirida.

---

[286] OLIVEIRA, Ricardo Mariz. *Fundamentos do Imposto de Renda*. São Paulo: Quartier Latin, 2008, p. 400.

No entanto, ao interpretarem cada um desses requisitos, chegam à conclusão de que o acréscimo patrimonial pode ser considerado em termos de capacidade, que essa capacidade não precisa estar vinculada a uma transação e que a aquisição pode ter como referência a simples oscilação positiva do valor de um bem que já compunha o patrimônio. Em outras palavras, partindo-se de requisitos comuns chega-se a definições distintas.

A questão se revela ainda mais complexa quando se aprofunda na discussão. Para que se identifique a presença de um acréscimo ao patrimônio é preciso que tenha sido anteriormente definido como os ativos e passivos devem ser mensurados, de que forma a sua oscilação de valor será tratada e quais são os pressupostos para que as mutações sejam registradas, ou não, em contas que compõem o resultado do exercício. Dito isso, evolui-se para a mensuração do patrimônio, para as diferentes formas de manutenção do capital, para as circunstâncias em que se exige a presença de uma transação, dentre tantas outras questões. Ao final, a depender do tratamento que se conferir a cada uma dessas variáveis, o montante do acréscimo líquido ao patrimônio (renda, lucro, etc.) poderá variar substancialmente.

Trazendo esse problema para o sistema jurídico brasileiro, não se pode admitir que as subjetividades inerentes à mensuração do acréscimo patrimonial pelas ciências econômicas e contábeis sejam recepcionadas pelo direito como uma decorrência natural da relação de proximidade existente entre os diferentes ramos do conhecimento. A tarefa do intérprete é justamente a de demonstrar que as limitações ao poder de tributar e a própria unidade do ordenamento jurídico impõem esse fechamento operacional, que deve ocorrer de cima para baixo, de modo a não se permitir que a efetiva definição de renda se transforme em tarefa a cargo do legislador infraconstitucional.

Não obstante, não se pode aguardar que a análise de cada um desses atributos seja realizada de forma casuística pelo STF, que muitas vezes sequer reconhece uma ofensa direta à CF, pois é justamente em razão da abstração dos contornos do conceito de renda que se observa a presença de uma série de previsões legais que claramente extrapolam os limites previstos constitucionalmente. Uma vez mais, deve-se trabalhar no sentido de que os contornos atribuídos ao conceito de renda pela Constituição Federal sejam respeitados, o que somente ocorrerá se houver um esforço para conferir-lhes a normatividade que deles decorre.

É também em relação a esses pontos que o presente trabalho pretende representar alguma espécie de contribuição, tratando os pressupostos de qualquer definição de renda com um pouco mais de rigor conceitual,[287] para que a natural indeterminação seja substituída por um conjunto de características diretamente atribuíveis ao texto constitucional e que permitam um controle eficiente e efetivo da validade das leis ordinárias que regulam a tributação da renda. O resultado, espera-se, permitirá que determinados enunciados legais possam ser analisados sob o pressuposto de sua relação com a CF, dado que ao CTN ficará restrita a função de atribuir densidade aos rígidos contornos impostos pelo legislador constituinte.

3.3.2 A mensuração do patrimônio para fins de tributação da renda

3.3.2.1 Considerações essenciais

Como ponto de partida, pode-se adotar uma definição abrangente de patrimônio, que passa pela ideia de um complexo de direitos e obrigações com conteúdo econômico.[288] Como decorrência, não devem ser considerados como integrantes do patrimônio de uma pessoa física o que diga respeito à sua personalidade, ou às suas qualidades morais, intelectuais e profissionais. Em resumo, patrimônio deve ser visto como um estoque de direitos, portadores de valor econômico, que se reporta a uma data específica.[289] A principal diferença reside na ideia de movimento, pois enquanto a definição de patrimônio remete a uma situação estática, renda pressupõe um fluxo, aquilo que foi acrescido ao patrimônio existente no início do período de apuração.[290] Nas palavras

---

[287] Humberto Ávila chama de definição "um enunciado por meio do qual se explica o significado de expressões linguísticas, cumpre precisamente a função de esclarecer os limites ou as fronteiras de um conceito, indicando o que é o que não é nele incluído, por meio da indicação de critérios, isto é, de propriedades ou atributos. A definição, portanto, ajuda a tornar mais precisas as fronteiras conceituais, além de esclarecer a relação dos conceitos entre si, mediante a indicação daquilo que é essencial ou fundamental". (ÁVILA, Humberto. *Competências Tributárias*. São Paulo: Malheiros, 2018, p. 41).

[288] OLIVEIRA, Ricardo Mariz. *Fundamentos do Imposto de Renda*. São Paulo: Quartier Latin, 2008, p. 70.

[289] FALSITTA, Gaspare. *Manuale di Diritto Tributario:* parte speciale. 7. ed. Padova: CEDAM, 2010, p. 6-7.

[290] "Mostra Rubens Gomes de Sousa que o desenvolvimento da economia sugeriu a necessidade de se reconhecer ao capital um caráter estático, enquanto que o rendimento apresentava natureza dinâmica. Capital seria o montante do patrimônio num certo momento, ao passo que renda seria o acréscimo de capital verificado por comparação de dois momentos determinados". (CANTO, Gilberto de Ulhôa. A aquisição de disponibilidade e o acréscimo patrimonial no Imposto sobre a renda. In: MARTINS, Ives Gandra da Silva (Coord.). *Estudos sobre o Imposto de renda (em memória de Henry Tilbery)*. São Paulo: Resenha Tributária, 1994, p. 34).

de Tesauro,[291] patrimônio representa aquilo que se tem, renda aquilo que foi adquirido.

A esse respeito, Roberto Quiroga[292] propõe que o patrimônio seja analisado em seus sentidos estático e dinâmico. Na primeira hipótese, atribui-se relevo à condição de permanência, relativa a direitos reais e pessoais, de modo que a tributação incida sobre a manifestação de capacidade contributiva consistente na acumulação dos direitos patrimoniais e não sobre a sua transmissão ou transferência. Já na segunda hipótese, a mutação passa a ser o elemento central. Nessa linha, renda seria aquilo que foi acrescido ao patrimônio em razão de transmissões e transferências, mas nunca o retrato de uma posição em um dado momento no tempo.

O imposto de renda, ainda que busque gravar o acréscimo, comparando duas posições (inicial e final), deve ter como principal preocupação a definição do que deve ser levado em conta para essa apuração. É nesse ponto que as divergências se apresentam de forma mais evidente. De plano, pode-se afirmar que o patrimônio, enquanto universalidade de direitos, não faz com que a sua mensuração leve em conta uma universalidade de mutações. Em outras palavras, não são todas as operações que causam mutação patrimonial que deverão ser consideradas para fins de determinação do ganho obtido. A esse respeito, são esclarecedoras as lições de Schoueri, no sentido de que a referência legal à necessidade de um acréscimo patrimonial não faz com que se deva recorrer à lei civil em busca do conceito de patrimônio. A expressão "acréscimo patrimonial" deve ser interpretada, de acordo com a sua correta visão, "à luz de seu contexto e finalidade, considerando suas relações com outros dispositivos".[293]

Retornando ao exemplo das pessoas físicas, exposto no capítulo precedente, pudesse a variação patrimonial considerar todas as mutações ocorridas ao longo do exercício, então, diferenças pessoais sobre como gerir os recursos disponíveis, por meio da prática de mais ou menos atos de consumo, teriam impacto direto sobre o montante de renda

---

[291] "Il patrimonio è uno stock, il reddito um flusso. Il patrimonio indica ciò che si ha, il reddito ciò che si acquista". (TESAURO, Francesco. *Istituzioni di Diritto Tributario*: parte speciale. 8. ed. Torino: UTET Giuridica. 2008. v. 2, p. 19).

[292] MOSQUERA, Roberto Quiroga. *Renda e proventos de qualquer natureza. O imposto e o conceito constitucional*. São Paulo: Dialética, 1996, p. 95-96.

[293] SCHOUERI, Luís Eduardo. O mito do lucro real na passagem da disponibilidade jurídica para a disponibilidade econômica. In: LOPES, Alexsandro Broedel; MOSQUERA, Roberto Quiroga (Coord.). *Controvérsias jurídico-contábeis*: aproximações e distanciamentos. São Paulo: Dialética, 2010, p. 250.

passível de tributação. Esse raciocínio pode ser aplicado igualmente aos elementos positivos e negativos. Da mesma forma que nem todo elemento negativo será considerado para fins de apuração do acréscimo patrimonial, alguns elementos positivos precisarão ser desconsiderados. Ao final, a variação do patrimônio para fins tributários não corresponderá a essa mesma variação sob a ótica do direito civil.

A mesma situação pode ser observada nas pessoas jurídicas, em que a variação do patrimônio contábil, ainda que adotado como ponto de partida pela legislação tributária, sofrerá uma série de ajustes, cujo objetivo é adaptar as mutações patrimoniais consideradas pela contabilidade às necessidades da legislação tributária. E não se trata apenas de adicionar determinadas despesas ou excluir determinadas receitas, mas de efetivamente expurgar da base de cálculo do imposto de renda os critérios contábeis incompatíveis com o direito tributário.

Nessa linha, Mariz de Oliveira[294] considera a impossibilidade de se admitir que algo seja considerado como integrante do patrimônio para fins tributários e não o seja para fins civis, sendo a recíproca igualmente verdadeira. As suas considerações não conduzem à conclusão de que a forma de mensuração das mutações patrimoniais deve ser a mesma para fins civis e tributários, mas apenas que se deve partir sempre de uma mesma base (uma universalidade de direitos passíveis de avaliação econômica). Desse modo, ainda que um elemento que não pertença ao patrimônio civil não possa ser considerado para fins de tributação da renda, o legislador tributário não está obrigado a considerar todas as mutações patrimoniais ocorridas ao longo do período de apuração, podendo selecionar apenas algumas, com a finalidade de determinar o tamanho do acréscimo para fins específicos da legislação tributária.

A única ressalva que se faz ao entendimento de Mariz de Oliveira[295] diz respeito à conclusão de que, em razão disso, as indenizações por danos morais deveriam ser oferecidas à tributação. De acordo com o seu pensamento, adotada a premissa de que o patrimônio é um conjunto unitário formado pelos direitos de qualquer natureza detidos por uma determinada pessoa, desde que todos eles possuam conteúdo econômico, a moral não poderia ser considerada como parte integrante do patrimônio (por não ser passível de avaliação econômica), de tal sorte que uma indenização recebida a esse título jamais representaria uma recomposição

---

[294] OLIVEIRA, Ricardo Mariz. *Fundamentos do Imposto de Renda*. São Paulo: Quartier Latin, 2008, p. 53-54.

[295] OLIVEIRA, Ricardo Mariz. *Fundamentos do Imposto de Renda*. São Paulo: Quartier Latin, 2008, p. 70.

patrimonial. O resultado de seu recebimento teria o potencial de acrescer ao patrimônio do contribuinte e não haveria qualquer problema em que ela fosse oferecida à tributação. Em conclusão, sustenta que apenas as indenizações patrimoniais poderiam ser consideradas substitutivas de um bem que integrava o patrimônio.[296]

A divergência em relação à posição acima não decorre da suposta existência de um patrimônio em sentido abrangente, que compreenderia a moral, como sustenta Carrazza.[297] Não se nega que os elementos que compõem o patrimônio devem ser passíveis de avaliação econômica, o que não ocorre em relação à moral. Dito isso, a intributabilidade das indenizações por dano moral não tem origem na ausência de acréscimo patrimonial, mas na compulsoriedade da sua existência, fruto da ocorrência de um ato ilícito e, portanto, não desejado pelo contribuinte, o que retira desse acréscimo de valor a possibilidade de que ele seja considerado adquirido e que, por via de consequência, componha o universo de mutações patrimoniais que será considerado pelo legislador tributário.

O que se pretende afirmar é que o patrimônio pode ser mensurado de diferentes formas, não necessariamente coincidentes com o direito civil, o que terá impacto direto sobre a apuração da base de cálculo do imposto de renda. A esse respeito, Schoueri[298] noticia justamente a alteração na forma de mensuração do patrimônio das pessoas jurídicas após a edição da Lei nº 11.638/07. Trata-se de um bom exemplo, capaz de revelar que os elementos que compõem o patrimônio podem ser mensurados de forma diversa, de acordo com os critérios empregados por aquele encarregado da definição.

3.3.2.2 A mensuração do patrimônio das pessoas jurídicas

Como visto no capítulo precedente, a mensuração do patrimônio das pessoas jurídicas pode ser realizada de diferentes formas, segundo a contabilidade. Questão essencial diz respeito à constatação de que

---

[296] OLIVEIRA, Ricardo Mariz. *Fundamentos do Imposto de Renda*. São Paulo: Quartier Latin, 2008, p. 201-202.

[297] CARRAZZA, Roque Antônio. *Imposto sobre a renda:* perfil constitucional e temas específicos. 2. ed. São Paulo: Malheiros, 2006, p. 175.

[298] SCHOUERI, Luís Eduardo. O mito do lucro real na passagem da disponibilidade jurídica para a disponibilidade econômica. In: LOPES, Alexsandro Broedel; MOSQUERA, Roberto Quiroga (Coord.). *Controvérsias jurídico-contábeis:* aproximações e distanciamentos. São Paulo: Dialética, 2010, p. 250.

a existência de um acréscimo ao patrimônio contábil não depende de que tenha sido apurado lucro no exercício, sendo suficiente que tenha havido um acréscimo ao valor dos ativos líquidos nesse mesmo período.

Ou seja, é possível que se observe um acréscimo ao patrimônio mesmo diante da ocorrência de prejuízo, quando, por exemplo, a sociedade tiver reconhecido outros resultados abrangentes superiores ao prejuízo apurado. O contrário é igualmente possível, sendo a hipótese da apuração de um prejuízo inferior às contribuições realizadas pelos sócios ao capital social. Portanto, não se deve partir da premissa de que o patrimônio das pessoas jurídicas sofre um acréscimo apenas nas hipóteses em que tiver sido apurado lucro no exercício.

Dito isso, é preciso investigar se o legislador tributário deve necessariamente partir do resultado (confrontação entre receitas e despesas) para fins de determinação da base de cálculo do imposto de renda ou se é possível a adoção de um regime de tributação que leve em conta o acréscimo de valor ao patrimônio contábil, que não tenha origem no resultado positivo do exercício. Poder-se-ia pensar na hipótese de revogação da norma que determina a isenção do ágio gerado na emissão de ações, atualmente registrado em conta de reserva de capital, portanto, diretamente no patrimônio líquido, ou na tributação dos outros resultados abrangentes, estes igualmente registrados no patrimônio líquido e que, por essa razão, não transitam pelo resultado do exercício.[299]

Ainda mais esclarecedor seria o exemplo de uma eventual revogação da regra que prevê a isenção do imposto de renda sobre os lucros e dividendos recebidos por pessoas físicas e jurídicas. De forma mais específica, na hipótese de dividendos vinculados a investimentos avaliados pelo Método da Equivalência Patrimonial (MEP), não haverá o reconhecimento de uma receita contábil por ocasião do recebimento, uma vez que o resultado terá sempre como referência o patrimônio da sociedade investida, cujos ajustes são realizados justamente pelo MEP. Nesse caso, faria sentido sustentar que apenas os lucros que transitaram pelo resultado contábil (relacionados a investimentos

---

[299] Não se está afirmando que as reservas de capital devem ser tributadas, tampouco que os resultados abrangentes são compatíveis com o conceito jurídico de renda. A ideia é apenas demonstrar que determinados acréscimos patrimoniais podem não ter origem no resultado do exercício. Especificamente a respeito deles, não há um rol taxativo de ganhos registrados diretamente no patrimônio líquido, não se mostrando impossível que acréscimos de valor compatíveis com o conceito jurídico de renda jamais transitem pelo resultado do exercício, o que dependerá da contabilidade, cujas regras podem se alterar ao longo dos tempos.

avaliados pelo custo de aquisição) poderiam ser tributados? A resposta deve ser negativa.

A rigor, desde que os acréscimos cuja origem não seja o resultado do exercício se revelem compatíveis com o conceito jurídico de renda, não se percebe qualquer óbice à adoção de um sistema de tributação que não parta exclusivamente da demonstração de resultado do exercício. É dizer, o conceito de renda para fins de determinação do imposto devido pelas pessoas jurídicas não está necessariamente vinculado ao resultado do exercício, que pressupõe apenas a consideração do que a contabilidade entende por receitas e despesas em um determinado momento. Ao legislador é facultado eleger como ponto de partida para a determinação da base de cálculo do imposto de renda qualquer referência que não viole o conceito jurídico de renda, o que leva à conclusão de que renda para as pessoas jurídicas não é necessariamente sinônimo de lucro, sendo possível a captura de demais acréscimos patrimoniais, desde que a sua origem remeta à existência de um fluxo.[300]

De todo modo, a opção do legislador pelo resultado do exercício como ponto de partida para a apuração da base de cálculo do imposto de renda não faz com que receitas e despesas contábeis sejam necessariamente compatíveis com critérios jurídicos de determinação dos acréscimos de valor. Basta recorrer novamente ao exemplo da equivalência patrimonial, cujos efeitos sobre o resultado do exercício são neutralizados para fins de tributação, justamente em razão do fato de que não pode ser considerado renda o reflexo positivo decorrente da mera apreciação do patrimônio contábil de uma investida. Em resumo, pode o legislador tributário adotar a contabilidade como referência para apuração da renda, sem que esteja obrigado a se valer do resultado do exercício, e promover todos os ajustes necessários para expurgar da base de cálculo do imposto os acréscimos de valor que não tenham origem em transações compatíveis com o conceito jurídico de renda.

Postas essas considerações, é preciso ressaltar que uma maior ou menor compatibilidade do resultado contábil com o conceito jurídico de renda vai depender de algumas premissas adotadas pelas regras contábeis vigentes em um determinado momento. Inegavelmente, uma contabilidade que tem como referência a ocorrência de transações precisará ser menos ajustada, pois os seus pressupostos essenciais não estarão muito distantes daqueles perseguidos pelo direito tributário.

---

[300] PEDREIRA, José Luiz Bulhões. *Imposto sobre a renda – Pessoas Jurídicas*. Rio de Janeiro: Justec, 1971, v. 1, item 2.11 (20).

Em sentido oposto, quanto mais a contabilidade passar a trabalhar com a expectativa acerca da futura ocorrência de transações, maiores serão as incompatibilidades.

Voltando ao caso brasileiro, a legislação ordinária faz referência ao resultado do exercício como ponto de partida para a determinação do lucro real (Decreto-Lei nº 1.598/77, art. 6º), que irá divergir do lucro líquido do exercício de acordo com as adições e exclusões previstas em lei. Com a progressiva adaptação da contabilidade brasileira ao padrão ditado pelo *International Financial Reporting Standards (IFRS)*, o legislador precisará rever com frequência os ajustes necessários, dado o pressuposto de que o registro contábil inegavelmente mensura o patrimônio considerando expectativas de futuros benefícios econômicos. Caso assim não proceda, caberá ao próprio sujeito passivo expurgar da apuração do lucro real as receitas e despesas contábeis vinculadas a uma visão prospectiva do patrimônio, aquelas desvinculadas da ocorrência de transações, sob pena de o imposto vir a incidir sobre um ganho fictício, algo claramente incompatível com a dinâmica do sistema constitucional tributário brasileiro.

3.3.2.3 A mensuração do patrimônio das pessoas físicas

Em relação à mensuração do acréscimo patrimonial das pessoas físicas, a principal controvérsia diz respeito a quais valores deverão ser deduzidos para fins de determinação do montante da renda tributável. Essa questão será analisada com detalhes na sequência, sendo suficiente afirmar, por ora, que a decisão dos contribuintes sobre como gerir o seu patrimônio não pode ser levada em consideração pela legislação. A determinação do acréscimo patrimonial, no caso das pessoas físicas, levará em conta os elementos positivos compatíveis com o conceito de renda, bem como os gastos compulsórios e os extraordinários (aqueles que escapam à liberdade do indivíduo a respeito de neles incorrer ou não).

Em síntese, o acréscimo patrimonial das pessoas físicas deve ser obtido mediante a confrontação entre os rendimentos tributáveis auferidos ao longo do exercício, que deverão ser contrapostos aos gastos vinculados à manutenção da fonte produtora, quando for essa a hipótese; daqueles necessários a uma existência digna; dos gastos extraordinários (como aqueles relacionados ao custeio de tratamentos médicos); e dos gastos expressamente autorizados por lei, em relação aos quais o legislador possui margem elevada de discricionariedade, podendo aumentar ou reduzir a dedução de determinados gastos, de acordo com razões de política tributária, o que não impede que alguma espécie de controle seja exercido pelo Poder Judiciário.

Em razão do exposto, não existe uma necessária vinculação entre o patrimônio civil (retrato da posição patrimonial no dia 31 de dezembro de cada ano) e a possibilidade da incidência do imposto de renda, dado que os elementos que compõem o patrimônio poderão ser mensurados de forma diversa para fins tributários, ou até mesmo ignorados pela legislação. Em outras palavras, a legislação tributária acaba adotando uma forma particular de mensuração do patrimônio civil, de modo a obter uma oscilação representativa da capacidade econômica prevista no art. 153, III, da CF/88.

3.3.3 A necessidade de manutenção do capital e de compensação das perdas de períodos passados

Tendo restado esclarecido que o patrimônio pode ser mensurado de formas diversas, situação que pode ser observada igualmente para as pessoas físicas e jurídicas, faz-se necessário determinar o limite a partir do qual haverá efetivo acréscimo ao patrimônio. É o que se denominou no capítulo precedente de manutenção do capital, que nada mais é do que a necessidade de que o capital se mantenha íntegro, para que a renda possa dele se desprender sem que o indivíduo se coloque em uma situação patrimonial inferior àquela existente no início do período de apuração.[301]

Retornando às lições dos economistas já mencionados ao longo do trabalho, o exercício da capacidade de consumo decorrente de uma determinada posição patrimonial não pode comprometer a aptidão desse mesmo patrimônio de continuar gerando riqueza, sob pena de o tributo incidir sobre o patrimônio e não sobre a renda. Esse ponto tem maior relevância para as pessoas jurídicas, em que geralmente há um estoque de capital que precisa ser preservado para que a entidade continue apta a gerar valor para os seus sócios. Nesse contexto, somente haverá renda quando o acréscimo de valor for auferido em montante suficiente para que o capital seja mantido.

No capítulo anterior foram expostas as duas principais correntes em torno da definição de manutenção do capital. Em linhas gerais, o capital a ser mantido pode ser o financeiro, em que a principal preocupação gira em torno da preservação do valor investido pelos

---

[301] MARTINS, Eliseu (Org.). *Avaliação de empresas*: da mensuração contábil à econômica. São Paulo: Atlas, 2012, p. 142.

sócios; ou o físico, em que a análise se desloca para a manutenção da capacidade de operação, que não se vincula ao valor do capital investido.

Na primeira hipótese, faz-se necessário corrigir os efeitos da inflação, de modo que o capital investido seja preservado não apenas nominalmente, mas também em relação ao seu poder de compra. Na segunda hipótese, as mudanças de preços que afetarem os ativos e passivos devem ser consideradas para fins de determinação do capital a ser mantido.

Aplicando esses conceitos ao direito tributário, o capital estará mantido sempre que estiver preservada a integridade do valor investido pelos sócios ou mantida a capacidade de operação. Assim, a depender da adoção da premissa de que a tributação da renda deve ter como pressuposto necessário a ocorrência de transações, deve-se adotar uma determinada abordagem acerca da manutenção do capital. Isso porque, a premissa da manutenção do capital físico pressupõe a ausência de transações, uma vez que trabalha com o conceito de capital sob a perspectiva de expectativas. Dessa forma, por um lado, afastada a necessidade de realização, deve-se mensurar a renda sob a perspectiva da manutenção do capital físico. Por outro lado, caso se adote a premissa da necessária ocorrência de transações, faz-se necessário adotar a concepção da manutenção do capital financeiro.[302]

Em outros termos, deve haver consistência na utilização dos métodos, de modo que uma apuração baseada na perspectiva da existência de uma transação também leve em conta a necessidade de uma nova entrada no futuro, o que pode ser obtido por meio da substituição do custo histórico da transação já ocorrida pelo seu custo de reposição, por exemplo. Seria como se a perspectiva da ocorrência de saídas futuras, baseada em valores de mercado, estivesse ligada ao custo corrente (presente), ou de reposição (futuro) dos itens que determinam o custo, de modo que renda seria a diferença entre valores de entrada e de saída determinados com base em critérios compatíveis entre si. Do contrário, assim como no caso da manutenção do capital financeiro, o imposto de renda estaria incidindo sobre uma parcela do patrimônio e não sobre a efetiva renda apurada no período em questão.

---

[302] Em um ambiente inflacionário, deveria ser permitida, ainda, a correção do capital pela taxa de inflação vigente, como forma de manter inalterado o poder de compra da moeda. Era o que ocorria no Brasil anteriormente à edição da Lei nº 9.249/95, que, por meio do seu art. 4º, proibiu a correção monetária das demonstrações financeiras. Esse ponto tem relação direta com o fato de que a inflação tem o efeito de fazer incidir o imposto sobre um lucro fictício, requerendo a aplicação da correção monetária, precisamente para corrigir essa distorção, de modo a que seja tributado apenas o acréscimo de valor real ao patrimônio.

É que não se pode adotar um critério para reconhecimento do custo (valores de entrada baseados em transações) e outro diverso para reconhecimento das receitas (valor justo). Ou bem toda a análise do resultado se desloca para um único critério (valores de saída), ou haverá um inaceitável sincretismo, em que a despesa se reporta a uma transação ocorrida e a receita a uma expectativa de sua ocorrência no futuro, baseada no valor justo dos ativos em questão. Nesse cenário, a única forma de se corrigir essa distorção é por meio da adoção da manutenção do capital físico, em que será considerado ocorrido um acréscimo ao patrimônio apenas a partir da primeira unidade monetária obtida após a constatação de que foi assegurada a manutenção da capacidade de produção.

Assim, adotada a necessidade da ocorrência de uma transação para fins de incidência do imposto de renda, a preservação do capital impõe a necessidade de manutenção do capital financeiro, o que pressupõe a conservação do investimento realizado pelos sócios, que deverá ser ajustado caso se esteja trabalhando em um contexto de economia inflacionária, após a compensação integral das perdas. Afastada a necessidade da ocorrência de uma transação, a existência de acréscimo patrimonial pressupõe que o patrimônio seja considerado sob a perspectiva de sua preservação em termos de manutenção do capital físico, o que exige não apenas a conservação do valor do investimento, como também do montante de capital necessário para que a capacidade de operação seja mantida inalterada, sem que se possa olvidar da compensação das perdas correntes e relativas a períodos passados.

Assim, ao conceito de patrimônio (representado pelas diferentes formas de mensurá-lo) deve ser acrescido o de manutenção do capital, de modo que a existência de um acréscimo de valor dependerá da constatação de que o contribuinte esteja, ao final do período de apuração, com um patrimônio pelo menos equivalente ao do início.[303] Essa situação só será possível caso as perdas acumuladas sejam compensadas integralmente, não bastando que em um dado exercício, individualmente considerado, o resultado apurado se revele positivo.

Dando prosseguimento à análise, viu-se que o patrimônio é o retrato de uma posição em um dado momento. No entanto, esse retrato

---

[303] É interessante notar que a legislação brasileira já previu diferentes formas de manutenção do capital. Uma delas dizia respeito à manutenção do capital de giro próprio, objeto da Lei 4.357, que autorizou a dedução de um lucro (fictício) da base de cálculo do imposto adicional de renda, ou sobre lucro extraordinário. A esse respeito, ver: PEDREIRA, José Luiz Bulhões. *Imposto sobre a renda – Pessoas Jurídicas*. Rio de Janeiro: Justec, 1971, v. 1, item 5.31 (10).

CAPÍTULO 3
A CONSTRUÇÃO DO CONCEITO JURÍDICO DE RENDA SOB A PERSPECTIVA BRASILEIRA | 143

não pode ser analisado como se o contribuinte nascesse e morresse a cada período de apuração. Com o perdão da metáfora, cada novo exercício possibilita um novo retrato, mas todos eles vistos em conjunto devem levar a um filme, que não se confunde com um amontoado de fotografias, devendo ser enxergado sempre como um fluxo contínuo que tem por objetivo demonstrar a geração de riqueza de uma sociedade ao longo de toda a sua existência. Significa dizer que os prejuízos acumulados em períodos anteriores devem ser compensados com os lucros apurados em períodos futuros, sem qualquer espécie de limitação.[304]

Precisamente em razão disso, a compensação de prejuízos nada tem de benefício, pois a sua justificativa está indissociavelmente vinculada ao conceito jurídico de renda, que pressupõe a preservação da fonte produtora, sob pena de a incidência recair sobre o patrimônio, ainda que de forma temporária. Somente com a garantia de que o capital está sendo mantido é que haverá riqueza nova passível de tributação, verdadeira renda sob a perspectiva jurídica. Do contrário, insista-se, estar-se-á diante de um imposto sobre o patrimônio, cuja existência, por si só, indica a presença de capacidade econômica, mas que com renda não pode ser confundido.

Nunca é demais ressaltar que a rigidez das regras constitucionais brasileiras de repartição de competências não permite que as diferentes materialidades se sobreponham, de modo que renda e patrimônio representarão, sempre e necessariamente, grandezas distintas e inconfundíveis. Um tributo sobre a renda que não permita o abatimento das perdas acumuladas terá adotado como base de cálculo o valor atribuído a um estoque de direitos e não o que a ele foi acrescido ao longo do período de apuração, algo incompatível com a CF/88.

A história brasileira revela a existência de duas diferentes situações a respeito da compensação de prejuízos fiscais. Anteriormente ao advento das Leis nº 8.981/95 e nº 9.065/95 havia a previsão de uma limitação temporal, dado que o direito de compensar as perdas de períodos passados estava restrito a quatro exercícios futuros. Por

---

[304] Ricardo Mariz de Oliveira enxerga a questão sob outro prisma. Por meio de uma correta distinção entre prejuízo contábil e prejuízo fiscal, o autor conclui que o último se verifica apenas no encerramento do período-base. Dito isso, a determinação do período-base seria matéria de lei ordinária, bem como a possibilidade de sua independência absoluta. Em resumo: "[d]aí a compensação de prejuízos ser matéria de lei ordinária, que pode dá-la ou não, para frente ("carry-forward") ou para trás ("carry-back"), com ou sem prazo, com ou sem limite de valor, com ou sem outras condições, apenas devendo ser observadas as exigências constitucionais quanto à vigência da lei, assim como os demais preceitos constitucionais aplicáveis". (OLIVEIRA, Ricardo Mariz. *Fundamentos do Imposto de Renda.* São Paulo: Quartier Latin, 2008, p. 860-898).

ocasião da entrada em vigor dos referidos diplomas legais a restrição temporal foi retirada, tendo restado em seu lugar uma limitação material, relacionada ao montante do lucro corrente que pode ser compensado com prejuízos passados. A partir de 1996, os prejuízos acumulados passaram a ter a sua compensação limitada a 30% do lucro apurado, sem limite de tempo.

Trata-se de norma manifestamente inconstitucional, ao impor a incidência do tributo sobre uma parcela do patrimônio, o que ocorrerá sempre que o contribuinte não tiver absorvido as perdas acumuladas. A limitação atualmente imposta pela legislação brasileira impede que o principal atributo do conceito de renda (seja ele jurídico, econômico ou contábil), que é a necessidade de acréscimo patrimonial, seja respeitado, uma vez que a base de cálculo do imposto terá em sua composição uma perda imposta ao patrimônio, justamente o oposto de renda, em clara ofensa ao princípio da capacidade contributiva.[305] De acordo com as lições de Humberto Ávila, "[há], portanto, um elo (indissociável) entre prejuízos anteriores e lucros posteriores. Em outras palavras: é inadmissível examinar a renda e o lucro sem analisar as despesas e os custos formadores dos prejuízos que os geraram".[306]

A tributação do patrimônio, além de inconstitucional, impõe sério risco à continuidade da empresa, justamente por afastar a necessidade de manutenção do capital. Não por outra razão, a lei societária impede que dividendos sejam pagos antes de absorvidas integralmente as perdas. Antes disso não há riqueza nova, mas comprometimento do estoque de capital destinado à manutenção das atividades. Em outras palavras, a distribuição de lucros, em um cenário de perdas acumuladas, colocaria em risco a própria existência da sociedade, prova manifesta da ausência de acréscimo líquido de valor ao patrimônio. Sendo assim, por todos os ângulos que se analise a questão, se revela inconstitucional qualquer limitação material à compensação de prejuízos ficais.

O Tribunal Pleno do STF chegou a conclusão diversa a respeito do assunto, contudo. Nos autos do RE nº 344.994[307] restou decidido que o direito à compensação de prejuízos fiscais é um benefício fiscal, que

---

[305] Essa é igualmente a opinião de Roque Carrazza e Henry Tilbery, dentre outros autores. Cf.: CARRAZZA, Roque Antônio. *Imposto sobre a renda:* perfil constitucional e temas específicos. 2. ed. São Paulo: Malheiros, 2006, p. 238 e TILBERY, Henry. *Imposto de Renda Pessoa Jurídica. Integração entre sociedade e sócios*. Atlas: São Paulo, 1985, p. 130.

[306] ÁVILA, Humberto. *Conceito de renda e compensação de prejuízos fiscais*. São Paulo: Malheiros, 2011, p. 44.

[307] STF, Tribunal Pleno, RE 344.994/PR, Relator: Ministro Marco Aurélio, publicado em: DJU 28/08/2009.

pode ser limitado ou restringido por lei, a critério exclusivo do legislador. O mesmo resultado alcançou a Corte ao julgar os REs nº 588.639, nº 545.308, nº 612.737 e nº 584.909, confirmando o seu entendimento sobre a matéria. No entanto, o tema será enfrentado novamente pelo STF, desta feita nos autos do RE nº 591.340, com repercussão geral já reconhecida. Como argutamente observou Ávila,[308] a matéria não foi analisada em toda sua abrangência no julgamento anterior. A questão foi examinada apenas sob a perspectiva dos princípios da irretroatividade, da anterioridade e da proteção ao direito adquirido, todos eles relacionados a uma perspectiva temporal do objeto. Nada foi decidido, porém, a respeito da compatibilidade da limitação em relação aos princípios da igualdade, da capacidade contributiva, da proibição ao confisco, da universalidade e da generalidade da renda, todos eles essenciais para uma correta análise da matéria, posto que representativos de predicados relacionados ao conceito jurídico de renda brasileiro, diretamente atribuíveis ao texto constitucional.

Por essas razões, pode-se afirmar que o conceito jurídico de renda pressupõe a existência de um acréscimo patrimonial, apurado sob a perspectiva da manutenção do capital, o que passa pela necessidade de compensação das perdas acumuladas, sob pena de o imposto incidir sobre o patrimônio (estoque de riqueza) e não sobre o montante de riqueza nova sobre ele acrescido ao longo do período de apuração (fluxo de riqueza), o que revela a sua inconstitucionalidade.

3.3.4   A necessidade de realização

Conforme vem sendo destacado ao longo do presente capítulo, renda é um fluxo de riqueza nova que acresce ao patrimônio do titular, mensurada entre dois pontos previamente estabelecidos, desde que preservada a fonte produtora, o que impõe a necessidade de manutenção do capital e a compensação integral das perdas acumuladas. Superadas essas questões, é preciso que se avance no sentido de determinar em que momento o acréscimo de valor pode ser reputado ocorrido, o que passa pala análise da necessidade, ou não, de realização, assim entendida como a vinculação entre a existência de renda e a ocorrência de um ato ou negócio jurídico, conforme já destacado.

Trata-se de tema complexo, que tende a concentrar boa parte das discussões em torno da tributação da renda nos próximos anos, seja por

---

[308]   ÁVILA, Humberto. *Conceito de renda e compensação de prejuízos fiscais.* São Paulo: Malheiros, 2011, p. 67.

tocar em questões sensíveis de política tributária, seja por estar atrelado à evolução das relações econômicas e a sua possível influência sobre o conceito jurídico de renda.

Todos esses pontos foram tratados com maior profundidade no capítulo precedente, em que restou assentada a conexão entre a existência de renda em sentido jurídico e a necessidade da ocorrência de uma manifestação de vontade do sujeito passivo. Em resumo, classificou-se o imposto de renda como um tributo transacional, fazendo com que a realização deva ser considerada um de seus atributos indissociáveis, não podendo ser tratada como uma regra de conveniência administrativa, cuja utilização estaria a cargo do legislador.

Apontadas as referidas conclusões, o momento é de confrontá-las com as características do sistema constitucional tributário brasileiro expostas até aqui, de modo a verificar se elas são por ele referendadas, ou se seria permitido ao legislador infraconstitucional relativizar a realização como regra para a existência de renda em sentido jurídico. Como será visto na sequência, a rigidez que marca as regras de competência previstas no texto da CF/88 apenas reforça a impossibilidade de incidência do imposto de renda antes da ocorrência de uma transação, precisamente em razão do fato de que é a partir deste momento que o acréscimo de valor pode ser considerado juridicamente incorporado ao patrimônio.

Para que a discussão seja colocada em seus devidos termos, é preciso dar um passo atrás e relembrar o porquê de boa parte da doutrina anglo-saxônica sustentar a inexistência de vinculação entre a existência de renda e a sua prévia realização. A razão principal, sob a perspectiva jurídica, decorre da ausência de contornos e limites específicos impostos pelas diversas Constituições à tributação em geral, não apenas em relação à incidência sobre a renda. Na falta de um universo de materialidades representadas por conceitos diversos, bem demarcados e mutuamente excludentes, observa-se um espaço significativamente maior para que o legislador construa as suas próprias definições, ainda que não seja perfeitamente possível estremar se o tributo em questão estará incidindo sobre o capital, o patrimônio ou a renda do contribuinte.

Pressupondo-se a inexistência de limites rígidos ao exercício da competência tributária pelo legislador (o que implica maior autonomia), é natural que a definição jurídica de renda tenha como referência aquelas usualmente adotadas na economia e na contabilidade. Ainda que não seja possível identificar um único conceito de renda em cada uma dessas ciências, acerca de um ponto não haverá divergência: o reconhecimento do acréscimo de valor não depende da ocorrência de uma transação, sendo absolutamente possível que se adote como referência a oscilação de valor do patrimônio entre dois momentos previamente definidos, mesmo que ela não esteja representada por uma transação. Some-se a isso o fato de que a doutrina não seguiu por caminho diverso ao buscar adaptar concepções econômicas ao direito tributário. É o que se depreende dos trabalhos de Schanz, Haig e Simons, dentre tantos outros, que também não enxergam uma necessária relação entre renda e realização.

Assim, mostrar-se-ia plenamente possível que a renda fosse considerada auferida com base na oscilação positiva do patrimônio do contribuinte, mensurada entre dois momentos no tempo. Sendo essa a premissa, a determinação da incidência do tributo em qualquer momento posterior evidenciaria a ocorrência de um diferimento, fruto do descasamento temporal entre o tempo em que a renda é auferida (acréscimo de valor) e aquele em que ela é efetivamente tributada (realização). Como consequência do diferimento, observar-se-ia uma redução da alíquota efetiva, a imposição de tratamentos diferenciados para contribuintes que apresentaram uma variação patrimonial idêntica (pelo menos sob a perspectiva econômica), o que violaria o princípio da capacidade contributiva, e a distorção do comportamento dos contribuintes em razão do desestímulo à alienação de bens valorizados.

Atualmente, os argumentos no sentido da possibilidade de tributação do acréscimo de valor para determinados rendimentos e contribuintes ganham cada vez mais força, sempre baseados na progressiva superação dos obstáculos que historicamente o impediam. A pressão por mudanças acaba sendo ainda mais intensa quando são apontados os inconvenientes decorrentes de uma tributação do capital mais branda do que aquela incidente sobre os rendimentos do trabalho assalariado. Nesse cenário, crescem em importância as propostas que envolvem uma taxação mais pesada sobre grandes patrimônios, que seriam impedidas justamente pela presença da realização como regra geral para a delimitação do aspecto temporal da norma de incidência do imposto de renda.

A discussão atual também passa pelo crescente desenvolvimento do mercado de capitais, o que teria o efeito de retirar da oscilação de valor grande parte da sua precariedade, permitindo que ela possa ser vista como um poder de consumo real, efetivo e à disposição do contribuinte. Isso se revelaria na liquidez desse mercado e na presença de informações disponíveis em tempo real para qualquer indivíduo. Em resumo, essas circunstâncias teriam causado uma verdadeira alteração no sentimento das pessoas a respeito do que é renda, da forma e do momento em que ela se manifesta. Tais considerações seriam ainda inteiramente aplicáveis às pessoas jurídicas, dado que as demonstrações financeiras também caminhariam no sentido de reportar um patrimônio em perspectiva, cuja finalidade precípua seria auxiliar os usuários da informação contábil a tomar decisões baseadas na expectativa de ocorrência de fatos futuros.

A despeito de todo esse contexto, o cerne da questão, no que toca ao direito brasileiro especificamente, não diz respeito à superação dos obstáculos que impedem (ou impediam) a tributação do acréscimo de valor, mas à necessidade de que sejam respeitadas as limitações impostas ao legislador pelo sistema constitucional tributário. A primeira grande diferença está na delimitação constitucional de competências, o que exige uma necessária distinção entre os conceitos de patrimônio, renda, grandes fortunas, etc., de modo a não ser permitida qualquer espécie de sobreposição entre eles. Em segundo lugar, os princípios da legalidade tributária, da segurança jurídica e da capacidade contributiva impedem que o tributo incida, indiscriminadamente, sobre qualquer manifestação de riqueza.

Ademais, pode-se afirmar que o direito tributário se volta para o passado, não se ocupando de situações precárias, provisórias, reversíveis, cujo resultado final está vinculado à ocorrência de eventos futuros. Isso impede que o imposto incida sobre um acréscimo patrimonial estimado, que ainda não tenha se transformado em renda por meio de uma decisão levada a efeito pelo contribuinte. Constitui objeto de atuação do legislador tributário apenas o fluxo positivo de riqueza nova que tenha como resultado um aumento no valor do patrimônio do indivíduo e, como fundamento, a ocorrência de atos ou negócios jurídicos voluntários, sobre as quais não paire qualquer condição.[309]

A superação da reversibilidade do acréscimo de valor dependerá sempre de uma atuação positiva do sujeito passivo, no sentido de transformar em efetivo o ganho potencial. Nesse momento, o ganho baseado no valor justo dos ativos será substituído pelo resultado real, baseado no preço atribuído pelas partes a um negócio jurídico desprovido de qualquer vício que macule a sua existência ou validade. Antes da realização, o que se verifica são oscilações baseadas em

---

[309] "Efeito que, como regra, emana de um negócio jurídico e, como tal, a comparação para fins de determinar se houve ou não aquisição só pode ser realizada depois que esse negócio estiver concluído com todos os seus efeitos produzidos. Portanto, é descabido pretender proceder a esta comparação no curso da produção dos efeitos pelo evento". (MACHADO, Brandão. Breve exame crítico do art. 43 do CTN. In: MARTINS, Ives Gandra da Silva (Coord.). *Estudos sobre o Imposto de Renda (em memória de Henry Tilbery)*. São Paulo: Resenha Tributária, 1994, p. 114).

A CONSTRUÇÃO DO CONCEITO JURÍDICO DE RENDA SOB A PERSPECTIVA BRASILEIRA | CAPÍTULO 3 | 149

estimativas, não importando o quão próximas da realidade elas se revelarão. Nas palavras de Mariz de Oliveira, deverá ser verificada a existência de "algum fato real de mutação patrimonial".[310] Todo esse contexto foi bem percebido pela doutrina brasileira. Roberto Quiroga,[311] por exemplo, sustenta que a tributação não pode incidir sobre esperanças, anseios e expectativas. Seria justamente por isso que a valorização de um ativo representaria apenas a possibilidade de sua transformação em riqueza nova, o que poderá ou não ocorrer. Essa é também a linha seguida por Mariz de Oliveira,[312] para quem a tributação incide sobre fatos atuais, efetivamente ocorridos em sua plenitude. Portanto, antes da realização o contribuinte pode ter manifestado riqueza pelo acréscimo de valor ocorrido sobre o seu patrimônio, mas que jamais chegará ao ponto de ser considerada juridicamente renda. Por isso, Humberto Ávila[313] e Victor Polizelli[314] têm absoluta razão quando vinculam a realização ao princípio da capacidade contributiva.

A doutrina brasileira também já enfrentou a necessidade de que a realização esteja vinculada à ocorrência de uma transação. Na visão de Bulhões Pedreira, na ausência de uma transação, o tributo acabaria incidindo sobre uma "nova avaliação do estoque de capital".[315] O entendimento de Victor Polizelli[316] também caminha no sentido de que a legislação brasileira teria adotado um enfoque no evento crítico, dependente de uma operação de troca no mercado, oportunidade em que se teria a certeza do valor da riqueza auferida e a eliminação da maior parte dos riscos a ela vinculada.

---

[310] OLIVEIRA, Ricardo Mariz. *Fundamentos do Imposto de Renda*. São Paulo: Quartier Latin, 2008, p. 385.

[311] MOSQUERA, Roberto Quiroga. *Renda e proventos de qualquer natureza. O imposto e o conceito constitucional*. São Paulo: Dialética, 1996, p. 110-111.

[312] OLIVEIRA, Ricardo Mariz de. Reconhecimento de receitas – questões tributárias importantes (uma nova noção de disponibilidade econômica?). In: LOPES, Alexsandro Broedel; MOSQUERA, Roberto Quiroga (Coord.). *Controvérsias Jurídico-Contábeis*: aproximações e distanciamentos. São Paulo: Dialética, 2012. v. 3, p. 307.

[313] ÁVILA, Humberto. *Conceito de renda e compensação de prejuízos fiscais*. São Paulo: Malheiros, 2011, p. 24.

[314] POLIZELLI, Victor Borges. *O princípio da realização da renda:* reconhecimento de receitas e despesas para fins do IRPJ. São Paulo: Quartier Latin, 2012, p. 31.

[315] PEDREIRA, José Luiz Bulhões. *Imposto sobre a renda – Pessoas Jurídicas*. Rio de Janeiro: Justec, 1971, v. 1, item 2.11 (20).

[316] POLIZELLI, Victor Borges. *O princípio da realização da renda:* reconhecimento de receitas e despesas para fins do IRPJ. São Paulo: Quartier Latin, 2012, p. 249.

Essa também é a posição de Humberto Ávila,[317] segundo o qual antes da realização a tributação estaria incidindo "sobre riquezas meramente prováveis, aferidas por meio de ficções e presunções absolutas"; de Gisele Lemke,[318] na linha de que a operação de troca no mercado é a expressão da realização; de Roberto Quiroga,[319] para quem antes de uma transação há apenas uma expectativa de acréscimo patrimonial; e de Mariz de Oliveira,[320] que é preciso ao afirmar que a realização é um atributo inerente ao fato gerador do imposto de renda. Este último foi ainda mais claro ao tratar da questão com enfoque na existência de presunções. Nessa linha, qualquer previsão legal que determine a incidência do imposto de renda com base em uma ficção, ou em uma presunção absoluta de ocorrência de uma transação no futuro, contraria o conceito constitucional de renda, justamente por adotar como parâmetro uma situação de fato sobre a qual o contribuinte poderá incorrer (se assim o desejar) e não sobre um fato já ocorrido.[321]

A jurisprudência do STF parece seguir essa mesma linha de pensamento. A esse respeito, é digna de nota a decisão proferida por ocasião do julgamento do RE nº 172.058,[322] em que se discutia a constitucionalidade do art. 35 da Lei nº 7.713/88, que sujeitava os sócios de pessoas jurídicas a uma retenção na fonte calculada sobre os lucros da sociedade investida apurados em balanço. O dispositivo foi declarado inconstitucional em relação aos acionistas – mas mantido em relação aos titulares de empresa individual e aos quotistas, nos casos em que o contrato social determinava a disponibilidade imediata do lucro –, tendo sido a questão resolvida em face do art. 43 do CTN, já que a simples apuração em balanço não poderia revelar a aquisição de disponibilidade jurídica ou econômica da renda. Dessa forma,

---

[317] ÁVILA, Humberto. *Conceito de renda e compensação de prejuízos fiscais*. São Paulo: Malheiros, 2011, p. 24.

[318] LEMKE, Gisele. *Imposto de Renda:* os conceitos de renda e de disponibilidade econômica e jurídica. São Paulo: Dialética, 1998, p. 70.

[319] MOSQUERA, Roberto Quiroga. *Renda e proventos de qualquer natureza. O imposto e o conceito constitucional*. São Paulo: Dialética, 1996, p. 103.

[320] OLIVEIRA, Ricardo Mariz de. Disponibilidade econômica de rendas e proventos, princípio da realização da renda e princípio da capacidade contributiva. In: MARTINS, Ives Gandra da Silva; PASIN, João Bosco Coelho. *Direito Tributário contemporâneo:* estudos em homenagem ao Prof. Luciano da Silva Amaro. Saraiva: São Paulo, 2012, p. 285.

[321] OLIVEIRA, Ricardo Mariz de. *Fundamentos do Imposto de Renda*. São Paulo: Quartier Latin, 2008, p. 341.

[322] STF, Tribunal Pleno, RE 172.058, Relator: Ministro Marco Aurélio, julgado em: 30/06/1995, publicado em: DJU 13/10/1995.

restou assentado que o art. 35 da Lei nº 7.713/88 criou nova hipótese de incidência, sem previsão em lei complementar.

O maior embate envolvendo a temática da realização ocorreu por ocasião do recente julgamento da ADI nº 2.588,[323] oportunidade em que se discutiu a constitucionalidade do art. 74 da Medida Provisória (MP) nº 2.158/01, que determinava a tributação dos lucros de sociedades coligadas e controladas sediadas no exterior quando da sua apuração em balanço, mediante aplicação do MEP. A controvérsia girava em torno da possibilidade de tributar os lucros apurados em balanço, antes da sua efetiva distribuição aos acionistas. O MEP foi a técnica escolhida pela legislação por fazer refletir no balanço da sociedade investidora as variações do patrimônio líquido das suas investidas (englobando, mas não se limitando a apuração de lucros), sendo certo que, até a entrada em vigor do citado dispositivo, a legislação tributária determinava a neutralidade tributária dos ajustes de equivalência patrimonial, a teor do que dispõe o art. 23 do Decreto-Lei nº 1.598/77.

Ao longo do julgamento quatro foram as posições adotadas: *(i)* a Min. Ellen Gracie votou pela inconstitucionalidade do dispositivo apenas em relação às sociedades coligadas, já que no caso de controladas, a efetiva disponibilidade do lucro ficaria ao arbítrio da investidora brasileira; *(ii)* os Min. Nelson Jobim, Eros Grau e César Peluso votaram pela constitucionalidade em relação às sociedades sujeitas ao MEP, ao argumento de que a legislação tributária poderia considerar a apuração de lucros em balanço como o momento em que a renda deve ser considerada disponível; *(iii)* os Min. Sepúlveda Pertence, Marco Aurélio, Ricardo Lewandowski e Celso de Mello votaram pela inconstitucionalidade do dispositivo, dado que ele teria criado uma presunção absoluta de que o contribuinte teria a intenção de evadir o tributo; e *(iv)* o Min. Ayres Britto votou pela constitucionalidade do dispositivo, mas com a observância da potencial aplicação de tratados internacionais e desde que mantida a discussão do afastamento de outras oscilações que não representariam renda, como seria o caso da variação cambial.

É interessante notar a remissão nos votos às diferentes correntes defendidas no passado pelos julgadores do STF. O Min. Nelson Jobim fez referência ao seu argumento de inexistência de um conceito ontológico de renda (RE nº 201.465). O Min. Ricardo Lewandowski chamou atenção

---

[323] STF, ADI 2.588/DF, Relatora: Ministra Ellen Gracie, Relator para Acórdão: Joaquim Barbosa, julgado em: 10/04/2003, publicado em: DJE 11/02/2014.

para o peso que o STF deu à disponibilização da renda no RE nº 172.058, transcrevendo trecho do voto do Min. Carlos Velloso, ao passo que o Min. Sepúlveda Pertence recorreu à célebre passagem do Min. Luiz Galloti, em seu voto vencido proferido nos autos do RE nº 71.758, para quem "*se a lei pudesse chamar de compra o que não é compra, de importação o que não é importação, de exportação o que não é exportação, de renda o que não é renda, ruiria todo o sistema tributário inscrito na Constituição*".

Diante da enorme divergência, a questão precisou ser decidida pelo voto médio do Min. Joaquim Barbosa, que terminou por consagrar a necessidade de a renda estar realizada. O seu voto expôs a questão criticando a postura da União de que a possibilidade de evasão fiscal poderia justificar uma tributação ampla e irrestrita dos lucros no exterior. Afirmou o Min. Barbosa que o MEP mensura apenas a expectativa de aumento patrimonial, "mas cuja confirmação depende de eventos cuja ocorrência é potencial" e conclui que a técnica "não supre a disponibilidade jurídica da participação nos lucros". O voto pontua, ainda, que a outorga conferida à União é para tributar a renda, mas não a perspectiva de renda ou a probabilidade de acréscimo patrimonial. Mesmo ante a pluralidade de posicionamentos, resta claro que a maioria da Corte decidiu a questão com base no argumento de que a renda deveria estar realizada, sendo possível afirmar, portanto, que esse posicionamento representa a orientação majoritária do STF nos dias de hoje. O mesmo resultado foi posteriormente obtido no julgamento dos REs nº 541.090[324] e nº RE 611.586.[325]

Dessa forma, a tributação da renda impõe a ocorrência de duas condições simultâneas, de acordo com a jurisprudência atual do STF: *(i)* a existência de um ganho e *(ii)* a sua realização por intermédio de uma transação. A transferência determina quando o tributo é devido, enquanto o acréscimo de valor determina o quanto é devido naquele dado momento. Em síntese, ambos os elementos (quando e quanto) devem concorrer, de forma simultânea, para a ocorrência do fato gerador do imposto de renda.

É importante destacar que a ideia de realização não pressupõe apenas a ocorrência de uma transação, sendo necessário que se trate de um ato de vontade do sujeito passivo, no sentido de transformar em renda os efeitos práticos de uma nova mensuração do seu patrimônio,

---

[324] STF, RE 541.090, Relator: Ministro Joaquim Barbosa, julgado em: 10/04/2013, publicado em: DJE 30/10/2014.

[325] STF, RE 611.586/PR, Relator: Ministro Joaquim Barbosa, julgado em: 10/04/2003, publicado em: DJE 0/10/2014.

ainda que o resultado tenha sido a identificação de um inequívoco acréscimo de valor. Em algumas raras manifestações essa questão foi analisada pelo STF. No caso da Representação nº 1.260,[326] julgada em 13/08/1987, discutiu-se a inconstitucionalidade parcial do art. 1º, §2º, II, do Decreto-Lei nº 1.641/1978, que determinou a incidência do imposto de renda sobre os lucros auferidos por pessoa física na alienação de imóveis, incluindo, nesse conceito, a desapropriação. Alegou o contribuinte que a desapropriação não se enquadrava no conceito de renda previsto no art. 22, IV da Constituição de 1967 e que a justa indenização recebida pelo expropriado não poderia ser objeto de redução decorrente de qualquer gravame tributário.

O voto do Min. Néri da Silveira, relator do caso, afirmou que a legislação pertinente aos ganhos de capital "sempre vinculou a incidência do tributo à ideia de ganho ou lucro na alienação voluntária de imóveis". Assim, se a indenização tem o caráter de mera recomposição patrimonial, em que se substitui compulsoriamente um bem pelo seu equivalente em dinheiro, retira-se a sua natureza de preço. O que a decisão buscou destacar é que falece ao indenizado o caráter de voluntariedade, isto é, o particular não celebrou negócio jurídico por meio do qual expressou sua vontade em dispor do patrimônio por determinado preço, o que impediria a caracterização de renda sob a perspectiva jurídica.

O mesmo entendimento foi adotado em algumas decisões anteriores do STF, dentre as quais merece destaque a proferida no RE nº 77.431,[327] em que o contribuinte obteve êxito, ao argumento de que na desapropriação o titular do imóvel é compulsoriamente privado do que lhe pertence, "faltando-lhe, assim, o arbítrio para a livre disponibilidade, condição para cogitar de lucro". Perceba-se que a Suprema Corte consigna como requisito do lucro a voluntariedade, que se materializa no princípio da realização, isto é: a renda surge no momento em que o contribuinte opta, voluntariamente, por transformar o acréscimo de valor ao patrimônio (posição estática) em renda (fluxo).

A decisão proferida no julgamento do RE nº 92.253,[328] em que se discutiu a incidência do Imposto de Renda Pessoa Jurídica (IRPJ) sobre a diferença entre o valor contábil do imóvel e o valor recebido a título de indenização, seguiu essa mesma linha de pensamento. A Suprema

---

[326] STF, Tribunal Pleno, Rp 1260/DF, Relator: Ministro Néri da Silveira, julgado em: 13/08/1987, publicado em: DJU 18/11/1988.

[327] STF, RE 77.431/SP, Relator: Ministro Xavier de Albuquerque, publicado em: DJU 14/02/1975.

[328] STF, 1ª Turma, RE 92.253/SP, Relator: Ministro Cunha Peixoto, julgado em: 29/04/1980, publicado em: DJU 30/05/1980.

Corte entendeu que a desapropriação de bem não constitui transação passível de ser adicionada ao lucro real. Em mais uma ocasião, a razão de decidir foi fundamentada na necessidade de voluntariedade do acréscimo patrimonial do contribuinte. O entendimento do STF nesse sentido também foi observado no julgamento do RE nº 72.014,[329] em importante acórdão de lavra do Min. Djaci Falcão.

Portanto, sob a perspectiva do direito brasileiro, a realização é um elemento indissociável do conceito de renda e não pode ser suprimido pelo legislador. A sua exigência decorre da necessidade de que a tributação incida sobre manifestações reais de capacidade contributiva, o que não ocorre enquanto o contribuinte não tiver praticado um ato ou negócio jurídico representativo da sua vontade de incorporar ao patrimônio, de forma definitiva, um ganho baseado em valores de mercado, o que exclui transações compulsórias. Em resumo, a existência de renda depende de um acesso irreversível a uma riqueza nova, realizada e sobre a qual o contribuinte seja capaz de dispor livremente. É dizer, meras alterações no valor de um ativo não se amoldam ao conceito jurídico de renda.

3.3.5 A necessidade de dedução dos gastos

Assim como no capítulo precedente, superadas as questões acerca da mensuração do acréscimo e da necessidade de que a renda esteja realizada para que sobre ela possa incidir o imposto, é preciso identificar os critérios para que determinadas despesas sejam consideradas na apuração. Trata-se de mais uma baliza necessária à construção do conceito jurídico de renda, uma vez, que em relação a certos gastos, não pode o legislador ponderar. A necessidade de sua dedução decorre da própria exigência de que renda seja algo que acresce ao patrimônio do contribuinte.

De plano, é preciso fazer a ressalva de que não se mostra correto falar em dedução da base de cálculo propriamente dita, pois as despesas são consideradas para fins de determinação da existência de renda e não como elementos destinados a reduzir o montante de imposto que será pago. É dizer, só se tem renda quando o acréscimo de valor é mensurado sob a perspectiva dos elementos positivos e negativos que afetaram o patrimônio do contribuinte ao longo do período de apuração.

---

[329] STF, RE 72.014, Relator: Ministro Djaci Falcão, publicado em: DJU 25/04/1975.

CAPÍTULO 3
A CONSTRUÇÃO DO CONCEITO JURÍDICO DE RENDA SOB A PERSPECTIVA BRASILEIRA | 155

Feitos esses esclarecimentos preliminares, é preciso prosseguir com a finalidade de identificar quais devem ser os critérios para que determinados gastos sejam considerados para fins de determinação da renda auferida pelo contribuinte. Sem que seja necessário fazer qualquer distinção entre pessoas físicas e jurídicas, o parâmetro inicial deve pressupor a dedução dos gastos incorridos com a finalidade de obtenção da renda, ou seja, a sua presença pode ser tida como condição para a própria existência de renda sob a perspectiva jurídica. Os demais gastos, que não tenham sido incorridos para a obtenção da renda, devem ser classificados como atos de aplicação ou, em outras palavras, dispêndios que dizem respeito a uma renda já auferida, que estará sendo objeto de disposição pelo seu titular. Nessa última hipótese, ainda que os referidos gastos tenham o condão de reduzir o patrimônio do indivíduo, eles não podem ser considerados como vinculados ao conceito de renda.

Essa distinção inicial deve ser refinada para que a sua aplicação seja adaptada às especificidades das pessoas físicas e jurídicas. Em relação a estas últimas, mostra-se intuitiva a possibilidade de vinculação entre o gasto incorrido e a receita auferida. Essa ideia de confrontação entre receitas e despesas é justamente a lógica do princípio contábil da competência, cuja finalidade é atribuir a cada exercício uma determinada quantidade de receitas, contrapondo-as às despesas que a elas se relacionam. Assim, é natural que o ponto de partida da legislação tributária seja o lucro contábil, que terá sido apurado após a referida confrontação. Em outras palavras, há uma presunção de que os gastos considerados foram incorridos com a finalidade de potencializar a capacidade de geração de resultado, que é a finalidade de qualquer sociedade empresária.

Nesse contexto, pode-se afirmar não ser tarefa do legislador determinar quais gastos devem ser admitidos para fins de apuração da base de cálculo do imposto de renda das pessoas jurídicas. O critério de dedução deve ser amplo, desde que baseado em uma relação de pertinência entre gasto e receita. De acordo com a realidade de cada atividade, deverão ser considerados os gastos inerentes à obtenção do resultado, devendo ser desconsiderados apenas aqueles incorridos após esse momento. Como bem destaca Tesauro,[330] trata-se de identificação do nexo funcional que liga a despesa à própria existência da pessoa jurídica, por meio de uma análise objetiva acerca da possibilidade de

---

[330] TESAURO, Francesco. *Istituzioni di Diritto Tributario*: parte speciale. 8ª ed. Torino: UTET Giuri-dica. 2008. v. 2, p. 137.

vinculação entre o esforço econômico e a possibilidade de que ele se transforme em lucro.

Portanto, apenas os gastos que não puderem ser imputados à atividade econômica deverão ser adicionados à base de cálculo do imposto de renda. Do ponto de vista conceitual, eles podem ser classificados como atos de aplicação de renda, de modo que o seu efeito sobre o resultado tributário ocorre após a constatação de que o patrimônio já sofreu um acréscimo de valor no período em questão, o que é suficiente para a cobrança do imposto. Assim como no caso dos gastos que estão vinculados à obtenção da receita, não é tarefa do legislador elaborar uma lista de quais despesas devem ser adicionadas, mas realizar um controle baseado no critério de pertinência acima referido.

A dinâmica das pessoas físicas não segue exatamente essa mesma lógica. Para elas não é possível identificar com o mesmo grau de clareza das pessoas jurídicas uma vinculação entre o gasto realizado e o rendimento auferido. Ao contrário, as pessoas físicas não gastam para obter renda, gastam a renda por elas previamente auferida.[331] A diferença é que o gasto deixa de ser compulsório apenas após um determinado montante, a partir do qual o indivíduo passa a deter capacidade contributiva, inexistente até então. É dizer, os rendimentos que se vinculam, de forma inexorável, a uma determinada natureza de gastos, limitada a um montante previsto em lei, não podem ser qualificados como renda, pois ausente a capacidade do indivíduo de sobre eles dispor.

Dessa forma, somente pode ser chamado de gasto, no sentido de um ato de aplicação da renda previamente auferida, aquele dispêndio sobre o qual o contribuinte possa exercer efetiva disponibilidade, algo incompatível com a ideia de compulsoriedade, que nega a presença do elemento volitivo.[332] Dito isso, o grande corte que pode ser realizado em relação às pessoas físicas diz respeito ao momento a partir do qual os rendimentos poderão ser considerados disponíveis, passíveis, pois, de serem tributados.

Nessa linha, a mensuração do acréscimo patrimonial das pessoas físicas deve levar em conta um certo montante de rendimentos que

---

[331] Existem algumas exceções, em que atividades tipicamente empresariais são realizadas diretamente por pessoas físicas, como é o caso dos Oficiais de Cartório e dos Leiloeiros.

[332] LANG, Joachim. The influence of tax principles on the taxation of income from capital. In: ESSERS, Peter; RIJKERS, Arie (Ed.). *The notion of income from capital:* EATLP Congress, Cologne 12-14 June 2003. [Amsterdam]: IBFD Publications, International Bureau of Fiscal Documentation, 2005, p. 16.

se vinculam, de maneira indissociável, ao custeio de determinadas necessidades indisponíveis. São os gastos relacionados à manutenção de um padrão mínimo de vida, ligados à dignidade da pessoa humana, algo que deve estar à disposição de todos, sem qualquer exceção.[333] Trata-se de presunção absoluta de que todos os rendimentos obtidos com a finalidade de custear uma existência digna não podem ser qualificados como renda. Não há riqueza nova quando se obtém apenas o suficiente para se alcançar um padrão mínimo de existência.

Dito de outro modo, o indivíduo não pode ser obrigado a concorrer com os gastos públicos se ele não dispõe dos meios necessários para satisfazer as suas necessidades mais básicas, asseguradas a todos os cidadãos por força de determinação constitucional.[334] A parcela aplicada, de forma compulsória, à satisfação de um dever estatal retira dessa renda a possibilidade de sua tributação, pelo simples fato de que o Estado não pode cobrar, sob a forma de tributo, o que a CF determina que seja por ele devolvido aos cidadãos.[335] Nessa hipótese, o cenário será de efetiva ausência de capacidade contributiva, inexistente na falta de dignidade, que não pode ser onerada pelo imposto de renda, sob pena de o tributo causar um efeito ainda maior de restrição a direitos fundamentais, com especial destaque para o direito de liberdade.[336]

Expostas essas premissas básicas, deve-se avançar no sentido de identificar de que forma deve ser fixado o limite. A esse respeito, é impossível que alguma margem de liberdade não seja conferida ao legislador ordinário, pois a CF indica apenas o rol de direitos que devem ser garantidos por esse montante. De forma mais concreta, pode-se recorrer ao art. 7º, IV, da CF/88, que dispõe sobre o salário mínimo, determinando que o seu valor seja estabelecido de modo a que o beneficiário seja capaz de satisfazer as suas necessidades vitais básicas, inclusive as de sua família, relativas a moradia, alimentação, educação, saúde, lazer, vestuário, higiene, transporte e previdência social. Em outro dispositivo relevante a CF/88 também vincula o benefício da assistência social ao salário mínimo (art. 203, V). Sendo assim, desde que assegurados os direitos previstos constitucionalmente, cabe ao legislador ordinário definir o montante do salário mínimo vigente no país.

---

[333] COÊLHO, Sacha Calmon Navarro. *Curso de Direito Tributário Brasileiro*. 13. ed. rev. atual. ampl. Rio de Janeiro: Forense, 2014, p 70.

[334] SCHOUERI, Luís Eduardo. *Direito Tributário*. São Paulo: Saraiva, 2011, p. 313.

[335] TIPKE, Klaus. Fundamentos da justiça fiscal. In: TIPKE, Klaus; YAMASHITA, Douglas. *Justiça fiscal e capacidade contributiva*. São Paulo: Malheiros, 2002, p. 30.

[336] CARVALHO, João Rafael L. Gândara de. *Forma e substância no Direito Tributário*. São Paulo: Almedina, 2016, p. 195.

Sem qualquer pretensão de ingressar no mérito da suficiência do valor atual, discussão que extrapolaria os confins do presente estudo, pode-se afirmar, do ponto de vista estritamente normativo, que os rendimentos superiores ao salário mínimo vigente já revelam a existência de capacidade contributiva, o que permitiria, pelo menos em teoria, a possibilidade de incidência do imposto de renda. A realidade revela, contudo, que o legislador ordinário confere isenção a um montante de rendimentos significativamente superior ao valor do salário mínimo fixado em lei.

Atualmente, a questão está regulada na Lei nº 11.482/07, alterada pela Lei nº13.149/15, que estipula o limite mensal de R\$1.903,98, superior ao montante do salário mínimo, fixado em R\$954,00. Isso parece decorrer de duas motivações principais: *(i)* o reconhecimento da incapacidade do salário mínimo vigente de assegurar os direitos fundamentais exigidos pelo legislador constituinte; e *(ii)* questões de praticidade, fruto do reconhecimento de que em famílias com mais de um indivíduo o salário mínimo, com ainda mais força, não se mostra suficiente.

Dessa forma, a compulsoriedade referida nos parágrafos anteriores está representada pelo valor mensal de R\$1.903,98. Até esse montante, há o reconhecimento pelo legislador de inexistência de renda tributável, parte atribuível a uma hipótese de não incidência (valor do salário mínimo vigente) e parte atribuível a uma regra de isenção. Em resumo, não se reconhece a existência de renda tributável para valores abaixo desse limite. A rigor, cabe apenas ao legislador manejar o limite legal de isenção, sempre tendo como referência o valor do salário mínimo. No contexto atual, porém, de inequívoca restrição a direitos fundamentais assegurados constitucionalmente, a diminuição dessa garantia parece esbarrar na impossibilidade de retrocesso.[337]

Avançando um pouco mais na questão, é preciso reconhecer uma outra espécie de gasto que deve ser considerado atribuível ao conceito jurídico de renda, impondo a sua dedução e retirando do legislador a possibilidade de ponderação. São os gastos extraordinários incorridos com o custeio de tratamentos médicos. Ainda que saúde seja um direito fundamental cuja garantia é dever do Estado, não se pode negar a sua semelhança com a ideia de compulsoriedade. Por razões óbvias, ninguém deseja adoecer, tampouco aplicar parte da sua renda

---

[337] A esse respeito, vide o excelente trabalho de: BREYNER, Frederico Menezes. *Normas tributárias e direitos sociais*. 2017. 376 f. Tese (Doutorado em Direito) – Faculdade de Direito, Universidade Federal de Minas Gerais (UFMG), Belo Horizonte, 2017.

para o pagamento de despesas médicas, de tal sorte que elas podem ser classificadas como extraordinárias.

De todo modo, a realidade revela que não são apenas os rendimentos abaixo do limite de isenção e aqueles consumidos pelo custeio de despesas médicas que podem ser deduzidos para fins de apuração da base de cálculo do imposto de renda das pessoas físicas. Diversos outros gastos, como aqueles relacionados à educação, por exemplo, têm a sua dedução autorizada, dentro de certos limites fixados pela legislação ordinária.

Diante desse cenário, é preciso investigar qual a relação dessas deduções com o conceito jurídico de renda, ou melhor, qual a liberdade do legislador para autorizar e para restringir essas deduções.

No que diz respeito à relação entre a dedução desses gastos e o conceito jurídico de renda construído até aqui a resposta é: nenhuma. A previsão legal de dedução de gastos acima do limite de isenção e que não digam respeito ao custeio de tratamentos médicos terá sempre relação com a utilização da norma tributária em sua função extrafiscal,[338] com o intuito de promover uma determinada finalidade, prevista constitucionalmente, mas que não tem qualquer vinculação com a definição de renda para fins tributários. Voltando ao exemplo das despesas com educação, a possibilidade de dedução representa nada além de um gasto tributário (renúncia fiscal) destinado ao financiamento estatal, ainda que parcial e limitado, dos gastos de particulares com o ensino privado.

Nessas hipóteses, a imposição de limites é necessária para que a regra se torne praticável, para que o princípio da igualdade não seja restringido, em seus sentidos horizontal e vertical, e para que o subsídio estatal não tenha o efeito de impor um determinado (e indesejado) nível de regressividade ao imposto de renda. Esses fatores devem ser levados em consideração pelo legislador e igualmente pelo Poder Judiciário, quando confrontado com discussões relacionadas à constitucionalidade da imposição de determinados limites. A esse respeito, deve ser ressaltada a diferença existente entre discussões relacionadas à inconstitucionalidade do limite em razão de seu evidente descasamento com a realidade fática (ADI nº 4927, por exemplo) e aquelas que se baseiam em uma violação direta ao conceito jurídico de renda.

---

[338] ÁVILA, Humberto. *Conceito de renda e compensação de prejuízos fiscais*. São Paulo: Malheiros, 2011, p. 26.

3.3.6 Generalidade, Universalidade e Progressividade

Seguindo a estrutura adotada no capítulo anterior, o momento seria de avaliar dois dos atributos do conceito Haig-Simons de renda sob a perspectiva do sistema constitucional tributário brasileiro. O primeiro diz respeito à obrigatoriedade de que todos os rendimentos sejam tributados em conjunto e submetidos a um mesmo conjunto de alíquotas, o que seria uma decorrência direta do princípio da igualdade. O segundo requer a incidência de alíquotas progressivas, como decorrência direta do princípio da capacidade contributiva.

No capítulo precedente, nenhum deles foi tratado como um atributo do conceito jurídico de renda. Em relação à necessidade de consideração conjunta de todos os rendimentos, o entendimento foi no sentido de se tratar de uma previsão compatível com a regulação do que se chamou de "casos normais",[339] que seriam aqueles em que a regra de incidência estaria sendo utilizada com finalidade precipuamente arrecadatória. Assim, tendo o legislador objetivado valer-se do imposto de renda para a promoção de uma finalidade compatível com o ordenamento jurídico, poderiam ser admitidas exceções à regra geral de tributação conjunta, por meio da adoção de um regime parcialmente cedular. No que diz respeito à progressividade, uma vez demonstrado que o seu fundamento de validade não se vincula ao princípio da capacidade contributiva, mas sim à promoção de um ideal de justiça distributiva, sustentou-se a possibilidade de que o legislador excepcione determinadas situações, desde que igualmente baseadas em uma finalidade compatível com o ordenamento jurídico.

Esse entendimento não pode ser aplicado à realidade brasileira sem antes considerar que o legislador constituinte não foi omisso em relação a questão. Especificamente quanto ao imposto de renda, há determinação de que ele seja informado pelos critérios da generalidade, da universalidade e da progressividade, na forma da lei (art. 153, §2º, I, da CF/88). Assim, é preciso que a análise tenha como ponto de partida a identificação das normas que podem ser construídas a partir desse enunciado, sempre tendo como compromisso a sua interpretação em conjunto com os demais dispositivos relacionados ao imposto de renda, de forma mediata ou imediata. Ao final, o desafio está em determinar se o dispositivo encerra um mandamento constitucional, que não pode

---

[339] ÁVILA, Humberto. *Conceito de renda e compensação de prejuízos fiscais*. São Paulo: Malheiros, 2011, p. 21.

ser ponderado pelo legislador, ou se, ao contrário, trata-se de uma obrigação direcionada apenas a determinadas hipóteses.

De antemão, pode-se apontar a existência de certa divergência na doutrina a respeito da definição que deve ser atribuída a cada um dos vocábulos. Especificamente acerca da generalidade, há quem sustente tratar-se de uma determinação no sentido de que o imposto de renda deve alcançar todas as pessoas que tiverem praticado o fato gerador. A referência, portanto, seria o contribuinte e não o rendimento, uma vez que a generalidade se referiria ao aspecto puramente formal da igualdade, ou seja, à determinação de que todas as pessoas estejam sujeitas à tributação, vedada a concessão de privilégios baseados em critérios estranhos ao tributo. Essa é a posição, dentre outros autores, de Carrazza,[340] Lopes,[341] Santos[342] e Queiroz.[343]

Em sentido oposto, há quem veja na generalidade uma determinação ligada aos rendimentos e não aos contribuintes. Dito de outro modo, da generalidade decorreria a necessidade de que o imposto recaísse sobre todas as espécies de renda, não se admitindo a adoção de critérios distintos baseados na natureza do rendimento. Essa é a posição de Barreto,[344] por exemplo. Nessa mesma linha, Mariz de Oliveira[345] afirma que a presença da generalidade teria a função de impedir que o imposto de renda atingisse finalidades extrafiscais. Essa restrição, contudo, não preveniria a concessão de isenções ou reduções, desde que elas sejam outorgadas em caráter geral. O mesmo raciocínio deveria ser aplicado à instituição de critérios distintos de apuração entre pessoas físicas e jurídicas, mantido o pressuposto da generalidade. Tratar-se-ia, portanto, de uma determinação contrária à seletividade, cuja consequência seria a necessidade de que todos os rendimentos fossem tratados de maneira uniforme.

---

[340] CARRAZZA, Roque Antônio. *Imposto sobre a renda:* perfil constitucional e temas específicos. 2. ed. São Paulo: Malheiros, 2006, p. 66.

[341] LOPES, Roberto da Motta Salles Carvalho de. *Efeitos do processo de convergência contábil no imposto de renda das pessoas jurídicas:* os limites impostos pelo conceito de renda e pelo princípio da proteção da confiança. 2014. 479 f. Tese (Doutorado em Direito) – Faculdade de Direito, Universidade Federal de Minas Gerais (UFMG), Belo Horizonte, 2014, p. 70.

[342] SANTOS, João Victor Guedes. *Teoria da tributação e tributação da renda nos mercados financeiro e de capitais.* São Paulo: Quartier Latin, 2013, p. 167.

[343] QUEIROZ, Mary Elbe. *Imposto sobre a Renda e proventos de qualquer natureza.* Barueri: Manole, 2004, p. 37-38.

[344] BARRETO, Paulo Ayres. *Imposto sobre a renda e preços de transferência.* São Paulo: Dialética, 2001, p. 62.

[345] OLIVEIRA, Ricardo Mariz. *Fundamentos do Imposto de Renda.* São Paulo: Quartier Latin, 2008, p. 254.

Por razões óbvias, assim como para o caso da generalidade, a divergência doutrinária se estende para a definição de universalidade. De um lado, há quem veja na universalidade a determinação de que o imposto de renda deveria alcançar todos os rendimentos auferidos pelo contribuinte, em território nacional e no exterior, como Carrazza[346] e Queiroz.[347] De outro lado, são diversas as opiniões no sentido de que a tributação deveria incidir sobre todos aqueles que auferem renda, sendo a universalidade verdadeira expressão do princípio da isonomia tributária. Essa é a posição de autores como Barreto[348] e Fernandes.[349]

O presente trabalho se filia à primeira corrente em cada um dos casos. A razão é singela e decorre de um raciocínio por exclusão, que parte da definição de universalidade. Basta uma rápida incursão pela doutrina em matéria de direito tributário internacional, para se verificar a presença de um fenômeno largamente conhecido pelo nome de Tributação em Bases Universais (TBU). Trata-se de uma previsão presente nas mais diversas legislações tributárias, inclusive na brasileira, no sentido de que o imposto de renda pode alcançar a renda auferida em qualquer lugar do mundo por um residente de uma determinada jurisdição, sem que isso ofenda o princípio da territorialidade e desde que respeitadas as disposições de tratados assinados pelo país, que eventualmente regulem a questão de forma diversa. Portanto, a universalidade se refere ao rendimento, no sentido de que o tributo pode incidir em bases universais, não tendo qualquer relação com o contribuinte em si. Dessa forma, resta à generalidade a ideia de uma tributação que deve incidir sobre todos os contribuintes, o que obviamente não se coaduna com a concessão de privilégios.[350]

A questão terminológica, por si só, tem pouca relevância. A despeito da definição utilizada, o que se deve perquirir é se os rendimentos devem ser tratados de forma conjunta, sem qualquer possibilidade de diferenciação, ainda que isso venha a ser considerado uma expressão da generalidade ou da universalidade. Em consonância

---

[346] CARRAZZA, Roque Antônio. *Imposto sobre a renda:* perfil constitucional e temas específicos. 2. ed. São Paulo: Malheiros, 2006, p. 66.

[347] QUEIROZ, Luís Cesar Souza. *Imposto sobre a Renda. Requisitos para uma tributação constitucional.* Rio de Janeiro: GZ Editora, 2017, p. 80.

[348] BARRETO, Paulo Ayres. *Imposto sobre a renda e preços de transferência.* São Paulo: Dialética, 2001, p. 62.

[349] FERNANDES, Edison Carlos. *Imposto sobre a Renda da Pessoa Jurídica – IRPJ e Contribuição Social sobre o Lucro Líquido – CSLL.* São Paulo: Atlas, 2015, p. 22.

[350] QUEIROZ, Luís Cesar Souza. *Imposto sobre a Renda. Requisitos para uma tributação constitucional.* Rio de Janeiro: GZ Editora, 2017, p. 80.

com a sua posição acerca da impossibilidade de utilização do imposto de renda com finalidade extrafiscal, Mariz de Oliveira[351] sustenta que o critério da universalidade exigiria a consideração conjunta de todos os rendimentos, salvo a já citada possibilidade de isenções e reduções, que devem ser concedidas em caráter geral. Essa é igualmente a posição de Queiroz.[352] Em sentido diverso, contudo, Santos[353] defende que a universalidade não impõe o dever de que todas as modalidades de ganhos sejam tratadas em conjunto, mas apenas de que toda a renda do contribuinte seja alcançada pelo imposto.

As respostas a esses questionamentos dependem de qual é o exato conteúdo normativo que se deve atribuir ao art. 153, §2º, I, da CF/88. Afinal, está-se diante de um comando? A esse respeito, Mariz de Oliveira[354] tem absoluta razão ao sustentar a existência de uma relação de orientação estrutural entre o imposto de renda e cada um desses três princípios. No entanto, o reconhecimento da força dessa relação não permite que o vocábulo "informado" seja interpretado como um comando que não comporta exceções. A diferença, portanto, está na natureza da situação regulada pela norma de incidência, como será analisado com mais vagar adiante.

Dito isso, deve-se partir do fato de que o imposto de renda, dada a sua evidente e direta relação com a capacidade contributiva em seu sentido mais pessoal, tende a revelar um perfil eminentemente fiscal, ou seja, com a sua incidência voltada à obtenção de receitas para o financiamento do Estado. Tal afirmação conduz ao entendimento de que a maioria das situações reclama uma incidência geral, universal e progressiva do imposto, o que não exclui a possibilidade de sua utilização com finalidades extrafiscais. Em suma, é possível a existência de situações que reclamem um tratamento diferenciado, o que não importará em violação ao princípio da igualdade.

De todo modo, essa linha de pensamento não pode chegar ao ponto de deixar a cargo do legislador ordinário a competência para aplicar cada um dos três critérios de forma absolutamente livre, sem qualquer espécie de limite. Invocando-se novamente a ideia de que

---

[351] OLIVEIRA, Ricardo Mariz. *Fundamentos do Imposto de Renda*. São Paulo: Quartier Latin, 2008, p. 255.

[352] QUEIROZ, Mary Elbe. *Imposto sobre a Renda e proventos de qualquer natureza*. Barueri: Manole, 2004, p. 37-38.

[353] SANTOS, João Victor Guedes. *Teoria da tributação e tributação da renda nos mercados financeiro e de capitais*. São Paulo: Quartier Latin, 2013, p. 168.

[354] OLIVEIRA, Ricardo Mariz. *Fundamentos do Imposto de Renda*. São Paulo: Quartier Latin, 2008, p. 250-251.

o dispositivo cria uma orientação estrutural, deve-se concluir que o imposto de renda poderá não atender a um dos três critérios apenas quando o legislador ordinário pretender a promoção de alguma finalidade, ou o estímulo/desestímulo a uma determinada conduta. Em resumo, quando o imposto de renda estiver sendo utilizado precipuamente em seu caráter extrafiscal. Pela própria natureza dessa materialidade, em que o requisito da pessoalidade está presente com elevada intensidade, a regra geral é a utilização do imposto de renda como mecanismo essencialmente arrecadatório.

Fixada a premissa de que os critérios da generalidade, da universalidade e da progressividade podem não estar presentes em determinada incidência do imposto de renda, o momento é de analisar a questão de forma individualizada, de modo a identificar em quais circunstâncias o legislador está autorizado a se afastar de cada um dos referidos critérios para a promoção de uma finalidade específica. O ponto de partida deve ser a investigação se a restrição ao princípio da isonomia pode ser justificada pela finalidade perseguida pelo legislador ordinário. Se a resposta for sim, o imposto de renda continuará informado pelos critérios indicados no texto constitucional. Se a resposta for negativa, o caso será de inconstitucionalidade, por violação ao princípio da igualdade.

3.3.6.1 A tributação em conjunto de todas as espécies de rendimentos

No que diz respeito à necessidade de que todos os rendimentos sejam considerados em conjunto, a doutrina estrangeira já se debruçou sobre o assunto, chegando a uma conclusão compatível com o sistema constitucional tributário brasileiro. Como regra, sustenta-se que um modelo ideal de tributação deveria considerar uma tributação uniforme sobre a integralidade dos rendimentos do contribuinte. Atribui-se, contudo, à complexidade da realidade atual a necessidade de se adotar um regime parcialmente cedular, com a previsão de que determinados e específicos rendimentos sejam tributados separadamente, por meio da aplicação de uma alíquota específica, geralmente menos onerosa do que aquelas aplicáveis aos rendimentos qualificados como ordinários.

Esse contexto foi muito bem observado por Andrea Lemgruber.[355] A autora aponta que seria possível a utilização de argumentos no

---

[355] LEMGRUBER, Andrea. A tributação do capital: o imposto de renda da pessoa jurídica e o imposto sobre operações financeiras. In: BIDERMAN, Ciro; ARVATE, Paulo (Org.). *Economia do Setor Público no Brasil*. Rio de Janeiro: Campus/Elsevier, 2004. cap. 12, p. 208.

sentido de que os capitalistas são geralmente mais ricos do que os trabalhadores e consumidores e que, em razão disso, teriam uma maior capacidade para pagamento de impostos. Assim, uma tributação mais gravosa sobre os rendimentos do capital estaria em consonância com a busca do sistema por uma maior justiça fiscal. Poder-se-ia raciocinar, no entanto, no sentido de que o capital deveria sofrer uma tributação menos onerosa, ou até mesmo não sofrer tributação alguma, como forma de incentivo ao investimento e à poupança. Essas diferentes perspectivas têm efeitos diretos sobre as formas como o legislador tributário deveria atuar. De um lado, por meio de uma tributação abrangente da renda, sem possibilidade de discriminação de acordo com a natureza do rendimento, em respeito ao princípio da igualdade. De outro lado, por meio de uma tributação cedular, que prescreveria tratamentos distintos aos rendimentos do capital e do trabalho.

Do ponto de vista histórico, diversos países, entre eles o Brasil, possuíram um regime de tributação cedular do imposto de renda. Henry Tilbery aponta como causa do abandono dos sistemas cedulares a pressão pela progressividade, que acabou se confundindo com a criação de regimes de previdência social mais generosos. Em suas palavras, "quando o legislador brasileiro (...) aboliu o imposto cedular, acompanhou com isso o rumo mundial de abandonar a distinção qualitativa dos rendimentos em favor da distinção quantitativa implementada pela progressividade (...)".[356] É interessante notar que o abandono do regime cedular não teve origem em sua desconformidade com o conceito jurídico de renda, mas em motivações de natureza extrafiscal, como a implementação de sistemas de previdência social que deveriam ser financiados por uma arrecadação eficiente, baseada na progressividade.

Veja-se que não há nada na história que indique a impossibilidade, em razão dos necessários contornos do conceito jurídico de renda, de uma tributação diferenciada aplicável sobre determinados tipos de rendimentos. Ao contrário, o próprio Tilbery defendia a necessidade de uma diferenciação qualitativa, que deveria ser aplicada justamente aos rendimentos do trabalho, em razão da existência de "limites biológicos" e da "vulnerabilidade da capacidade humana de trabalhar", dado que não se permite a "depreciação sobre exploração e desgaste da máquina humana".[357] Ou seja, rendimentos de naturezas distintas deveriam

---

[356] TILBERY, Henry. *O novo Imposto de Renda do Brasil*. São Paulo: IOB, 1989, p. 17.
[357] TILBERY, Henry. *O novo Imposto de Renda do Brasil*. São Paulo: IOB, 1989, p. 22.

ser tributados de formas igualmente distintas, o que não ofenderia os contornos da definição jurídica de renda. Nos dias de hoje, a natureza do argumento não se altera totalmente. Com o objetivo de sustentar precisamente o contrário (que os rendimentos do capital devem ser tributados de forma menos gravosa do que os do trabalho), afirma-se que a mobilidade do capital e a concorrência cada vez mais acirrada entre os países para a atração de investimentos acabaria impondo reduções de alíquotas e de base de cálculo, com o objetivo de não perder arrecadação.[358] Em outras palavras, a alteração da realidade imporia um tratamento diferenciado ao produto do capital. Uma vez mais, os atributos do conceito jurídico de renda não seriam suficientes para impor uma restrição à tributação em separado de determinados rendimentos.[359]

Por qualquer ângulo que se analise a questão não se vislumbra a existência de uma limitação conceitual ao tratamento diferenciado de rendimentos. O que se deve admitir como correto é o já citado posicionamento de Mariz de Oliveira, no sentido de vincular a generalidade (ou a universalidade, a depender de questões terminológicas) a um aspecto estrutural do imposto de renda. Essa vinculação estrutural, contudo, não impede a presença de exceções, que devem estar limitadas apenas pelo respeito à estrutura da renda enquanto materialidade submetida à tributação. Do contrário, ter-se-ia que admitir uma barreira ontológica, o que não se mostra correto. Esse limite deve ser construído sob a perspectiva da finalidade, que deve ter a sua correção demonstrada com arrimo na CF, sob pena de a sua invalidade decorrer da violação ao princípio da capacidade contributiva.[360]

---

[358] LANG, Joachim. The influence of tax principles on the taxation of income from capital. In: ESSERS, Peter; RIJKERS, Arie (Ed.). *The notion of income from capital:* EATLP Congress, Cologne 12-14 June 2003. [Amsterdam]: IBFD Publications, International Bureau of Fiscal Documentation, 2005, p. 26-27.

[359] "Apesar da controvérsia teórica quanto ao impacto da tributação na poupança, e dos argumentos em prol de uma tributação do capital equânime ou mais pesada do que outras bases de incidência (buscando-se progressividade no sistema tributário), a realidade da economia globalizada, em que o capital é indubitavelmente o mais móvel dentre os fatores de produção, tem levado a duas constatações: os ofertantes de capital não suportam – ou suportam muito pouco – o ônus do imposto; e a competição tributária entre países pela atração de fluxos de capitais tem levado a uma crescente redução do imposto incidente sobre o capital". (LEMGRUBER, Andrea. A tributação do capital: o imposto de renda da pessoa jurídica e o imposto sobre operações financeiras. In: BIDERMAN, Ciro; ARVATE, Paulo (Org.). *Economia do Setor Público no Brasil.* Rio de Janeiro: Campus/Elsevier, 2004. cap. 12, p. 211).

[360] "De fato, tratando-se do imposto sobre a renda, não será qualquer desenho legislativo que atenderá àquele comando constitucional – e medidas infraconstitucionais que estejam em dissonância com ele deverão, no mínimo, ser justificadas em outros princípios ou valores

CAPÍTULO 3
A CONSTRUÇÃO DO CONCEITO JURÍDICO DE RENDA SOB A PERSPECTIVA BRASILEIRA | 167

É possível que essa conclusão seja referendada até mesmo pelos defensores da aplicação do conceito Haig-Simons de renda ao direito tributário. Não parece que os referidos autores tenham considerado em seu raciocínio a possibilidade de utilização do imposto de renda para a promoção de finalidades extrafiscais (não que isso não fosse possível), pois o seu propósito era desenvolver um conceito geral de renda aplicável ao direito tributário. A generalidade de um modelo abrangente pressupõe a sua aplicação à regulação dos casos ordinariamente submetidos à regra, o que não impede a presença de exceções, desde que a sua justificativa seja compatível com o ordenamento em que está posta a norma. Com efeito, a possibilidade de que cada sistema jurídico imponha determinadas condições faz com que uma definição genérica sequer tenha delas cogitado.

Em razão disso, o entendimento de Carrazza[361] acerca da tributação exclusiva e definitiva na fonte sobre os rendimentos de aplicações financeiras das pessoas físicas deve ser visto com certa ressalva. Sustenta o autor que a imposição de uma alíquota única e a impossibilidade de compensação desse resultado com os demais resultados obtidos pelos contribuintes transformaria o imposto de renda em um tributo sobre a receita bruta. Ainda de acordo com a sua visão, nem mesmo a ideia de desestímulo à aplicação de recursos no mercado especulativo poderia ser invocada como justificativa para a imposição desse tratamento diferenciado.

A esse mesmo respeito, Ramon Tomazela[362] empreendeu uma interessante análise da questão sob a perspectiva de três diferentes exemplos. São eles: o tratamento diferenciado conferido aos ganhos de capital (já trabalhado no capítulo precedente), aos rendimentos de aplicações financeiras e aos planos de previdência privada. Especificamente em relação às aplicações financeiras, o autor indica como justificativa a intenção de incentivo ao investimento de longo prazo, uma vez que a fixação da alíquota tem como referência o prazo de manutenção do investimento e não o valor da renda auferida. Nesse contexto, uma

---

que, ponderados, sobreponham-se à progressividade enquanto um objetivo colocado pela norma constitucional". (LAVEZ, Raphael Assef. *Fundamentos e Controle da Progressividade no Imposto sobre a Renda*. 2017. 260 f. Dissertação (Mestrado) – Faculdade de Direito, Universidade de São Paulo (USP), São Paulo, 2017, p. 3).

[361] CARRAZZA, Roque Antônio. *Imposto sobre a renda:* perfil constitucional e temas específicos. 2. ed. São Paulo: Malheiros, 2006, p. 298.

[362] SANTOS, Ramon Tomazela. A progressividade do imposto de renda e os desafios de política fiscal. *Revista Direito Tributário Atual*, São Paulo, n. 33, p. 327-358, 2015, p. 333-334.

política de estímulo à poupança de longo prazo apontaria no sentido de direcionamento dos recursos para direção diversa da do consumo.[363] Acerca da tributação em separado dos rendimentos de aplicações financeiras, Ramon indica ainda como uma possível justificativa o desestímulo à especulação financeira, por meio da proibição de que as perdas incorridas nesse mercado sejam compensadas com o tributo devido sobre os rendimentos do trabalho assalariado. Significa dizer que o contribuinte estaria autorizado a especular no mercado financeiro, mas que o resultado de uma eventual perda não poderia ser partilhado com os demais membros da sociedade, o que acabaria ocorrendo caso o imposto devido sobre o trabalho fosse utilizado para neutralizar as referidas perdas.[364]

A mais correta solução para a questão deve levar em conta as posições de Roque Carrazza e Ramon Tomazela. É que, de um lado, não se pode negar, de forma peremptória, que a imposição de tratamentos diferenciados para determinados tipos de rendimentos seja incompatível com o conceito constitucional de renda. De outro lado, a justificativa adotada pelo legislador constitucional, ainda que ligada a uma finalidade legítima e alcançável pelo imposto de renda, não pode chegar ao ponto de transformá-lo em um tributo sobre a receita. Isso se verificará quando a legislação não admitir qualquer espécie de compensação de perdas obtidas em rendimentos de naturezas semelhantes ou a dedução das despesas ligadas à sua própria obtenção.[365]

Assim, pode-se concluir que a construção do conceito constitucional de renda, no que diz respeito à necessidade de consideração conjunta dos rendimentos, deve levar em conta a possibilidade de que o imposto de renda seja utilizado com intuito essencialmente arrecadatório ou com o objetivo de promover uma determinada finalidade prevista constitucionalmente. Na primeira hipótese, deve-se trabalhar com o pressuposto de uma tributação que grave todos os rendimentos de uma mesma maneira, em respeito ao princípio da capacidade contributiva. Já na segunda hipótese, a diferenciação é permitida, desde que compatível

---

[363] SANTOS, Ramon Tomazela. A progressividade do imposto de renda e os desafios de política fiscal. *Revista Direito Tributário Atual*, São Paulo, n. 33, p. 327-358, 2015, p. 349.

[364] SANTOS, Ramon Tomazela. A progressividade do imposto de renda e os desafios de política fiscal. *Revista Direito Tributário Atual*, São Paulo, n. 33, p. 327-358, 2015, p. 351-353.

[365] Esse raciocínio parece igualmente aplicável à hipótese de tributação definitiva na fonte dos rendimentos de não residentes, em que a norma deveria prever alguma forma de abatimento, uma espécie de presunção de despesas incorridas, sob pena de o imposto gravar a receita e não a renda auferida.

com um desígnio constitucional e que permitida alguma espécie de dedução.

3.3.6.2 A (des)necessidade de uma incidência progressiva

A discussão em torno da obrigatoriedade de uma tributação progressiva incidente sobre a renda deve seguir linha semelhante à da tributação em conjunto dos rendimentos, objeto do item precedente. O objetivo é determinar em quais circunstâncias admite-se uma incidência regressiva, à luz da obrigação de que o imposto de renda seja informado pelo critério da progressividade, tal como determina a CF.

Do ponto de vista terminológico, a fixação de alíquotas pode ocorrer de forma proporcional, progressiva ou regressiva. Na primeira hipótese, a alíquota será idêntica, a despeito da base de cálculo. Nos demais casos, a alíquota crescerá ou decrescerá, respectivamente, conforme varie a base de cálculo.[366] Adicionalmente, pode-se afirmar que a progressividade não é obtida apenas pelo estabelecimento de uma multiplicidade de alíquotas, sendo possível que ela seja atingida por meio de alterações promovidas diretamente sobre a base de cálculo. Um bom exemplo é a limitação legal para a dedução de certas despesas para as pessoas físicas, que inegavelmente contribui para a progressividade da incidência.[367]

Desse modo, afirmar que o imposto de renda deverá ser progressivo não equivale a dizer que a incidência deverá ocorrer sempre por meio de alíquotas progressivas. A rigor, é possível que eventual regressividade de alíquotas seja compensada por uma progressividade da incidência como um todo considerada, bem como que a progressividade seja obtida diretamente sobre a base de cálculo, por meio da autorização da dedução de determinadas despesas, definição de uma faixa de isenção, etc.

Voltando à questão da obrigatoriedade da adoção de alíquotas progressivas, não se vislumbra a presença de um comando imposto pelo legislador constitucional ao conceito jurídico de renda. Assim como para as hipóteses da generalidade e da universalidade, a progressividade está relacionada à estrutura de um imposto de renda destinado à arrecadação e não à promoção de uma determinada finalidade. Essa é

---

[366] SCHOUERI, Luís Eduardo. *Direito Tributário*. São Paulo: Saraiva, 2011, p.353.

[367] SANTOS, Ramon Tomazela. A progressividade do imposto de renda e os desafios de política fiscal. *Revista Direito Tributário Atual*, São Paulo, n. 33, p. 327-358, 2015, p. 329-331.

justamente a posição de Schoueri,[368] para quem a progressividade tem caráter principiológico, não se tratando de um mandamento absoluto.[369] De acordo com a sua visão, o fato de o constituinte ter afirmado que a progressividade será aplicada "na forma da lei", evidenciaria o conhecimento prévio de que ela poderia não se aplicar a alguns casos. Essa mesma visão não é compartilhada por parcela relevante da doutrina brasileira. A análise das obras de Carrazza,[370] Fernandes[371] e Queiroz,[372] por exemplo, deixa evidente a posição no sentido do caráter imperativo da progressividade. Ao que tudo indica, esses autores não admitem uma incidência regressiva do imposto de renda, embora não tenha ficado claro se a progressividade por eles defendida pode ser aferida considerando todas as incidências (progressividade do microssistema do imposto de renda) ou se cada incidência individualmente considerada exigiria a imposição de alíquotas progressivas. Carrazza,[373] por exemplo, afirma que os rendimentos devem se sujeitar sempre a um mesmo tratamento fiscal, não havendo possibilidade de tributação de rendas diferentes por meio de alíquotas diferenciadas, ou qualquer espécie de variação na base de cálculo.

Essa não é a conclusão que melhor se obtém por meio de uma interpretação sistemática da CF/88. Conforme demonstrado no capítulo anterior, o fundamento de validade da progressividade não tem origem na capacidade contributiva, mas em uma atuação do legislador pautada na extrafiscalidade, atendendo a um mandamento constitucional que a coloca como objetivo fundamental da República Federativa do Brasil, tal como previsto no art. 3º da CF/88. Ainda que existam opositores à implementação de políticas públicas redistributivas, não se trata de algo que esteja ao alvedrio do legislador, mas de uma decisão previamente tomada pelo constituinte. Nesse sentido deve ser a conclusão de que

---

[368] SCHOUERI, Luís Eduardo. *Direito Tributário*. São Paulo: Saraiva, 2011, p. 356.

[369] É digna de nota a interessante posição de Raphael Lavez no sentido de que a previsão constitucional de progressividade para o imposto de renda pode ser vista tanto como regra (progressividade-regra) quanto como princípio (progressividade-princípio). A esse respeito, vide: LAVEZ, Raphael Assef. *Fundamentos e Controle da Progressividade no Imposto sobre a Renda*. 2017. 260 f. Dissertação (Mestrado) – Faculdade de Direito, Universidade de São Paulo (USP), São Paulo, 2017.

[370] CARRAZZA, Roque Antônio. *Imposto sobre a renda:* perfil constitucional e temas específicos. 2. ed. São Paulo: Malheiros, 2006, p. 68-69.

[371] FERNANDES, Edison Carlos. *Imposto sobre a Renda da Pessoa Jurídica – IRPJ e Contribuição Social sobre o Lucro Líquido – CSLL*. São Paulo: Atlas, 2015, p. 24-25.

[372] QUEIROZ, Luís Cesar Souza. *Imposto sobre a Renda. Requisitos para uma tributação constitucional.* Rio de Janeiro: GZ Editora, 2017, p. 78.

[373] CARRAZZA, Roque Antônio. *Imposto sobre a renda:* perfil constitucional e temas específicos. 2. ed. São Paulo: Malheiros, 2006, p. 67.

CAPÍTULO 3
A CONSTRUÇÃO DO CONCEITO JURÍDICO DE RENDA SOB A PERSPECTIVA BRASILEIRA | 171

o legislador pode se afastar da progressividade, também por razões extrafiscais, desde que em busca da promoção de uma finalidade constitucionalmente relevante.[374] Posição em sentido diverso levaria à equivocada conclusão de que os ideais redistributivos são superiores a outros objetivos igualmente prestigiados pelo Poder Constituinte.[375] Esse raciocínio conduz à conclusão de que a progressividade deve ser aplicada aos casos típicos, que são aqueles em que o imposto de renda esteja sendo utilizado em sua função fiscal. Em se tratando de uma norma extrafiscal, a progressividade pode ser relativizada, desde que reste demonstrada a sua capacidade de promoção da finalidade pretendida pelo legislador. Assim, fica justificada, pelo menos de forma inicial, a não adoção de alíquotas progressivas para determinados rendimentos, a despeito da previsão constitucional de que o imposto de renda seja informado pelo critério da progressividade. Não obstante, essa conclusão não poderá chegar ao ponto de transformar o imposto de renda em um tributo regressivo, uma vez que a sua essência está atrelada à fiscalidade.

3.3.7 A questão da periodicidade

É chegado o momento de discutir, sob a perspectiva brasileira, como deve ser trabalhada a questão da periodicidade na tributação da renda. Conforme já mencionado, a periodicidade é elemento essencial do conceito de renda, eis que determina o intervalo de tempo mínimo em que o acréscimo patrimonial deve ser mensurado. Evidentemente, apenas com a fixação de um termo inicial e de um termo final será possível aferir se o patrimônio sofreu alguma espécie de variação, seja ela positiva ou negativa.

Idealmente, só se poderia falar em efetivo acréscimo de valor ao patrimônio ao final da vida do contribuinte, seja ele uma pessoa física ou jurídica, funcionando a periodização como um artifício, como corretamente pontua Misabel Derzi.[376] Essa é a mesma linha seguida por

---

[374] LANG, Joachim. The influence of tax principles on the taxation of income from capital. In: ESSERS, Peter; RIJKERS, Arie (Ed.). *The notion of income from capital:* EATLP Congress, Cologne 12-14 June 2003. [Amsterdam]: IBFD Publications, International Bureau of Fiscal Documentation, 2005, p. 12-13.

[375] LEÃO, Martha Toribio. A (Des)Proporcionalidade da progressividade do Imposto de Renda da Pessoa Física no sistema brasileiro. *Revista de Direito Tributário Atual,* São Paulo, n. 28, p. 188-205, 2012, p. 204.

[376] DERZI, Misabel Abreu Machado. Princípio de cautela ou não paridade de tratamento entre o lucro e o prejuízo. In: CARVALHO, Maria Augusta Machado de (Coord.). *Estudos de Direito*

Henry Tilbery,[377] para quem a incidência anual revela a presença de um procedimento arbitrário, tendo em vista a tendência de continuidade das operações. De fato, antes do final da vida do contribuinte todas as oscilações podem vir a ser revertidas em algum momento no futuro, de modo a revelar a contínua (e insuperável) precariedade dos acréscimos medidos com base em intervalos de tempo arbitrariamente definidos.

Essas considerações reforçam a ideia de que os exercícios não podem ser considerados de forma estanque, como se não houvesse qualquer espécie de comunicação entre eles. Caso contrário, a periodicidade terá sido levada ao seu extremo, até o ponto em que se chocar com a necessidade de que o capital seja preservado, o que afrontaria uma das balizas fixadas ao longo do presente trabalho. Posição diversa, contudo, é a de Mariz de Oliveira,[378] para quem os períodos de apuração devem ser considerados independentes entre si, somente existindo alguma espécie de ligação entre os ativos e passivos, que são transferidos de um período para o outro. Em virtude disso, nas suas palavras, "reflexos de fatos passados, tais como diferimentos e compensações de prejuízos, somente se incorporam à base de cálculo presente, isto é, relativa à obrigação tributária do período-base em curso, quando expressamente admitidos por lei".

Especificamente no que diz respeito ao período, a doutrina costuma apontar que ele não pode ser inferior a um ano, o que decorreria da interpretação conjunta de uma série de dispositivos constitucionais. Essa é a visão de Paulo Ayres Barreto[379] e de José Artur Lima Gonçalves,[380] para quem as inúmeras referências à noção de um período anual na Constituição acabariam por impor que o acréscimo patrimonial seja mensurado em idêntico intervalo de tempo. Misabel Derzi[381] segue linha semelhante, acrescentando que o legislador pode instituir exercício

---

    Tributário em homenagem à memória de Gilberto de Ulhôa Canto. Rio de Janeiro: Forense, 1998, p 258.

[377] TILBERY, Henry. *Imposto de Renda Pessoa Jurídica. Integração entre sociedade e sócios*. São Paulo: Atlas, 1985, p. 105.

[378] OLIVEIRA, Ricardo Mariz. *Fundamentos do Imposto de Renda*. São Paulo: Quartier Latin, 2008, p. 218-219.

[379] BARRETO, Paulo Ayres. *Imposto sobre a renda e preços de transferência*. São Paulo: Dialética, 2001, p. 79.

[380] GONÇALVES, José Artur Lima. *Imposto sobre a Renda. Pressupostos constitucionais*. São Paulo: Malheiros, 2002, p. 185.

[381] DERZI, Misabel Abreu Machado. Princípio de cautela ou não paridade de tratamento entre o lucro e o prejuízo. In: CARVALHO, Maria Augusta Machado de (Coord.). *Estudos de Direito Tributário em homenagem à memória de Gilberto de Ulhôa Canto*. Rio de Janeiro: Forense, 1998, p 259.

financeiro não compatível com o ano civil, mas desde que a duração seja anual. Roque Carrazza[382] também se posiciona nesse mesmo sentido, de que intervalos de tempo inferiores a um ano violariam os princípios da capacidade contributiva, da igualdade, da progressividade, da universalidade, da não confiscatoriedade, da pessoalidade, etc.

Desse modo, pode-se afirmar que a periodicidade é um atributo do conceito constitucional de renda e que uma correta interpretação de uma série de enunciados constitucionais impõe o período anual como o intervalo de tempo mínimo para a apuração do acréscimo patrimonial. Ademais, os períodos de apuração, justamente por representarem um artifício à impossibilidade prática de se aguardar o encerramento da vida da pessoa, física ou jurídica, não podem ser considerados de forma estanque, sob pena de a base de cálculo considerar uma parcela do estoque de patrimônio do contribuinte e não o que a ele foi acrescido ao longo do período de apuração.

3.4 O conceito de renda do Código Tributário Nacional

3.4.1 Considerações iniciais

A relevância de um estudo aprofundado do CTN em matéria de imposto de renda se justifica por diferentes razões. Conforme mencionado, há na doutrina e em algumas manifestações do STF, o entendimento de que as normas que podem ser construídas a partir da CF/88 não seriam suficientes para conferir ao legislador ordinário a concretude necessária para balizar as regras de incidência. Em razão disso, dever-se-ia recorrer às normas gerais presentes na legislação complementar, que serviriam como parâmetro imediato para a positivação e para o controle das referidas regras.

Mesmo para aqueles que sustentam a suficiência dos conceitos constitucionais, não se pode ignorar que a linguagem adotada pelo CTN revela uma especificidade maior, que deve ser avaliada sob a perspectiva de sua compatibilidade com a CF/88. A conclusão poderá indicar que o legislador complementar apenas estabeleceu contornos mais acentuados ao conceito constitucional ou que em um dado momento houve uma extrapolação. Por fim, admitida a ideia de que as definições devem ser construídas também com base em conceitos pré-constitucionais, alguns

---

[382] CARRAZZA, Roque Antônio. *Imposto sobre a renda:* perfil constitucional e temas específicos. 2. ed. São Paulo: Malheiros, 2006, p. 125.

deles vinculantes, a definição presente na legislação complementar não pode ser negligenciada.[383]

Dito isso, o passo inicial deve ser dado no sentido de analisar o dispositivo do CTN em que consta a definição de renda. Trata-se do art. 43, que se propôs a definir o fato gerador como a aquisição de disponibilidade econômica ou jurídica de renda (definida como o produto do capital, do trabalho ou da combinação de ambos), ou de proventos de qualquer natureza (definidos, por exclusão, como os demais acréscimos patrimoniais). A redação é a seguinte:

> Art. 43. O imposto, de competência da União, sobre a renda e proventos de qualquer natureza tem como fato gerador a aquisição da disponibilidade econômica ou jurídica:
> I – de renda, assim entendido o produto do capital, do trabalho ou da combinação de ambos;
> II – de proventos de qualquer natureza, assim entendidos os acréscimos patrimoniais não compreendidos no inciso anterior.

É interessante notar a quantidade de definições que devem ser analisadas em conjunto para fins de construção do conceito presente no CTN. O intérprete não pode ignorar que o contribuinte terá auferido renda ou proventos apenas quando tiver adquirido alguma espécie de disponibilidade sobre eles, que poderá ser econômica ou jurídica. Em razão disso, é preciso que fique clara a distinção entre renda e proventos, em quais circunstâncias se dá a aquisição e qual a diferença entre as disponibilidades econômica e jurídica.

Diante desse contexto, o trabalho percorreu a doutrina brasileira, buscando identificar como vem sendo interpretado o conteúdo do referido dispositivo, de modo a delimitar o conceito infraconstitucional de renda e verificar possíveis incompatibilidades entre as definições presentes na legislação complementar e o conceito obtido diretamente a partir da CF/88. Pode-se afirmar que as análises doutrinária e jurisprudencial dos incisos do art. 43 do CTN costumam se basear em uma das mais recorrentes distinções entre as teorias que buscaram conceituar renda, que propõem uma divisão entre renda-produto

---

[383] "O processo de especificação conceitual por meio de definições é, pois, contínuo. Tanto é assim que, não obstante ter o Código Tributário Nacional *definido* os fatos geradores, as bases de cálculo e os contribuintes dos impostos discriminados na Constituição, ele determinou, por exemplo, que a lei ordinária *definisse* o fato gerador da obrigação tributária principal (art. 97, III) e ainda referiu tal fato como a situação *definida* em lei (art. 114)". (ÁVILA, Humberto. *Competências Tributárias*. São Paulo: Malheiros, 2018, p. 45).

e renda-acréscimo.[384] De todo modo, nos termos do que vem sendo trabalhado até aqui, deve-se considerar que cada uma delas se refere apenas à natureza do rendimento, porquanto a necessidade de que o resultado final seja uma riqueza nova deve ser considerado o mais elementar dos pressupostos de qualquer definição de renda, seja ela econômica, contábil ou jurídica. Em resumo, uma riqueza manifestada sob a forma de um produto jamais poderá ser considerada renda se o seu efeito não for de acréscimo ao patrimônio.

A doutrina brasileira, no entanto, acaba ocupando-se do papel de identificar qual teria sido a corrente adotada pelo legislador. Machado,[385] por exemplo, sustenta a opção pela teoria da renda-acréscimo, assim como Lemke.[386] Rocha[387] segue linha ligeiramente diversa, sustentando que a teoria da renda-produto, adotada no inciso primeiro, englobaria os acréscimos patrimoniais que seriam decorrência do emprego de um dos dois fatores mencionados (capital e trabalho), e que o inciso segundo permitiria a incidência do imposto de renda sobre qualquer acréscimo patrimonial não compreendido no inciso anterior, o que evidenciaria a incorporação da teoria da renda-acréscimo. Polizelli também adota a ideia de "uma noção combinada de renda-produto (inciso I) com renda-acréscimo (inciso II)".[388]

Ao que parece, contudo, o legislador não se preocupou em adotar uma determinada teoria de renda, mas apenas em ser didático, o que é uma característica marcante de todo o CTN. Isso porque, em primeiro lugar, a ideia de renda como acréscimo não comporta ponderação, o que transforma essa distinção em algo efetivamente explicativo, que busca revelar as diferentes formas em que a renda se manifesta, seja como um produto do capital, do trabalho ou da combinação de ambos, seja apenas por meio de acréscimos ocorridos diretamente sobre o patrimônio. A segunda hipótese tem como consequência apenas conferir a maior abrangência possível ao conceito de renda, pois na doutrina já se discutiu no passado se os ganhos de capital poderiam/deveriam

---

[384] PEDREIRA, José Luiz Bulhões. *Imposto sobre a renda – Pessoas Jurídicas*. Rio de Janeiro: Justec, 1971, v. 1, item 2.11 (12).

[385] MACHADO, Hugo de Brito. Arts. 52 a 62; 71 a 73. In: NASCIMENTO, Carlos Valder do; PORTE-LLA, André (Coord.). *Comentários ao Código Tributário Nacional*. 7. ed. Rio de Janeiro: Forense: 2008. 520 p.

[386] LEMKE, Gisele. *Imposto de Renda*: os conceitos de renda e de disponibilidade econômica e jurídica. São Paulo: Dialética, 1998, p. 63.

[387] ROCHA, Paulo Victor Vieira da. A competência da União para tributar a renda, nos termos do art. 43 do CTN. *Revista de Direito Tributário Atual*, São Paulo, n. 21, p. 292-316, 2007, p 309.

[388] POLIZELLI, Victor Borges. *O princípio da realização da renda*: reconhecimento de receitas e despesas para fins do IRPJ. São Paulo: Quartier Latin, 2012, p. 166-167.

ser tributados em algum momento. Em segundo lugar, porque renda será sempre um fluxo, no sentido de que a sua existência não pode ser reputada a meras oscilações de valor do patrimônio.

Schoueri[389] adota posição diversa em relação à obrigatoriedade do acréscimo patrimonial de acordo com o CTN. Ele se baseia no argumento de que a redação do art. 43 não permitiria concluir que o legislador complementar exigiu a presença de um acréscimo patrimonial para a existência de renda, uma vez que a leitura combinada dos dois incisos levaria apenas às seguintes conclusões: *(i)* o inciso primeiro se referiria ao produto do capital, do trabalho ou da combinação de ambos (renda-produto); *(ii)* o inciso segundo se referiria aos acréscimos patrimoniais com origem diversa (renda-acréscimo); *(iii)* a redação do inciso segundo não permitiria a conclusão de que o primeiro conteria somente acréscimos patrimoniais, mas apenas que os acréscimos patrimoniais do inciso primeiro não estariam contidos no segundo.

Em resumo, admite-se a ideia de que a renda-produto possa ser tributada, ainda que a sua presença não ocorra em um contexto de acréscimo ao patrimônio verificado ao final do período de apuração.[390] Como exemplo, Schoueri[391] menciona as hipóteses de pagamentos feitos a não residentes, em que a existência de eventual acréscimo patrimonial não é medida, dada a instantaneidade dessa modalidade de incidência. O mesmo não poderia ser dito em relação ao inciso segundo, que dependeria da verificação da ocorrência de um acréscimo patrimonial, pois ele estaria se referindo aos ganhos de capital.

O presente trabalho perfilha entendimento diverso. O art. 43 do CTN propõe uma distinção meramente didática, que não nega a necessidade de acréscimo patrimonial, pelo simples fato de que esta não é uma opção que lhe competiria, seja porque a presença do acréscimo é condição para a própria existência de renda, seja porque sobre esse ponto doutrina e jurisprudência parecem não divergir. Portanto, o que pretendeu o legislador ao positivar o inciso segundo foi estender a

---

[389] SCHOUERI, Luís Eduardo. O mito do lucro real na passagem da disponibilidade jurídica para a disponibilidade econômica. In: LOPES, Alexsandro Broedel; MOSQUERA, Roberto Quiroga (Coord.). *Controvérsias jurídico-contábeis:* aproximações e distanciamentos. São Paulo: Dialética, 2010, p. 247.

[390] ALMEIDA, Carlos Otávio Ferreira de. *Tributação internacional da renda:* a competitividade brasileira à luz das ordens tributária e econômica. São Paulo: Quartier Latin, 2014, p. 255.

[391] SCHOUERI, Luís Eduardo. O mito do lucro real na passagem da disponibilidade jurídica para a disponibilidade econômica. In: LOPES, Alexsandro Broedel; MOSQUERA, Roberto Quiroga (Coord.). *Controvérsias jurídico-contábeis:* aproximações e distanciamentos. São Paulo: Dialética, 2010, p. 247.

CAPÍTULO 3
A CONSTRUÇÃO DO CONCEITO JURÍDICO DE RENDA SOB A PERSPECTIVA BRASILEIRA | 177

necessidade de acréscimo patrimonial aos ganhos de capital, positivando um conceito amplo de renda para fins tributários.[392] Essa é justamente a linha seguida por Brandão Machado,[393] Ulhôa Canto[394] e Mariz de Oliveira,[395] para quem, se o inciso segundo afirma que os proventos são acréscimos patrimoniais não compreendidos no inciso anterior, então é porque há o reconhecimento de que proventos são igualmente fatores de aumento patrimonial. Nesse sentido, a separação entre rendas e proventos poderia ser considerada desnecessária, dado que o essencial para a incidência do imposto seria apenas a verificação da ocorrência de um acréscimo ao patrimônio, após a comparação do estoque de capital detido pelo contribuinte em dois momentos no tempo. O entendimento de Misabel Derzi[396] segue a mesma direção. A autora é enfática ao afirmar que o conceito de renda positivado no CTN deve ser compreendido no contexto das limitações existentes na Constituição, que consagram princípios como pessoalidade, capacidade contributiva, universalidade (que podem ser tidos como manifestações do direito fundamental da igualdade); que fortalece a discriminação de competências entre os entes estatais; e que se sustenta exatamente na diferenciação entre renda e patrimônio.

---

[392] CANTO, Gilberto Ulhôa; MUNIZ, Ian de Porto Alegre; SOUZA, Antonio Carlos Garcia de. *Imposto sobre a renda e proventos de qualquer natureza*. São Paulo: Resenha Tributária, 1986. p. 9-10. (Caderno de Pesquisas Tributárias, v. 11).

[393] "Quando o Código diz que renda é o produto do trabalho ou do capital, ou da combinação de ambos, ainda não definiu bem, porque não indica em que sentido se há de tomar a expressão produto, que também exigiria uma definição. Quando, no inciso II do mesmo artigo 43, transcrito, define proventos de qualquer natureza como os acréscimos patrimoniais (não compreendidos no inciso I), o Código permite concluir que renda é um acréscimo patrimonial. Então, o texto consagra o entendimento de que renda é um acréscimo patrimonial produzido pelo capital ou pelo trabalho ou por ambos em conjunto, e que proventos são acréscimos patrimoniais derivados de qualquer origem. Falta agora conceituar o que seja acréscimo patrimonial". (MACHADO, Brandão. Breve exame crítico do art. 43 do CTN. In: MARTINS, Ives Gandra da Silva (Coord.). *Estudos sobre o Imposto de Renda (em memória de Henry Tilbery)*. São Paulo: Resenha Tributária, 1994, p. 113-114).

[394] "O requisito do acréscimo patrimonial aplica-se tanto ao caso do inciso I como ao do II. Muito embora a ele o inciso I não aluda, a presença da palavra produto, que nele figura, é bastante para deixar clara a ideia de incremento. Por seu turno, o requisito da aquisição da disponibilidade econômica ou jurídica é genérico, por constar do caput do artigo". (CANTO, Gilberto de Ulhôa. A aquisição de disponibilidade e o acréscimo patrimonial no Imposto sobre a renda. In: MARTINS, Ives Gandra da Silva (Coord.). *Estudos sobre o Imposto de renda (em memória de Henry Tilbery)*. São Paulo: Resenha Tributária, 1994, p. 36).

[395] OLIVEIRA, Ricardo Mariz. *Fundamentos do Imposto de Renda*. São Paulo: Quartier Latin, 2008, p. 284-286.

[396] DERZI, Misabel Abreu Machado. Princípio de cautela ou não paridade de tratamento entre o lucro e o prejuízo. In: CARVALHO, Maria Augusta Machado de (Coord.). *Estudos de Direito Tributário em homenagem à memória de Gilberto de Ulhôa Canto*. Rio de Janeiro: Forense, 1998, p 256.

De fato, é vedado ao legislador exercer a sua competência impositiva sobre materialidade distinta daquela prevista constitucionalmente. Assim, não se admite a existência de renda sem prévia aquisição de disponibilidade econômica ou jurídica sobre um determinado rendimento, cujo resultado de sua consideração com os demais rendimentos auferidos no período indicará a ocorrência de um acréscimo patrimonial.[397] Em resumo, a despeito de qual tenha sido o objetivo do legislador complementar ao redigir o art. 43 do CTN, uma coisa é certa: não houve (e nem poderia haver) a intenção de prescrever uma incidência instantânea, assim entendida como aquela que revela um fluxo no momento da apuração, mas que não se transforma em acréscimo patrimonial ao final do período.

Mariz de Oliveira[398] assevera que essa era exatamente a posição da comissão encarregada de elaborar o anteprojeto do CTN. A expressão "proventos de qualquer natureza", apesar de considerada supérflua, teria sido mantida apenas por razões históricas. De fato, o que pretendia o legislador era que o imposto de renda abarcasse não apenas o produto do capital e do trabalho, como também os ganhos de capital e as mais valias. Portanto, o grande mérito do CTN, nesse ponto, estaria em explicitar o conceito constitucional, buscando separar a definição de renda em sentido lato, que englobaria também os proventos de qualquer natureza (ganhos de capital), daquela em sentido estrito, que teria origem apenas no capital, no trabalho ou na combinação de ambos.[399]

Analisados os dois incisos presentes no art. 43 do CTN, pode-se afirmar que o legislador complementar pretendeu fazer incidir o imposto sobre todos os acréscimos patrimoniais compreendidos no conceito jurídico de renda, tenham eles origem no capital, no trabalho ou na combinação de ambos, ou apenas nos demais acréscimos patrimoniais, denominados de proventos de qualquer natureza, que dizem respeito aos ganhos de capital, o que conduz a uma definição bastante abrangente de renda para fins de tributação.

---

[397] CANTO, Gilberto Ulhôa; MUNIZ, Ian de Porto Alegre; SOUZA, Antonio Carlos Garcia de. *Imposto sobre a renda e proventos de qualquer natureza*. São Paulo: Resenha Tributária, 1986, p. 2. (Caderno de Pesquisas Tributárias, v. 11).

[398] OLIVEIRA, Ricardo Mariz. *Fundamentos do Imposto de Renda*. São Paulo: Quartier Latin, 2008, p. 148.

[399] Essa divisão foi bem trabalhada na obra de Gisele Lemke. (LEMKE, Gisele. *Imposto de Renda: os conceitos de renda e de disponibilidade econômica e jurídica*. São Paulo: Dialética, 1998).

3.4.2 A aquisição de disponibilidade econômica ou jurídica da renda

Avançando na definição contida no art. 43 do CTN, o legislador define o fato gerador do imposto como a aquisição de disponibilidade econômica ou jurídica da renda. Portanto, sem a definição exata do que venha a ser adquirir uma dessas duas espécies de disponibilidade não é possível seguir em frente. A esse respeito, há uma enorme polêmica doutrinária, materializada em diversas e interessantes posições, que serão utilizadas como referência ao longo do presente tópico. De todo modo, deve-se afirmar que os vocábulos *jurídica* e *econômica*, utilizados para qualificar a disponibilidade adquirida, não podem ser considerados como possuindo um mesmo significado.[400]

Na linha do que sustenta Brandão Machado,[401] pode-se afirmar que a aquisição de disponibilidade surge no momento em que é possível atestar a possibilidade de que o contribuinte disponha da sua renda, sem que a ele se possa opor uma condição, seja ela qual for. O autor menciona a necessidade da presença de uma atividade econômica produtora de um acréscimo patrimonial, à disposição do indivíduo, como condição essencial para a existência de renda passível de tributação. Nas suas precisas palavras, a "aquisição supõe que alguém passe a ser titular de algo do qual não era titular. Ademais, ela corresponde ao efeito de algo (em geral um fato ou negócio jurídico). Não há aquisição sem causa que a determine, como se resultasse da medieval geração espontânea".[402]

A análise da doutrina brasileira aponta para uma corrente que pode ser considerada dominante em relação às definições de disponibilidade econômica e jurídica. Trata-se da linha de pensamento que vincula a existência da primeira ao efetivo recebimento de dinheiro ou de bens suscetíveis de avaliação em dinheiro e da segunda à aquisição de um direito incondicional de receber algo no futuro. De acordo com o pensamento de Rubens Gomes de Sousa,[403] manifestado em um de seus diversos trabalhos a respeito do imposto de renda, a

---

[400] OLIVEIRA, Ricardo Mariz. *Fundamentos do Imposto de Renda*. São Paulo: Quartier Latin, 2008, p. 289.

[401] MACHADO, Brandão. Breve exame crítico do art. 43 do CTN. In: MARTINS, Ives Gandra da Silva (Coord.). *Estudos sobre o Imposto de Renda (em memória de Henry Tilbery)*. São Paulo: Resenha Tributária, 1994, p. 113.

[402] MACHADO, Brandão. Breve exame crítico do art. 43 do CTN. In: MARTINS, Ives Gandra da Silva (Coord.). *Estudos sobre o Imposto de Renda (em memória de Henry Tilbery)*. São Paulo: Resenha Tributária, 1994, p. 114.

[403] SOUSA, Rubens Gomes de. *Pareceres – 1 – Imposto de Renda*. São Paulo: Resenha Tributária, 1976, p. 70.

disponibilidade econômica corresponderia a dinheiro em caixa, enquanto a disponibilidade jurídica estaria vinculada à existência de uma riqueza já adquirida, cujo principal atributo seria a possibilidade de o seu titular obter a realização financeira no futuro. Assim, a disponibilidade econômica incluiria a jurídica, não sendo verdadeira a recíproca. Essa também é a posição de Humberto Ávila,[404] Fernando Zilveti[405] e Mary Elbe Queiroz.[406]

Linha aparentemente semelhante é aquela seguida por autores que procuram vincular as disponibilidades jurídica e econômica aos regimes de caixa e competência, respectivamente, como Edison Fernandes[407] e Victor Polizelli.[408] De acordo com o regime de caixa, uma receita deveria ser reconhecida apenas quando recebida, em dinheiro ou por meio de um bem suscetível de avaliação em dinheiro. Já de acordo com o regime de competência, as receitas e despesas seriam reconhecidas e confrontadas de acordo com determinados pressupostos definidos pela contabilidade, que podem estar vinculados (ou não) à ocorrência de transações.

A propósito, não há regime de caixa contábil, de modo que apenas o regime de competência possui alguma relação com a contabilidade. Feito esse esclarecimento, os autores que adotam o referido entendimento atribuem ao regime de caixa, baseado no efetivo recebimento dos recursos, a definição de disponibilidade econômica, e ao regime de competência, em que receitas e despesas são reconhecidas a despeito de seu efetivo recebimento e pagamento, a definição de disponibilidade jurídica.

Essa conexão não pode ser aceita. Em primeiro lugar, o fato de o legislador ter optado por indicar a possibilidade de a renda ser auferida com base em duas espécies de disponibilidade, sendo apenas uma delas qualificada como jurídica, parece indicar que a disponibilidade econômica não pressupõe que a sua aquisição tenha ocorrido com base em negócios jurídicos. Nessa linha, faz pouco sentido que justamente a disponibilidade qualificada como jurídica tenha o seu conteúdo vinculado ao regime contábil de competência.

---

[404] ÁVILA, Humberto. *Conceito de renda e compensação de prejuízos fiscais*. São Paulo: Malheiros, 2011, p. 35.

[405] ZILVETI, Fernando Aurelio. O princípio da realização da renda. In: SCHOUERI, Luís Eduardo (Coord.). *Direito Tributário*: homenagem a Alcides Jorge Costa. São Paulo: Quartier Latin, 2003. v. 1, p. 312.

[406] QUEIROZ, Mary Elbe. *Imposto sobre a Renda e proventos de qualquer natureza*. Barueri: Manole, 2004, p. 72-74.

[407] FERNANDES, Edison Carlos. *Imposto sobre a Renda da Pessoa Jurídica – IRPJ e Contribuição Social sobre o Lucro Líquido – CSLL*. São Paulo: Atlas, 2015, p. 35.

[408] POLIZELLI, Victor Borges. *O princípio da realização da renda*: reconhecimento de receitas e despesas para fins do IRPJ. São Paulo: Quartier Latin, 2012, p. 177.

Ademais, a contabilidade atual não se vincula à ocorrência de negócios jurídicos, o que acabaria levando à curiosa situação de que o contribuinte teria adquirido disponibilidade jurídica quando o reconhecimento do acréscimo patrimonial, segundo a contabilidade (regime de competência), estivesse baseado em uma perspectiva de realização econômica do seu patrimônio. Adicionalmente, restaria à disponibilidade econômica o acréscimo de valor baseado em negócios jurídicos, o que revela um contrassenso. Seria como se, ao final, a disponibilidade econômica estivesse ligada a negócios jurídicos realizados financeiramente e a disponibilidade jurídica a um regime contábil destinado a confrontar receitas e despesas, como na primazia da substância econômica sobre a forma jurídica.

O resultado prático desse entendimento acabaria sendo a possibilidade de tributação de rendas não realizadas, o que ocorreria quando as regras contábeis determinassem o reconhecimento de receitas desvinculadas da ocorrência de transações, ou até mesmo quando o registro contábil desconsiderasse a existência de negócios jurídicos efetivamente celebrados pelas partes, em busca da referida prevalência da substância econômica. Em outras palavras, a vinculação entre disponibilidade jurídica e regime de competência retiraria do domínio do legislador o controle sobre a ocorrência dos fatos passíveis de serem tributados, uma vez que a sua qualificação estaria a cargo da ciência contábil. Portanto, não se pode trabalhar com a hipótese de que as disponibilidades econômica e jurídica estejam vinculadas aos regimes de caixa e competência, por todos os motivos aqui expostos.

Por um critério de justiça, essas críticas devem ser colocadas de forma mais contundentes apenas após o advento da Lei nº 11.638/07, oportunidade em que o registro contábil passou a se distanciar do regime jurídico das transações, que podem até mesmo ser presumidas em determinados casos. Em um cenário anterior à referida lei, de fato, o regime de competência era aquele que se vinculava, de forma majoritária, à ocorrência de operações, registradas tendo como referência os negócios jurídicos celebrados e em respeito à sua forma, mas que ainda não haviam sido realizados financeiramente.[409] Nesse contexto, por uma questão circunstancial, o resultado prático do que se entendia por disponibilidade econômica acabava coincidindo com o regime de caixa, assim como ocorria com a disponibilidade jurídica, que se aproximava

---

[409] Não era esse o procedimento mais correto sob a perspectiva contábil, mas era o que efetivamente ocorria em termos concretos, na grande maioria das sociedades.

do regime de competência. Obviamente, considerando essa primeira linha de pensamento trabalhada nos parágrafos anteriores.

De todo modo, do ponto de vista do rigor conceitual essa continua não sendo a opção mais acertada. Uma vez mais, o legislador complementar não pode ter feito remissão direta ao regime de competência, dado que ele sequer está determinado em seus exatos termos no âmbito da legislação societária, que claramente deixou a cargo das ciências contábeis a definição do que seriam os princípios de contabilidade geralmente aceitos. Essa abertura da lei societária não pode ser replicada para o direito tributário quando o seu efeito repercutir diretamente sobre a definição do fato gerador do tributo, que é exatamente o objetivo do art. 43 do CTN, sob pena de violação ao princípio da hierarquia nomológica da Constituição e de trazer lassidão ao conceito de renda tributável, construído a partir do art. 153, III, da CF/88. Por isso, discorda-se da posição apontada no sentido da vinculação entre as disponibilidades econômica e jurídica, e o que se entende pelos regimes de caixa e competência.

Voltando à vinculação entre disponibilidade econômica e efetivo recebimento de dinheiro, deve-se concordar com a crítica de Schoueri, no sentido de que "o recebimento em caixa indicaria, quando muito, uma disponibilidade financeira", de modo que "[n]ão há razão para crer que tenha sido este o aspecto tomado pelo legislador complementar".[410] Roberto Salles aponta na mesma direção, fazendo a importante ressalva de que a doutrina majoritária acaba por confundir disponibilidade econômica e disponibilidade financeira, impondo uma interpretação demasiadamente restritiva ao conteúdo do art. 43. Como bem destaca o autor, "[h]á uma infinidade de maneiras de se verificar um acréscimo ao patrimônio de uma pessoa jurídica sem que haja o recebimento de um valor em moeda, ou em quase-moeda (...)".[411]

De fato, parece fazer pouco sentido que o legislador tenha se esmerado em promover uma distinção conceitual entre disponibilidades apenas para reforçar que a renda pode ser tributada antes da sua efetiva transformação em dinheiro, que seria a razão de ser da disponibilidade

---

[410] SCHOUERI, Luís Eduardo. O mito do lucro real na passagem da disponibilidade jurídica para a disponibilidade econômica. In: LOPES, Alexsandro Broedel; MOSQUERA, Roberto Quiroga (Coord.). *Controvérsias jurídico-contábeis*: aproximações e distanciamentos. São Paulo: Dialética, 2010, p. 248.

[411] LOPES, Roberto da Motta Salles Carvalho de. *Efeitos do processo de convergência contábil no imposto de renda das pessoas jurídicas*: os limites impostos pelo conceito de renda e pelo princípio da proteção da confiança. 2014. 479 f. Tese (Doutorado em Direito) – Faculdade de Direito, Universidade Federal de Minas Gerais (UFMG), Belo Horizonte, 2014, p. 190-191.

CAPÍTULO 3
A CONSTRUÇÃO DO CONCEITO JURÍDICO DE RENDA SOB A PERSPECTIVA BRASILEIRA | 183

jurídica. Jamais houve dúvida acerca do fato de que o rendimento pode ser considerado auferido no momento da ocorrência de uma transação, ainda que o seu recebimento tenha ficado diferido no tempo, como no caso das operações de venda a prazo, *v.g.*. Se era essa a intenção do legislador, a complexidade da estrutura e das expressões utilizadas são incompatíveis com a singeleza da prescrição.

Poder-se-ia argumentar que o legislador pode adotar como critério temporal de incidência do imposto de renda o efetivo recebimento de dinheiro, como é a regra atual em relação às pessoas físicas, o que justificaria a referência à disponibilidade econômica no CTN. É pouquíssimo provável, contudo, que o legislador complementar tenha buscado afirmar a obviedade de que quem pode o mais pode o menos, ou seja, que se a tributação pode ocorrer diante de uma disponibilidade jurídica, com muito mais razão o legislador ordinário pode determinar o aguardo da disponibilidade econômica, uma vez que a jurídica já terá ocorrido. Ademais, essa observação levaria à conclusão de que a disponibilidade econômica, por ocorrer sempre após a jurídica, seria hipótese de diferimento, o que pressupõe fato gerador já ocorrido, não podendo fazer parte da sua própria definição.

Ainda a propósito da distinção entre as disponibilidades econômica e jurídica, há na doutrina quem se posicione em sentido diverso do exposto até aqui e não veja qualquer diferença entre elas. Com base no argumento de que toda situação de fato se torna jurídica ao ingressar no universo do direito, Ives Gandra[412] afirma que qualquer disponibilidade econômica será também jurídica. Linha semelhante é a seguida por Luciano Amaro,[413] que entende como desnecessário o esforço empregado com a finalidade de distinguir as duas situações. Esse entendimento não parece negar a existência de duas diferentes disponibilidades, mas apenas alertar para o fato de que não haverá uma disponibilidade que seja puramente econômica, pois o que se tributa é o acréscimo de valor ao patrimônio jurídico do contribuinte. Assim, poder-se-ia sustentar que a disponibilidade econômica é a disponibilidade jurídica realizada financeiramente, algo bastante próximo à primeira corrente exposta alguns parágrafos acima.

---

[412] MARTINS, Ives Gandra da Silva. Inconstitucionalidade do artigo 35 da Lei 7.713/88. In: ROCHA, Valdir de Oliveira (Coord.). *Imposto de Renda*: questões atuais e emergentes. São Paulo: Dialética, 1995, p. 59-84.

[413] AMARO, Luciano. Imposto de Renda: regimes jurídicos. In: MARTINS, Ives Gandra da Silva (Coord.). *Curso de Direito Tributário*. 4. ed. rev. e atual. Belém: Editora Cejup, 1995. v. 1, p. 313-338.

Talvez as mais duras críticas à distinção entre as disponibilidades econômica e jurídica possam ser encontradas em relevante artigo escrito por Brandão Machado. Segundo ele, a leitura do art. 43 do CTN revelaria a presença de palavras sem qualquer relevância, que em nada poderiam contribuir para a construção de uma definição. A expressão "disponibilidade econômica" seria o principal exemplo, de modo que a sua eventual exclusão do enunciado do art. 43 do CTN não geraria qualquer consequência prática relevante. Na sua visão, se o acréscimo ao patrimônio é sempre composto por direitos, não haveria como imaginar em que momento eles estariam economicamente disponíveis. Nos seus dizeres, a "expressão é excrescente".[414] Nessa mesma linha, merecem destaque as observações de Schoueri,[415] justamente acerca do trabalho de Brandão Machado. A seu ver, considerando a definição de patrimônio como um conjunto de bens e direitos, não poderá haver acréscimo patrimonial se um elemento novo não for a ele incorporado, o que levaria à conclusão de que apenas a disponibilidade jurídica seria relevante.

Pode-se apresentar uma pequena ressalva a essa linha de raciocínio. É que não se mostra razoável imaginar que o legislador complementar tenha positivado uma distinção entre duas modalidades de aquisição da renda para nada distinguir. Seria justamente esse o resultado prático do entendimento acima, pois se é possível fazer incidir o tributo sobre a disponibilidade jurídica (título que confere ao contribuinte o direito de realizar financeiramente a sua riqueza) com muito mais razão o será na hipótese em que essa disponibilidade jurídica já tiver se transformado em uma disponibilidade econômico-financeira. Assim, não se deve ignorar a presença de diferenças, mas caminhar no sentido de identificá-las.

Nesse sentido, verifica-se uma terceira posição, que busca atribuir algum sentido prático relevante à separação entre as disponibilidades jurídica e econômica, e que pode ser encontrada na obra de Mariz de Oliveira. De acordo com o seu entendimento, a existência de disponibilidade econômica estará sempre precedida de uma disponibilidade jurídica, que representaria a origem da renda auferida. Precisamente em

---

[414] MACHADO, Brandão. Breve exame crítico do art. 43 do CTN. In: MARTINS, Ives Gandra da Silva (Coord.). *Estudos sobre o Imposto de Renda (em memória de Henry Tilbery)*. São Paulo: Resenha Tributária, 1994, p. 115.

[415] SCHOUERI, Luís Eduardo. O mito do lucro real na passagem da disponibilidade jurídica para a disponibilidade econômica. In: LOPES, Alexsandro Broedel; MOSQUERA, Roberto Quiroga (Coord.). *Controvérsias jurídico-contábeis:* aproximações e distanciamentos. São Paulo: Dialética, 2010, p. 249.

razão disso, a dicotomia entre disponibilidades só poderia fazer sentido caso a disponibilidade econômica estivesse relacionada ao recebimento de algo que não se possa vincular a um negócio jurídico, uma vez que "nem tudo que se incorpora ao patrimônio do contribuinte produzindo acréscimo nele (passível de incidência do imposto de renda), advém de créditos exigíveis legalmente".[416] Ainda com base nas suas palavras: "a disponibilidade econômica é, sim, a posse do dinheiro ou da coisa representativa do aumento patrimonial, mas apenas quando a origem dessa posse não seja regida pelo direito (...)".[417]

Essa posição assume algumas premissas interessantes. Em primeiro lugar, desconsidera o pressuposto de que toda renda deve estar vinculada a uma transação regida pelo direito. Isso porque, se toda disponibilidade fosse jurídica não haveria razão de o legislador ter mencionado a existência de uma disponibilidade econômica (em oposição àquela que é jurídica). Em outras palavras, seria econômica a disponibilidade que não fosse jurídica. O seu principal mérito é inegavelmente o de buscar conferir alguma coerência aos termos empregados pelo legislador, de modo a não ser necessário admitir a sua absoluta inutilidade. Não parece ser em razão da possibilidade da existência de rendas desvinculadas de negócios jurídicos, porém, que o legislador complementar lançou mão de duas diferentes disponibilidades que podem ser adquiridas pelo contribuinte.

Em sua tese de doutorado, Roberto Salles[418] parte da interessante ideia de que a redação contida no CTN pressupõe que em algum momento a renda possa existir, mas sem estar ainda disponível para o contribuinte. Em razão disso, haveria a necessidade de sua prévia aquisição, que deveria ser entendida "como a possibilidade efetiva de transformação do direito em uma quantidade determinável de moeda, ou no direito ao recebimento desta quantidade determinável de moeda". Ainda de acordo com a sua visão, a aquisição de disponibilidade ocorreria no momento em que o direito que materializa a riqueza

---

[416] OLIVEIRA, Ricardo Mariz de. Disponibilidade econômica de rendas e proventos, princípio da realização da renda e princípio da capacidade contributiva. In: MARTINS, Ives Gandra da Silva; PASIN, João Bosco Coelho. *Direito Tributário contemporâneo*: estudos em homenagem ao Prof. Luciano da Silva Amaro. Saraiva: São Paulo, 2012, p. 285.

[417] OLIVEIRA, Ricardo Mariz. *Fundamentos do Imposto de Renda*. São Paulo: Quartier Latin, 2008, p. 302.

[418] LOPES, Roberto da Motta Salles Carvalho de. *Efeitos do processo de convergência contábil no imposto de renda das pessoas jurídicas*: os limites impostos pelo conceito de renda e pelo princípio da proteção da confiança. 2014. 479 f. Tese (Doutorado em Direito) – Faculdade de Direito, Universidade Federal de Minas Gerais (UFMG), Belo Horizonte, 2014, p. 195-201.

nova passa a estar disponível para o contribuinte. É dizer, admite-se a possibilidade de que a disponibilidade esteja baseada em um ganho potencial, fundamentado em valores de mercado, sem a necessidade de atuação do sujeito passivo, no sentido de atribuir juridicidade à disponibilidade econômica. Seria jurídica, então, aquela disponibilidade vinculada à ocorrência de negócios jurídicos e econômica aquela que tivesse como referência imediata a aquisição da capacidade de dispor sobre um bem valorizado, desde que exista um mercado ativo.

Essa posição tem o evidente valor de atribuir um contorno mais definido para a distinção proposta pelo legislador entre as disponibilidades econômica e jurídica da renda. Grosso modo, a disponibilidade econômica estaria vinculada a fatos econômicos, cujo nível de certeza (em razão da presença de um mercado ativo) permitiria que o acréscimo de valor pudesse ser considerado incorporado ao patrimônio do contribuinte, em razão da existência de um poder de dispor, que não precisaria ter sido exercido. Em resumo, atribui-se à capacidade a condição de acréscimo de valor jurídico ao patrimônio. Dito de outra maneira, não se pode afirmar que o autor defenda a tributação da renda econômica, mas sim a juridicidade de um acréscimo de valor, medido em termos de capacidade, quando atendidas determinadas condições. Essa seria, portanto, a disponibilidade econômica prevista no CTN, ficando a disponibilidade jurídica representada pelos acréscimos de valor atribuíveis a negócios jurídicos efetivamente ocorridos.

Não se pode desconsiderar ter sido esse o real propósito do legislador complementar. A esse respeito, é interessante a análise de Fernando Zilveti[419] acerca dos trabalhos de Rubens Gomes de Sousa, em que poderia ser constatada a defesa de diferentes posições ao longo do tempo. Uma primeira, em que apenas a disponibilidade efetiva, representada pela existência de dinheiro em caixa autorizaria a incidência do imposto de renda, sob pena de o tributo incidir sobre o capital. E uma segunda, em que Sousa teria cedido a pressões advindas do Fisco para admitir a possibilidade de tributação de rendas não realizadas no texto do CTN.

A mesma percepção da questão teve Brandão Machado. Ele menciona o *Relatório da Comissão Especial do Código Tributário Nacional*, de autoria do próprio Rubens Gomes de Sousa, em que restou consignada a utilização do Código Tributário Alemão, de 1919 (em sua redação

---

[419] ZILVETI, Fernando Aurelio. O princípio da realização da renda. In: SCHOUERI, Luís Eduardo (Coord.). *Direito Tributário*: homenagem a Alcides Jorge Costa. São Paulo: Quartier Latin, 2003. v. 1, p. 313.

anterior às reformas ocorridas em 1931), e também do Código Fiscal da Província de Buenos Aires, convertido em lei em 1948, como inspiração para a elaboração do código brasileiro. Os dois diplomas referidos contaram com relevantes contribuições de Enno Becker e Dino Jarach, dois inegáveis defensores da prevalência do econômico sobre o jurídico em matéria tributária.[420] Em razão disso, defende Brandão Machado[421] que o anteprojeto do CTN teria sido influenciado justamente por essas ideias, o que deve ser levado em conta pelo intérprete de seus enunciados.

Brandão Machado também ressalta as diferentes posições adotadas por Rubens Gomes de Sousa em seus escritos. Em uma análise extremamente profunda, afirma que Sousa chegou a sustentar que a disponibilidade da renda não precisaria ser jurídica, o que teria origem na influência sobre ele exercida pelas ideias de Dino Jarach, para quem "a relação jurídico-tributária nunca tem como pressuposto um negócio, mas uma relação econômica, que é o efeito do negócio do direito privado". E prossegue para afirmar que essa visão "coincide com a doutrina *substance over form* do direito americano – argumentando com o princípio da capacidade contributiva". Em razão disso, poder-se-ia concluir que o autor do anteprojeto do código brasileiro teria construído uma definição do fato gerador do imposto de renda baseado na "propriedade econômica".[422]

Mesmo que em razão de fundamentos diversos, Bulhões Pedreira[423] revelou preocupação semelhante. Em sua visão, se interpretado literalmente o CTN, poder-se-ia chegar à conclusão de que estaria autorizada a incidência do imposto de renda sobre aumentos de patrimônio resultantes da valorização de bens, ou de pagamentos ou transferências de capital, o que ofenderia a discriminação constitucional

---

[420] MACHADO, Brandão. Breve exame crítico do art. 43 do CTN. In: MARTINS, Ives Gandra da Silva (Coord.). *Estudos sobre o Imposto de Renda (em memória de Henry Tilbery)*. São Paulo: Resenha Tributária, 1994, p. 115-116.

[421] "Nenhum dos exegetas que se debruçaram sobre o texto do art. 43 se deu conta da influência nele exercida pela teoria da propriedade econômica, exposta por Dino Jarach, e largamente aproveitada pelo autor do anteprojeto na elaboração de sua tese. Esse fato explica porque a doutrina encontra dificuldades na análise do conceito de disponibilidade econômica. Os especialistas não estão de acordo entre si, parecendo oportuno registrar, aqui, a opinião divergente de alguns doutrinadores". (MACHADO, Brandão. Breve exame crítico do art. 43 do CTN. In: MARTINS, Ives Gandra da Silva (Coord.). *Estudos sobre o Imposto de Renda (em memória de Henry Tilbery)*. São Paulo: Resenha Tributária, 1994, p. 119-121).

[422] MACHADO, Brandão. Breve exame crítico do art. 43 do CTN. In: MARTINS, Ives Gandra da Silva (Coord.). *Estudos sobre o Imposto de Renda (em memória de Henry Tilbery)*. São Paulo: Resenha Tributária, 1994, p. 115-118.

[423] PEDREIRA, José Luiz Bulhões. *Imposto sobre a renda – Pessoas Jurídicas*. Rio de Janeiro: Justec, 1971, v. 1 item 2.10 (02).

de competências tributárias. A sua preocupação estava voltada justamente para a necessidade de realização prévia para fins de incidência do imposto de renda.

Ainda a esse respeito, Schoueri faz apontamentos importantes e que revelam uma percepção compatível com as visões de Brandão Machado e de Bulhões Pedreira. De acordo com a sua leitura, a ideia de uma disponibilidade econômica parece fazer referência à existência de um patrimônio em sentido econômico, em que o acréscimo de valor não precisaria ter origem em um ato ou negócio jurídico. Nas suas palavras: "[a] possibilidade de usar e fruir de um bem, assim, seria indicativo de disponibilidade econômica e revelaria, desta forma, a existência de um acréscimo patrimonial passível de tributação pelo imposto de renda".[424]

Essa visão, que parece fazer absoluto sentido quando analisada sob a ótica da linguagem empregada no art. 43 do CTN, não pode ser desconsiderada. Com base nela, não seria absurdo afirmar que a divisão entre disponibilidades empreendida pelo legislador complementar realmente pretendeu separar uma disponibilidade jurídica, vinculada à ocorrência de uma transação, daquela econômica, que tem como principal diferença a sua desvinculação à ocorrência de um negócio jurídico. Ou seja, seria econômica aquela disponibilidade medida em termos de uma capacidade; não de qualquer capacidade, mas apenas daquelas sobre as quais o contribuinte possa efetivamente exercer o seu poder de dispor sobre o acréscimo patrimonial, o que tornaria dispensável a ocorrência de um ato ou negócio jurídico, em razão de sua prévia aquisição representada pelo aumento de valor do patrimônio.

É preciso fazer a ressalva de que essa acepção atribuída à expressão *disponibilidade econômica* não predica a tributação de uma renda *meramente econômica*. O sentido seria apenas o de excluir a necessidade da presença de um ato ou negócio jurídico, o que teria o efeito de transformar essa disponibilidade em uma riqueza nova, efetivamente incorporada ao patrimônio do contribuinte, ainda que desvinculada da ocorrência de uma transação, mas que nem por isso deixaria de ser jurídica em sentido lato. Em outras palavras, seria jurídica (não no sentido do art. 43 do CTN) a disponibilidade oriunda de uma mutação positiva do patrimônio do contribuinte, desde que em razão dela já se possa presumir o direito

---

[424] SCHOUERI, Luís Eduardo. O mito do lucro real na passagem da disponibilidade jurídica para a disponibilidade econômica. In: LOPES, Alexsandro Broedel; MOSQUERA, Roberto Quiroga (Coord.). *Controvérsias jurídico-contábeis:* aproximações e distanciamentos. São Paulo: Dialética, 2010, p. 251.

de livre disposição sobre aquela riqueza. De forma ainda mais direta, econômica seria a disponibilidade jurídica não realizada.

A questão se tornará ainda mais complexa caso esse entendimento venha acompanhado de algumas outras premissas. Para aqueles que sustentam a inexistência de um conceito constitucional de renda, ou até mesmo para aqueles que veem nas normas constitucionais a presença de balizas rígidas, mas insuficientes para conferir ao legislador complementar a função de apenas explicitar o conceito constitucional, poder-se-ia argumentar a presença de uma autorização legal para a tributação de rendas não realizadas, com base na aquisição de disponibilidade econômica. E não se trataria de uma previsão contrária à CF/88, pois não se estaria tributando o patrimônio, mas apenas um acréscimo disponível para o contribuinte, em que pese não ter sido este precedido de um ato ou negócio jurídico. A consequência, de forma simples e direta, seria a constatação de que a realização não configuraria um atributo do conceito jurídico de renda.

Essa posição não poderia ser considerada contrária ao que defende a doutrina anglo-saxônica, de forma majoritária. Como visto no capítulo anterior, a realização não é um atributo das rendas econômica e contábil, e também não foi incorporada ao conceito Haig-Simons, de tal sorte que a sua exigência, para fins de incidência do imposto de renda, estaria sempre atrelada a uma decisão do legislador, no sentido de exigir (ou não) a ocorrência de uma transação para que se possa considerar ocorrido o fato gerador. Atualmente, como também já exposto, há um entendimento cada vez maior no sentido de que determinados rendimentos podem ser considerados disponíveis na medida da oscilação de valor do patrimônio, como seria o caso de títulos mobiliários negociados em bolsas de valores. Portanto, já se poderia considerar que o acréscimo ao patrimônio se transformou em renda, em virtude de um fluxo presumido, dada a presença de um poder imediato sobre essa riqueza nova.

Tendo em vista as recentes decisões do STF em matéria tributária mencionadas no presente capítulo, não se pode afastar por completo o risco de que essa definição de disponibilidade, no sentido de capacidade de dispor sobre um acréscimo de valor desvinculado de uma transação, seja considerada como um acréscimo ao patrimônio a título oneroso, estando dispensada a realização em razão da evolução da realidade acerca do momento em que se reputa auferida a renda. Dito de outro modo, não se pode ignorar a possibilidade de que esse entendimento, se levado ao STF, seja acatado, cujo resultado seria no sentido de que a realização não pode configurar (pelo menos não mais) um atributo do conceito de renda. Como resultado, nenhum óbice seria atribuído ao art. 43 do CTN quando ele fosse interpretado da forma referida acima. Caso se adote o pressuposto de que os limites à definição do fato gerador podem ser buscados diretamente no texto constitucional, tal como aqui defendido, a realização precisa ser vista como um componente indissociável do conceito de renda, sob pena de o imposto acabar incidindo sobre o patrimônio e não sobre o fluxo positivo que a ele tiver sido incorporado, de forma definitiva, em razão de circunstâncias jurídicas precedidas de um ato de vontade do contribuinte. A tributação de acréscimos patrimoniais não realizados inegavelmente atinge uma capacidade real, mas diversa daquela reservada à União Federal por meio do art. 153, III, da CF/88, não sendo permitido que um novo valor atribuído a um estoque de direitos seja tributado como se o referido fluxo pudesse ser pressuposto.[425]

A esse respeito, são precisas as lições de Humberto Ávila[426] acerca da insuficiência do poder de dispor para fins de incidência do imposto de renda, pois é necessária a ocorrência do que o autor denomina de *disponibilidade jurídica atual*, sem o que se estaria diante de uma tributação por mera ficção. Em outra oportunidade o autor foi igualmente preciso, ao sustentar que a "[a] mera circunstância de a proprietária *poder decidir* sobre a venda (...) não autoriza a exigência do imposto sobre a renda (...), pela singela e boa razão de que não basta a *existência* do *poder* (...); é indispensável o exercício do poder pela tomada de decisão de vender". Em sua acertada visão, admitir a tributação com base em um poder não exercido equivaleria a tributar uma renda potencial, e não a renda auferida, tal como determinado pela CF.[427]

Em vista de todo o exposto, pode-se afirmar que a tese defendida por Roberto Salles, no sentido de que a disponibilidade econômica equivale a um poder de dispor, que não precisará ter sido exercido, desde que se esteja diante de um mercado ativo, é a que mais se coaduna com os vocábulos e expressões empregadas pelo legislador complementar.

---

[425] "Disponibilidade é a aptidão de dispor sobre o acréscimo patrimonial; é a possibilidade de alienar, transferir, gravar essa parcela acrescida. Inexistente essa possibilidade, não haverá aquisição de disponibilidade. Faltará aquilo que se denomina de realização do acréscimo patrimonial; realização no sentido de torná-lo real, palpável e não meramente potencial ou hipotético". (MACHADO, Brandão. Breve exame crítico do art. 43 do CTN. In: MARTINS, Ives Gandra da Silva (Coord.). *Estudos sobre o Imposto de Renda (em memória de Henry Tilbery)*. São Paulo: Resenha Tributária, 1994, p. 114).

[426] ÁVILA, Humberto. *Conceito de renda e compensação de prejuízos fiscais*. São Paulo: Malheiros, 2011, p. 36-37.

[427] ÁVILA, Humberto. Lucro de filial no exterior não pode ser tributado. *Consultor Jurídico*, 07 de Fevereiro de 2012.

Especialmente se forem levadas em conta as referências doutrinárias de Rubens Gomes de Sousa e o contexto econômico e social vigente no momento em que editado o CTN, conforme exposto ao longo dos últimos parágrafos. Em suma, a possibilidade de que o fato gerador do imposto de renda seja considerado ocorrido diante da aquisição de uma disponibilidade econômica, implica dizer que o legislador complementar previu a tributação de rendimentos não realizados, aqueles que não estariam vinculados à ocorrência de um negócio jurídico. De fato, não parece verossímil a crença de que toda disponibilidade seria jurídica, o que levaria à total inutilidade da distinção posta na lei. Do contrário, deve-se pressupor que a disponibilidade econômica não pode pressupor uma disponibilidade jurídica prévia, mas corresponder a uma situação de fato diversa.

Todavia, tendo em vista os atributos do conceito de renda fixados ao longo do capítulo passado e todas as premissas teóricas atreladas ao sistema constitucional tributário brasileiro, essa visão deve ser considerada incompatível com a CF/88. De acordo com o conteúdo normativo das regras delimitadoras de competência, com os pressupostos objetivos de uma definição de renda e com o princípio da capacidade contributiva, só se admite a tributação de rendas definitivas, sendo requisito para a sua existência a ocorrência de um ato ou negócio jurídico (realização), que marca o exercício de uma manifestação de vontade do contribuinte. De acordo com Brandão Machado, "é dos atos e negócios jurídicos que a pessoa realiza com seus bens patrimoniais que podem ocorrer a aquisição das rendas e dos proventos que vão compor o acréscimo patrimonial apurado ao fim do período-base". Justamente em razão disso, prossegue o autor para afirmar que "a realização da renda confunde-se com a aquisição da disponibilidade econômica ou jurídica da renda (...), pois essa aquisição marca o instante a partir do qual há acréscimo patrimonial utilizável e o imposto pode ser exigido".[428]

Esse entendimento exclui qualquer possibilidade de tributação de uma capacidade, que nada mais é do que uma renda em potencial, uma ficção jurídica incompatível com os limites, negativos e positivos, impostos pelo legislador constitucional ao imposto de renda e ratificados pelo STF em uma série de acórdãos anteriormente mencionados. Por essas razões, deve-se afirmar que a aquisição de disponibilidade econômica, no sentido que lhe é atribuído pela doutrina que se revela

---

[428] MACHADO, Brandão. Breve exame crítico do art. 43 do CTN. In: MARTINS, Ives Gandra da Silva (Coord.). *Estudos sobre o Imposto de Renda (em memória de Henry Tilbery)*. São Paulo: Resenha Tributária, 1994.

mais adequada aos vocábulos e expressões utilizados pelo CTN, não pode ser considerada compatível com a CF/88. Como decorrência desse entendimento, apenas a aquisição de disponibilidade jurídica de renda e proventos de qualquer natureza pode ser objeto de tributação.

Uma alternativa pode ser a opção por uma interpretação conforme a Constituição, como forma de atribuir algum sentido válido à aquisição de disponibilidade econômica. Sendo essa a opção, deve-se recorrer à já citada posição de Mariz de Oliveira, para quem a disponibilidade econômica seria aquela que não decorreria de negócios jurídicos regulados pelo direito. Em suma, seria jurídica a disponibilidade que decorreria da ocorrência de negócios jurídicos, e econômica aquela cuja origem não poderia ser vinculada a transações regidas pelo direito. Em ambos os casos, porém, a realização se faz presente, por se tratar de um atributo do conceito de renda.

Portanto, a análise da compatibilidade do CTN com a ordem constitucional depende de uma correta interpretação do primeiro, única forma de se garantir que a disciplina prevista na legislação infraconstitucional não ultrapasse os limites fixados diretamente pela CF/88.[429] Sendo essa a hipótese, pode-se afirmar ter havido a recepção parcial do art. 43 pela Carta de 1988, de tal sorte que o conceito de renda a servir de baliza direta para o legislador ordinário é aquele previsto no CTN.[430] De forma mais concreta, pode-se chegar à conclusão de que esse regime jurídico apenas regula com maior riqueza de detalhes a hipótese de incidência prevista constitucionalmente,[431] explicitando-a,[432] por meio de uma "concretização definitória".[433]

3.5 Uma proposta de conceito constitucional de renda

Do exposto, propõe-se que o conceito jurídico de renda no Brasil seja definido como sendo um: *(i)* um conceito jurídico, que não se sobrepõe às demais materialidades objeto de discriminação

---

[429] CARRAZZA, Roque Antônio. *Imposto sobre a renda:* perfil constitucional e temas específicos. 2. ed. São Paulo: Malheiros, 2006, p. 58.

[430] BARRETO, Paulo Ayres. *Imposto sobre a renda e preços de transferência*. São Paulo: Dialética, 2001, p. 73.

[431] MOSQUERA, Roberto Quiroga. *Renda e proventos de qualquer natureza. O imposto e o conceito constitucional*. São Paulo: Dialética, 1996, p. 44-45.

[432] OLIVEIRA, Ricardo Mariz. *Fundamentos do Imposto de Renda*. São Paulo: Quartier Latin, 2008, p. 282.

[433] ÁVILA, Humberto. *Conceito de renda e compensação de prejuízos fiscais*. São Paulo: Malheiros, 2011, p. 35.

constitucional; *(ii)* não subordinado às definições oriundas das ciências econômicas e contábeis, embora uma certa abertura seja conferida aos referidos sistemas; *(iii)* indicativo da existência de um acréscimo de valor ao patrimônio do contribuinte, que deverá ter sido previamente adquirido; *(iv)* oriundo de um fluxo, que não se confunde com o capital ou com o patrimônio; *(v)* apurado sob a perspectiva da manutenção do capital; *(vi)* mensurado em bases anuais; *(vii)* necessariamente realizado, o que pressupõe a ocorrência de um ato ou negócio jurídico representativo de uma manifestação de vontade do sujeito passivo; *(viii)* desde que considerados os gastos necessários à atividade empresarial ou aqueles que o contribuinte pessoa física incorre de forma compulsória, para a manutenção de uma existência digna ou para o custeio de gastos com tratamentos médicos; e *(ix)* desde que autorizada a compensação integral das perdas relacionadas aos períodos de apuração anteriores. Além disso: *(x)* deve-se partir de uma necessária apuração conjunta de todos os rendimentos; *(xi)* por meio da aplicação de alíquotas progressivas; *(xii)* ressalvada a existência de previsões legais que indiquem a utilização da norma de incidência com efeitos extrafiscais.

.

CAPÍTULO 4

DELIMITAÇÃO DO ESPECTRO DE INFLUÊNCIA DA CONTABILIDADE SOBRE A DEFINIÇÃO DO FATO GERADOR DO IMPOSTO DE RENDA DAS PESSOAS JURÍDICAS

4.1 Aspectos essenciais

Ao longo dos dois capítulos precedentes, objetivou-se construir um conceito jurídico de renda por meio da identificação de uma série de atributos, que devem servir como balizas ao exercício da competência tributária pelo legislador. Ultrapassada essa questão definitória, o momento é de fixar os exatos limites da influência que pode ser exercida pela contabilidade sobre a determinação do fato gerador do imposto de renda das pessoas jurídicas. Como já ressaltado, o resultado contábil serve como ponto de partida para a determinação do resultado tributável, cabendo ao legislador depurá-lo, com a finalidade de retirar eventuais efeitos incompatíveis com a disciplina jurídica do imposto de renda.

Essa dinâmica é bastante conhecida no Brasil e pode ter a sua análise dividida em dois momentos distintos. O primeiro deles se confunde com a edição da Lei nº 6.404/76. Por seu intermédio, relevantes alterações foram promovidas na contabilidade, muitas delas com o potencial efeito de causar repercussões sobre o resultado tributário. Em razão disso, foi editado o Decreto-Lei nº 1.598/77, o qual prescreveu que o lucro real (uma das três hipóteses de determinação da base de cálculo do imposto de renda, de acordo com o art. 44 do CTN) deveria ter como ponto de partida o lucro líquido, bem como regulou uma série de ajustes, retirando os efeitos tributários de algumas variações patrimoniais oriundas da contabilidade.

Ao longo das décadas que se seguiram, poucas foram as discussões envolvendo divergências *estruturais* entre o resultado contábil e o lucro real. A razão estava na acentuada correspondência entre pressupostos adotados pela contabilidade e regras aplicáveis ao direito tributário. A título de exemplo, pode-se apontar a presença de uma contabilidade marcadamente voltada para o passado (pelo menos essa era a prática contábil mais costumeira), preocupada em evidenciar a posição patrimonial existente ao final de cada exercício, sem maiores pretensões a respeito de como esse retrato poderia servir como ferramenta para a projeção de resultados futuros. Esse cenário conduziu a uma aproximação natural com o direito tributário.

O segundo período tem início com a entrada em vigor da Lei nº 11.638/07, por meio da qual foi determinada a convergência da contabilidade brasileira ao padrão IFRS. Conforme já mencionado, essa nova contabilidade apresenta um referencial bastante modificado, com a substituição progressiva do custo histórico pelo valor justo, o que faz gerar o reconhecimento de mutações patrimoniais desvinculadas de uma transação, dado que as demonstrações financeiras passam a levar em conta a expectativa de benefícios econômicos futuros. Por assim dizer, há um aumento da relação entre passado e futuro, o que aproxima a contabilidade de uma visão marcadamente econômica.

Esse cenário revela a necessidade de atenção redobrada na interpretação das hipóteses de remissão realizadas pela lei tributária a conceitos e dispositivos da legislação societária. Se antes esse recurso fazia sentido para fins de conformação da norma tributária, com a adoção de uma nova estrutura conceitual da contabilidade a conclusão pode levar a um resultado diverso. De fato, parece fazer pouco sentido que se interprete acriticamente a opção do legislador de fazer remissão a um dado contábil quando a metodologia de qualificação do fato ocorrido está baseada em premissas diversas e, muitas vezes, inconciliáveis. Nessas circunstâncias, a menos que o resultado da remissão à norma societária não leve a uma consequência incompatível com o direito tributário, deve-se presumir a neutralidade dos possíveis efeitos tributários das novas práticas contábeis até que o legislador regule a questão de forma específica, seja para aceitar os efeitos (quando isso for possível), seja para reafirmar a neutralidade.

Toda essa situação não passou despercebida pelo legislador. No âmbito da própria Lei nº 11.638/07 constou a previsão de que os efeitos das novas regras contábeis deveriam ser considerados neutros para fins tributários. No entanto, a incapacidade de se garantir a neutralidade pretendida, especialmente em razão de alguns posicionamentos da

RFB publicados logo na sequência da referida lei, reclamou a rápida edição de uma medida provisória (MP nº 449/08), que criou a figura do Regime Tributário de Transição (RTT), cuja principal determinação era no sentido da neutralidade de efeitos tributários decorrentes de mudanças de critérios contábeis de reconhecimento de receitas, custos e despesas, até que o legislador viesse a regular as repercussões dessas alterações sobre a base de cálculo dos tributos sobre a renda e sobre a receita. Essa MP foi posteriormente convertida na Lei nº 11.941/09.

Passados alguns anos, foi publicada a MP nº 627/13, que extinguiu o RTT, regulou de forma expressa alguns efeitos tributários decorrentes das novas regras contábeis e estabeleceu a neutralidade das alterações futuras, até que sobreviesse um diploma legal com essa finalidade. Na sequência, a referida MP foi convertida na Lei nº 12.973/14, atualmente em vigor. Por meio dela, verifica-se o tratamento específico para alguns dos impactos tributários causados pelas novas práticas contábeis, como é o caso do ajuste a valor justo, e a determinação de que modificações contábeis posteriores não terão implicação na apuração dos tributos federais até que lei tributária discipline a matéria.

A aparência cartesiana da questão esconde uma série de desafios. É preciso reconhecer que nem todos os possíveis efeitos tributários decorrentes da modificação de práticas contábeis terão impacto direto sobre a base de cálculo de tributos federais. A esse respeito, basta recorrer ao exemplo da isenção dos lucros e dividendos. Os resultados (lucro líquido) continuam servindo de base para a aplicação da norma isentiva, a teor do que determina a Lei nº 9.249/95. Não obstante, é possível que receitas não oferecidas à tributação, e que anteriormente à edição da Lei nº 11.638/07 sequer eram reconhecidas no resultado do exercício, componham o lucro líquido do exercício e sejam distribuídas aos sócios com isenção. Poder-se-ia questionar se o legislador ordinário, no contexto da edição da Lei nº 9.249/95, tinha em mente a ampla e irrestrita isenção de qualquer lucro pago com base no resultado contábil ou apenas aquele objeto de prévia tributação, como forma de promover uma maior integração na tributação das pessoas físicas e jurídicas.

A despeito da vasta diversidade de hipóteses, todos elas giram em torno de uma única questão: como determinar os limites da relação entre o direito tributário e as ciências contábeis. É exatamente esse o objetivo do presente capítulo, que partirá de quatro exemplos, escolhidos em razão de suas diversas particularidades, como forma de facilitar a análise da questão e a compreensão do leitor a seu respeito. Ao final, pretende-se estabelecer uma regra geral de interpretação da relação entre direito tributário e contabilidade, a servir de norte para o aplicador das normas tributárias.

4.2 Os exemplos escolhidos

O presente estudo optou por selecionar quatro exemplos, que suscitam dúvidas distintas e complementares, o que deve permitir que o conceito elaborado ao longo do trabalho sirva para dirimi-las. A partir deles, acredita-se, poderão ser aplicados os conceitos e estabelecidas determinadas conclusões gerais, aptas a serem aplicadas a um número elevado de hipóteses. A utilização de exemplos concretos tende a tornar mais palpável alguns conceitos contábeis aplicáveis ao direito tributário, da mesma forma que os considera no contexto de sua aplicação prática.

O primeiro caso envolve uma operação de permuta de terreno por unidade imobiliária, em que um dos permutantes, a incorporadora, apura o seu imposto de renda com base no lucro presumido.[434] O intuito é discutir qual tratamento deve ser conferido ao reconhecimento de um ganho, com origem no valor justo de um ativo, no contexto de uma operação de troca, sem torna. O segundo caso envolve uma complexa operação societária, cujo objetivo primordial foi captar recursos para uma sociedade empresária em dificuldades financeiras, por meio da participação de acionistas minoritários em uma nova companhia criada para esse fim. O terceiro caso discute a possibilidade de tributação de um ganho decorrente da compra vantajosa de um ativo, cuja origem decorre do valor justo das participações adquiridas, sem uma necessária relação com o preço atribuído pelas partes ao negócio jurídico celebrado. Por fim, o quarto caso discute de que forma valor e preço devem interagir e qual a relevância da manifestação de vontade do contribuinte para a existência de um ganho, passível de tributação, no contexto de uma operação societária típica, que é a incorporação de ações.

Pois bem. Imagine-se o caso de uma incorporadora que pretenda lançar um novo empreendimento imobiliário em uma área nobre de uma importante cidade. Ao buscar o terreno ideal para o projeto, depara-se com um proprietário sem qualquer problema de liquidez e que não se interessa pela venda de sua propriedade. No entanto, ao tomar conhecimento de um projeto semelhante, recém entregue pela referida incorporadora, em uma região igualmente nobre, mostra interesse na

---

[434] A legislação cuidou de prever a neutralidade dos efeitos contábeis da permuta para fins de determinação do lucro real. A esse respeito, vide Lei nº 12.973/14.

aquisição de uma unidade pronta, mas ainda não comercializada, o que o estimula a avançar com as negociações. Após idas e vindas, as partes chegam à conclusão de que o valor de mercado do terreno equivale, em termos aproximados, ao valor de venda de uma unidade padrão do empreendimento que havia despertado o interesse do proprietário do terreno. Assim, resolvem concluir a negociação. No caso, as partes resolveram formalizar o negócio por meio de um contrato de permuta. Por ocasião da lavratura da escritura, a incorporadora deverá registrar o terreno em seu patrimônio. Em obediência às normas contábeis, o terreno é registrado no seu ativo tendo como contrapartida uma receita, pois apenas as permutas envolvendo a troca de bens ou serviços que sejam de natureza e valor similares, como no caso de *commodities*, são consideradas transações que não geram resultado para fins contábeis. Nos casos em que os bens envolvidos possuem naturezas distintas, a operação é tratada como geradora de resultado, pelo menos em potencial, devendo a receita ser registrada com base no valor justo dos bens recebidos. Caso esse valor não possa ser mensurado com confiabilidade, deve-se adotar como parâmetro o valor justo do bem entregue em contrapartida ao terreno recebido.

Do ponto de vista tributário, tendo em vista a margem de lucro esperada para o empreendimento, faz-se a opção pelo regime de tributação com base no lucro presumido. Como se sabe, esse regime leva em conta as receitas auferidas, com a previsão de uma margem de lucro predeterminada, a depender da atividade desempenhada pelo contribuinte. Suponha-se que para a atividade de construção civil a lei preveja o percentual de 8% sobre as receitas auferidas ou recebidas. Já sob a ótica da pessoa física, apenas promove-se a substituição do bem permutado (terreno) pela unidade imobiliária recebida em sua contrapartida. Na sequência, a incorporadora buscou determinar o tratamento tributário que deveria ser atribuído à operação de recebimento do terreno em permuta. Ao consultar a legislação, se deparou com o entendimento da RFB acerca da necessidade de tributação de um ganho auferido no ato do registro inicial do terreno, tendo em vista a ausência de previsão legal em sentido diverso. De acordo com o entendimento do Fisco, o efeito tributário poderia ser considerado neutro apenas na hipótese de opção pelo lucro real.

Diante desse cenário, o contribuinte se vê em face das seguintes dúvidas: o fato de uma norma contábil determinar que contratos de permuta não geram ganho ou perda apenas quando os bens tiverem a mesma natureza tem algum efeito para fins tributários? Como deve ser qualificada a receita contábil decorrente de um contrato de permuta à luz das disposições do Código Civil (CC) que regulam esse tipo de contrato? É possível que em uma permuta sem torna seja apurado ganho tributável? O fato de o lucro presumido tomar como base as receitas auferidas pelo contribuinte faz com que o registro contábil em conta de receita vincule o direito tributário? Apenas os ajustes ao resultado contábil previstos em lei podem ser realizados pelo contribuinte? Ou os ajustes pressupõem que a base de cálculo do imposto de renda já esteja composta por receitas que assim possam ser qualificadas de acordo com o conceito jurídico de receita?

Agora, imagine-se o caso de uma sociedade empresária "ABC S/A" que esteja passando por dificuldades financeiras e que precise de um relevante aporte de capitais com relativa urgência. Vislumbrando os sócios que o principal ativo da companhia é o prédio onde são desempenhadas as atividades, avaliado em $15.000.000,00, resolvem estruturar uma operação com o objetivo de angariar os recursos necessários, sem necessidade de recorrer a um empréstimo bancário, mas garantindo aos seus investidores uma taxa anual de remuneração acima do valor pago por aplicações de renda fixa no mercado.

Para tanto, resolvem constituir uma sociedade anônima de propósito específico ("SPE XYZ S/A"). O capital social será de $25.000.000,00, composto pelo referido imóvel ($15.000.000,00) e por dinheiro que será aportado por um grupo de investidores previamente selecionados. A companhia ABC S/A será titular de 60% das ações, enquanto os 40% restantes serão distribuídas entre os investidores, de acordo com o montante integralizado por cada um deles. O objeto social da companhia será a locação do imóvel recebido em integralização de capital, especificamente para o acionista controlador, pelo prazo de 30 anos. Os detentores das ações representativas de 40% do capital farão jus ao recebimento de dividendo fixo equivalente a 40% da receita de locação, descontados os tributos incidentes sobre a companhia, que digam respeito a essa atividade, de forma proporcional. Finalmente, os recursos aportados em dinheiro serão transferidos para o controlador.

Ao analisar essa operação os contadores levantaram algumas preocupações. De plano, apontaram que a relação entre os investidores e a SPE poderia ser considerada creditícia e não propriamente societária, a despeito da natureza jurídica do vínculo estabelecido entre as partes. Isso decorreria do fato de que os recursos aportados seriam remunerados com base na receita de um determinado contrato (o único existente) e não com base no lucro líquido de cada período de apuração. Com isso, o seu risco ficaria sensivelmente reduzido, dado que a única possibilidade de não recebimento dos dividendos estaria restrita ao encerramento premato do contrato de locação. Caso isso viesse a ocorrer, eles seriam proprietários de ações que equivalem a 40% de um patrimônio líquido de $25.000.0000,00, em que parte dele é representada por um imóvel de bom valor comercial. Em resumo, a operação representaria, sob a perspectiva econômica, um empréstimo com garantia real. Essas observações geram efeitos práticos relevantes. O primeiro deles seria a necessidade de que essas ações fossem registradas como dívida da companhia ABC. Como decorrência, os pagamentos realizados aos "acionistas-investidores" representariam uma despesa e, portanto, não teriam origem nos lucros da companhia. Ao contrário, seriam considerados nessa apuração, reduzindo o resultado do exercício. Sob a perspectiva dos acionistas minoritários, eles receberiam juros e não dividendos, já que seriam titulares de direitos de crédito e não de participações societárias. Em razão desse contexto, foram suscitadas algumas dúvidas acerca dos possíveis reflexos tributários. As despesas incorridas pela companhia ABC S/A poderiam ser consideradas dedutíveis para fins de determinação do seu imposto de renda (caso a opção seja a tributação com base no lucro real)? Sendo o valor pago aos acionistas juros, a companhia deveria proceder à retenção do imposto de renda na fonte? Sob a ótica dos acionistas, os valores recebidos deveriam ser considerados rendimentos isentos, a teor do que determina o art. 10 da Lei nº 9.249/95?

Um terceiro exemplo expõe outras questões intrincadas. No contexto de um processo de consolidação de sua participação em um determinado mercado, a companhia Alfa resolve adquirir a integralidade das ações da companhia Beta pelo valor de $1bi, o equivalente ao valor de seu patrimônio líquido na data do fechamento da operação. No entanto, estudos desenvolvidos por seus consultores apontam que o valor de mercado da adquirida poderia chegar a $1,5bi. A diferença, segundo apontaram os especialistas, decorreria do fato de que os controladores de Beta desejariam se retirar do mercado em questão, tendo considerado interessante a proposta de Alfa, especialmente em razão do contexto econômico atual. Desse modo, a venda foi formalizada e a integralidade das ações adquirida pela *holding* da companhia Alfa.

Discussões de ordem contábil tiveram início logo após o fechamento da operação. Contadores e auditores indicaram a necessidade de que as ações de Beta fossem avaliadas pelo seu valor justo, de modo que eventual diferença (positiva ou negativa) deveria ser registrada em Alfa com base nas regras contábeis vigentes. O resultado da avaliação a valor justo indicou que as ações foram adquiridas por valor inferior, no montante aproximado de $300mi. Essa diferença revela que a operação gerou um ganho, fruto da aquisição de uma série de ativos por montante inferior ao seu valor justo. É o que se denomina ganho por compra vantajosa, anteriormente chamado de deságio, cujo registro contábil ocorre diretamente sobre os ativos adquiridos, tendo como contrapartida uma receita.

Do ponto de vista societário, a primeira dúvida disse respeito à destinação do lucro originado desse ganho. Ele poderia ser distribuído aos acionistas? Sendo afirmativa a resposta, haveria alguma consequência tributária? Um dos advogados que acompanhava a operação assegurou o diferimento da tributação incidente sobre esse ganho, até o momento de sua realização, o que teria sido previsto pela Lei nº 12.973/14, mas não se mostrou seguro quanto às hipóteses de realização do ganho que determinariam a incidência do imposto diferido. Faz-se, entretanto, discutir a verdadeira natureza desse resultado. Na ausência do diferimento, poderia o legislador prever a incidência de tributos sobre o referido resultado positivo? Trata-se de acréscimo patrimonial oriundo de uma renda, ou apenas de uma mudança na perspectiva de avaliação dos ativos adquiridos após o fechamento da operação e sem qualquer participação do vendedor? A decisão sobre a possibilidade de distribuição dos dividendos, seguida do efetivo pagamento desse resultado, poderia ser entendida como uma hipótese de realização?

Por fim, imagine-se que duas grandes empresas que atuam em um mesmo segmento resolvam unificar as suas atividades, como forma de ampliar o seu domínio de mercado e ganhar em eficiência de produção e administrativa. Do ponto de vista operacional, resolvem alterar a denominação social de uma das sociedades, que passará a adotar um novo nome, representativo do grupo formado em razão da associação promovida. Ato contínuo, resolvem que a companhia que teve a denominação social alterada deverá incorporar as ações da outra, transformando-a em sua subsidiária integral. Com isso, os antigos acionistas da sociedade que teve as ações incorporadas passam à condição de acionistas da companhia incorporadora, em razão da substituição de suas ações.

Segundo entendimento dos advogados que estruturaram a operação, não poderia haver apuração de ganho de capital para os acionistas da companhia que teve as suas ações incorporadas. Dentre os argumentos apontados merecem maior destaque aqueles que dizem respeito à natureza jurídica da operação de incorporação de ações, cujo objetivo seria sempre o de transformar uma companhia em subsidiária integral de outra, o que não poderia acontecer sem que os titulares das ações incorporadas recebessem ações da companhia incorporadora. Portanto, estar-se-ia diante de efetiva substituição, sem qualquer possibilidade de variação patrimonial tributável. Além disso, os atos não seriam praticados pelos acionistas, mas sempre pelos administradores da companhia, o que eliminaria qualquer possibilidade de incidência do imposto de renda, em razão da ausência do elemento volitivo dos titulares das ações incorporadas.

Por cautela, decidiu-se contratar um parecer com a finalidade de mensurar os riscos tributários envolvidos na operação. Em linhas gerais, o risco foi considerado elevado, em razão de recentes julgados da Câmara Superior de Recursos Fiscais (CSRF) do Conselho Administrativo de Recursos Fiscais (CARF) no sentido da incidência do imposto de renda em operações de incorporação de ações. Como paradigma, foi citado o caso envolvendo a criação da Brasil Foods (BRF), fruto da união entre Sadia e Perdigão. De acordo com o julgamento ocorrido na sessão de 04/04/2017, entendeu-se que o ato de incorporação de ações envolve a alienação da totalidade das ações incorporadas, com expressa manifestação de vontade do seu titular, de modo que a diferença positiva entre a participação que passa a ser detida na companhia incorporadora e aquela incorporada representa ganho de capital passível de tributação (Acórdão nº 9101-002.735).

Em razão do cenário acima delineado, surgiram algumas questões. Existe diferença entre valor e preço para fins de incidência do imposto de renda? A existência de acréscimo patrimonial tributável depende da participação de um terceiro? É possível que isso ocorra em um contexto de avaliação a valor justo ou se exige, necessariamente, a presença de preço? Há diferença entre o valor do bem atribuído por uma determinada parte ao seu próprio patrimônio e a chancela desse valor por um terceiro? Por fim, a decisão da contabilidade de caminhar na direção do valor justo nesse tipo de operação significa que eventual acréscimo de valor possa ser considerado renda? Não seria apenas uma nova visão acerca do patrimônio e da forma de mensurá-lo?

Todas as questões expostas precisam ser enfrentadas com bastante atenção, de modo que as soluções apontadas para cada um dos exemplos escolhidos possam, a partir dos conceitos trabalhados ao longo do presente trabalho, conduzir ao estabelecimento de uma regra geral capaz de ser replicada para outras situações em que se verifique um aparente conflito entre as qualificações contábil e jurídica para um mesmo fato patrimonial. O momento, portanto, é de refletir sobre essas questões de forma mais profunda, o que deve estar baseado em um conceito de renda que respeite as limitações impostas pelo legislador constituinte e em uma interpretação das regras contábeis que não descure do seu propósito, objetivos e valores. Apenas assim pode-se obter uma relação profícua entre o direito tributário e as ciências contábeis.

4.3 A relação entre tributação da renda e contabilidade

4.3.1 As origens e as causas dessa relação

Uma correta compreensão do vínculo existente entre tributação da renda e contabilidade deve retornar às origens dessa antiga relação, cuja presença se confunde até mesmo com o surgimento do imposto de renda. De fato, trata-se de uma proximidade quase intuitiva, fruto de um interesse comum sobre um conjunto de fatos patrimoniais muito semelhantes. Ainda que os objetivos perseguidos sejam distintos, há um substrato coincidente que, se qualificado da mesma forma, faz com que se identifique uma área de interseção significativa. A despeito das possíveis divergências, a contabilidade procura demonstrar a situação patrimonial de uma entidade e suas mutações, enquanto o direito enxerga na variação positiva do patrimônio social uma manifestação de riqueza apta a ser tributada.[435]

Em termos mais concretos, essa aproximação faz com que o resultado do processo contábil (não importa se por meio de uma abordagem direcionada ao balanço patrimonial ou ao resultado do exercício) seja usualmente adotado pelo legislador como ponto de partida para a determinação do imposto de renda das pessoas jurídicas.[436] De fato, admitindo-se que há um significativo nível de compatibilidade na qualificação dos fatos patrimoniais pelas duas ciências, e considerando-se que a contabilidade tem como *produto final* a evidenciação do patrimônio por meio de demonstrações financeiras, a lógica aponta no sentido da utilização desse resultado pelo direito tributário, devendo ser realizados ajustes sempre que a qualificação atribuída ao fato patrimonial pela contabilidade se revelar incompatível com o direito tributário.

De todo modo, a intensidade dos ajustes pode variar sobremaneira. Há países em que historicamente a base de cálculo do imposto de renda apresenta um elevado grau de conformidade com o lucro contábil e outros em que o grande número de ajustes chega ao ponto de se considerarem existentes dois resultados absolutamente distintos. As origens dessas diferenças precisam ser conhecidas para que seja possível compreender de que modo devem ser interpretados os reflexos tributários derivados da modificação de práticas contábeis,

---

[435] AGUIAR, Nina. Do commercial accounts and the tax base have to be aligned? In: MAX PLANCK EUROPEAN POSTDOCTORAL CONFERENCE ON TAX LAW, Munich 21 and 22 November 2011.

[436] HOOGENDOORN, Martin N. Accounting and Taxation in Europe – A Comparative Overview. *The European Accounting Review*, v. 5, Supplement 1, p. 783-794, 1996.

especialmente quando essa alteração envolve a própria estrutura conceitual da contabilidade. Dito de outro modo, quanto maior for o vínculo entre o resultado societário e a base de cálculo do imposto de renda, maiores serão os potenciais reflexos decorrentes da adoção de um novo padrão contábil, o que requer uma atenção redobrada do intérprete e também do legislador.

A respeito da diversidade de práticas contábeis ao redor do mundo, a doutrina costuma vincular a adoção de determinados postulados, princípios e regras à fonte primária de financiamento da atividade empresarial.[437] De um lado, nas hipóteses em que ela (fonte de financiamento) está vinculada a capitais de credores, especialmente aquele oriundo de instituições financeiras, as regras contábeis tendem a ser mais conservadoras, normalmente baseadas em valores de entrada e usualmente ligadas a uma transação (realização), uma vez que o principal foco está na determinação da capacidade de geração imediata de caixa da entidade (liquidez) e não na expectativa de obtenção de lucros futuros.

De outro lado, quando a principal fonte de financiamento é o recurso oriundo do mercado de capitais, o foco se volta para o futuro, agora sim para a expectativa de valorização do patrimônio, o que acaba impondo uma maior quantidade de registros contábeis baseados em valores de saída, desvinculados, portanto, da ocorrência de transações, eis que o enfoque passa a ser o estabelecimento de uma relação entre fatos passados e a expectativa da ocorrência de efeitos futuros.[438] Nesse cenário, o investidor detém uma preocupação constante com a informação, relacionada ao médio e longo prazos, exercendo pressão para que os demonstrativos financeiros possam antecipar tendências acerca da ocorrência de fatos patrimoniais futuros.[439]

---

[437] ESSERS, Peter et al. *The influence of IAS/IFRS on the CCTB, Tax accounting, Disclosure and Corporate Law.* New York: Wolters Kluwer Law & Business, 2009, p. 2.

[438] "Os tipos dominantes de organização empresarial e propriedade também diferem. Na Alemanha, França e Itália, o capital proveniente de bancos é muito representativo, assim como são os pequenos negócios conduzidos por famílias. Em contraste, nos Estados Unidos e no Reino Unido existe grande número de empresas que se baseiam em milhões de acionistas para o seu financiamento" (Tradução nossa). No original: "The prevalent types of business organization and ownership also differ. In Germany, France and Italy, capital provided by banks is very significant, as are small family-owned businesses. By contrast, in the United States and the United Kingdom there are large numbers of companies that rely on millions of private shareholders for finance". (NOBES, Christopher, PARKER, Robert. *Comparative international accounting.* 11th ed. London: FT Prentice Hall, 2010, p. 33).

[439] IUDÍCIBUS, Sérgio. *Teoria da contabilidade.* 11. ed. São Paulo: Atlas, 2015, p. 20.

Em razão dessas circunstâncias, é natural que os países pertencentes ao primeiro grupo revelem a existência de uma maior compatibilidade entre o resultado contábil e a base de cálculo do imposto de renda. Isso decorre do fato de que uma contabilidade mais conservadora, com registros vinculados à ocorrência de transações, mostra-se claramente mais compatível com o direito tributário, que igualmente se volta para fatos ocorridos no passado, buscando fazer incidir o imposto de renda sobre o acréscimo patrimonial definitivo, aquele decorrente de negócios jurídicos realizados pelo contribuinte ao longo do período de apuração. São tradicionalmente apontados como os principais expoentes desse grupo de países a Alemanha, a França e a Itália.[440] Esse modelo é conhecido na doutrina pelo nome de *stakeholder-oriented*,[441] precisamente em razão do fato de que as demonstrações financeiras são elaboradas tendo os credores como o seu principal usuário.

Ao revés, uma contabilidade mais voltada para a identificação de probabilidades a respeito do futuro, que tem como principal referência uma visão da realidade baseada na essência econômica das transações, exige uma especial atenção do legislador tributário na especificação dos ajustes necessários para a formação da base de cálculo do imposto de renda.[442] Essa situação se agrava quando se verifica que um registro contábil baseado em expectativas prescinde até mesmo da ocorrência de uma transação, bastando que seja possível reconhecer uma variação no valor do patrimônio, baseada na consideração das mencionadas expectativas. Justamente em razão disso, observa-se uma separação maior entre as contabilidades fiscal e societária,[443] evidenciando a existência de um modelo baseado no investidor *(shareholder-oriented)*.[444] Podem

---

[440] ESSERS, Peter et al. *The influence of IAS/IFRS on the CCTB, Tax accounting, Disclosure and Corporate Law*. New York: Wolters Kluwer Law & Business, 2009, p. 37.

[441] AGUIAR, Nina. Do commercial accounts and the tax base have to be aligned? In: MAX PLANCK EUROPEAN POSTDOCTORAL CONFERENCE ON TAX LAW, Munich 21 and 22 November 2011; BUSHMAN, Robert M.; PIOTROSKI, Joseph D. Financial reporting incentives for conservative accounting: the influence of legal and political institutions (January 1, 2005). *Journal of Accounting and Economics*, v. 42, p. 107-148, Oct. 2006; HUNG, Mingyi; SUBRAMANYAM, K. R. *Financial statement effects of adopting international accounting standards*: the case of Germany. Los Angeles, CA: University of Southern California, November 2004. 48 p. e TAVARES, Tomás Cantista. *IRC e Contabilidade. Da realização ao justo valor*. Coimbra: Almedina, 2011, p. 444-445.

[442] NOBES, Christopher, PARKER, Robert. *Comparative international accounting*. 11th ed. London: FT Prentice Hall, 2010, p. 35.

[443] ESSERS, Peter et al. *The influence of IAS/IFRS on the CCTB, Tax accounting, Disclosure and Corporate Law*. New York: Wolters Kluwer Law & Business, 2009, p. 37.

[444] AGUIAR, Nina. Do commercial accounts and the tax base have to be aligned? In: MAX PLANCK EUROPEAN POSTDOCTORAL CONFERENCE ON TAX LAW, Munich 21 and 22 November 2011; BUSHMAN, Robert M.; PIOTROSKI, Joseph D. Financial reporting

ser citados como pertencentes a esse grupo de países a Austrália, os EUA, a Holanda e a Inglaterra.[445]

Do exposto, é possível notar que uma maior ou menor conformidade entre a base de cálculo do imposto de renda e o resultado apurado com base na contabilidade não decorre de uma opção fortuita do legislador. Como visto, a relação de proximidade entre o direito tributário e a contabilidade é absolutamente natural, mas a sua intensidade pode variar de acordo com a compatibilidade de qualificação dos fatos patrimoniais em cada uma das ciências. Ou seja, eventuais alterações na visão da contabilidade sobre a realidade podem estreitar ainda mais essa relação, ou gerar o efeito contrário, impondo maiores distanciamentos, sempre que a qualificação contábil do fato patrimonial levar em conta pressupostos não admitidos pelo direito tributário.

O contexto exposto ao longo dos últimos parágrafos, embora represente um modelo simplificado da realidade, é útil para compreender as razões que orientam a relação entre o direito tributário e a contabilidade. Com base nesse modelo é possível analisar o caso brasileiro, o que será importante para a percepção de que a convergência ao padrão IFRS realmente impõe a adoção de uma nova estrutura conceitual básica para a contabilidade. Por esse motivo, observa-se uma forte tendência de novéis distanciamentos entre o resultado societário e a base de cálculo do imposto de renda das pessoas jurídicas.

4.3.2 A realidade brasileira

A realidade brasileira também pode ser analisada sob a perspectiva da principal fonte de financiamento da atividade empresarial. A esse respeito, é difícil não pensar no tardio desenvolvimento do mercado de capitais nacional, que teve o efeito de fazer com que os recursos oriundos do investidor desse mercado tenham ocupado uma posição apenas subsidiária no referido financiamento. Como regra, as sociedades brasileiras foram custeadas pelo investimento direto de seus sócios ou por recursos obtidos junto a instituições financeiras, ainda que não se

---

incentives for conservative accounting: the influence of legal and political institutions (January 1, 2005). *Journal of Accounting and Economics*, v. 42, p. 107-148, Oct. 2006; HUNG, Mingyi; SUBRAMANYAM, K. R. *Financial statement effects of adopting international accounting standards*: the case of Germany. Los Angeles, CA: University of Southern California, November 2004. 48 p. e TAVARES, Tomás Cantista. *IRC e Contabilidade. Da realização ao justo valor.* Coimbra: Almedina, 2011, p. 444-445.

[445] SHAVIRO, Daniel N. *The optimal relationship between taxable income and financial accounting income*: analysis and a proposal. New York: NYU Law and Economics, 2008, p. 3. (Research Paper Series nº 07-38).

possa ignorar a forte presença de bancos públicos, federais e estaduais, como é o típico exemplo do Banco Nacional de Desenvolvimento Econômico e Social (BNDES).

Em razão disso, a necessidade de uma contabilidade de elevada qualidade era pequena, pois os principais usuários da informação contábil (proprietários, Fisco e credores) não se mostravam muito preocupados com expectativas e tendências relacionadas ao futuro, mas com os efeitos patrimoniais atuais relacionados a acontecimentos ocorridos no passado.[446] Como bem destaca Iudícibus, "o antigo Código Comercial Brasileiro e a antiga Lei das Sociedades por Ações continham disposições contábeis", fazendo com que normas jurídicas influenciassem os registros contábeis, o que decorreria "da falta de esclarecimentos de muitos contadores sobre os limites entre a Contabilidade científica (e até societária) e da Contabilidade para fins fiscais". De forma acertada, conclui que "[n]a falta de parâmetros técnicos, aceitaram os fiscais e confundiram critérios técnicos com critérios fiscais".[447]

Portanto, observava-se até o momento referido uma nítida conformidade entre o resultado societário e a base de cálculo do imposto de renda, fruto de uma compatibilidade contingente entre os critérios adotados para a qualificação dos fatos patrimoniais pela contabilidade e pelo direito tributário.[448] Segundo aponta a doutrina, esse modelo já teria passado a não mais atender às necessidades da economia brasileira desde a expansão econômica de meados da década de 1960, o que fez nascer, naquele momento, uma pressão por normas contábeis mais pragmáticas, voltadas para uma então nova realidade econômica, com a finalidade de fomentar uma maior quantidade de investimentos, especialmente estrangeiros.[449]

Exatamente nesse contexto teria surgido a atual lei das sociedades por ações, que revogou parcialmente o Decreto-Lei nº 2.627/40 e introduziu no Brasil a "estrutura jurídica necessária ao fortalecimento do mercado de capitais de risco no País, imprescindível à sobrevivência

---

[446] CARVALHO, Nelson; CARMO, Carlos Henrique Silva do. A primazia da essência sobre a forma na prática contábil. In: MOSQUERA, Roberto Quiroga; LOPES, Alexsandro Broedel (Coord.). *Controvérsias Jurídico-Contábeis*: aproximações e distanciamentos. São Paulo: Dialética, 2013. v. 4, p. 237-238.

[447] IUDÍCIBUS, Sérgio. *Teoria da contabilidade*. 11. ed. São Paulo: Atlas, 2015, p. 22.

[448] LOPES, Alexsandro Broedel; MARTINS, Eliseu. *Teoria da contabilidade. Uma nova abordagem*. São Paulo: Atlas, 2007, p. 123.

[449] LOPES, Alexsandro Broedel; MARTINS, Eliseu. *Teoria da contabilidade. Uma nova abordagem*. São Paulo: Atlas, 2007, p. 123.

da empresa privada na fase atual da economia brasileira".[450] De acordo com Lopes e Martins,[451] a estrutura contábil adotada pela então nova lei das sociedades por ações teria representado verdadeira opção por um modelo mais próximo do norte-americano, voltado para o mercado de capitais. Em outras palavras, o pressuposto da lei das sociedades anônimas brasileira já não tinha como principal usuário da informação contábil o Fisco, mas o investidor institucional, o que revelava a necessidade de uma informação de qualidade, elaborada exclusivamente com base em regras contábeis.

Essa premissa trouxe consigo a necessidade de que as demonstrações financeiras não levassem em conta a existência de normas contábeis de natureza fiscal, ou seja, ajustes ao resultado societário prescritos pelo legislador tributário, como forma de adaptar o lucro líquido à base de cálculo do imposto de renda. Dito de outro modo, eventuais ajustes tributários deveriam ser realizados de forma apartada, sem qualquer possibilidade de afetar o resultado do exercício. E assim foi prescrito por meio do art. 177 da Lei nº 6.404/76,[452] cuja determinação foi positivada no sentido de que a escrituração deveria ser mantida em registros permanentes, com obediência aos princípios de contabilidade geralmente aceitos, com especial destaque para o reconhecimento das mutações patrimoniais com base no regime de competência. Com isso, esperava-se que as demonstrações financeiras passassem a ser efetivamente elaboradas apenas com referência em regras contábeis, devendo os ajustes de natureza tributária ser realizados em livros apartados.

A realidade, porém, acabou se impondo e tornando praticamente inócuas as mudanças pretendidas pelo legislador. Em primeiro lugar, o desenvolvimento do mercado de capitais brasileiro foi bastante posterior ao advento da Lei nº 6.404/76, de modo que os recursos oriundos desse mercado continuavam a ter uma importância absolutamente secundária. Em segundo lugar, demonstrações financeiras de qualidade eram um

---

[450] Item 4 da Exposição de Motivos nº 196, de 24/06/1976, do Ministro da Fazenda. A esse respeito ver: BIFANO, Elidie Palma. Evolução do regime contábil tributário no Brasil. In: LOPES, Alexsandro Broedel; MOSQUERA, Roberto Quiroga (Coord.). *Controvérsias Jurídico-Contábeis*: aproximações e distanciamentos. São Paulo: Dialética, 2012. v. 3. p. 140-156.

[451] LOPES, Alexsandro Broedel; MARTINS, Eliseu. *Teoria da contabilidade. Uma nova abordagem*. São Paulo: Atlas, 2007, p. 125-126.

[452] Lei nº 6.404/76. "Art. 177. A escrituração da companhia será mantida em registros permanentes, com obediência aos preceitos da legislação comercial e desta Lei e aos princípios de contabilidade geralmente aceitos, devendo observar métodos ou critérios contábeis uniformes no tempo e registrar as mutações patrimoniais segundo o regime de competência".

item restrito a um seleto número de companhias abertas, de modo que a grande massa de empresas acabava produzindo contabilidade com a finalidade precípua de apurar tributos. Por isso, era natural que houvesse uma preferência por uma contabilidade mais próxima dos interesses do Fisco e que esse não hesitasse em vincular determinados efeitos tributários a uma forma específica de escrituração das transações, mesmo que contrariando preceitos contábeis.[453] Por fim, a contabilidade brasileira continuava essencialmente vinculada a registros baseados em valores de entrada, de modo que a realização jamais deixou de ser considerada como o evento crítico para o reconhecimento de receitas.

Por essas razões, pode-se afirmar que o traço mais marcante do cenário brasileiro diz respeito à enorme influência exercida pelo Fisco sobre o registro contábil, seja em razão da vinculação entre um determinado efeito fiscal e a sua prévia contabilização (depreciação, subvenções para investimento, juros sobre o capital próprio, etc.), seja em razão do fato de que os postulados contábeis eram simplesmente ignorados por grande parte dos contadores, com o propósito de que as demonstrações financeiras não precisassem ser objeto de maiores ajustes para fins de apuração da base de cálculo do imposto de renda. É inegável a prevalência de registros baseados em custo de aquisição, o respeito à qualificação jurídica das transações ocorridas e a necessidade de realização para o reconhecimento de receitas e despesas, o que aproximou bastante os resultados societários e tributário.

4.3.3 A convergência a um padrão contábil internacional

Expostas as principais razões da diversidade de padrões contábeis ao redor mundo, e inserido o Brasil nesse cenário, é preciso atribuir a devida importância às últimas décadas, em que se percebe um enorme esforço no sentido de uniformização de práticas contábeis. A razão principal desse processo de convergência tem origem nos efeitos negativos da referida heterogeneidade, que prejudica a comparabilidade entre demonstrações financeiras de companhias com atuação semelhante no mercado, mas estabelecidas em jurisdições distintas, e desestimula o fluxo de investimento entre diferentes países.[454] A superação dessas

---

[453] IUDÍCIBUS, Sérgio; MARTINS, Eliseu; GELBCKE, Ernesto Rubens. *Manual de contabilidade das sociedades por ações*: aplicável às demais sociedades. 7. ed. São Paulo: Atlas, 2008, p. 5.

[454] O exemplo da Daimler Benz é paradigmático. Quando a companhia alemã pensou em negociar os seus papéis na Bolsa de Valores de Nova Iorque ela precisou adaptar as suas

CAPÍTULO 4 | 211

barreiras exigia um esforço no sentido de se buscar a adoção de um conjunto uniforme de regras contábeis.

Nesse contexto, o impulso inicial no sentido da convergência de práticas contábeis pode ser atribuído ao Tratado de Roma, que tinha por objetivo o estabelecimento da livre circulação de pessoas, bens e serviços, e de capitais. Adicionalmente, a Política Industrial Comum de 1970 se preocupou com a criação de um ambiente de negócios unificado, o que incluía a harmonização do direito societário e tributário, além de uma série de outras medidas com esse mesmo intuito.[455] Não por acaso, esse cenário está intimamente relacionado com o crescimento do mercado de capitais como fonte de financiamento da atividade empresarial, especialmente ao longo das décadas de 1960 e 1970.[456]

Contextualizada a questão, pode-se apontar como o principal marco da harmonização contábil mundial a criação do *International Accounting Standards Committee* (IASC), cuja fundação já havia sido discutida no 10º Congresso Mundial de Contadores, realizado na Austrália, em 1972. Pouco tempo depois, em 1973, dezesseis órgãos da classe contábil, de nove diferentes países,[457] fundaram o IASC, que teve a sua sede estabelecida em Londres. O seu objetivo inicial era produzir normas contábeis de alta qualidade técnica, as *International Accounting Standards* (IAS). Posteriormente, entre 1974 e 2000, o IASC cresceu e passou a abranger cento e cinquenta órgãos da profissão contábil, representando mais de cento e dez países. Em 2001 a estrutura acabou sendo alterada, com o *International Accounting Standards Board* (IASB) assumindo as responsabilidades do IASC e tendo como propósito desenvolver um conjunto de normas contábeis capazes de representar um padrão apto a ser utilizado em bases mundiais. Com esse intuito, o IASB incorporou boa parte das IAS e passou a editar as IFRS.[458]

---

demonstrações financeiras ao padrão US-GAAP. O resultado foi a alteração de um lucro, até aquele momento do ano, de 168 milhões de marcos alemães (DM) para um prejuízo de 949 milhões de marcos, uma diferença de 1,1 bi em apenas 6 meses. Vide: RAJAN, Raghuran G.; ZINGALES, Luigi. *Saving capitalism from the capitalists*. Princeton, NJ: Princeton University Press, 2003, p. 251.

[455] NOBES, Christopher, PARKER, Robert. *Comparative international accounting.* 11ᵗʰ ed. London: FT Prentice Hall, 2010, p. 283.

[456] ESSERS, Peter et al. *The influence of IAS/IFRS on the CCTB, Tax accounting, Disclosure and Corporate Law.* New York: Wolters Kluwer Law & Business, 2009, p. 2.

[457] Alemanha Ocidental, Austrália, Canadá, Estados Unidos, França, Holanda, Inglaterra, Irlanda, Japão e México.

[458] ESSERS, Peter et al. *The influence of IAS/IFRS on the CCTB, Tax accounting, Disclosure and Corporate Law.* New York: Wolters Kluwer Law & Business, 2009, p. 2-6.

Essa evolução foi bem apreendida por Tavares,[459] que conseguiu identificar os diferentes estágios pelos quais o processo de harmonização contábil passou até atingir o *status* atual. Em um primeiro momento, que compreende o intervalo entre a fundação do IASC e o final da década de 1980, as IAS não conseguiram obter o prestígio desejado inicialmente. Era vista com desconfiança a possibilidade de que as normas de contabilidade fossem desenvolvidas por um organismo privado representativo da classe contábil. Some-se a isso o fato de parte das regras terem sido consideradas excessivamente flexíveis. Por fim, os prejuízos decorrentes da ausência de comparabilidade não eram considerados relevantes a ponto de justificar um esforço maior na obtenção de um padrão internacional de contabilidade.

A segunda fase seria aquela compreendida entre o início da década de 1990 e o ano de 2002. É nesse período que já se pode observar um aumento da influência das IAS sobre as regras locais, principalmente em se tratando de países europeus. Alguns deles, passaram, inclusive, a incorporá-las diretamente ao seu conjunto de práticas ou simplesmente a tomá-las como parâmetro para o desenvolvimento e aperfeiçoamento do sistema doméstico. Especificamente em relação às IAS, quando comparadas com a fase anterior, elas revelam um aumento da sua qualidade técnica, tendo passado a regular situações novas, de elevada complexidade, muitas vezes não abrangidas pelas regras locais. Nessa segunda fase, os efeitos negativos da assimetria informacional passam a se tornar cada vez mais relevantes, reclamando uma postura firme rumo à harmonização contábil mundial.

A terceira fase, que teria início no ano de 2002, tem como grande fator a decisão da União Europeia de determinar que as normas IFRS deveriam ser mandatoriamente adotadas para fins de elaboração e apresentação das demonstrações financeiras de suas companhias listadas em bolsas de valores, a partir de 1º de janeiro de 2005. Essa iniciativa foi seguida por uma série de países, de modo que em 2007 o número de jurisdições que passou a aceitar o padrão IFRS já passava de cem. Foi também em 2007 que a *Securities and Exchange Commission* (SEC), o equivalente à Comissão de Valores Mobiliários (CVM) nos EUA, passou a admitir a utilização das IFRS nas demonstrações financeiras de sociedades estrangeiras e a discutir a adoção desse mesmo padrão para as companhias norte-americanas.[460]

---

[459] TAVARES, Tomás Cantista. *IRC e Contabilidade. Da realização ao justo valor.* Coimbra: Almedina, 2011, p. 438.

[460] ESSERS, Peter et al. *The influence of IAS/IFRS on the CCTB, Tax accounting, Disclosure and Corporate Law.* New York: Wolters Kluwer Law & Business, 2009, p. 8.

CAPÍTULO 4
DELIMITAÇÃO DO ESPECTRO DE INFLUÊNCIA DA CONTABILIDADE SOBRE A DEFINIÇÃO DO FATO GERADOR ... | 213

No que diz respeito ao Brasil, o processo de convergência ao padrão IFRS teve início com a publicação da Lei nº 11.638/07, fruto da conversão do Projeto de Lei nº 3.741/00, e que tinha os objetivos declarados de: *(i)* corrigir impropriedades existentes na Lei nº 6.404/76, e *(ii)* adaptar a lei societária aos padrões de contabilidade e de auditoria, com a finalidade de melhorar a qualidade das informações contábeis.[461] Trata-se de uma lei essencialmente preocupada com questões societárias e que tinha como principal finalidade "a eliminação de algumas barreiras regulatórias que impediam a inserção total das companhias abertas no processo de convergência contábil internacional", bem como elevar "o grau de transparência das demonstrações financeiras em geral, inclusive em relação às chamadas sociedades de grande porte não constituídas sob a forma de sociedades por ações".[462] Em razão disso, pela primeira vez na história brasileira, a elaboração das novas normas ficou a cargo de um único órgão, denominado Comitê de Pronunciamentos Contábeis (CPC).[463]

4.4   O padrão IFRS sob a perspectiva brasileira. A estrutura conceitual básica

Exposto, ainda que brevemente, o contexto histórico em que está inserido o processo de convergência da contabilidade mundial ao padrão IFRS, o momento é de avançar na direção dos possíveis reflexos tributários decorrentes da mudança de práticas contábeis. Isso, no entanto, não pode ser feito sem que as principais características desse novo padrão sejam apresentadas com um pouco mais de detalhe. Para tanto, deve-se levar em conta a busca secular da contabilidade no sentido de deixar de ser um retrato do passado e passar efetivamente a estar apta a fornecer aos seus diversos usuários um conjunto de informações úteis na tomada de decisões capazes de mudar o fluxo das coisas.[464] Nelson Carvalho afirma que as demonstrações financeiras devem se preocupar em estimar os fluxos de caixa futuros, por meio de registros baseados em transações com conteúdo econômico, de acordo com a já

---

[461] Exposição de Motivos MF nº 57/2000.

[462] IUDÍCIBUS, Sérgio. *Teoria da contabilidade*. 11. ed. São Paulo: Atlas, 2015, p. 293.

[463] Instituído pela Resolução CFC nº 1.055/05 de 7 de outubro de 2005, publicada no Diário Oficial da União de 24 de outubro de 2005.

[464] CARVALHO, Nelson. Essência x Forma na contabilidade. In: MOSQUERA, Roberto Quiroga; LOPES, Alexsandro Broedel (Coord.). *Controvérsias Jurídico-Contábeis*: aproximações e distanciamentos. São Paulo: Dialética, 2010, p. 371.

mencionada máxima *accounting follows economics*.[465] Com base nessas premissas, a contabilidade se aproxima do valor justo ao mesmo tempo em que adota a primazia da essência econômica sobre a forma jurídica. Os efeitos concretos das considerações acima não podem ser negligenciados. A ideia de uma contabilidade voltada para o futuro faz com que seja necessário trabalhar com expectativas, uma vez que o valor presente do patrimônio tem relação direta com os efeitos esperados, relacionados a fatos patrimoniais ainda não ocorridos e de ocorrência até mesmo incerta. Além disso, o pressuposto de uma maior aproximação com as ciências econômicas exige que o registro contábil não esteja apegado a forma jurídica, pois o apreço a questões legais pode acabar afastando o valor do patrimônio de sua essência econômica. Em outras palavras, o contador precisa adotar uma visão prospectiva da realidade, o que lhe permite estimar o valor presente de uma estimativa a respeito de fluxos de caixa futuros, sempre com base na busca por uma essência econômica, admitindo-se uma certa dose de subjetividade, sem que isso implique qualquer pretensão de representar uma visão exata acerca do patrimônio.

A adoção desses postulados precisa ser entendida de forma mais concreta, dado que ela exige algumas escolhas pela contabilidade.[466] Atualmente, a estrutura conceitual acaba girando em torno da figura do ativo, o que é conhecido na doutrina anglo-saxônica pelo nome de *primacy of assets*. Significa dizer que oscilações a respeito do valor do patrimônio, em busca do seu valor justo, não apenas são permitidas como o registro de sua contrapartida ocorre em conta de resultado, por meio de reconhecimento de receitas e despesas, que têm na mudança de perspectiva de valor do patrimônio o seu fundamento. Não há necessidade de que essas mutações patrimoniais tenham origem em uma transação, tampouco que estejam relacionadas com as atividades habituais da entidade. O *resultado*, portanto, passa a ser a contrapartida de um ajuste realizado sobre o *patrimônio*, sem que definições a respeito do que sejam receitas e despesas se mostrem decisivas.[467]

---

[465] CARVALHO, Nelson. Essência x Forma na contabilidade. In: MOSQUERA, Roberto Quiroga; LO-PES, Alexsandro Broedel (Coord.). *Controvérsias Jurídico-Contábeis*: aproximações e distanciamentos. São Paulo: Dialética, 2010, p. 376.

[466] BROMWICH, Michael; MACVE, Richard; SUNDER, Shyam. Hicksian income in the conceptual framework. *Abacus*, v. 46, n. 3, p. 348-376, Sept. 2010, p. 2-6.

[467] DICHEV, Ilia D. *On the balance sheet-based model of financial reporting*. New York: Columbia Business School – Center for Excellence in Accounting & Security Analysis CEASA, Sept. 2007. 28 p. (Occasional Paper Series).

Uma rápida análise da estrutura conceitual básica da contabilidade brasileira parece corroborar cada palavra do que foi dito acima. Trata-se do "Pronunciamento Conceitual Básico (R1)," elaborado pelo Comitê de Pronunciamentos Contábeis, e que possui correlação direta com a estrutura conceitual básica do IFRS, representada pela *The Conceptual Framework for Financial Reporting*. É interessante notar a declaração inicial de que o objetivo das demonstrações financeiras é precisamente aquele de fornecer aos seus diferentes usuários informações "úteis na tomada de decisões econômicas e avaliações por parte de usuários em geral, não tendo o propósito de atender finalidade ou necessidade específica de determinados grupos de usuários" (CPC 00_R1). A premissa assumida é a de que a generalidade dos usuários recorre às demonstrações financeiras para obter informações relacionadas à tomada de decisões, de modo que uma contabilidade capaz de oferecer essa gama de elementos se mostrará adequada a um universo abrangente de destinatários.

Como pressuposto, há o reconhecimento de que "[a]s demonstrações contábeis são mais comumente elaboradas segundo modelo baseado no custo histórico recuperável e no conceito de manutenção do capital financeiro nominal". Há a constatação, no entanto, de que "[o]utros modelos e conceitos podem ser considerados mais apropriados para atingir o objetivo de proporcionar informações que sejam úteis para tomada de decisões econômicas (...)" (CPC 00_R1). Duas importantes observações podem ser construídas a partir dos trechos citados: *(i)* que o custo histórico e a manutenção do capital financeiro nominal continuam representando a regra geral, mas que *(ii)* outros modelos podem ser aceitos, na hipótese de eles se mostrarem os mais adequados para a tomada de decisões econômicas acerca do futuro. Em outras palavras, não há uma necessária vinculação entre o registro contábil e o custo histórico de uma transação já ocorrida.

É possível perceber, nos objetivos do que o CPC 00 denomina de "relatório contábil-financeiro", a expressa menção aos investidores, mesmo aqueles ainda potenciais. Na sequência, afirma-se que as suas decisões "relacionadas a comprar, vender ou manter instrumentos patrimoniais e instrumentos de dívida dependem do retorno esperado dos investimentos feitos nos referidos instrumentos". (CPC 00_R1). Tendo em mente esse propósito, a estrutura conceitual reconhece a absoluta desvinculação entre as demonstrações contábeis e o valor da entidade, uma vez que o seu objetivo seria apenas o de estimar o referido valor e não efetivamente de demonstrá-lo (CPC 00_R1). Essa é uma informação extremamente relevante para o direito tributário, uma vez que a própria contabilidade reconhece que as demonstrações financeiras representam apenas uma estimativa, sem qualquer pretensão de revelar o valor intrínseco da entidade.

Esse reconhecimento ocorre de maneira ainda mais evidente, com a afirmação de que, "[e]m larga extensão, os relatórios contábil-financeiros são baseados em estimativas, julgamentos e modelos e não em descrições ou retratos exatos". (CPC 00_R1). Nessa linha, a estrutura conceitual estabeleceria apenas alguns critérios que amparam as referidas estimativas, julgamentos e modelos. Ou seja, a contabilidade não pretende representar a realidade com exatidão, mas propor uma visão baseada em estimativas alicerçadas em determinados postulados. Nesse ponto, já se deve ter redobrada atenção em relação às possíveis inconsistências entre as demonstrações financeiras e a base de cálculo do imposto de renda, justamente em razão da premissa de que a contabilidade leva em consideração diversos elementos subjetivos para qualificar a realidade.

O CPC 00 também atesta que a performance financeira da entidade deve ser refletida pelo regime de competência. De forma mais específica, afirma que esse regime retrata "os efeitos de transações e outros eventos e circunstâncias sobre os recursos econômicos e reivindicações da entidade que reporta a informação nos períodos em que ditos efeitos são produzidos, ainda que os recebimentos e pagamentos em caixa derivados ocorram em períodos distintos". (CPC 00_R1, OB17). É possível notar que a performance não se vincula apenas à ocorrência de transações, sendo igualmente possível que concorram o que se qualificou como "outros eventos e circunstâncias sobre os recursos econômicos" (CPC 00_R1, OB17), que representam um inegável distanciamento em relação ao imposto de renda, especialmente se a premissa adotada pelo intérprete envolver a necessidade de prévia realização para a existência jurídica de renda.

No item seguinte, essa questão fica ainda mais clara quando se menciona que tais informações "são úteis para avaliar a capacidade passada e futura da entidade na geração de fluxos de caixa líquidos" (CPC 00_R1, OB18). Por fim, de forma bastante exemplificativa, reconhece-se que a performance financeira pode ter origem em mudanças nos preços de mercado ou nas taxas de juros (CPC 00_R1, OB19). Ou seja, reconhece-se a possibilidade de que o registro contábil leve em conta a mudança de perspectiva de valor dos itens patrimoniais, o que pode adotar como referência, por exemplo, a sua cotação no mercado. Dito de outro modo, não se desconsidera que a variação do valor de mercado pode causar reflexos sobre a performance financeira da entidade.

No que diz respeito às características qualitativas de uma informação contábil-financeira útil, o CPC 00 menciona as duas principais.

DELIMITAÇÃO DO ESPECTRO DE INFLUÊNCIA DA CONTABILIDADE SOBRE A DEFINIÇÃO DO FATO GERADOR ...

São elas: *(i)* relevância e *(ii)* representação fidedigna (CPC 00_R1, QC5). Relevante é aquela informação "capaz de fazer diferença nas decisões que possam ser tomadas pelos usuários", o que pressupõe a existência de um "valor preditivo, valor confirmatório ou ambos". O valor preditivo está relacionado à capacidade da informação de antever resultados futuros (CPC 00_R1, QC6, 7 e 8). Acerca da representação fidedigna, há o importante reconhecimento de que a contabilidade reporta um fenômeno econômico em palavras e números. A utilidade da informação, portanto, deve estar vinculada não apenas à relevância do referido fenômeno, mas à própria capacidade das demonstrações contábeis de retratá-los com fidedignidade (CPC 00_R1, QC12). Essa fidedignidade, contudo, não pode ser qualificada como um dado exato ou inexato, pois ela estará baseada apenas em uma estimativa vinculada à melhor informação disponível em um dado momento (CPC 00_R1, QC15, 16).

Quando se avança sobre os elementos das demonstrações contábeis, o CPC 00 aponta como seus integrantes os ativos, os passivos e o patrimônio líquido (CPC 00_R1, 4.4). De forma mais específica, a estrutura conceitual define ativo como "um recurso controlado pela entidade como resultados de eventos passados e do qual se espera que fluam futuros benefícios econômicos para a entidade". Passivo, por sua vez, "é uma obrigação presente da entidade, derivada de eventos passados, cuja liquidação se espera que resulte na saída de recursos da entidade capazes de gerar benefícios econômicos". Por fim, o patrimônio líquido "é o interesse residual nos ativos da entidade depois de deduzidos todos os seus passivos". É evidente o vínculo com o passado, mas que não deixa de considerar a expectativa de ocorrência de algo no futuro. Em outras palavras, o passado continua sendo relevante, mas o valor presente de ativos e passivos deve estar vinculado aos possíveis efeitos futuros, sempre baseados em uma expectativa.

É interessante notar que as definições de ativo e de passivo apontam apenas para as suas características essenciais, sem qualquer preocupação em especificar os critérios a serem observados para o seu registro no balanço. Merece destaque ainda maior a afirmação no sentido de que a avaliação acerca do enquadramento de um determinado item como ativo, passivo ou patrimônio líquido deve "atentar para a sua essência subjacente e não apenas para a sua forma legal" (CPC 00_R1, 4.6). Mais especificamente em relação aos ativos, há o expresso reconhecimento de que o seu registro não está vinculado à ocorrência de transações, concorrendo igualmente com elas o que se denomina de "outros eventos passados" (CPC 00_R1, 4.13). No que toca aos passivos, reconhece-se que alguns deles somente podem ser mensurados "por meio do emprego de significativo grau de estimativa" (CPC 00_R1, 4.19).

Nesse ponto, o distanciamento em relação ao direito tributário é ainda mais evidente, pois há menção expressa ao fato de que a essência, de acordo com a visão da contabilidade acerca da realidade, deve prevalecer sobre a forma jurídica adotada.

Passando para o resultado (receitas e despesas), a estrutura conceitual básica define receitas como "aumentos nos benefícios econômicos (...), sob a forma de entrada de recursos ou do aumento de ativos ou da diminuição de passivos, que resultam em aumentos do patrimônio líquido, e que não estejam relacionados com a contribuição dos detentores dos instrumentos patrimoniais". Acerca das despesas, elas foram definidas como diminuições "nos benefícios econômicos (...), sob a forma da saída de recursos ou da redução de ativos ou assunção de passivos, que resultam em decréscimo do patrimônio líquido, e que não estejam relacionados com distribuições aos detentores dos instrumentos patrimoniais" (CPC 00_R1, 4.25).

Especificamente em relação às receitas, é importante a consideração expressa de que a definição inclui ganhos não realizados. Como exemplo, fala-se da "reavaliação de títulos e valores mobiliários negociáveis e os que resultem de aumentos no valor contábil de ativos de longo prazo" (CPC 00_R1, 4.31). De igual modo, na definição de despesas estão incluídas as perdas não realizadas, como aquelas que "surgem dos efeitos dos aumentos na taxa de câmbio de moeda estrangeira com relação aos empréstimos da entidade a pagar em tal moeda" (CPC 00_R1, 4.35). Uma vez mais, observa-se um evidente ponto de atenção em relação ao direito tributário: *(i)* a consideração expressa de que receitas podem ser reconhecidas sem que tenham sido previamente realizadas e *(ii)* de que esse reconhecimento pode ocorrer diante de uma simples reavaliação de títulos e valores mobiliários, segundo a visão da contabilidade.

Acerca da probabilidade de benefícios econômicos futuros, existente nos conceitos dos elementos patrimoniais, reconhece-se a presença de uma incerteza relacionada ao ambiente em que a entidade opera. Em razão disso, "um ativo não deve ser reconhecido no balanço patrimonial quando os gastos incorridos não proporcionarem a expectativa provável de geração de benefícios econômicos para a entidade além do período contábil corrente" (CPC 00_R1, 4.47). Da mesma forma, um passivo deve ser reconhecido quando "for provável que uma saída de recursos detentores de benefícios econômicos seja exigida em liquidação de obrigação presente e o valor pelo qual essa liquidação se dará puder ser mensurado com confiabilidade" (CPC 00_R1, 4.46). No caso das receitas, o seu reconhecimento no resultado está relacionado ao aumento nos benefícios econômicos futuros, desde que a sua mensuração possa ser realizada com confiabilidade e que ela possua um suficiente grau de certeza (CPC 00_R1, 4.47, 48). Os mesmos critérios são utilizados para as despesas (CPC 00_R1, 4.53).

Essa exposição sugere a presença de uma incompatibilidade estrutural entre o atual modelo de apuração do lucro líquido e a base de cálculo do imposto de renda.[468] As mudanças ocorridas sobre a contabilidade estão longe de serem apenas teóricas, dado a repercussão substantiva sobre a percepção da realidade e sobre a forma de registrá-la, fazendo com que o resultado do exercício apresente uma composição que pode se distanciar bastante do regime que vigorou até o dia 31/12/2007. Salta aos olhos uma indiscutível diversidade de objetivos, que precisa ser apreendida pelo legislador, sob pena de que o imposto de renda acabe por incidir sobre o patrimônio, em razão da equivocada ideia de que o lucro líquido contábil representa a mais adequada aproximação da manifestação de capacidade contributiva que se pretende atingir por meio do imposto de renda.

4.5 A discussão acerca dos efeitos tributários

4.5.1 Breves notas acerca da experiência europeia

No ano de 1992 a União Europeia debatia a possibilidade de uniformização da base de cálculo do imposto de renda, por meio da adoção de uma *Common Consolidated Corporate Tax Base* (CCCTB), ou base

---

[468] "Ou seja, a contabilidade vem modificando seus conceitos fundamentais, dando prioridade a determinados atributos em detrimento de outros, fazendo, com isso, modificação nos momentos de mudança de valor de determinados ativos e passivos, alterando temporalmente o reconhecimento de resultados, em procura de uma qualidade informativa superior, mesmo que com o uso maior de certa subjetividade. Ora, o que não se pode é invocar quaisquer dessas mutações conceituais e práticas contábeis que nada estão a incrementar a capacidade de pagamento da entidade para origem de mudanças nos momentos da tributação se os pressupostos fundamentais para fins de pagamento desses tributos não se alteram, como os relativos à disponibilização de um pedaço de renda para pagamento dos tributos sobre essa mesma renda. Uma coisa é a evolução das normas contábeis, a ampliação do seu uso por usuários externos e a necessidade de alterações nos pesos atribuídos a cada atributo. Outra é a utilização desses mesmos conceitos e da mesma evolução para fins de tributação. Os objetivos são muito diferentes e, portanto, inaceitável qualquer intercambialidade automática de base". (OLIVEIRA, Ricardo Mariz de. *Incorporação de ações no Direito Tributário*. Prefácio Eliseu Martins. São Paulo: Quartier Latin, 2014, p. 18-19).

de cálculo comum do imposto de renda.[469] Os trabalhos do interessante *Ruding Committee* discutiam as desvantagens experimentadas por companhias multinacionais europeias, que precisavam lidar com sistemas diversos (e complexos) de apuração da renda em diversos países, ainda que todos eles pertencessem a uma união econômica e política, o que as prejudicava bastante, especialmente em termos de competitividade.[470] Após uma série de discussões, foi publicado em 2001 um estudo estabelecendo estratégias para a implementação de uma base consolidada do imposto de renda para todos os países membros da União Europeia, que acabou não ocorrendo.[471]

Passados alguns anos, em outubro de 2016, a União Europeia lançou nova proposta para a adoção de uma base consolidada de apuração e tributação da renda. Seria um regime pretensamente moderno, justo e competitivo. Os seus objetivos principais eram a redução dos custos de conformidade, a permissão de compensação das perdas apuradas em um país com lucros auferidos em outros, o aumento da segurança jurídica, um melhor e mais eficiente combate à evasão fiscal, especialmente porque o CCCTB pretende ser obrigatório apenas para os maiores grupos empresariais, e um incremento do crescimento econômico, por meio do fomento ao investimento e da criação de empregos no âmbito da União Europeia.[472]

No que interessa ao presente trabalho, merecem destaque as observações de Essers[473] acerca da não consideração, pelo Comitê *Ruding*, das consequências decorrentes da prévia decisão da União Europeia de determinar a adoção do padrão IFRS para as demonstrações financeiras consolidadas de suas companhias listadas em bolsas de valores. Ora, se as normas contábeis internacionais não são, em regra, obrigatórias para as demonstrações financeiras individuais, que são aquelas efetivamente

---

[469] Schön destaca que os trabalhos no sentido de harmonização da base de cálculo do imposto de renda no âmbito europeu tiveram início em 1988. A resistência de diversos países, contudo, fez com que essa proposta jamais tenha sido formalmente lançada e que a questão tenha sido colocada de lado por mais de uma década. Cf.: SCHÖN, Wolfgang. International accouting standards: a "starting point" for a common european tax base? *European Taxation*, v. 44, n. 10, p. 426-440, Oct. 2004, p. 427.

[470] ESSERS, Peter et al. *The influence of IAS/IFRS on the CCTB, Tax accounting, Disclosure and Corporate Law*. New York: Wolters Kluwer Law & Business, 2009, p. 30-31.

[471] SCHÖN, Wolfgang. International accounting standards: a "starting point" for a common european tax base? *European Taxation*, v. 44, n. 10, p. 426-440, Oct. 2004.

[472] Para maiores informações vide: https://ec.europa.eu/taxation_customs/business/company-tax/common-consolidated-corporate-tax-base-ccctb_en.

[473] ESSERS, Peter et al. *The influence of IAS/IFRS on the CCTB, Tax accounting, Disclosure and Corporate Law*. New York: Wolters Kluwer Law & Business, 2009, p. 31.

utilizadas como ponto de partida para a determinação da base de cálculo do imposto de renda, de nada adiantaria a adoção de critérios uniformes para a determinação da base de cálculo, dado que as diferenças poderiam dar-se no âmbito da qualificação dos fatos patrimoniais pelos diversos padrões contábeis locais. Como resultado, não se verificaria, de fato, uma base de cálculo uniforme do imposto de renda, pois o lucro líquido estaria vinculado às especificidades de cada jurisdição, afetando o resultado final.

Sobre esse ponto, sustenta o autor que, inicialmente, a União Europeia chegou a ver com bons olhos a possibilidade de utilização do padrão IFRS como referência para a determinação da base de cálculo consolidada. Essa posição, contudo, teria sido revista logo na sequência, deixando o padrão contábil internacional de ser o ponto de partida do CCCTB e passando a representar apenas uma referência para a criação de regras específicas de adaptação do resultado societário para fins tributários.[474] Em razão disso, em 2006 houve a divulgação de um comunicado com a ideia de que o CCCTB contasse com um conjunto autônomo de regras de apuração do lucro e que não estivesse formalmente vinculado ao padrão IFRS. Já em 2007, o padrão IFRS já não teria mais sido mencionado nos trabalhos relacionados à base de cálculo comum europeia, de tal sorte que a sua utilização como parâmetro para a apuração do imposto de renda não seria sequer desejável.

Em sua particular visão, Essers afirma que o padrão IFRS poderia vir a ser utilizado para fins tributários, desde que o valor justo não se transformasse na regra de avaliação de todos os ativos e passivos, o que poderia levar à tributação de ganhos incompatíveis com o conceito jurídico de renda. De todo modo, o autor holandês prossegue sustentando que o padrão IFRS poderia se mostrar uma importante fonte de inspiração para o desenvolvimento de normas de caráter tributário relacionadas à apuração do imposto de renda, com a ressalva de que nunca seria possível a sua adoção sem algum tipo de refinamento, em razão dos diferentes objetivos existentes entre as suas normas contábeis e o direito tributário. De forma mais específica, reconhece que liquidez e realização seriam regras mais caras ao direito tributário do que à contabilidade, em razão do fato de que o direito tributário se voltaria para fatos já ocorridos (*past performance*), enquanto a contabilidade buscaria determinar a capacidade de geração futura de caixa (*profit*

---

[474] ESSERS, Peter et al. *The influence of IAS/IFRS on the CCTB, Tax accounting, Disclosure and Corporate Law*. New York: Wolters Kluwer Law & Business, 2009, p. 31.

capacity), o que não poderia ser ignorado pelo legislador no momento de adaptar o padrão IFRS para fins tributários.[475]

Veja-se que não se cogita a possibilidade de que o padrão IFRS, considerado em sua inteireza, sirva como ponto de partida para a base de cálculo do imposto de renda.[476] Sem que sejam necessárias maiores digressões, admite-se uma evidente diversidade de objetivos e parâmetros entre os critérios contábeis e fiscais, o que tem como resultado um distanciamento natural, resultado da relativização, pela contabilidade, de regras absolutamente caras ao direito tributário, com especial destaque para a realização. Portanto, a análise do cenário brasileiro não pode ignorar dois pontos fundamentais verificados em outras jurisdições: *(i)* como regra, o padrão IFRS é utilizado apenas em demonstrações financeiras consolidadas, que não servem como referência para apuração do imposto de renda das pessoas jurídicas, que se valem de demonstrações financeiras individuais; *(ii)* não se cogita de uma irrestrita adoção das normas internacionais de contabilidade para fins tributários.

4.5.2 Os possíveis efeitos tributários das modificações de práticas contábeis no Brasil

Retornando ao caso brasileiro, pode-se afirmar que a Lei n° 11.638/07 não tinha qualquer pretensão de natureza tributária em suas origens. O objetivo declarado do legislador era inserir o Brasil no contexto global de harmonização de práticas contábeis, de modo a reduzir a assimetria da informação, permitir uma maior comparabilidade entre demonstrações financeiras e, por consequência, fomentar um incremento do fluxo de investimento entre países. Justamente por isso, em momento algum se defendeu a superioridade do novo resultado contábil para fins tributários. Em outras palavras, se as mudanças decorrentes dessa convergência iriam gerar repercussões fiscais, diretas ou indiretas, elas não haviam sido discutidas ou mensuradas.

As afirmações acima não são suficientes para atestar uma ampla neutralidade das normas contábeis que passaram a ser editadas no Brasil a partir de 1° de janeiro de 2008. Essa conclusão decorre de uma lógica absolutamente elementar: o legislador tributário, para fins de

---

[475] ESSERS, Peter et al. *The influence of IAS/IFRS on the CCTB, Tax accounting, Disclosure and Corporate Law.* New York: Wolters Kluwer Law & Business, 2009, p. 42-43.

[476] TAVARES, Tomás Cantista. *IRC e Contabilidade. Da realização ao justo valor.* Coimbra: Almedina, 2011, p. 472-473.

DELIMITAÇÃO DO ESPECTRO DE INFLUÊNCIA DA CONTABILIDADE SOBRE A DEFINIÇÃO DO FATO GERADOR ... | CAPÍTULO 4 | 223

determinação do lucro real das pessoas jurídicas, fez remissão direta ao resultado contábil, indicando que a base de cálculo do imposto é o lucro líquido, ajustado por adições e exclusões previstas em lei. Portanto, em um cenário que não contasse com quaisquer ajustes, haveria uma identidade entre o lucro contábil e a base de cálculo do imposto de renda, pelo menos *prima facie*. Dito de outro modo, as divergências entre lucro líquido e lucro real dependem de uma atuação positiva do legislador nesse sentido.

O cenário descrito acima, de aparente subordinação da legislação tributária ao resultado apurado segundo regras contábeis, pode causar estranheza ao intérprete de hoje, mas fazia sentido até 31/12/2007. Conforme já mencionado em mais de uma oportunidade ao longo do trabalho, a realidade brasileira demonstrava que a contabilidade era elaborada com base em critérios que a colocavam em uma posição de elevada proximidade com regras essenciais ao direito tributário, de modo que os ajustes eram realmente uma situação anormal. Em razão disso, não havia qualquer impedimento a que a lei fizesse remissão ao resultado apurado segundo os princípios de contabilidade geralmente aceitos, cujo fundamento legal ainda hoje se encontra positivado na Lei nº 6.404/76. Portanto, era natural que o legislador tivesse feito referência ao resultado apurado segundo a contabilidade e que os efeitos de eventuais modificações de práticas contábeis, naquele contexto específico, tivessem repercussões tributárias imediatas.

Essa situação precisa ser reavaliada sempre que as regras contábeis são objeto de alterações, especialmente as decorrentes de mudanças estruturais na própria forma de compreensão da realidade. É dizer, toda vez que o resultado contábil incorporar pressupostos contrários ao direito positivo (e esse deve ser o limite), o ajuste (desvio) deve ser tido por obrigatório, e não dependerá de uma atuação do legislador nesse sentido, uma vez que o seu fundamento de validade poderá ser buscado diretamente junto ao conceito jurídico de renda. De todo modo, não se pode negar que uma atuação prévia do legislador, com o intuito de prever a neutralidade dos efeitos tributários das novas práticas contábeis deve ser visto com bons olhos, por colocar em compasso de espera os possíveis reflexos que não tenham sido objeto de um estudo mais aprofundado pela comunidade jurídica, garantindo uma menor litigiosidade e uma maior segurança jurídica.

O primeiro passo nesse sentido foi dado já por ocasião da publicação da Lei nº 11.638/07, por meio de uma modificação da Lei nº 6.404/76, com a inclusão do parágrafo sétimo ao já existente art. 177. O texto merece ser transcrito, como forma de facilitar a sua compreensão:

> Art. 177 (...)
>
> §7º Os lançamentos de ajuste efetuados exclusivamente para harmonização de normas contábeis, nos termos do §2º deste artigo, e as demonstrações e apurações com eles elaboradas não poderão ser base de incidência de impostos e contribuições nem ter quaisquer outros efeitos tributários.

A redação é confusa. O legislador parece ter pretendido dizer que os lançamentos contábeis decorrentes das novas práticas (lançamentos de ajuste para harmonização de normas contábeis) não poderiam ter quaisquer efeitos tributários, sejam aqueles com repercussão direta sobre a base de cálculo (base de incidência), sejam aqueles indiretos (quaisquer outros efeitos tributários). Porém, os lançamentos decorrentes das novas práticas não podem ser chamados de *lançamentos de ajuste*, pois eles decorrem diretamente das novas práticas contábeis. Na verdade, eles passaram a ser contabilidade, logo, nada ajustam. Ademais, não há qualquer relação entre os (novos) lançamentos e a norma que podia ser construída a partir do mencionado §2º do art. 177.[477] Essa apenas previa (e ainda prevê, na redação atual) que os lançamentos contábeis decorrentes de ajustes previstos em leis de natureza tributária devem ser realizados em livros separados, nada mais.

---

[477] Art. 177. A escrituração da companhia será mantida em registros permanentes, com obediência aos preceitos da legislação comercial e desta Lei e aos princípios de contabilidade geralmente aceitos, devendo observar métodos ou critérios contábeis uniformes no tempo e registrar as mutações patrimoniais segundo o regime de competência.

(...)

§2º As disposições da lei tributária ou de legislação especial sobre atividade que constitui o objeto da companhia que conduzam à utilização de métodos ou critérios contábeis diferentes ou à elaboração de outras demonstrações não elidem a obrigação de elaborar, para todos os fins desta Lei, demonstrações financeiras em consonância com o disposto no caput deste artigo e deverão ser alternativamente observadas mediante registro: (Redação dada pela Lei nº 11.638, de 2007)

I – em livros auxiliares, sem modificação da escrituração mercantil; ou (Incluído pela Lei nº 11.638, de 2007)

II – no caso da elaboração das demonstrações para fins tributários, na escrituração mercantil, desde que sejam efetuados em seguida lançamentos contábeis adicionais que assegurem a preparação e a divulgação de demonstrações financeiras com observância do disposto no caput deste artigo, devendo ser essas demonstrações auditadas por auditor independente registrado na Comissão de Valores Mobiliários.

§2º A companhia observará exclusivamente em livros ou registros auxiliares, sem qualquer modificação da escrituração mercantil e das demonstrações reguladas nesta Lei, as disposições da lei tributária, ou de legislação especial sobre a atividade que constitui seu objeto, que prescrevam, conduzam ou incentivem a utilização de métodos ou critérios contábeis diferentes ou determinem registros, lançamentos ou ajustes ou a elaboração de outras demonstrações financeiras.

O legislador poderia ter pretendido dizer que os lançamentos de ajuste seriam aqueles destinados a retornar o resultado contábil ao estado anterior ao da publicação da Lei nº 11.638/07. Ou seja, teria o legislador a intenção de que a contabilidade *antiga*, assim entendida como o conjunto de normas contábeis anterior às alterações promovidas pela Lei nº 11.638/07, continuasse a ser o ponto de partida para os ajustes decorrentes da legislação tributária, tal como previsto no §2º do art. 177. Para tanto, seria preciso pressupor a existência de uma norma (implícita), a que determinaria a anulação dos efeitos decorrentes da *nova contabilidade*, o que não parece compatível com os enunciados. E essa interpretação ainda teria o seguinte inconveniente: o de ignorar a existência do vocábulo *harmonização*. Isso porque, os lançamentos destinados a eliminar os efeitos das novas práticas contábeis jamais poderiam ser chamados de harmonizadores; afinal, no presente contexto, harmonizar significa adotar normas contábeis brasileiras em consonância com os padrões internacionais, e não o contrário.

Mas qual seria, então, a norma prevista no §7º do art. 177? A despeito da obscura redação do enunciado, uma interpretação finalística parecia conduzir ao entendimento de que a *nova contabilidade* não poderia ser o ponto de partida para os ajustes prescritos pela legislação tributária, tal como se existissem dois diferentes lucros líquidos, um apurado segundo as regras contábeis vigentes em 31/12/2007 e outro apurado de acordo com as práticas contábeis atuais. Nesse cenário, seria preciso ajustar as demonstrações financeiras para que estas voltassem a refletir as práticas contábeis anteriores à Lei nº 11.638/07, para somente depois realizar os ajustes decorrentes da legislação tributária (adições e exclusões).

As dificuldades na interpretação da referida regra não demoraram a surgir. Do ponto de vista da RFB, ainda no primeiro semestre de 2008 a autoridade administrativa se pronunciou no sentido da necessidade de tributação das subvenções para investimento, tendo em vista a inexistência de previsão legal no sentido da possibilidade de exclusão dessa receita para fins de determinação da base de cálculo do imposto de renda.[478] Vale ressaltar que se estava diante de um exemplo claro

---

[478] SOLUÇÃO DE CONSULTA Nº 75, DE 27 DE MAIO DE 2008.
ASSUNTO: Imposto sobre a Renda de Pessoa Jurídica – IRPJ
EMENTA: DOAÇÕES FEITAS PELO PODER PÚBLICO. CÔMPUTO NO LUCRO REAL.
A partir de 1º de janeiro de 2008, as doações feitas pelo Poder Público obrigatoriamente serão registradas pelas pessoas jurídicas donatárias como receitas do período a que competirem, não havendo previsão legal para sua exclusão do lucro líquido para efeito de apuração do lucro real.

de modificação de prática contábil com repercussão direta sobre a base de cálculo do imposto, uma vez que anteriormente a 31/12/2007 as subvenções para investimento eram contabilizadas como reservas de capital e, justamente por isso, não transitavam pelo resultado do exercício. Era um forte indício de que a previsão geral de neutralidade inserida na Lei nº 6.404/76 não traria a segurança necessária. Diante desse cenário de instabilidade, o Poder Executivo se apressou para tentar resolver o problema. Editou a MP nº 449/08, revogando a regra anterior e criando o RTT. A referida MP foi posteriormente convertida na Lei nº 11.941/09. A análise da exposição de motivos revela o claro interesse do legislador de neutralizar os efeitos tributários das novas práticas contábeis enquanto não fosse editada uma lei tributária com essa específica finalidade. Além disso, houve o reconhecimento expresso de que o regime anterior havia criado um estado de insegurança jurídica, que precisava ser corrigido. Portanto, uma primeira análise dos objetivos do RTT deveria levar à conclusão de que a sua abrangência seria a mais ampla possível, com o condão de anular todo e qualquer efeito tributário, direto ou indireto, decorrente das novas práticas contábeis.

Os primeiros obstáculos nesse sentido decorrem da própria literalidade. O RTT abrangia apenas as modificações de práticas contábeis que levassem a novos critérios de reconhecimento de receitas, custos e despesas, ao contrário da previsão anterior, contida na Lei nº 6.404/76, que previa a necessidade de que os lançamentos de ajustes (presumindo-se aqueles relativos às novas regras contábeis) não poderiam ser base de incidência de impostos e contribuições, nem ter quaisquer efeitos tributários.[479] A aparente amplitude da regra anterior, que de tão ampla gerou dúvidas quanto à sua real abrangência, havia sido substituída por um regime baseado em critérios mais objetivos, em que apenas as alterações contábeis que gerassem repercussões sobre os critérios de reconhecimento de receitas, custos e despesas deveriam ser neutralizadas.

Durante toda a sua existência o RTT suscitou uma série de controvérsias acerca de sua aplicação. De um lado, a RFB defendia uma abrangência ampla e irrestrita, que não se vinculava apenas

---

[479] Lei nº 11.941/09: Art. 16. As alterações introduzidas pela Lei nº 11.638, de 28 de dezembro de 2007, e pelos arts. 37 e 38 desta Lei que modifiquem o critério de reconhecimento de receitas, custos e despesas computadas na apuração do lucro líquido do exercício definido no art. 191 da Lei no 6.404, de 15 de dezembro de 1976, não terão efeitos para fins de apuração do lucro real da pessoa jurídica sujeita ao RTT, devendo ser considerados, para fins tributários, os métodos e critérios contábeis vigentes em 31 de dezembro de 2007.

às alterações relacionadas ao reconhecimento de receitas, custos e despesas, mas a todas as hipóteses em que se verificasse a presença de um efeito tributário, mesmo que indireto.[480] De outro lado, os contribuintes defendiam que o regime de transição estaria restrito aos efeitos imediatos sobre a base de cálculo do imposto de renda, devendo ser considerados válidos todos os demais. Basicamente, as dúvidas estavam relacionadas justamente às hipóteses em que as novas práticas contábeis não geravam repercussões diretas sobre a base de cálculo do imposto de renda, especialmente no que dizia respeito à aplicação de enunciados de natureza tributária que faziam remissão direta ao resultado contábil. São exemplos dessa última situação o reenvio da legislação tributária ao resultado contábil para fins de aplicação das regras relacionadas à isenção de lucros, à equivalência patrimonial, à subcapitalização, etc.

De uma forma ou de outra, o RTT havia sido criado para ser uma solução temporária. A sua presença se justificava apenas durante o período em que os efeitos tributários decorrentes das novas práticas contábeis eram avaliados em sua totalidade. Em outras palavras, ele deveria ser substituído por uma lei específica, tão logo os efeitos tributários tivessem sido regulados de forma criteriosa. Nesse contexto, em 12/11/2013 o RTT foi extinto pela MP nº 627/13, posteriormente convertida na Lei nº 12.973/14. Em termos concretos, foi mantida intacta a lógica de que o lucro líquido deve ser considerado o ponto de partida para a apuração do imposto de renda, cabendo ao legislador prescrever ajustes a esse resultado sempre que os critérios adotados pela contabilidade forem incompatíveis com o conceito jurídico de renda, ou quando o legislador desejar ordenar ajustes para atingir uma determinada finalidade, desde que igualmente respeitados os limites constitucionais. A principal diferença, contudo, parece ser o reconhecimento de que os ajustes tendem a ser em número mais elevado, fruto de um maior distanciamento entre o atual padrão contábil e regras caras ao direito tributário, sobretudo a realização.

Considerando o tempo transcorrido entre as Leis nº 11.638/07 e nº 12.973/14, vários dos efeitos tributários já deveriam ser objeto de expressa regulação, não fazendo mais sentido que em relação a eles fosse mantida uma regra genérica de neutralidade, cuja interpretação suscitou controvérsias desde o momento inicial. Em razão disso, o

---

[480] Solução de Consulta nº 100 (09/04/2010); Solução de Consulta nº 60 (09/09/2011); Solução de Consulta nº 69 (19/06/2012).

legislador regulou alguns assuntos específicos, merecendo destaque as diversas questões relacionadas ao valor justo. Reconhecendo, todavia, que a contabilidade continuará sendo objeto de contínuas modificações, o legislador criou uma espécie de regra de transição, como pode ser percebido no art. 58, abaixo transcrito:

> Art. 58. A modificação ou a adoção de métodos e critérios contábeis, por meio de atos administrativos emitidos com base em competência atribuída em lei comercial, que sejam posteriores à publicação desta Lei, não terá implicação na apuração dos tributos federais até que lei tributária regule a matéria.
> Parágrafo único. Para fins do disposto no caput, compete à Secretaria da Receita Federal do Brasil, no âmbito de suas atribuições, identificar os atos administrativos e dispor sobre os procedimentos para anular os efeitos desses atos sobre a apuração dos tributos federais.

Note-se que a referência é a própria publicação da Lei nº 12.973/14, de modo que as mudanças de práticas contábeis a ela posteriores não podem gerar efeitos "na apuração dos tributos federais até que lei tributária regule a matéria". É interessante perceber a menção expressa ao vocábulo *apuração*, o que remete à composição da base de cálculo em sentido estrito e não a qualquer efeito relacionado à modificação do lucro líquido, em razão de alterações ocorridas no âmbito da contabilidade. É dizer, as alterações de práticas contábeis posteriores à edição da Lei nº 12.973/14, que repercutam diretamente sobre a base de cálculo dos tributos federais, deverão ser neutralizadas até que sobrevenha lei tributária regulando a matéria, cabendo à autoridade administrativa disciplinar de que modo essa neutralidade deverá ser operacionalizada.

Outro ponto de atenção relacionado ao referido dispositivo diz respeito à abrangência dos efeitos decorrentes de modificações contábeis anteriores à sua publicação. Deve-se presumir que todos os efeitos diretos sobre a base de cálculo dos tributos federais foram regulados, ainda que implicitamente, pelo legislador. Assim, quando o impacto sobre o resultado societário tiver origem em uma prática contábil anterior à Lei nº 12.973/14, três são as possíveis consequências: *(i)* o efeito terá sido regulado expressamente pelo legislador; *(ii)* o efeito não terá sido objeto de expressa regulação, mas as suas consequências são compatíveis com os conceitos que definem as competências relacionadas aos tributos federais; *(iii)* o efeito não terá sido regulado, mas ele se revela incompatível com os referidos conceitos. Quando se estiver diante da última hipótese, a neutralidade não precisará estar vinculada à expressa manifestação do legislador nesse sentido.

4.5.3 Critérios para interpretação da neutralidade tributária

Dado que as práticas contábeis brasileiras continuarão sendo objeto de constantes atualizações, destinadas a adaptá-las ao padrão contábil internacional, é preciso que seja estabelecido um critério claro para a sua interpretação, de modo a conferir a devida normatividade ao comando previsto no citado art. 58 da Lei nº 12.973/14. Para tanto, é preciso que os possíveis reflexos tributários decorrentes de mudanças de práticas contábeis sejam classificados em duas diferentes situações.

De um lado, é preciso que sejam consideradas as hipóteses em que os efeitos relacionados à mudança de prática repercutam diretamente sobre a base de cálculo do imposto de renda, como nos casos em que houver o reconhecimento de receitas e despesas que antes não eram reputadas existentes pela contabilidade, ou que não eram registradas em contas de resultado. De outro lado, podem ser mencionadas as hipóteses em que um determinado enunciado normativo, desvinculado da formação da base de cálculo do imposto de renda em sentido estrito (receitas e despesas), dependa do recurso ao resultado contábil para a sua conformação.

Para a primeira hipótese, os efeitos decorrentes de mudanças sobre a estrutura conceitual básica da contabilidade devem encontrar limites nas regras de competência que circunscrevem a atividade do legislador infraconstitucional para cada materialidade passível de incidência tributária. Dito de outro modo, não se nega a juridicidade das novas práticas contábeis, pois a lei societária se encarrega de atribuí-la, mas a necessidade de que a interação entre os conceitos contábeis delas decorrentes e determinados enunciados normativos respeite os limites impostos pelo ordenamento jurídico, mesmo diante da opção do legislador ordinário por fazer remissão a um resultado apurado de acordo com a aplicação de regras contábeis. Assim, mesmo que a norma de remissão não precise ser considerada inválida, a sua aplicação deverá continuar respeitando os mesmos limites conceituais presentes na Constituição.

Quando a análise envolver uma situação cuja relação com a base de cálculo do imposto de renda ocorra apenas de maneira indireta, a interpretação deve adotar lógica diversa. São os múltiplos casos em que o legislador tributário optou por recorrer a um conceito contábil (cuja positivação ocorre por meio da lei societária) para que a norma tributária possa ser construída em todos os seus atributos.[481] Nessas

---

[481] FALSITTA, Gaspare. *Manuale di Diritto Tributario:* parte speciale. 6ª ed. Padova: CEDAM, 2008, p. 87-88.

hipóteses, a presunção precisa caminhar em sentido contrário ao da neutralidade, devendo-se partir da premissa que o enunciado normativo continuará a ser aplicado por meio de incorporação direta do conceito societário referido, ainda que alterado por novas práticas contábeis. É que a opção do legislador por fazer referência à legislação societária deve ser interpretada de forma sistemática, levando-se em conta que a ausência de uma definição própria na legislação tributária, que se verifica por meio de um reenvio explícito ao direito societário, foi uma opção do legislador, não cabendo ao intérprete relativizá-la apenas porque o enunciado objeto do reenvio sofreu alguma espécie de modificação.

Para tanto, basta imaginar as várias outras hipóteses em que o legislador recorreu à sua liberdade configurativa para estabelecer conceitos tributários autônomos, mesmo que por meio de vocábulos idênticos aos utilizados pela contabilidade e que continham definição distinta. Ou seja, os efeitos relacionados a modificações impostas sobre o conceito objeto de reenvio pelo legislador já foram ponderados por ocasião da edição da lei, de modo que a opção por recorrer a um conceito externo ao direito tributário deve ser interpretada como representativa da vontade do legislador, positivada na norma.

É que quando se está diante de uma norma de reenvio não se deve presumir que o legislador tenha buscado se vincular a uma determinada e específica definição. Fosse esse o seu propósito, a técnica legislativa empregada teria sido outra. Portanto, não se pode aceitar a ideia de que o legislador tributário tenha pretendido estabelecer um sistema de aproximação vinculado a uma determinada estrutura conceitual da contabilidade, de modo que todos os ajustes estruturais deveriam ser considerados neutros. O que buscou o legislador foi confiar ao direito societário a qualificação da realidade econômica de uma maneira que pudesse ser aproveitada pelo direito tributário. É dizer, o legislador tributário já teria considerado a possibilidade de alteração de práticas contábeis, que só não teriam repercussões tributárias quando o seu resultado se revelasse absolutamente incompatível com o conceito de renda. Não sendo essa a hipótese, a remissão deveria ser aplicada integralmente.

Essa conclusão não pode se alterar mesmo diante de uma previsão normativa expressa de neutralidade colocada na lei, a menos que isso seja estabelecido por meio da determinação de que sejam elaboradas duas demonstrações financeiras, cada uma delas baseada em um determinado conjunto de regras contábeis. Não sendo essa a hipótese, a previsão de neutralidade deve ser aplicada somente aos casos em que a modificação de práticas contábeis gere efeito direto sobre a base de cálculo do imposto de renda, do que já se encarregariam os próprios limites desse conceito. Ainda assim, uma manifestação expressa do legislativo nesse sentido deve ter o seu valor considerado, principalmente para afastar os corriqueiros (e equivocados) argumentos do Fisco no sentido de que tudo que transitar pelo resultado contábil deverá afetar a apuração do lucro real, a menos que haja prescrição em sentido contrário.

Dois exemplos auxiliam na compreensão da questão. Para a primeira hipótese, basta imaginar os efeitos decorrentes da contabilização de receitas e despesas vinculadas à existência de ativos biológicos. A constatação de que mutações patrimoniais estão vinculadas ao simples desenvolvimento de um ativo no tempo e que isso não precisa ter relação com a efetiva ocorrência de uma transação é uma mudança de prática contábil posterior à Lei nº 11.638/07, que pode repercutir diretamente sobre a base de cálculo do imposto de renda, por meio do reconhecimento, no resultado societário, de receitas e despesas contábeis *novas*, que não terão sido objeto dos ajustes existentes em 31/12/2007. Nesse caso, mesmo diante de uma eventual inexistência de previsão de neutralidade das novas regras contábeis, não se poderia admitir que o imposto de renda incidisse sobre ganhos não realizados, pelo simples fato de que essa seria uma previsão incompatível com a delimitação imposta constitucionalmente ao conceito jurídico de renda.

Seguindo com esse mesmo exemplo, a questão que se coloca diz respeito à distribuição do lucro societário aos sócios, lucro este que terá sido formado também por rendimentos decorrentes de práticas contábeis novas e que não terão composto a base de cálculo do imposto de renda. Nessa hipótese, os lucros distribuídos, na parcela em que relativos ao resultado derivado da nova contabilidade, poderiam ser considerados isentos de imposto de renda? A resposta deve ser positiva, mesmo que se esteja diante de uma previsão normativa de neutralidade tributária das novas práticas contábeis, uma vez que esse é um efeito tributário indireto, ou seja, sem relação imediata com a formação da base de cálculo do imposto de renda.

Ao estabelecer a base sobre a qual incide a norma isentiva o legislador apenas fez remissão ao resultado societário, sem qualquer espécie de ressalva, de modo que o resultado deve ser aquele resultante da aplicação das regras contábeis em vigor no momento do recebimento dos lucros. Eventual interpretação em sentido contrário acabaria esbarrando na inexistência de dois diferentes resultados, um, supostamente compatível com a legislação do imposto de renda, e outro, que dela se distanciaria. Ademais, seria necessário construir uma norma jurídica que impusesse a existência de tributação sobre lucros recebidos, sendo que a única previsão a esse respeito prescreve uma isenção.

Tendo em vista esse cenário, pode-se afirmar que o propósito do legislador brasileiro foi o de neutralizar apenas os efeitos tributários com repercussão direta sobre a base de cálculo do imposto de renda. Uma vez mais, diz-se base de cálculo, pois deve-se presumir serem objeto de interesse do legislador tão somente os efeitos tributários decorrentes da modificação de práticas contábeis que levam ao reconhecimento de receitas e despesas que inexistiam ou que possuíam qualificação diversa de acordo com as regras vigentes em 31/12/2007. Para além disso, a menos que o legislador prescreva uma norma mais específica, deve-se presumir que a legislação tributária faz remissão às regras contábeis vigentes no momento da aplicação da norma.

Portanto, a par da existência de uma regra específica, não se pode atribuir à previsão de neutralidade o condão de criar dois diferentes resultados societários, um anterior e outro posterior à Lei nº 11.638/07. Assim, se a interpretação de eventuais conflitos deve partir da neutralidade como regra, não se pode deixar de considerar que o legislador pode não ter desejado essa neutralidade em um momento anterior. Em outras palavras, quando a lei faz remissão direta a um conceito regulado em outro subsistema (como é a hipótese do direito societário), ela assume os efeitos de uma eventual mudança no subsistema de origem. Não seria exagerado afirmar que a remissão tem justamente este propósito: o de garantir a evolução da norma sem a necessidade de alteração legislativa subsequente, ou seja, alteração da norma sem alteração de texto.

4.5.4 Fundamentos para a identificação dos efeitos diretos sobre a base de cálculo do imposto de renda e a necessidade de depuração do lucro líquido para fins tributários

A despeito da abrangência das modificações ocorridas sobre a contabilidade, do ponto de vista de sua compatibilidade com o direito tributário, dois parecem ser os principais pontos. São eles: *(i)* a progressiva adoção do valor justo, que representa a possibilidade de que oscilações de valor de itens que compõem o patrimônio, fruto da mudança relacionadas aos seus critérios de avaliação, sejam registradas como receitas e despesas, afetando o resultado do exercício; *(ii)* a possibilidade de que os efeitos sobre o resultado tenham origem na desconsideração da forma jurídica adotada, em busca da essência econômica dos atos praticados.

No que diz respeito ao primeiro item, o presente estudo propõe que os efeitos sobre o resultado sejam divididos em dois grupos de receitas e despesas. O primeiro deles envolveria as mutações patrimoniais cuja origem possa ser atribuída a uma mudança de valor de ativos e passivos, decorrentes de uma modificação da expectativa de fluxos de caixa futuros e que não possuem qualquer relação com um ato ou negócio jurídico vinculado a uma manifestação de vontade do contribuinte, tampouco com a atividade habitual da entidade. São as *receitas e despesas-patrimônio*, que assim podem ser chamadas em virtude de sua indissociável relação com o patrimônio, ainda que a sua escrituração ocorra diretamente no resultado. O segundo grupo, por sua vez, está composto por *receitas e despesas-renda*, pelo fato de decorrerem de mutações patrimoniais relacionadas ao objeto perseguido pela entidade e usualmente relacionadas a uma transação. Essas seriam receitas e despesas contábeis compatíveis, *prima facie*, com o conceito jurídico de renda.

Com base nessa divisão bipartida, pretende-se solucionar os casos descritos no início do presente capítulo. Antes disso, porém, pretende-se demonstrar detalhadamente o porquê de o valor justo não ser compatível com a tributação da renda, o que passa por considerações a respeito da incompatibilidade de suas premissas com o conceito Haig-Simons de renda. Dessa forma, refuta-se até mesmo o pressuposto de compatibilidade entre o acréscimo de valor e a base de cálculo de imposto de renda. Além disso, é preciso igualmente enfrentar a impossibilidade de que a prevalência da essência econômica sobre a forma jurídica gere repercussões tributárias, tratando-se de um conflito de mera aparência.

4.5.4.1 A relação entre passado e futuro: expectativas e valor justo

4.5.4.1.1 A perspectiva econômica

A questão central em torno do valor justo diz respeito aos seus fundamentos, uma vez que ele está orientado pela busca por uma informação contábil fidedigna, que possa orientar os seus usuários na tomada de decisões. Esse pressuposto indica que o registro contábil conjuga uma análise que envolve o passado (fatos ocorridos) e a expectativa de efeitos (ativos e passivos) esperados, estimados com base em determinados critérios de probabilidade. Em razão disso, exige-se que boa parte dos ativos e passivos estejam registrados com base no seu justo valor, aquele que mais se aproximaria do valor atual de realização, de modo que as demonstrações financeiras efetivamente possam apresentar a melhor visão *(true and fair view)* acerca da posição patrimonial de uma entidade em uma determinada data.

É de fundamental importância considerar que o valor justo é um ajuste relacionado ao patrimônio (ativos e passivos), cuja contrapartida é registrada em contas de resultado (receitas e despesas). Essa distinção entre partida e contrapartida de um lançamento contábil é interessante para evidenciar que o foco do valor justo é fazer com que os ativos e passivos estejam registrados pelo seu valor de realização. Em outras palavras, o ajuste a valor justo está centrado na figura do patrimônio da entidade. De todo modo, como os referidos ajustes podem gerar uma variação patrimonial, a estrutura conceitual determina o seu registro diretamente no resultado, salvo as hipóteses em que há previsão expressa de sua escrituração no patrimônio líquido.

Como visto, a estrutura conceitual básica da contabilidade atualmente adota uma abordagem baseada no balanço patrimonial, o que torna secundária a importância de uma definição mais apurada sobre o que conceitualmente são receitas e despesas, que podem representar apenas a contrapartida de aumentos de ativos ou diminuição de passivos. Tivesse a contabilidade adotado o resultado do exercício como principal referência, boa parte das contrapartidas aos ajustes patrimoniais seriam escrituradas diretamente no patrimônio líquido. Por essa razão, o intérprete não pode partir da ideia de que a contabilidade se esmerou para conceituar receitas e despesas, mas apenas admitiu que determinados ajustes, relacionados ao patrimônio, tivessem o seu efeito reconhecido diretamente no resultado do exercício.

Nessa linha, portanto, o valor justo está inequivocamente vinculado ao patrimônio, justamente por representar o reconhecimento de que os elementos patrimoniais podem ter o seu valor alterado, ainda que isso não esteja ligado a uma transação. O fundamento é a necessidade de adoção de uma visão prospectiva da realidade, baseada na melhor estimativa acerca dos valores de realização, antes que ela efetivamente ocorra, tendo como referência a expectativa de geração de benefícios futuros. Por essa razão, as contrapartidas do ajuste a valor justo em contas de resultado devem ser classificadas como *receitas e despesas-patrimônio*, sendo incompatíveis com o conceito jurídico de renda para fins tributários.

Mesmo diante dessas considerações, parcela da doutrina sustenta que as referidas variações patrimoniais deveriam ser consideradas para fins de composição da base de cálculo do imposto de renda, pelo fato de que a contabilidade as reconhece como efetivas receitas (o lançamento contábil faria prova disso). Essa lógica se basearia na suposta existência de uma riqueza nova, que já estaria à disposição do contribuinte, mesmo antes da ocorrência de uma transação (realização). Argumenta-se que a decisão acerca da realização (ou não) de um rendimento previamente auferido não poderia impedir a incidência do imposto de renda, sob pena de violação ao princípio da capacidade contributiva. Essa é a linha de raciocínio adotada pelo conceito Haig-Simons e por todos aqueles que veem nesse modelo a existência de um conceito fundamental de renda.

Não se pode ignorar, entretanto, o contexto histórico em que o referido conceito foi desenvolvido, o que acaba impondo algumas importantes ressalvas à sua visão acerca da existência de renda por oscilação de valor do patrimônio, conforme melhor detalhado nos capítulos anteriores. É preciso assumir a hipótese de que os referidos ganhos poderiam ser mensurados com algum grau de objetividade, única forma de se admitir a possível existência de capacidade contributiva. Por óbvio, os adeptos do conceito Haig-Simons de renda não reconheceriam a existência de capacidade contributiva em oscilações de valor que não apresentassem um elevado grau de certeza. De fato, assumidas as premissas da objetividade e da confiabilidade, decorrentes de modelos econômicos cujos efeitos seriam reconhecidos pela contabilidade, parece fazer algum sentido que o direito não seja o único a se virar de costas para as técnicas de mensuração da realidade econômica.

Admitida a existência de conflito entre realidade econômica e realização, poder-se-ia sustentar a prevalência da primeira em homenagem à capacidade contributiva. Com base nessas premissas, estando disponível uma riqueza nova, em razão da possibilidade de sua imediata transformação em caixa, não seria razoável sustentar que se devesse aguardar a presença de um ato de vontade do contribuinte, que teria como única consequência a troca de uma riqueza já existente por outro bem de mesmo valor. É que a renda teria sido auferida anteriormente à operação de troca no mercado, com base na oscilação de valor do patrimônio. Nesse contexto, merece destaque o raciocínio de Tavares,[482] no sentido de que o valor justo revelaria a justiça fiscal, pois ele representaria o critério de avaliação mais próximo da riqueza real e efetiva do sujeito passivo. Segundo o autor português, o interesse fiscal

---

[482] TAVARES, Tomás Cantista. *IRC e Contabilidade. Da realização ao justo valor.* Coimbra: Almedina, 2011, p.526.

estaria mais próximo do paradigma do acréscimo do que dos interesses relacionados à realização da renda em sentido jurídico.

É interessante notar a premissa fundamental em que se baseia o referido entendimento: a ideia de que o valor justo seria um critério de avaliação próximo de uma riqueza real, fruto de sua relação de proximidade com as ciências econômicas. A esse respeito, o pensamento econômico seria utilizado como uma espécie de argumento de autoridade, justamente pela suposta objetividade de seus métodos e definições. Novamente de acordo com a posição de Tavares,[483] o dogma da incompatibilidade entre valor justo e tributação estaria sendo objeto de revisão, fruto de uma transformação da realidade econômica. Os métodos de avaliação de ativos teriam evoluído e haveria mercado para um número cada vez maior deles, de tal sorte que o valor justo não poderia ser considerado apenas como uma modesta opinião acerca da realidade econômica. Por essa razão, a existência de critérios dotados de um alto grau de confiabilidade poderia justificar a sua utilização para fins fiscais.

É justamente essa a imagem que precisa ser superada, pois a ideia acerca da existência de um critério objetivo de representação da realidade econômica (fundamento principal utilizado pelos defensores da incidência do imposto de renda sobre o valor justo) está baseada na hipótese da racionalidade e eficiência dos mercados que, em razão de seus próprios fundamentos, seria capaz de demonstrar a realidade acerca da situação patrimonial de uma entidade. Essa hipótese não pode mais ser admitida como um axioma das ciências econômicas, embora não se possa negar a importância desse modelo, dos trabalhos de seus adeptos e das suas repercussões práticas, principalmente no âmbito dos mercados financeiro e de capitais. Sem o objetivo de fugir ao objeto do presente estudo, até mesmo em razão da absoluta incapacidade técnica do seu autor para lidar com questões econômicas, vele mencionar os trabalhos de Eugene Fama,[484] laureado com o Prêmio Nobel de Economia em 2013, exatamente na linha da eficiência dos mercados.

Em sentido diverso à hipótese acima mencionada, há uma linha da economia, também conhecida pelo nome de economia comportamental *(behavioral economics),* que ganha cada vez mais importância no cenário mundial. Em linhas gerais, procura-se demonstrar que determinadas

---

[483] TAVARES, Tomás Cantista. *IRC e Contabilidade. Da realização ao justo valor.* Coimbra: Almedina, 2011, p. 508-509.

[484] FAMA, Eugene F. The behavior of stock-market prices. *Journal of Business,* v. 38, n. 1, p. 34-105, Jan., 1965, p. 34.

decisões são tomadas pelas pessoas com base em critérios não totalmente racionais, pois diversos outros fatores são levados em consideração pelos agentes econômicos ao fazer suas escolhas. Por essa razão, especificamente em relação ao mercado de ações, não seria possível estabelecer uma relação entre o preço de mercado dos papéis e o valor intrínseco das companhias a eles relacionadas. Essa é a linha seguida por autores como Robert Shiller,[485] igualmente laureado com o Prêmio Nobel de Economia em 2013, e por Richard Thaler,[486] vencedor do mesmo prêmio em 2017, entre tantos outros autores.

De todo modo, o próprio Shiller[487] reconhece em sua obra que durante muitos anos a hipótese dos mercados eficientes foi colocada como algo acima de qualquer dúvida razoável, o que ajudaria a justificar a sua enorme influência sobre outras ciências, como a contabilidade e o direito.[488] Em um determinado momento, de acordo com o referido autor, a possibilidade de utilização da informática para fins de análise financeira teria elevado essa teoria ao *status* de verdadeiro ícone, fazendo com que as pessoas tenham acreditado cegamente na perfeição dos mercados e do seu comportamento. Em outras palavras, entendia-se que o preço corrente de uma ação refletia sempre uma objetiva expectativa dos fluxos de caixa futuros relacionados a esse papel, o que se convencionou chamar de valor fundamental da ação *(fundamental value of a stock)*. Com base nessa crença, os investidores teriam perdido a noção de que os mercados não passam de uma questão de opinião e de que as suas flutuações refletem, em grande parte, mudanças no humor das pessoas.

Essa teria sido a visão dominante na doutrina econômica mesmo diante de sucessivas crises especulativas, que não foram capazes de afastar a crença na racionalidade absoluta dos mercados. Shiller[489] aponta, todavia, que na década de 1980 já era possível observar a presença de importantes discussões acadêmicas em torno da (im) precisão da hipótese dos mercados eficientes, especialmente em razão da alta volatilidade observada no preço das ações naquele momento.

---

[485] SHILLER, Robert J. Irrational exuberance. Princeton, NJ: Princeton University Press, 2000, p. 3.

[486] THALER, Richard H. *Quasi rational economics*. New York: Russell Sage Foundation, 1991, p. XXI.

[487] SHILLER, Robert J. *Finance and the good Society*. Princeton, NJ: Princeton University Press, 2012, p. 367-368.

[488] SHILLER, Robert J. From efficient markets theory to behavioral finance. *Journal of Economic Perspectives*, v. 17, n. 1, p. 83-104, Winter 2003, p. 83-84.

[489] SHILLER, Robert J. From efficient markets theory to behavioral finance. *Journal of Economic Perspectives*, v. 17, n. 1, p. 83-104, Winter 2003, p. 84-87.

Essa volatilidade parecia indicar que não seria possível estabelecer uma ligação precisa entre valor fundamental das empresas e a oscilação do preço das ações, razão pela qual esse fenômeno deveria ser atribuído à presença de comportamentos irracionais dos agentes econômicos. Diversas pesquisas a esse respeito foram conduzidas e os resultados teriam apontado no sentido de que o preço das ações realmente variava mais do que a hipótese dos mercados eficientes poderia explicar, fruto da constatação de que as decisões econômicas são tomadas com base em critérios racionais, mas que isso não excluiria o fato de que outros elementos poderiam ser levados em consideração pelos agentes.[490]

Como forma de corroborar esse entendimento, são mencionadas as inúmeras bolhas especulativas ocorridas ao longo da história, que teriam começado ainda na Roma Antiga, nos tempos de Júlio César.[491] Nessa linha, Shiller[492] menciona a quebra de bolsa de valores de Nova York, em 1929, para afirmar que mesmo se as pessoas tivessem conhecimento acerca da iminência do colapso do mercado financeiro, nada justificaria uma queda tão acentuada no preço das ações, uma vez que ela acabou não se mostrando coerente com o valor patrimonial das companhias na sequência. Rajan e Zingales[493] fornecem outro exemplo interessante nesse sentido, evolvendo as negociações de compra do *Commerzbank* pelo *UniCredito*. A notícia de que os bancos estavam em negociação vazou para o mercado antes da assinatura do acordo entre as partes e não foram bem recebidas pelos agentes econômicos. Em razão disso, no mesmo dia as ações do *UniCredito* caíram 6,7%, tendo atingido 17% ao longo de um mês, fazendo com que as negociações

---

[490] AKERLOF, George A.; SHILLER, Robert J. *Animal Spirits*: how human psychology drives the economy, and why it matters for global capitalism. Princeton, NJ: Princeton University Press, 2009, p. 1-3.

[491] SHILLER, Robert J. *Finance and the good Society*. Princeton, NJ: Princeton University Press, 2012, p. 371-384.

[492] "Thus, for example, the stock market crash of 1929 was not justified by the depression that followed. Even if people in 1929 had known that an economic collapse was imminent, even if they had had a perfect crystal ball, they still should not have marked down the price of the U.S. stock market by very much. For in fact U.S. companies fared much better in the Great Depression than is commonly suggested by our embellished stories. Not a single company of the thirty in the Dow Jones Industrial Average went bankrupt. In fact large U.S. corporations generally did quite well overall. They lowered their dividend payments for just a few years, and then they were back on trend. The value of a share in a company ought to be related to the present value of all future dividends, and not just the next few years' dividends. So if the 1929 crash was a reaction to information about the future, it was an egregious overreaction". (SHILLER, Robert J. *Finance and the good Society*. Princeton, NJ: Princeton University Press, 2012, p. 369).

[493] RAJAN, Raghuran G.; ZINGALES, Luigi. *Saving capitalism from the capitalists*. Princeton, NJ: Princeton University Press, 2003, p. 55.

fossem abandonadas. Por essa razão, as ações subiram 6% na sequência, sem que nada de especial tenha acontecido, a não ser as mudanças de expectativas de investidores.

Portanto, não se mostra mais adequado afirmar que as informações extraídas do mercado sejam *corretas* ou *puras*, dado que os questionamentos acerca da sua higidez são absolutamente comuns, gerando, inclusive, demandas no sentido de uma maior intervenção estatal, precisamente em razão da ineficiência dos mercados em produzir informações confiáveis, tal como sustenta Stiglitz.[494] Ademais, como visto, não se deve ignorar a existência de relevantes estudos no sentido de que o sistema informacional é criado para favorecer alguns poucos agentes, em detrimento de vários outros, tese que ganha força sempre que um novo escândalo é deflagrado.[495]

As considerações expostas até aqui apenas revelam que qualquer modelo não econômico, que parta da premissa de que os valores de mercado representam, com extrema objetividade e precisão, o valor intrínseco do patrimônio de uma companhia, fruto da adoção da hipótese da eficiência dos mercados, não pode mais ser aceito como um axioma. A própria economia vem discutindo essas questões, sem qualquer pretensão de que o seu resultado possa influenciar considerações de ordem jurídica, relacionadas à formação da base de cálculo do imposto de renda. Por essa razão, não se deve partir da hipótese de que o valor justo representa uma visão econômica, objetiva e correta do patrimônio de uma pessoa jurídica, o que o colocaria como a melhor expressão da capacidade contributiva, apta a ser capturada pelo legislador. Ao revés, resta evidente a sua subjetividade, algo que não pode ser tolerado pelo direito tributário.

4.5.4.1.2 A perspectiva contábil

Enfrentada a questão da objetividade do valor de mercado sob a perspectiva da economia, é preciso identificar como essa mesma questão é enxergada sob a ótica da doutrina contábil. Como se verá na sequência, as conclusões caminham na mesma direção, não havendo qualquer espécie de consenso no sentido de que o valor justo seria o modelo mais adequado de representação dos fatos patrimoniais segundo a contabilidade. De um lado, há aqueles que se colocam ao lado do custo

---

[494] STIGLITZ. Joseph. Regulation and failure. In: MOSS, David A.; CISTERNINO, John A. (Ed.). New perspectives on regulation. Cambridge, MA: The Tobin Project, 2009, p. 11.

[495] RAJAN, Raghuran G.; ZINGALES, Luigi. *Saving capitalism from the capitalists.* Princeton, NJ: Princeton University Press, 2003, p. 01.

histórico, de outro lado, há aqueles que sustentam a superioridade do valor justo. A despeito das divergências, os defensores de uma ou de outra forma de mensuração do patrimônio não pretendem que os seus modelos sejam encarados como uma expressão da realidade.

É interessante notar que a tensão entre custo histórico e valor justo é antiga, muito em decorrência de problemas relacionados à adoção desse último pela contabilidade. A esse respeito, são dignas de nota as posições no sentido de que a contabilidade baseada no valor justo atribui uma confiança excessiva aos valores de mercado, colocando-os em uma posição de absoluta correção. Argumenta-se que essa seria uma premissa perigosa, dado que esses valores podem se desviar de questões fundamentais, como revelariam estudos recentes a esse respeito no âmbito das ciências econômicas, inclusive.[496] Para comprovar essa afirmação, bastaria recorrer novamente à crise de 1929, em que a contínua reavaliação de bens de capital e a efemeridade dos valores que lhe eram atribuídos são usualmente apontadas como as grandes causas da *quebra*. Por essa razão, inclusive, teria havido uma subsequente valorização da contabilidade baseada no custo histórico, em oposição à adoção do valor justo.[497]

Vários outros eventos tiveram a mesma espécie de impacto na contabilidade e nas regras de divulgação de suas informações. A euforia observada no mercado financeiro no final da década de 1990 e o seu colapso ainda no início dos anos 2000, em que os valores das ações do mercado de tecnologia caíram de forma abrupta, é mais um exemplo importante. A esse respeito, identificou-se que um número grande de novas empresas, com pouco ou nenhum histórico de lucros, buscaram atrair investidores e valorizar o preço das suas ações por meio de demonstrações financeiras que reportavam um crescimento exponencial de suas receitas. Essas informações se revelaram prematuras e precisaram ser revertidas contabilmente pouco tempo depois.[498] Em tempos mais recentes, o mesmo efeito foi observado nos anos de 2007 e 2008, em que diversas companhias tiveram que reverter expressivos ajustes positivos levados a efeito em períodos anteriores. A discussão acabou indo parar na mídia, com a presença de diversas manifestações contrárias à utilização do valor justo, em razão da constatação de que

---

[496] DICHEV, Ilia D. *On the balance sheet-based model of financial reporting*. New York: Columbia Business School – Center for Excellence in Accounting & Security Analysis CEASA, Sept. 2007, p. 24. (Occasional Paper Series).

[497] SCOTT, William R. *Financial accounting theory*. 6th ed. Toronto: Pearson, 2012, p. 3.

[498] SCOTT, William R. *Financial accounting theory*. 6th ed. Toronto: Pearson, 2012, p. 3-7.

a sua premissa estaria centrada na hipótese de um mercado eficiente, o que claramente não seria mais o caso.[499] Portanto, a grande questão relacionada ao valor justo está na sua falta de objetividade, em razão da elevada presença de probabilidades.

Sob a ótica do justo valor, os elementos patrimoniais acabam por refletir a incerteza inerente ao mercado de atuação de uma dada entidade, uma vez que o valor presente leva em conta todos os possíveis eventos e expectativas. É justamente nessa linha o relevante alerta de Eliseu Martins,[500] para quem a expansão dessa utilização estaria levando à atribuição de valor a muitos ativos e passivos sem mercado ativo, com utilização de técnicas que estariam sujeitas a significativos erros e manipulações.

Dichev[501] vai além, para tratar dos efeitos relacionados aos ajustes realizados na contabilidade para marcar a mercado ativos e passivos. Na sua visão, o fato de que o mercado comporta variações imprevisíveis teria o efeito de gerar rendimentos aparentes, com alta volatilidade e nenhuma previsibilidade. Como consequência, uma contabilidade centrada na figura do balanço patrimonial acabaria criando rendimentos que seriam o oposto do que os investidores considerariam de *bons rendimentos*. O autor prossegue sua análise para concluir que as principais fraquezas de um modelo baseado na marcação a mercado seriam a discricionariedade envolvida nessa apuração, além da enorme possibilidade de erros e de manipulações.[502]

A adoção do valor justo, portanto, não tem qualquer relação com a existência de uma realidade objetiva, mas apenas com diferentes perspectivas acerca da forma de reconhecer, mensurar e evidenciar os fatos patrimoniais, sempre sob a perspectiva informacional, que é a função essencial da contabilidade. Não há qualquer respaldo na ideia de que a contabilidade teria evoluído no sentido de possuir métodos capazes de demonstrar o real valor do patrimônio, uma espécie de leitura correta da realidade econômica, que poderia ser tomada como

---

[499] SCOTT, William R. *Financial accounting theory*. 6th ed. Toronto: Pearson, 2012, p. 251-252.

[500] MARTINS, Eliseu. Ensaio sobre a evolução do uso e das características do valor justo. In: LOPES, Alexsandro Broedel; MOSQUERA, Roberto Quiroga (Coord.). *Controvérsias jurídico-contábeis:* aproximações e distanciamentos. São Paulo: Dialética, 2010, p. 144.

[501] DICHEV, Ilia D. *On the balance sheet-based model of financial reporting.* New York: Columbia Business School – Center for Excellence in Accounting & Security Analysis CEASA, Sept. 2007, p. 21. (Occasional Paper Series).

[502] DICHEV, Ilia D. *On the balance sheet-based model of financial reporting.* New York: Columbia Business School – Center for Excellence in Accounting & Security Analysis CEASA, Sept. 2007, p. 21. (Occasional Paper Series).

referência pelo direito tributário, o que a colocaria como a mais adequada forma de mensuração da capacidade econômica manifestada por um determinado sujeito. Ao contrário, trata-se de uma opção da estrutura conceitual básica, que pode vir a ser alterada e que não tem qualquer pretensão de ser real ou permanente.

4.5.4.1.3 A perspectiva jurídica

Exposta a questão da adoção do valor justo sob as perspectivas econômica e contábil, a conclusão em relação ao direito tributário não pode seguir dinâmica diversa. A situação pode ser assim resumida: se as premissas adotadas pela economia e pela contabilidade admitem a utilização do valor justo, ainda que existam diferentes abordagens acerca da efetiva serventia desse modelo, para o direito tributário ele simplesmente não pode ser admitido.

Em primeiro lugar, porque o argumento da busca pela realidade econômica, aquela supostamente qualificada pela economia e mensurada pela contabilidade, se mostra absolutamente incorreto. Basta retornar à doutrina para que não se tenha qualquer dúvida a respeito da desvinculação entre valor justo e realidade. Como visto, o valor justo não passa da melhor estimativa acerca do valor presente dos fluxos de caixa futuros e não uma representação de um valor objetivamente demonstrável. Em segundo lugar, porque a perspectiva jurídica não admite a consideração do futuro para fins de qualificação do passado, dado o fato de que o imposto de renda incide sobre uma riqueza previamente auferida, que não pode ter o seu montante afetado pela expectativa de um acréscimo patrimonial futuro, ainda que economia e contabilidade reconheçam essa possibilidade.[503]

Para que a questão fique ainda mais clara, basta imaginar que a incidência do imposto de renda sobre o valor justo teria como pressuposto o montante que um comprador potencial pagaria por um bem a um vendedor potencial, estando cada um deles em uma posição de livre negociação e com amplo conhecimento acerca de todas as informações de mercado disponíveis naquele momento. O problema é que esse contexto está estruturado sobre uma hipótese, que busca estimar o que as pessoas fariam em uma determinada situação e não o que elas efetivamente fizeram, como se todos os agentes fossem

---

[503] SHAVIRO, Daniel N. *The optimal relationship between taxable income and financial accounting income:* analysis and a proposal. New York: NYU Law and Economics, 2008, p. 23. (Research Paper Series nº 07-38).

CAPÍTULO 4
DELIMITAÇÃO DO ESPECTRO DE INFLUÊNCIA DA CONTABILIDADE SOBRE A DEFINIÇÃO DO FATO GERADOR ... | 243

totalmente racionais e os mercados perfeitamente eficientes, hipótese válida para alguns economistas e contadores, mas que nem de longe pode representar uma verdade absoluta, conforme já demonstrado. Falar na existência de renda em um cenário como esse seria admitir a juridicidade, com efeitos patrimoniais efetivos, da especulação acerca de fatos futuros. Uma vez mais, nenhum método analítico pode revelar o verdadeiro valor de um ativo, uma vez que valor não é atributo intrínseco de um determinado bem, mas o montante que alguém estaria disposto a pagar por ele em uma transação hipotética e ideal. A sua concretização estará sempre adstrita a fatores externos, como a demanda, a existência de substitutos, bem como os atributos particulares de cada ativo individualmente considerado. Até a venda, portanto, o valor será sempre algo indeterminado.[504]

Por essa razão, é importante distinguir entre *valor* e *preço*. O primeiro pressupõe a adoção de um determinado critério, sempre baseado em presunções acerca do futuro, que não se vale de questões objetivas e exatas, e que por isso tem como resultado representar o valor atribuído ao patrimônio em um determinado momento. O segundo é estabelecido pelas partes integrantes de um negócio jurídico, no contexto de uma transação, e representa a transformação do valor atribuído pelo mercado (como entidade abstrata) em preço atribuído pelas partes. Dito de outro modo, *preço* está relacionado à expressão quantitativa efetivamente atribuída a um bem ou serviço em uma transação. *Valor,* por seu turno, é definição de cunho marcadamente subjetivo, constituindo-se na importância valorativa atribuída a determinado bem por cada pessoa, de forma específica e íntima.

Significa dizer que somente os participantes de um negócio em posição de antagonismo podem decidir o preço, sempre relacionado à curva de oferta e demanda, mas igualmente considerando as situações específicas da operação em questão. Nesse contexto, o valor justo somente poderia ser considerado em situações anormais, como referência para a redefinição de um preço estabelecido em condições não comutativas, ou seja, quando presente qualquer espécie de defeito do negócio jurídico.

Essas considerações fazem com que todas as repercussões do valor justo devam ser neutralizadas para fins de determinação da base de cálculo do imposto de renda. Como bem destaca Casalta Nabais,[505]

---

[504] LAND, Stephen B. Defeating deferral: a proposal for retrospective taxation. *Tax Law Review,* New York, v. 52, p. 65-73, 1996.

[505] "Contudo, não podemos esquecer que a ótica do valor justo tem um alcance limitado mesmo em sede da contabilidade, cuja preocupação é, todavia, a de revelar a criação de valor que

o direito tributário está preocupado com efetivas manifestações de capacidade contributiva, cujo pressuposto é a ocorrência de um acréscimo de valor devidamente realizado. Por isso, não se pode admitir que o valor justo atue como uma espécie de substituto da vontade das partes de adotar (ou não) determinados comportamentos que vão gerar específicas repercussões sobre a perspectiva do direito tributário.[506] É dizer, sendo o valor justo uma expressão do patrimônio, a sua definição não tem qualquer relação com o conceito jurídico de renda. Por essa razão, ao contrário do que afirma Tavares,[507] não pode haver capacidade contributiva na simples constatação de que determinados ativos parecem ter se valorizado, segundo determinado critério de valoração.

Ante o exposto, pode-se afirmar que a determinação de incidência do imposto de renda sobre o valor justo imporia uma tributação direta sobre o patrimônio, que é materialidade diversa da renda. Os ajustes decorrentes do valor justo sobre o resultado do exercício não passam de uma nova expressão monetária do patrimônio, fruto de uma mudança acerca da sua perspectiva de valor, fazendo com que eles devam ser considerados *receitas e despesas-patrimônio*. A incidência do imposto de renda exige o prévio reconhecimento de *receitas e despesas-renda*, que precisam ter a sua juridicidade atestada com base no direito positivo.

4.5.4.2 Os efeitos jurídicos de uma informação contábil fidedigna: essência econômica *versus* forma jurídica

Ultrapassada a questão da contínua adoção do valor justo pela contabilidade e os seus possíveis reflexos tributários, a análise da definição do espectro de influência da nova estrutura conceitual deve levar em conta uma das suas características qualitativas fundamentais: a fidedignidade da representação. Uma informação fidedigna, nos termos do CPC 00, tem como principal exigência que o registro contábil considere a essência econômica das operações e não a sua forma jurídica.

---

constitui a função das empresas. O que, obviamente, não acontece com o direito fiscal cuja preocupação é a da tributação de efetivas manifestações de capacidade contributiva, assentada assim na realização de valores pelas empresas. Por isso, a ótica do valor, e do justo valor em particular, acaba tendo aplicação escassa no direito fiscal". (NABAIS, José Casalta. *Direito Fiscal*. 6. ed. Coimbra: Almedina, 2010, p. 580).

[506] TAVARES, Tomás Cantista. *IRC e Contabilidade. Da realização ao justo valor*. Coimbra: Almedina, 2011, p.483.

[507] TAVARES, Tomás Cantista. *IRC e Contabilidade. Da realização ao justo valor*. Coimbra: Almedina, 2011, p.505.

DELIMITAÇÃO DO ESPECTRO DE INFLUÊNCIA DA CONTABILIDADE SOBRE A DEFINIÇÃO DO FATO GERADOR ...

Na hipótese de uma eventual colisão, a essência deverá prevalecer sempre, dado que "[a] representação pela forma legal que difira da substância econômica não pode resultar em *representação fidedigna* (...)".[508] Essa é uma questão fundamental, pois não há qualquer dúvida quanto à necessidade de que o processo contábil tenha os seus olhos voltados para a realidade econômica, mesmo quando isso requerer que a forma jurídica seja desconsiderada. Admite-se, portanto, a possibilidade de conflitos de qualificação dos fatos patrimoniais, hipótese em que a solução deverá estar baseada na busca pela essência econômica, a despeito da forma jurídica adotada e dos efeitos prescritos pelo direito. A profundidade dos possíveis impactos é autoevidente, pois a contabilidade poderá reconhecer, no resultado, o produto de determinadas operações que, sob a ótica do direito, possuem um efeito diverso, que pode se mostrar até mesmo inexistente.

Nesse cenário, é preciso ter extremo cuidado para sustentar-se que a qualificação jurídica dos fatos está subordinada ao registro contábil, com base no ingênuo argumento de que a norma tributária se refere ao lucro líquido como ponto de partida para a determinação da base de cálculo do imposto de renda. Conforme já discutido ao longo do presente capítulo, a decisão do legislador de adotar o lucro líquido como referência para a determinação do imposto de renda, tomada em um momento de elevada conformidade entre postulados contábeis e normas jurídicas, não pode ser interpretada como se a estrutura conceitual da contabilidade não tivesse passado por uma modificação substancial.

Em razão dessa alteração, conflitos antes não existentes entre forma e substância passaram a estar presentes em número cada vez maior. Tendo a contabilidade modificado a sua perspectiva acerca da qualidade da informação financeira, passando a adotar um grau maior de subjetividade, em razão da necessidade de consideração de expectativas acerca de fluxos de caixa futuros, o seu distanciamento em relação ao direito deve ser considerado natural, fazendo com que se percebam divergências (e não propriamente conflitos) entre a qualificação do fato pela contabilidade e os efeitos jurídicos decorrentes do negócio havido entre as partes. De forma mais singela, o registro contábil levará em conta a realidade econômica para fins de determinação e reconhecimento

---

[508] CPC_00_R1: A característica *essência sobre a forma* foi formalmente retirada da condição de componente separado da *representação fidedigna, por ser considerado isso uma redundância*. A representação pela forma legal que difira da substância econômica não pode resultar em *representação fidedigna*, conforme citam as Bases para Conclusões. Assim, *essência sobre a forma* continua, na realidade, bandeira insubstituível nas normas do IASB.

de efeitos de atos praticados, ainda que a disciplina jurídica prescreva resultados diversos.[509]

Exposta a questão em seus meandros, é preciso destacar a inexistência de um conflito real entre essência econômica e forma jurídica, pelo menos sob a perspectiva do direito. Fosse possível a presença de um conflito dessa natureza, estar-se-ia negando a possibilidade de que a forma jurídica esteja relacionada a uma substância igualmente jurídica, pois o que prevaleceria seria a essência econômica, assim entendida como a qualificação atribuída pela contabilidade aos fatos patrimoniais ocorridos. Em outras palavras, os efeitos de um determinado negócio jurídico dependeriam de como a contabilidade o enxergasse, o que relegaria o direito à condição de *mera forma*.[510] Essa situação claramente não pode ser admitida como correta e apenas revela que não há efetivo conflito entre essência econômica e forma jurídica, mas possíveis qualificações distintas para os mesmos fatos patrimoniais, tendo a contabilidade escolhido adotar como referência a essência econômica *(accounting as economics)*.

Em reforço ao argumento acima, basta observar-se a literalidade adotada pela estrutura conceitual básica da contabilidade. Fala-se em essência sobre a forma, não porque exista apenas uma essência (a econômica) e uma forma (a jurídica). Ao contrário, como não se admite como possível uma forma que não se ligue a uma substância, a norma contábil menciona apenas a primeira, que já pressupõe a substância a ela vinculada, ressalvada a hipótese da presença de vícios dos negócios jurídicos, que devem ser regulados apenas e tão somente no âmbito do direito.[511]

Dito de outro modo, a diversidade de qualificações entre contabilidade e direito pressupõe a inexistência de conflito no âmago de cada ciência. Ou seja, sendo compatível a forma jurídica com a sua substância jurídica, ainda assim a contabilidade poderá desconsiderar os efeitos patrimoniais típicos desse negócio jurídico, ao argumento de

---

[509] BIANCO, João Francisco. Aparência econômica e natureza jurídica. In: LOPES, Alexsandro Broedel; MOSQUERA, Roberto Quiroga (Coord.). *Controvérsias Jurídico Contábeis*: aproximações e distanciamentos. São Paulo: Dialética, 2010. p. 174-184.

[510] DONIAK JR, Jimir. Considerações gerais sobre a adaptação da legislação do Imposto sobre a Renda às novas normas contábeis. In: ROCHA, Sérgio André (Coord.). *Direito Tributário, Societário e a reforma da Lei das S/A*: desafios da neutralidade tributária e do Direito Societário. São Paulo: Quartier Latin, 2012. v. 3, p. 326.

[511] SCHOUERI, Luís Eduardo. Nova contabilidade e tributação: da propriedade à *beneficial ownership*. In: LOPES, Alexsandro Broedel; MOSQUERA, Roberto Quiroga (Coord.). *Controvérsias jurídico-contábeis:* aproximações e distanciamentos. São Paulo: Dialética, 2014. v. 5. p. 200-221, p. 208.

que eles não se mostram compatíveis com a essência econômica dos atos praticados. Essa questão, insista-se, nada tem de jurídica, pois ela está baseada em postulados de natureza apenas contábil.

É preciso advertir que eventual divergência verificada pela contabilidade entre a forma jurídica e a essência econômica dos atos praticados também não tem qualquer pretensão de se sobrepor ao regime legal aplicável aos referidos atos. Afinal de contas, a contabilidade reconhece a particularidade da sua perspectiva e de seus objetivos, determinando apenas que a principal referência para fins de elaboração das demonstrações financeiras não seja a disciplina prescrita pelo direito. Ao contrário, portanto, do que um raciocínio apressado poderia sugerir, a contabilidade não tem a pretensão de revelar uma visão ideal da realidade econômica, mas apenas estabelecer determinados critérios de qualificação, que não deixam de conter subjetividades e arbitrariedades, com a finalidade de produzir uma informação de qualidade, hoje centrada na figura do ativo, e que possa fornecer, a um universo grande de usuários, um conjunto de informações úteis à tomada de decisões a respeito do futuro de uma entidade.

Nessa linha de ideias, qualquer argumento no sentido de que o postulado contábil da prevalência da essência econômica sobre a forma jurídica deveria predominar para fins tributários acabaria negando que não há forma jurídica sem uma substância igualmente jurídica, tampouco que o direito é dotado de ampla autonomia para qualificar a realidade de acordo com os seus próprios postulados, que devem prevalecer sobre qualquer outro que seja a ele externo. Portanto, deve-se atribuir absoluta relevância à forma jurídica, que não pode ser tratada como um fetiche legalista, um acidente histórico ou uma anomalia arcaica, tampouco como uma espécie de culto à forma pela forma, como precisamente pontua Robert Summers.[512]

Dessas afirmações decorre a impossibilidade de que a vontade das partes, manifestada por meio de um negócio jurídico desprovido de qualquer vício, seja substituído por outro, cujos efeitos não foram desejados, pelo simples fato de que uma determinada visão da contabilidade sobre a realidade econômica aponta em sentido diverso do direito. Entendimento em sentido contrário acabaria por reduzir sobremaneira a importância das formas jurídicas, que não podem ser tratadas como meras formalidades, mas sim como pressupostos necessários para que

---

[512] SUMMERS, Robert S. *Essays in legal theory*. Netherlands: Springer-Science Business Media, 2000, p. 132. (Law and Philosophy Library, 46).

o sistema jurídico ganhe em certeza e previsibilidade. Por essa mesma razão, a existência de requisitos formais garante aos cidadãos essa liberdade de escolha, permitindo um melhor planejamento de suas ações.[513] Recorrendo-se novamente às lições de Summers, a formalidade tem uma importância, por si só.[514]

Por esses fundamentos, a relação entre forma e substância deve ser considerada como possuindo uma natureza complementar, uma vez que a formalidade geralmente se manifesta vinculada a um conteúdo de natureza substantiva.[515] Com uma abordagem bastante didática a esse mesmo respeito, Carvalho[516] propõe a existência de uma distinção, em sentido amplo, entre forma e substância. A primeira estaria relacionada a questões chamadas de externas pelo autor, vinculadas "à estrutura geral e finalística de uma determinada unidade jurídica". A substância, por sua vez, estaria relacionada a questões internas, "referentes aos componentes que integram o conteúdo da unidade jurídica e que se apresentam formalmente ordenados".

Com base nessas considerações, o autor apresenta interessante posição no sentido de que a relação entre forma e substância deveria ser considerada *necessária, simbiótica* e *conflituosa*. Necessária, porque sempre estarão presentes forma e conteúdo em qualquer relação jurídica. Simbiótica, porque a regra geral aponta no sentido da existência de sintonia entre a forma adotada e o conteúdo pretendido. Conflituosa, porque em determinados momentos pode haver alguma espécie de divergência entre a forma adotada e o conteúdo a ela subjacente.

Aplicando esse raciocínio ao objeto do presente estudo, é possível afirmar que: *(i)* não há forma jurídica que não se vincule a uma substância igualmente jurídica; *(ii)* como regra geral, essa relação aponta no sentido de uma compatibilidade entre uma coisa e outra; *(iii)* quando houver divergência entre a forma adotada e o conteúdo subjacente, tratar-se-á de um conflito de natureza jurídica, que nada tem a ver com a primazia da essência econômica sobre a forma, segundo a contabilidade. Fosse possível admitir que a essência econômica deve representar o fator determinante para a apuração da base de cálculo do imposto de renda,

---

[513] SUMMERS, Robert S. *Essays in legal theory*. Netherlands: Springer-Science Business Media, 2000, p. 133. (Law and Philosophy Library, 46).

[514] SUMMERS, Robert S. *Essays in legal theory*. Netherlands: Springer-Science Business Media, 2000, p. 144. (Law and Philosophy Library, 46).

[515] SUMMERS, Robert S. *Essays in legal theory*. Netherlands: Springer-Science Business Media, 2000, p. 156. (Law and Philosophy Library, 46).

[516] CARVALHO, João Rafael L. Gândara de. *Forma e substância no Direito Tributário*. São Paulo: Almedina, 2016, p. 31.

mesmo quando não for observado qualquer conflito de natureza jurídica, observar-se-ia uma grave violação ao princípio da legalidade. Em conclusão, razões formais não podem ser consideradas desvinculadas das razões substanciais; afinal de contas, "uma razão formal geralmente incorpora ou reflete uma razão substancial subjacente".[517]

Estabelecida a importância da forma jurídica e a sua relação com a substância a ela relativa, é preciso analisar em quais circunstâncias o legislador tributário efetivamente vincula o efeito tributário à celebração de um determinado negócio. De um lado, são identificadas aquelas situações em que devem concorrer forma e substância, em conjunto, para que fique caracterizada a hipótese prevista na norma de incidência. De outro lado, podem ser colocadas as situações em que o relevante para o direito tributário venha a ser uma determinada situação fática, a despeito de quais tenham sido os negócios jurídicos praticados para a sua existência. Sendo mais claro, na primeira hipótese ter-se-á como fato gerador a prática de um ato ou negócio jurídico determinado, considerada em sua forma e substância, enquanto, na segunda hipótese, todos os atos e negócios jurídicos que gerarem um efeito específico serão tomados em conjunto, para fins de verificação da existência do fato gerador e de definição da base de cálculo do tributo.

A esse respeito, Jarach[518] propõe a distinção entre fatos geradores formais e causais. No que concerne à primeira hipótese, Wurlod[519] sustenta que "a lei não grava um ganho, uma riqueza, o benefício de uma operação, mas o ato de emitir, de entregar, de transferir, de importar, que é tributado como tal". Nesses casos, importa apenas a realização do negócio jurídico previsto na legislação de regência do tributo, desde que ele assuma uma determinada forma estabelecida no direito privado, sendo irrelevante a situação patrimonial das partes, o objetivo econômico por elas perseguido, o sucesso da transação e os eventuais objetivos perseguidos pelo legislador.[520] Já no que diz respeito

---

[517] CARVALHO, João Rafael L. Gândara de. *Forma e substância no Direito Tributário*. São Paulo: Almedina, 2016, p. 56-57.

[518] JARACH, Dino. *El hecho imponible*: teoria general del derecho tributario sustantivo. 2. ed. Buenos Aires: Abeledo-Perrot, 1971, p. 127-129.

[519] "La loi ne frappé pas um gain, une richesse, le bénéfice d'une opération, mais c'est l'acte d'émettre, de livrer, de transférer, d'importer, qui est imposé comme tel". (WURLOD, Marcel. Forme juridique et réalité économique dans l'application des lois fiscales. 1947. 149 f. Thèse (Doctorat) – Faculté de Droit, Université de Lausanne, Suisse, 1947, p. 32).

[520] "O objeto destes tributos é, por conseguinte, realizado assim que um ato passa a existir formalmente de acordo com o direito privado. Dois elementos são essenciais: uma operação jurídica e uma forma exterior que a represente". (Tradução nossa). No original: "L'objet de ces impôts est donc réalisé dès qu'un acte existe formellement selon le droit privé. Deux

à segunda hipótese, as ideias do autor podem ser sintetizadas para mencionar apenas a possibilidade de que o legislador tributário tenha pretendido gravar um determinado resultado, sem que a forma adotada seja o fator mais relevante. No domínio do que ele chama de noções autônomas, as formas exteriores não seriam, em princípio, decisivas para o surgimento da obrigação tributária, mas apenas a situação de fato que delas resulta.[521]

A opção por uma ou outra modalidade é algo que compete ao legislador, de modo que a sua decisão não pode ser ignorada pelo intérprete, que deve considerar as limitações inerentes a cada uma das referidas hipóteses. A respeito desse tema, não se pode afirmar que o legislador tenha se omitido, uma vez que a questão parece ter sido regulada em dois importantes dispositivos do CTN. São eles:

> Art. 116. Salvo disposição de lei em contrário, considera-se ocorrido o fato gerador e existentes os seus efeitos:
> I – tratando-se de situação de fato, desde o momento em que o se verifiquem as circunstâncias materiais necessárias a que produza os efeitos que normalmente lhe são próprios;
> II – tratando-se de situação jurídica, desde o momento em que esteja definitivamente constituída, nos termos de direito aplicável.
> Art. 118. A definição legal do fato gerador é interpretada abstraindo-se:
> I – da validade jurídica dos atos efetivamente praticados pelos contribuintes, responsáveis, ou terceiros, bem como da natureza do seu objeto ou dos seus efeitos;
> II – dos efeitos dos fatos efetivamente ocorridos.

De acordo com Misabel Derzi,[522] o CTN pretendeu dizer que alguns fatos geradores decorrem apenas da "execução ou situação de fato de obrigações oriundas de outros fatos jurídicos (civis ou mercantis) múltiplos e numerosos, em que a relevância tributária não está posta no ato ou negócio mercantil originário, mas na execução ou efeitos concretos dele resultantes". Para outras hipóteses, contudo, o legislador atribuiu relevância ao ato ou negócio jurídico em si mesmo considerado,

---

éléments sont essentiels: une opération juridique et une forme extérieure qui la représente". (WURLOD, Marcel. Forme juridique et réalité économique dans l'application des lois fiscales. 1947. 149 f. Thèse (Doctorat) – Faculté de Droit, Université de Lausanne, Suisse, 1947, p. 33).

[521] WURLOD, Marcel. Forme juridique et réalité économique dans l'application des lois fiscales. 1947. 149 f. Thèse (Doctorat) – Faculté de Droit, Université de Lausanne, Suisse, 1947, p. 55-65.

[522] BALEEIRO, Aliomar. *Limitações constitucionais ao poder de tributar*. 12. ed. rev. e atualizada por Misabel Abreu Machado Derzi. Rio de Janeiro: Forense, 2013, p. 1094-1096.

fazendo remissão à disciplina própria, a ser buscada em outro ramo do direito, que não o tributário. Com base nesse raciocínio, e em linha semelhante aos entendimentos já expostos acima, a autora propõe que os fatos geradores sejam divididos, considerando a redação do art. 116 do CTN, em *fato gerador-situação fática* e *fato gerador-situação jurídica*. O inciso primeiro do art. 116 parece dizer respeito à primeira hipótese mencionada por Derzi, em que o legislador indica como necessário, para fins de caracterização da hipótese de incidência do tributo, uma situação de fato que não se vincula a um negócio jurídico específico, mas a um conjunto de transações que gerem um determinado resultado. Prova disso é a expressa referência a uma *situação de fato*, que tem como traço distintivo o momento em que são verificadas as *circunstâncias materiais necessárias a que produza os efeitos que normalmente lhe são próprios*. Em sentido oposto, o inciso segundo do art. 116 parece ter feito referência à necessária ocorrência de um negócio jurídico específico (considerada a sua forma e substância, ambas jurídicas), justamente em razão da menção expressa a uma *situação jurídica*, não mais de fato, que precisa estar definitivamente constituída, *nos termos de direito aplicável*.

O imposto de renda está claramente inserido na hipótese contida no art. 116, I, em que se atribui relevância a uma situação fática, que fica caracterizada a partir do momento em que se verifica a existência das circunstâncias materiais necessárias para a produção do efeito exigido. É dizer, quando todo o conjunto de negócios jurídicos praticados pelo contribuinte levar à constatação da ocorrência de um acréscimo patrimonial, consideradas as técnicas de mensuração do patrimônio aplicáveis ao regime de apuração do imposto de renda. É de fundamental importância, contudo, não ignorar que a existência de um ato ou negócio jurídico é sempre condição essencial para a ocorrência do fato gerador, estando a diferença entre os incisos do art. 116 apenas na vinculação entre um negócio jurídico específico e o fato gerador do tributo. Dito de outro modo, para fins de apuração do imposto de renda serão considerados todos os atos ou negócios que gerarem mutação patrimonial, devendo o resultado final ser representado por um acréscimo de valor.

Por isso mesmo, não merece acolhida o argumento no sentido de que a natureza causal do fato gerador do imposto de renda permitiria que os negócios jurídicos fossem qualificados com base nos seus resultados econômicos, já que a relevância não estaria no ato ou negócio em si, mas nos efeitos por eles gerados. Trata-se de um raciocínio equivocado, pois a desnecessidade de que o fato gerador se vincule a uma situação jurídica específica não faz com que a forma se torne secundária, como que em uma espécie de raciocínio inverso, em que os negócios jurídicos são qualificados com base nos seus efeitos e não de acordo com a vontade manifestada pelas partes. É dizer, da premissa de que o fato gerador do imposto de renda está relacionado a uma situação fática (acréscimo patrimonial) não decorre a conclusão de que os atos ou negócios praticados possam ser requalificados, para se amoldarem a outras operações, supostamente mais adequadas aos resultados gerados.[523]

Sob todos os ângulos, verifica-se que, para qualquer espécie de fato gerador a sua estrutura estará vinculada a alguma forma de direito privado, ainda que a hipótese de incidência não se vincule à forma, em si mesma considerada, de tal sorte que a sua requalificação, com base nos efeitos econômicos gerados, acabará esbarrando nos princípios da legalidade[524] e da autonomia privada.[525] Em outras palavras, ainda que o imposto de renda tenha como pressuposto a ocorrência de transações, não

---

[523] LOPES JÚNIOR, Jorge Ney de Figueirêdo; ASSEIS, Pedro Augusto do Amaral Abujamra. A adoção do IFRS no direito brasileiro e os limites da conciliação do contábil com o legal tributário. In: LOPES, Alexsandro Broedel; MOSQUERA, Roberto Quiroga (Coord.). *Controvérsias jurídico-contábeis:* aproximações e distanciamentos. São Paulo: Dialética, 2015. v. 6, p. 306.

[524] "Substituir, para qualificar os fatos geradores, o critério da sua forma jurídica, que é certo, por aquele de acepção econômica, que é elástico, é fazer do princípio da legalidade uma proteção puramente ilusória". (Tradução nossa). No original: "Remplacer, pour qualifier les faits générateurs, le critère de leur forme juridique, qui est sûr, par celui de leur signification économique, qui est élastique, c'est fair du príncipe de la legalité une protection purement illusoire". (WURLOD, Marcel. Forme juridique et réalité économique dans l'application des lois fiscales. 1947. 149 f. Thèse (Doctorat) – Faculté de Droit, Université de Lausanne, Suisse, 1947, p. 27).

[525] "Com efeito, a própria natureza dos impostos que nós estudamos exclui a faculdade de apreciar economicamente os fatos, porque se tratam de atos de direito privado que foram tributados em si mesmos pelo legislador. Uma interpretação da lei que desse um sentido econômico a tais fatos geradores mudaria a natureza da tributação, criaria um novo tributo, diferente daquele previsto na lei. Essa aplicação por analogia de uma norma legal não se concilia com o princípio da legalidade; *a fortiori,* ela não se concilia com a legalidade estrita que é subjacente à natureza jurídica do crédito tributário. Mesmo se visivelmente uma situação econômica não corresponda à forma jurídica utilizada, o fisco não pode se fundar na 'realidade econômica'" (Tradução nossa). No original: "En effet, la nature même des impôts que nous étudions, exclut la faculté d'apprécier eco-nomiquement les faits, car ce sont des actes du droit privé qui ont été imposés en eux-mêmes par le législateur. Une interpretation de la loi qui donnerait un sens économique à des tels faits générateurs, changerait la nature de l'imposition, créerait un nouvel impôt différent de celui qui est prévu dans la loi. Cette application par analogie d'une norme légale, n'est pas conciliable avec le príncipe de la légalité; a fortiori, ele ne l'est pas avec la legalité stricte qu'implique la nature juridique de la créance d'impôt. Même si visiblement une situation économique ne correspond pas à la forme juridique utilisée, le fisc ne peut pas se fonder sua la 'réalité économique'". (WURLOD, Marcel. Forme juridique et réalité économique dans l'application des lois fiscales. 1947. 149 f. Thèse (Doctorat) – Faculté de Droit, Université de Lausanne, Suisse, 1947, p. 38-39).

se pode ter no registro contábil a única forma de qualificá-las, sob pena de transformá-lo em um imposto incidente sobre registros contábeis.[526] Esse raciocínio parece ser corroborado pelo já citado art. 118 do CTN. O legislador impôs que a definição legal do fato gerador seja interpretada abstraindo-se: *(i)* da validade dos atos efetivamente praticados pelos contribuintes, bem como da natureza do seu objeto ou dos seus efeitos; e *(ii)* dos efeitos dos fatos efetivamente ocorridos. É dizer, não é requisito que o ato ou negócio jurídico seja válido, nem relevante a natureza do seu objeto ou dos seus efeitos, bastando que da prática de um determinado ato ou negócio, sempre jurídico, ocorra o resultado hipotético previsto na lei. De todo modo, dos efeitos dos fatos efetivamente ocorridos também se deve abstrair, ou seja, não cabe ao intérprete qualificar os fatos com base nos seus efeitos, mas respeitar a forma jurídica eleita pelo contribuinte.

Portanto, apenas quando demonstrada a ocorrência de simulação, que representa um vício de existência dos negócios jurídicos, é que o Fisco poderá desconsiderar a forma adotada pelo contribuinte, de modo a fazer valer o negócio jurídico dissimulado.[527] A consequência prática desse entendimento é a impossibilidade de que a classificação contábil seja utilizada como elemento para a desconsideração (que envolve também a sua requalificação) de negócios jurídicos levados a efeito pelos contribuintes. Como dito, ainda que a lei tributária construa hipóteses jurídicas calcadas em orientações de ordem econômica, a forma jurídica será sempre relevante, pois da combinação entre forma e substância é que se obtém a juridicidade do fato. Não sendo essa a hipótese, compete apenas ao legislador (e não ao aplicador da norma) prever hipóteses de desconsideração das formas de direito privado[528] utilizadas pelo sujeito passivo, para fins de incidência do imposto de renda, o que encontra fundamento na autonomia conceitual do direito tributário.

---

[526] OLIVEIRA, Ricardo Mariz. Depurações do lucro contábil para determinação do lucro tributável. In: LOPES, Alexsandro Broedel; MOSQUERA, Roberto Quiroga (Coord.). *Controvérsias jurídico-contábeis:* aproximações e distanciamentos. São Paulo: Dialética, 2014. v. 5, p. 360.

[527] OLIVEIRA, Ricardo Mariz de; FAJERSZTAJN, Bruno; SILVA, Fabiana Carsoni Alves Fernandes da; SANTOS, Ramon Tomazela. Aspectos Polêmicos do Imposto de Renda e Proventos de Qualquer Natureza. In: MARTINS, Ives Gandra da Silva (Coord.) *Pesquisas Tributárias*. Porto Alegre: Coedição de Centro de Estudos Tributários e Lex Magister, 2014. p. 175-218. (Série CEU – Lex Magister, nº 2).

[528] POLIZELLI, Victor Borges. *O princípio da realização da renda:* reconhecimento de receitas e despesas para fins do IRPJ. São Paulo: Quartier Latin, 2012, p. 191-192.

De forma indireta, esse assunto foi analisado pelo Tribunal Pleno do STF, em duas oportunidades, sob a perspectiva das possíveis divergências entre os conceitos contábil e jurídico de receita, sempre sob a relatoria da Min. Rosa Weber. Em um dos casos (RE 606.107/RS), discutiu-se a incidência de PIS e Cofins sobre créditos presumidos de ICMS, em que a relatora foi enfática no sentido de que a contabilidade pode ser adotada como ponto de partida para determinação da base de cálculo de diversos tributos, mas que a sua qualificação dos fatos não subordina a tributação. Em suas palavras, "[a] contabilidade constitui ferramenta utilizada também para fins tributários, mas moldada nessa seara pelos princípios e regras próprios do Direito Tributário".[529]

Raciocínio idêntico foi desenvolvido no RE 627.815/PR, em que se afirmou que a "classificação contábil não se afigura determinante como regra de interpretação das regras de competência e de imunidade".[530]

---

[529] "Com a EC 20/1998, que deu nova redação ao art. 195, inciso I, da Lei Maior, passou a ser possível a instituição de contribuição para o financiamento da Seguridade Social alternativamente sobre o faturamento ou a receita (alínea "b"), conceito este mais largo, é verdade, mas nem por isso uma carta em branco nas mãos do legislador ou do exegeta. Trata-se de um conceito constitucional, cujo conteúdo, em que pese abrangente, é delimitado, específico e vinculante, impondo-se ao legislador e à Administração Tributária. Cabe ao intérprete da Constituição Federal defini-lo, à luz dos usos linguísticos correntes, dos postulados e dos princípios constitucionais tributários, dentre os quais sobressai o princípio da capacidade contributiva (art. 145, §1º, da CF). Pois bem, o conceito constitucional de receita, acolhido pelo art. 195, I, "b", da CF, não se confunde com o conceito contábil. Isso, aliás, está claramente expresso nas Leis 10.637/02 (art. 1º) e Lei 10.833/03 (art. 1º), que determinam a incidência da contribuição ao PIS/PASEP e da COFINS não cumulativas sobre o total das receitas, "independentemente de sua denominação ou classificação contábil". Não há, assim, que buscar equivalência absoluta entre os conceitos contábil e tributário. Ainda que a contabilidade elaborada para fins de informação ao mercado, gestão e planejamento das empresas possa ser tomada pela lei como ponto de partida para a determinação das bases de cálculo de diversos tributos, de modo algum subordina a tributação. Trata-se, apenas, de um ponto de partida. Basta ver os ajustes (adições, deduções e compensações) determinados pela legislação tributária. A contabilidade constitui ferramenta utilizada também para fins tributários, mas moldada nesta seara pelos princípios e regras próprios do Direito Tributário. (...)" (STF, Tribunal Pleno, RE 606.107/RS, Relator: Ministra Rosa Weber, julgado em: 22/05/2013, publicado em DJE 25/11/2013).

[530] "Note-se que, mais uma vez, a classificação contábil não se afigura determinante como regra de interpretação das regras de competência e de imunidade. O argumento trazido pela Fazenda Nacional de que, na legislação de regência, as receitas financeiras teriam classificação contábil diversa das receitas de venda de mercadorias e serviços não é convincente. Da mesma forma que, no RE 606.106/RS, julgado ontem, entendi que o fato de as receitas decorrentes da alienação dos créditos de ICMS transitarem pela conta de "créditos a recuperar" não as descaracteriza como tais, também no caso ora em exame, não tenho como determinante, para fins de desvincular a variação cambial da operação de exportação, o fato de tais receitas terem classificação contábil diversa daquela das receitas de venda de produtos. Outra não pode ser a conclusão, como já afirmei acima, senão que as receitas financeiras decorrentes das operações de exportação são receitas decorrentes diretamente da exportação, estando, pois, imunes das cobranças relativas à COFINS e

Veja-se que o STF não nega a juridicidade da contabilidade, tampouco a possibilidade de que ela seja utilizada como ponto de partida, ou apenas como uma referência para fins fiscais. Esse entendimento, contudo, não ignora que o direito é soberano nas suas qualificações dos fatos patrimoniais e que o registro contábil não subordina a incidência tributária, tampouco pode ser o fator determinante para a construção e aplicação das regras de competência dos tributos que interagem com a contabilidade.

4.6 Propostas para resolução dos exemplos selecionados

Na parte inicial do presente capítulo foi proposta a discussão do tema a partir de quatro exemplos hipotéticos, embora bastante próximos da realidade atual. Apesar de os fatos terem sido expostos com detalhes, apenas dúvidas foram lançadas naquele momento, de modo a que as respostas fossem naturalmente construídas ao longo da exposição. Portanto, já tendo sido discutidos os fundamentos, é chegado o momento de retornar aos casos e buscar responder a cada uma das questões formuladas.

4.6.1 O caso da permuta imobiliária

O primeiro caso sugerido envolve uma operação de permuta, em que as partes pretendem trocar um terreno por unidade imobiliária pronta, registrada no estoque da incorporadora. Foi informado que a permuta envolveria uma pessoa física (proprietária do terreno) e uma pessoa jurídica (proprietária da unidade imobiliária), que apura o seu imposto de renda com base no lucro presumido. Após algumas rodadas de negociações, estabeleceram as partes que os bens possuem valores de mercado equivalentes, o que as fez decidir pela realização da operação.

Sob a perspectiva da pessoa jurídica, o terreno deve ser registrado em seu ativo com base no valor justo do bem. A contrapartida desse reconhecimento poderá ser uma receita, dado que as permutas são operações que não geram resultado (ganho ou perda) apenas quando envolverem bens ou serviços de natureza e valores similares, tal como preceituam as regras contábeis. Nas hipóteses de permutas de bens de

---

ao PIS". (STF, Tribunal Pleno, RE 627.815/PR, Relator: Ministra Rosa Weber, julgado em: 22/05/2013, publicado em DJE 01/10/2013)

naturezas distintas, como seria o caso de uma operação envolvendo um terreno e uma unidade imobiliária, o ganho ou perda é representado pelo valor justo do bem recebido em permuta. Caso esse valor não possa ser mensurado com confiabilidade, deve-se adotar como parâmetro o valor justo do bem entregue em contrapartida ao terreno recebido.

Nesse contexto, foram colocadas as seguintes indagações: *(i)* o fato de uma norma contábil determinar que contratos de permuta não geram ganho ou perda apenas quando os bens tiverem a mesma natureza tem algum efeito para fins tributários? *(ii)* como deve ser qualificada a receita contábil decorrente de um contrato de permuta à luz das disposições do CC que regulam esse tipo de contrato? *(iii)* é possível que uma permuta gere ganho tributável? *(iv)* apenas os ajustes ao resultado contábil previstos em lei podem ser realizados pelo contribuinte? *(v)* ou os ajustes pressupõem que a base de cálculo do imposto de renda já esteja composta por receitas que assim possam ser qualificadas de acordo com o conceito jurídico aplicável?

Sob a perspectiva normativa, as operações de permuta de imóveis foram regulamentadas, no âmbito da RFB, pela Instrução Normativa SRF nº 107/1988. No referido ato, definiu-se claramente, no que importa ao objeto do presente estudo, que haveria resultado a ser apurado apenas nas operações de permuta com torna. Nessa hipótese, o resultado auferido ficaria limitado ao valor correspondente à torna, inexistindo ganho em relação aos bens efetivamente permutados. Portanto, não havendo torna, nada deveria ser recolhido a título de imposto de renda, que somente seria devido por ocasião da alienação do imóvel recebido, se desta operação resultasse acréscimo patrimonial.

Percebe-se que a orientação exarada pela RFB definia não haver resultado a apurar na operação de permuta imobiliária, haja vista que o bem recebido em permuta deveria ser registrado pelo mesmo valor contábil do bem entregue, mantendo inalterado o patrimônio do permutante. Originalmente, o entendimento da RFB era no sentido de que a existência de resultado em operações de permuta imobiliária ocorreria (se viesse a ocorrer) apenas no momento da alienação posterior do bem e seria igualmente aplicável às sociedades optantes pelo lucro presumido.[531] Em linha análoga, há pareceres da Procuradoria

---

[531] Solução de Consulta n. 241/2008
ASSUNTO: Imposto sobre a Renda de Pessoa Jurídica – IRPJ
EMENTA: As pessoas jurídicas que explorem atividades imobiliárias relativas a loteamento de terrenos, incorporação imobiliária, construção de prédios destinados à venda, bem como a venda de imóveis construídos ou adquiridos para revenda, deverão considerar como receita bruta o montante, em bens ou dinheiro, recebido em pagamento, relativo às unidades

CAPÍTULO 4
DELIMITAÇÃO DO ESPECTRO DE INFLUÊNCIA DA CONTABILIDADE SOBRE A DEFINIÇÃO DO FATO GERADOR ... | 257

Geral da Fazenda Nacional (PGFN) que, embora não tenham tratado propriamente da troca de terrenos por unidades imobiliárias, concluíram no sentido de que não se deve considerar como constituindo receita do permutante o bem recebido em permuta. São eles: Parecer PGFN nº 970/1991 e Parecer PGFN nº 454/1992.

Observa-se, todavia, mudança do entendimento adotado pela administração tributária, especialmente a partir do Parecer Normativo da Coordenação-Geral de Tributação (Cosit) nº 9/2014. Entendeu-se, na oportunidade, que o regramento posto na Instrução IN/SRF nº 107/1988 seria aplicável apenas às sociedades que apuram o imposto de renda com base no lucro real, o que foi mencionado no preâmbulo do referido ato normativo.[532] Ademais, consignou-se que, nos termos do art. 533 do CC, sendo a permuta equiparada à compra e venda, seriam a ela aplicáveis as normas tributárias atinentes ao referido instituto, devendo o recebimento do bem permutado ser considerado como receita para fins de apuração do imposto de renda. Em resumo, o Fisco tem entendido que nas operações de permuta, em que há a troca de terrenos por unidades imobiliárias, deve o bem recebido ser computado na receita bruta para fins de apuração do imposto de renda – lucro presumido. Não tem sido aplicada, portanto, a regra de que o resultado apenas seria apurado na futura operação de venda do bem.

Resta analisar se os fundamentos do Fisco estão calcados em premissas válidas. Para tanto, o passo inicial deve ser dado no sentido de compreender o que pretende a norma contábil com a previsão de que permutas envolvendo bens de natureza diversa podem gerar ganho ou perda. E a única resposta possível será aquela que sustente a preocupação da contabilidade com a confiabilidade da informação presente nas demonstrações financeiras, o que pressupõe a relevância baseada na sua utilidade para a tomada de decisões acerca do futuro. Em razão disso, o registro contábil deve representar fidedignamente a essência dos elementos patrimoniais presentes nas demonstrações

---

imobiliárias vendidas. Na hipótese de permuta de unidades imobiliárias, o valor dos bens recebidos na troca não integra a base de cálculo do IRPJ, ainda que o contribuinte tenha feito a opção pelo lucro presumido. A alienação desses bens constitui nova operação de venda.

[532] Preâmbulo da IN/SRF nº 107/1988: "Dispõe sobre os procedimentos a serem adotados na determinação do lucro real das pessoas jurídicas e do lucro imobiliário das pessoas físicas, nas permutas de bens imóveis". Ocorre que o entendimento é equivocado. Quando da edição do ato normativo em referência (1988), as empresas que desenvolviam atividade imobiliária eram obrigadas a ter sua tributação regida pela sistemática do Lucro Real, somente tendo surgido a opção pelo Lucro Presumido a partir da Lei nº 9.718/1998, 10 (dez) anos depois. Assim, não poderia a IN SRF nº 107/1988 ter previsto sua aplicação extensiva ao Lucro Presumido.

financeiras, ainda que a consequência seja o reconhecimento de efeitos patrimoniais diversos daqueles que decorreriam do regime jurídico do contrato celebrado.[533]

Aplicando-se esse raciocínio ao presente exemplo, a confiabilidade da informação deve estar relacionada à estimativa dos benefícios econômicos futuros do bem recebido em permuta, vis-à-vis os benefícios econômicos que eram esperados para o bem entregue. Assim, fosse adotado um registro contábil baseado no valor atribuído pelas partes à escritura pública de permuta (a despeito das questões jurídicas que tenham motivado essa escolha) o ativo recebido não estaria representado pela sua capacidade de geração de benefícios econômicos, o que retiraria da informação contábil a sua relevância. O valor do terreno para a incorporadora deve ter relação apenas com o potencial de geração de fluxos de caixa desse ativo.

A prevalência de uma preocupação apenas informacional fica ainda mais evidente quando se analisa o possível efeito patrimonial consolidado. Basta imaginar que a existência de ganho ou perda dependerá da comparação entre os benefícios econômicos que poderiam advir do bem entregue e aqueles que se acredita fluirão com a sua troca por um bem de natureza diversa. Portanto, o que pretende a contabilidade com a determinação do reconhecimento do valor justo relacionado a bens de natureza diversa é apenas evitar que o dado contábil esteja mal representado, o que ocorreria caso o registro da transação levasse em conta a presunção absoluta de equivalência de prestações.

Não se trata de uma desconsideração do negócio jurídico pela contabilidade, em razão da prevalência da substância sobre a forma, mas apenas do reconhecimento de que determinadas operações de

---

[533] "E essas mesmas normas internacionais, adotadas no Brasil desde 2010, passaram também a exigir que em todas as permutas e em todas as trocas de ativos a figura do valor justo estivesse presente. Tudo para fins de melhor qualidade da informação contábil. Na permuta, passou a ser obrigatório que o ativo recebido não mais seja registrado ao custo do ativo entregue, e sim reconhecido pelo seu valor justo (que vai além do conceito de valor de mercado no caso se não existência de mercado ativo). E assim se tem, quase sempre, o reconhecimento de um resultado nesse ato por costumeiramente serem diferentes o valor justo do ativo recebido e o valor contábil do ativo entregue. É óbvio que o ativo anteriormente detido deverá ter sofrido uma modificação no seu valor de mercado, não reconhecida contabilmente até então. O reconhecimento passou a se dar na permuta, numa modificação de procedimento contábil que se afasta da rigidez do custo histórico como base de valor e do atributo da realização financeira. E o efeito se dá nas duas entidades que efetuam a permuta. Tudo em nome da melhoria da qualidade da informação contábil. O problema é querer estender os números contábeis aos efeitos da tributação". (OLIVEIRA, Ricardo Mariz de. *Incorporação de ações no Direito Tributário*. Prefácio Eliseu Martins. São Paulo: Quartier Latin, 2014, p. 16-17).

permuta podem gerar ganho ou perda, caso o valor justo dos bens permutados não seja equivalente. Essa forma de enxergar o negócio jurídico celebrado não nega a equivalência de prestações relativas ao contrato de permuta, apenas considera que prestações equivalentes não precisam possuir valores equivalentes. Essa identidade está presente quando se considera a perspectiva subjetiva, o que obviamente não leva em consideração a eventual diferença patrimonial que pode ser causada pela troca, fruto das possíveis expectativas diversas acerca dos benefícios econômicos que podem ser gerados pelos bens.

É interessante notar que a determinação do ajuste a valor justo não está preocupada com o efeito patrimonial decorrente da comparação entre a receita advinda do bem recebido e o custo relacionado ao bem entregue. Se houver equivalência de benefícios econômicos esperados, essa será uma operação cujo resultado final será efetivamente zero. A receita decorrente do valor justo, então, será oposta ao custo relacionado à baixa do bem entregue. O que se pretende dizer é que a receita decorrente do valor justo não está relacionada ao exercício da atividade empresarial, mas à necessidade de que sejam realizados ajustes ao patrimônio, para que o seu valor possa indicar a melhor estimativa acerca dos benefícios econômicos esperados. A existência de receita pressupõe que a expectativa se realize por meio de um negócio jurídico, em que os benefícios econômicos estarão representados por um preço e não por um valor. Nessa mesma linha, a existência de lucro dependerá de que as referidas receitas superem os custos da atividade.

Veja-se que a efetiva existência de ganhos depende de uma participação da entidade no mercado, oportunidade em que o valor outrora atribuído, que pressupõe uma relativa margem de subjetividade, será (ou não) chancelado pelo mercado. Conforme mencionado, apenas quando o valor tiver se transformado em preço é que se poderá falar em ganhos jurídicos, em oposição à potencialidade decorrente do valor justo. É de fundamental importância enfatizar que o reconhecimento do valor justo não está relacionado à existência de preço, pois a referência está no ativo, cuja consequência da mudança acerca da sua estimativa de valor irá repercutir sobre o resultado *(receita-patrimônio)*. Essa é uma decorrência de um padrão contábil centrado na figura do ativo, cuja oscilação de valor será lançada no resultado como receita ou despesa; mas essas serão receitas e despesas relacionadas ao patrimônio.

Todo esse raciocínio conduz à conclusão de que as receitas relacionadas ao valor justo não podem ser consideradas para fins de determinação da base de cálculo do imposto de renda, pelo simples fato de que elas representam um ganho potencial, fruto da atribuição de um valor, baseado em expectativas acerca da ocorrência de benefícios econômicos futuros. Por qualquer ângulo que se analisa a questão, não se observa a manifestação de capacidade contributiva relacionada à existência de receita ou de lucro. Se alguma capacidade há, ela está relacionada ao acréscimo (ainda que potencial) de valor ao patrimônio, que não pode ser considerado receita ou renda, por se tratarem de materialidades distintas e que não podem se sobrepor.

Um possível argumento em sentido contrário poderia estar relacionado ao fato de o contribuinte ter optado pelo lucro presumido. De acordo com esse regime, portanto, não haveria de se considerar a existência de lucro efetivo, dado que a referência são as receitas auferidas, sobre as quais é aplicada uma presunção de lucro. O argumento impressiona, mas parte de uma premissa equivocada, porque esse acréscimo de valor não apresenta qualquer traço de juridicidade. O efeito no resultado, que tem como origem o reconhecimento da perspectiva de valor de um ativo, não pode ser receita ou lucro, pois não revela a existência de capacidade contributiva relacionada às materialidades discriminadas constitucionalmente.

Ademais, não pode ser levado em consideração eventual argumento no sentido de que a entrega da unidade imobiliária seria uma alienação e que a receita a ser reconhecida diria respeito a essa transação. O argumento se mostra incorreto em razão de dois fundamentos essenciais: *(i)* o fato de o imóvel ter sido transferido em razão da operação de permuta não pode ignorar a tipicidade do negócio jurídico celebrado entre as partes. Contratou-se permuta e não compra e venda, de modo que os efeitos devem ser aqueles próprios de um negócio jurídico validamente celebrado; *(ii)* a receita reconhecida não tem origem no bem entregue, mas no valor justo do bem recebido. Eventualmente, na impossibilidade de se obter o valor justo do bem recebido, pode-se adotar o valor justo do ativo entregue.

Por fim, ao longo do presente tópico afirmou-se que o registro contábil das operações de permuta de bens de natureza diversa não implica desconsideração dos negócios jurídicos celebrados. Essa desconsideração ocorrerá, todavia, sempre que o Fisco pretender atribuir à visão contábil da realidade uma dimensão maior do que a prevista na estrutura conceitual básica da contabilidade. É preciso que seja respeitado o regime jurídico do contrato de permuta, que não pode ser tratado como algo diverso, como a compra e venda, por exemplo, em substituição à vontade manifestada pelas partes.

Conforme noticia a doutrina civilista, inclusive, não se nega a semelhança entre os contratos de permuta e de compra e venda.

CAPÍTULO 4
DELIMITAÇÃO DO ESPECTRO DE INFLUÊNCIA DA CONTABILIDADE SOBRE A DEFINIÇÃO DO FATO GERADOR ... | 261

A despeito dessa proximidade, no entanto, não se pode deixar de levar em conta uma distinção fundamental, representada pelo preço, ausente no contrato de permuta. Essa é a posição de autores do peso de Caio Mário,[534] Orlando Gomes[535] e Pontes de Miranda.[536] Este último, de maneira absolutamente didática, afirma que na permuta há uma correspectividade sem preço, entendido preço no sentido próprio, "porque um dos figurantes promete um bem, que não é dinheiro, e o outro figurante promete outro bem, que não é dinheiro".

Portanto, o contrato de troca não envolve preço, de forma que há mera substituição, no patrimônio, de bens cujos valores são compatíveis, já que, se não o fossem (sob a perspectiva subjetiva do permutante), o negócio não teria sido celebrado. Dessa forma, pode-se afirmar que, inexistindo preço, não se pode falar em renda. É que, uma vez mais, preço relaciona-se à ideia de renda, já que se constitui na quantificação atribuída a determinado bem em operação efetivamente realizada no mercado, gerando ingresso de direitos no patrimônio do vendedor.

---

[534] "A doutrina, desde os romanos, procedente à análise deste contrato, assinalava a presença dos três elementos que lhe são essenciais: a coisa, o preço e o consentimento. Estes mesmos elementos, essentialia negotii, estão ainda presentes (...). O segundo elemento da compra e venda (...), e que a integra, na forma da lei (Código Civil, art. 482), é o preço. Não basta, porém, tal qual em relação à coisa, haja preço. É mister reúna estes alguns caracteres, sem cuja presença não chega a compor-se. A – Dinheiro. Os romanos, primitivamente, discutiram a tese da sua pecuniariedade, alinhando-se os jurisconsultos em dois campos inimigos. De um lado, os Proculeianos, sustentando: se não for em dinheiro o preço, venda não há, porém, outra espécie contratual; de outro lado, os sabinianos, admitindo com a citação de uns versos da Ilíada, que a emptio venditio se não desfigurava pelo fato de o pagamento efetuar-se em coisa diferente de dinheiro. A controvérsia atravessou gerações, e somente veio a cessar quando a codificação justinianeia amparou a tese proculeiana. No direito moderno já não subsiste dúvida. E no nosso muito menos, pois que, além da harmonia reinante entre os doutrinadores, o conceito é de direito positivo (Código Civil, art. 481), como antes da codificação de 1916 era regra corrente". (PEREIRA, Caio Mário da Silva. *Instituições de Direito Civil*: contratos. Rio de Janeiro: Forense, 2014. v. 3, p. 177-180).

[535] "Historicamente, a troca precede à compra e venda. Antes da economia monetária, era o instrumento jurídico da circulação de bens (...) Na permuta, um dos contratantes promete uma coisa em troca de outra. Na compra e venda, a contraprestação há de se consistir, necessariamente, em dinheiro. Na troca não há preço, como na compra e venda, mas é irrelevante que as coisas permutadas tenham valores desiguais. Se a troca for de moedas, havendo ágio, o contrato será de compra e venda. Equivale, também, a venda, se entre ascendentes de descendentes com valores desiguais, mas somente para exigir consentimento expresso dos outros descendentes (...). Não é da essência da troca que as coisas tenham igual valor. A desigualdade somente desfigura a permuta, quando o contratante, que dá coisa de valor menor, completa sua prestação com dinheiro e o complemento é mais valioso. – nesse caso vira uma compra e venda". (GOMES, Orlando. *Contratos*. 18. ed. Rio de Janeiro: Forense, 1999, p. 268-271).

[536] PONTES DE MIRANDA, Francisco Cavalcanti. *Tratado de Direito Privado*: parte especial. Direito das Obrigações. Compra e venda. Atualização Claudia Lima Marques. São Paulo: Editora Revista dos Tribunais, 2012. t. 39, p. 457-474.

O valor, por sua vez, vincula-se não à renda, mas ao patrimônio, que não é fato gerador do imposto em discussão. A mera troca de bens, que não se dá mediante obrigação de pagar, não pode ser considerada no cálculo da receita tributável no lucro presumido. Trata-se, como já mencionado em mais de uma oportunidade ao longo do presente capítulo, de *receita-patrimônio*.

4.6.2 O caso dos instrumentos híbridos

O segundo caso sugerido envolve a captação de recursos por uma sociedade empresária, sem a intermediação de uma instituição financeira. Como forma de operacionalizar o recebimento dos recursos, estrutura-se uma operação envolvendo o seu principal ativo, que é o prédio onde são executadas as atividades da companhia. Em linhas gerais, esse ativo seria objeto de conferência ao capital de uma nova sociedade, que o alugaria ao antigo proprietário, por um prazo equivalente a 30 anos. Essa pessoa jurídica teria como acionistas a própria companhia e aqueles que se dispuseram a aportar os recursos necessários para o fechamento da operação. A eles foi oferecida uma taxa de rentabilidade sobre o valor investido, superior as que remuneram aplicações financeiras de renda fixa no mercado. É importante destacar que a nova sociedade teria o propósito específico de gerir o contrato de locação celebrado com a antiga proprietária do imóvel. Por isso, o seu controle seria exercido pela companhia que receberia os recursos aportados. Em contrapartida, os acionistas minoritários fariam jus ao recebimento de um dividendo fixo, equivalente a 40% da receita de locação.

A estrutura almejada foi objeto de alguns questionamentos. O primeiro deles disse respeito à natureza da relação existente entre os investidores e a sociedade investida, que poderia ser considerada creditícia e não propriamente societária, a despeito do vínculo jurídico estabelecido entre as partes. A razão de ser dessa preocupação teria origem no fato de que os recursos aportados ao capital social seriam remunerados com base na receita de um determinado contrato e não com base no lucro líquido de cada período de apuração. Em razão disso, os acionistas não fariam parte do risco do negócio, que acabaria reduzido à eventualidade do rompimento do contrato de locação entre as sociedades. De todo modo, nessa hipótese eles seriam proprietários de ações representativas de um patrimônio líquido composto por um imóvel de elevado valor comercial. Em resumo, a operação representaria, sob a perspectiva econômica, um empréstimo com garantia real.

CAPÍTULO 4

DELIMITAÇÃO DO ESPECTRO DE INFLUÊNCIA DA CONTABILIDADE SOBRE A DEFINIÇÃO DO FATO GERADOR ... | 263

Em termos concretos, argumentou-se a necessidade de que as ações fossem registradas como dívida da companhia. Em razão disso, os pagamentos realizados aos "acionistas-investidores" deveriam representar uma despesa e, portanto, poderiam não ter origem em lucros gerados pela companhia. Ao contrário, seriam considerados nessa apuração, reduzindo o resultado do exercício. Sob a perspectiva dos acionistas minoritários, eles receberiam juros e não dividendos, já que seriam titulares de direitos de crédito e não de participações societárias. Em razão desse contexto, foram suscitadas algumas dúvidas acerca dos possíveis reflexos tributários.

A resposta a cada uma delas depende da consideração de que a perspectiva da contabilidade acerca da relação havida entre as partes não está vinculada aos negócios jurídicos efetivamente celebrados. Uma representação fidedigna da realidade, como já explicado, exige que ela seja entendida de modo que os elementos patrimoniais sejam escriturados com base em seus atributos essenciais. Na eventualidade de haver divergência entre as visões do direito e da contabilidade sobre um mesmo fato, essa última deve prevalecer. Esses conflitos são mais comuns quando se está diante do que se qualifica como instrumentos híbridos, aqui definidos como aqueles negócios que carregam elementos de capital e de dívida, de modo que o registro contábil deve estar vinculado às características predominantes, ainda que elas se revelem incompatíveis com o regime jurídico eleito pelas partes.

No exemplo em questão, todos os elementos indicam que a intenção da companhia era justamente estabelecer uma relação híbrida. A estratégia pretendida era a que permitiria atrair credores para uma relação de sociedade, único modo de se viabilizar a captação dos recursos necessários. Para que isso fosse possível, as garantias deveriam ser as mais próximas possíveis daquelas ofertadas a um credor (garantia real, na essência, representada por ações de uma sociedade anônima de propósito específico), embora o vínculo jurídico não deixasse de envolver a relação entre acionista e sociedade. Além disso, a remuneração não poderia estar vinculada ao risco do negócio, pois cada novo acionista entendia ter investido o seu recurso em uma aplicação de renda fixa. É importante ressaltar que, mesmo diante da mitigação dos riscos empresariais, cada acionista não tinha a menor dúvida de que a maior rentabilidade por ele obtida estava associada aos riscos assumidos em virtude desse modelo de negócio.

Portanto, a companhia sabe que passará a ter como sócios os seus credores, que a remuneração não está vinculada ao risco da operação e que os minoritários terão preferência no recebimento dos dividendos.

Os acionistas, por sua vez, sabem que não são meros credores da nova sociedade, que a sua remuneração está vinculada ao curso normal do contrato de locação e que na eventualidade de as coisas não caminharem bem, irá restar-lhes uma participação minoritária em uma sociedade cujo único ativo consiste em um imóvel de destinação bastante específica.

O registro contábil dessa operação conta com alguma discricionariedade por parte do contador. Uma interpretação razoável poderia avançar no sentido de que acionistas minoritários de uma companhia detentora de um único ativo, locado para o acionista controlador e com preferência no recebimento de dividendos fixos são essencialmente credores, a despeito de deterem ações emitidas pela sociedade em questão. Esse entendimento gera efeitos no âmbito da sociedade e dos acionistas. Poder-se-ia sustentar que o registro contábil das ações não deveria ocorrer no patrimônio líquido da companhia, mas em conta de passivo, dado que se verificaria a existência de um fato passado (a emissão de títulos de dívida) com a probabilidade de saída de recursos futuros, que não estariam vinculados ao resultado do exercício. Como decorrência, os valores pagos aos acionistas seriam despesas financeiras e não dividendos, o que teria influência direta sobre o resultado do exercício.

Esse raciocínio gera uma série de possíveis repercussões de natureza tributária. Dado que a pessoa jurídica considera estar pagando juros e não dividendos, os acionistas poderiam questionar se o rendimento, informado pela fonte pagadora como juros, deveria ser assim considerado e oferecido à tributação, ou declarado como dividendo, portanto, livre de qualquer incidência. De igual modo, a pessoa jurídica poderia se ver na dúvida de considerar se essas despesas seriam dedutíveis para fins de apuração do seu imposto de renda ou se deveriam ser adicionadas na apuração do lucro real.

Uma vez mais, as respostas passam pela constatação de que a qualificação contábil dos fatos patrimoniais não leva em conta o negócio jurídico celebrado (sequer é preciso que algum tenha sido celebrado), mas o que a contabilidade considera ser a sua essência econômica. O traço distintivo é a desconsideração, pela contabilidade, das demais consequências relacionadas a um determinado negócio jurídico, como a vontade de uma determinada pessoa de optar pelo vínculo societário com o objetivo de obter uma maior rentabilidade, ao mesmo tempo em que alcança um acesso mais direto à garantia real, fruto de sua condição de acionista; bem como daquele que opta por se tornar credor, mesmo ciente dos riscos de crédito envolvidos, mas com o objetivo de deter alguma espécie de crédito em eventual processo falimentar. Quer-se dizer que não se pode considerar apenas as repercussões patrimoniais decorrentes da escolha por uma outra forma jurídica, mas todas as consequências que dela decorrem, o que levará à consideração da substância jurídica, que deverá prevalecer sobre a econômica, especialmente por se tratar de um conflito meramente aparente.

Não se pode admitir, portanto, que haja uma prevalência da qualificação contábil dos fatos patrimoniais derivados de negócios jurídicos, pelo simples fato de que o processo contábil apresenta um resultado baseado em premissas diversas. Não é tarefa da contabilidade levar em consideração todas as consequências jurídicas de um determinado negócio (até mesmo por incapacidade técnica), mas apenas determinar como deve ocorrer o registro contábil, tomando por base os seus efeitos econômicos. Isso não pode levar à constatação de que a forma jurídica deve ser desconsiderada quando o resultado da qualificação contábil levar a uma substância econômica diversa. Observe-se, uma vez mais, a absoluta inexistência de conflito, que existirá apenas quando a forma jurídica não corresponder à substância econômica, oportunidade em que se estará diante de um vício do negócio jurídico, que não possui qualquer relação com questões contábeis.

Na verdade, tantas serão as essências quantas forem as ciências que se debruçarem sobre os mesmos fatos patrimoniais. Por isso, não se pode recorrer ao fato contábil como forma de afastar uma determinada qualificação jurídica. A questão entre natureza e forma no âmbito do direito é exclusivamente jurídica e nada tem a ver com a natureza econômica sob a ótica contábil. Assim, a questão da essência econômica dos negócios jurídicos de acordo com a visão contábil terá relevância jurídica apenas nas hipóteses em que o legislador tiver concedido tal abertura. Em outras palavras, quando o legislador tributário tiver utilizado um conceito contábil como intermediário entre o direito e a economia. Do contrário, justamente em razão de todas as regras que norteiam o sistema tributário, deve a natureza/forma jurídica prevalecer.

4.6.3 O caso do ganho por compra vantajosa

O terceiro exemplo proposto referiu-se a uma operação societária que envolveu a aquisição da integralidade das ações de uma companhia por outra, atuante no mesmo segmento. O comprador estava em processo de consolidação de sua participação no mercado e buscava bons ativos por preços vantajosos. Especificamente na operação em questão, o preço pago foi inferior ao valor justo do patrimônio da investida, o que revelou a presença de um ganho por compra vantajosa. O reconhecimento dessa receita suscitou algumas dúvidas importantes: considerando que o ganho compõe o lucro líquido do exercício, ele poderia ser objeto de distribuição aos acionistas?[537] Esse resultado pode ser considerado para fins de apuração da base de cálculo do imposto de renda? Sendo positiva a resposta, poderia o legislador determinar a sua tributação? A análise deve partir das razões pelas quais uma receita contábil pode ser reconhecida em operações dessa natureza. Elas não divergem muito das demais colocações feitas até aqui, no sentido de que o ajuste a valor justo tem por objetivo a obtenção de um registro contábil baseado no valor de realização do patrimônio, aquele que seria apurado caso todos os ativos fossem alienados e os passivos liquidados naquela data. Basicamente, o valor justo deverá representar a melhor estimativa acerca dos fluxos de caixa futuros, relacionados ao patrimônio em questão. Portanto, a sua razão de ser está na necessidade de que as demonstrações financeiras possam dar aos seus usuários uma informação útil para a tomada de decisões, o que já foi amplamente discutido nos itens precedentes.

Dito isso, sob a perspectiva contábil atual, tem-se efetivo acréscimo patrimonial. Trata-se, inegavelmente, de um resultado não realizado, pois a sua origem está baseada na existência de uma perspectiva de valor do patrimônio adquirido, baseado nas informações disponíveis no momento. No que concerne à sua distribuição, pelo menos sob a perspectiva societária, não há qualquer impedimento, desde que a sociedade delibere nesse sentido. A distribuição de resultados não realizados não encontra qualquer óbice jurídico, pois ele está lastreado em efetivo lucro contábil, mesmo que o caixa correspondente não tenha sido ainda obtido, cabendo apenas à Assembleia-Geral Ordinária a decisão nesse sentido (Lei nº 6.404/76, art. 132, II). Essa não é uma situação atípica, pois outros resultados não realizados compõem o lucro líquido e a sua distribuição jamais suscitou maiores controvérsias, como é o caso do resultado positivo de equivalência patrimonial.

É interessante notar que a lei societária define lucro líquido como o resultado do exercício que remanescer após a dedução das participações estatutárias dos empregados, administradores e partes beneficiárias (Lei nº 6.404/76, art. 191). A conjugação desse dispositivo com aquele que impõe a necessidade de que escrituração contábil seja realizada em obediência aos preceitos da legislação comercial, à própria Lei nº

---

[537] Obviamente, a distribuição deve considerar os efeitos do passivo fiscal diferido constituído em razão do reconhecimento do ganho.

CAPÍTULO 4
DELIMITAÇÃO DO ESPECTRO DE INFLUÊNCIA DA CONTABILIDADE SOBRE A DEFINIÇÃO DO FATO GERADOR ... 267

6.404/76 e aos princípios de contabilidade geralmente aceitos (Lei nº 6.404/76, art. 177) leva à conclusão de que o lucro líquido do exercício é uma figura societária que está vinculada, essencialmente, ao resultado contábil, pois a ele faz remissão. Significa dizer que, para fins societários, o lucro passível de distribuição está fortemente vinculado ao resultado contábil, não havendo qualquer óbice legal à sua distribuição.

A questão começa a ganhar contornos interessantes quando se pensa na abrangência da atual regra brasileira de isenção dos lucros distribuídos a pessoas físicas e jurídicas. A rigor, basta que os dividendos sejam calculados com base nos *resultados* da pessoa jurídica para que o seu recebimento pelo beneficiário não seja tributado. Essa norma é vista como uma tentativa de se evitar a dupla tributação econômica das rendas geradas pelas pessoas jurídicas, permitindo que o resultado passe livremente para os sócios. Assim, a um mesmo tempo, estimular-se-ia o investimento e evitar-se-ia que o lucro deixasse de ser distribuído por razões exclusivamente tributárias.

O artigo, porém, não define lucros, dividendos ou resultados. Não se trata de uma omissão, mas de verdadeira opção pela remissão a conceitos já bem definidos em outros textos legais. Como já mencionado, a Lei nº 6.404/76 estipula que a demonstração do resultado do exercício, que deverá ser elaborada anualmente com base na escrituração contábil, deve exprimir com clareza a situação do patrimônio da companhia e as mutações ocorridas no exercício (art. 176). Sendo assim, o conceito de resultado deve ser buscado na lei das sociedades por ações que, por sua vez, vale-se das regras contábeis para a sua apuração. Além disso, a existência de conceitos bem definidos no ordenamento auxilia o intérprete no seu trabalho de construção da norma. A opção do legislador por isentar o lucro societário fica ainda mais clara quando se verifica a existência de um conceito de lucro tributável. O artigo 7º do Decreto-Lei nº 1.598/77 estabelece que o lucro real será determinado com base na escrituração que o contribuinte deve manter. Portanto, lucro real não pode ser confundido com resultado, pois dele deriva.

Voltando ao texto da Lei nº 9.249/95, verifica-se outro ponto relevante. O artigo 10 afirma expressamente que o resultado isento abrange os lucros e dividendos pagos pelas pessoas jurídicas tributadas com base no lucro real, presumido ou arbitrado. Ou seja, tem-se um único resultado, que não varia de acordo com a forma de tributação. Diante dessas considerações, fica difícil afirmar que a Lei nº 9.249/95 tenha buscado fazer referência a qualquer outro resultado que não seja aquele apurado com base na escrituração contábil, ou o resultado societário, base de cálculo para a apuração dos dividendos. Por isso, deve-se afastar qualquer argumento no sentido de que o lucro isento é aquele já tributado pelo imposto de renda da pessoa jurídica. Fosse isso verdade, então o legislador deveria ter isentado a parcela do lucro incluída na apuração do lucro real, presumido ou arbitrado, e não o resultado genericamente considerado.

Tal conclusão não invalida a consideração econômica que motivou a isenção da distribuição dos dividendos, a de se evitar a dupla tributação do resultado, que ocorreria caso houvesse incidência de imposto de renda no âmbito da pessoa jurídica que apura o resultado e no âmbito do beneficiário dos lucros. É preciso diferenciar a provável motivação da norma (evitar a dupla tributação do resultado) da norma em si. Ao buscar evitar os efeitos da dupla tributação – provável fundamento econômico do dispositivo legal –, optou o legislador por isentar a distribuição dos lucros apurados com base no resultado contábil, não tendo cogitado referir-se apenas ao resultado previamente oferecido à tributação na pessoa jurídica. Essas considerações são decisivas para validar as conclusões a que se pretende chegar.

Essas considerações continuam plenamente aplicáveis ao cenário posterior à edição da Lei nº 11.638/07, não se mostrando correto falar em uma necessária neutralidade, justamente por se tratar de um efeito tributário indireto, assim entendido como aquele que não repercute diretamente sobre a base de cálculo do imposto de renda. Portanto, a lei tributária que outorga a isenção e que é anterior às modificações em questão, continua a ser aplicada sem qualquer modificação. Continuam isentos os pagamentos dos lucros e dividendos calculados com base nos resultados contábeis. Afinal, foi essa a referência utilizada pelo legislador tributário por meio de expressa remissão.[538]

---

[538] "Ora, a neutralidade, como se viu, não é absoluta. Ela é fruto do texto legal, que não dá a abrangência que se poderia imaginar. Basta considerar, para tanto, o caso dos dividendos, contemplados pelo artigo 10 da mesma Lei nº 9.249/1995. São eles calculados a partir do patrimônio da sociedade, apurado em conformidade com as normas contábeis hoje vigentes. Acaso a neutralidade implicaria afirmar que a isenção ali assegurada apenas se estenderia a dividendos apurados segundo os critérios vigentes em 31 de dezembro de 2007 e que valores excedentes não teriam o tratamento tributário de dividendos? Ou, ao contrário, que apesar de a contabilidade apontar valor ínfimo de dividendos, haveria que assegurar isenção sobre montante maior, apurado segundo os antigos critérios contábeis? Um e outro raciocínio não poderiam prosperar: a legislação tributária isenta os dividendos pagos pela pessoa jurídica. A forma como os dividendos se apuram é matéria da legislação societária. Sobre os dividendos assim apurados aplica-se a legislação tributária". (SCHOUERI, Luís Eduardo. Juros sobre capital próprio: natureza jurídica e forma de apuração diante da "Nova Contabilidade". In: LOPES, Alexsandro Broedel; MOSQUERA, Roberto Quiroga (Coord.). *Controvérsias jurídico-contábeis*: aproximações e distanciamentos. São Paulo: Dialética, 2012. v. 3, p. 191).

Esclarecida a questão relacionada à distribuição de resultados, deve-se enfrentar a questão da possibilidade de tributação do ganho por compra vantajosa. É preciso deixar claro que a isenção conferida aos lucros distribuídos não tem qualquer influência sobre o regime aplicável à tributação do resultado que lhes deu causa. Em outras palavras, a conclusão a respeito da possibilidade de distribuição, com isenção, do ganho decorrente da compra vantajosa, não tem qualquer efeito sobre a análise da tributação desse mesmo ganho. O ganho por compra vantajosa tem origem na atribuição de um valor justo ao patrimônio adquirido, que acaba se revelando superior ao preço efetivamente dispendido para a sua aquisição. Essa afirmação revela que ele surge apenas quando o patrimônio passa a ser controlado pela adquirente, o que lhe permite aplicar a sua perspectiva de avaliação, que não precisa ter qualquer relação com o preço aceito pelo vendedor por ocasião da aquisição.

Novamente, é preciso recorrer à diferenciação entre *valor* e *preço*. No momento da aquisição do patrimônio as partes chegaram a um consenso sobre o preço do conjunto de bens transacionados, tendo cada uma delas avaliado o patrimônio de acordo com a sua particular perspectiva. O vendedor aceitou um determinado preço, que poderia ser inferior (ou não) ao valor de mercado dos bens, por considerar que o momento econômico era propício para os agentes com maior liquidez, de modo que a realização imediata daqueles ativos era uma alternativa interessante. O comprador, por sua vez, aceitou pagar o preço por considerar que o valor de mercado daquele patrimônio era superior ao preço aceito pelo vendedor e que a imobilização daquele capital não iria lhe trazer maiores problemas. Desse modo, celebrou-se um contrato plenamente válido sob a perspectiva jurídica.

Todas essas considerações se alteram quando as obrigações contratuais são cumpridas e o patrimônio efetivamente muda de mãos. A partir do momento que o comprador passa a controlar a sociedade investida, a ele é imposto o dever de valorá-la de acordo com a expectativa de geração futura de caixa, o que pode não ter qualquer relação com o preço da transação ocorrida. O valor justo, portanto, não precisa ser chancelado pelo mercado, pois ele estará sempre baseado em uma estimativa diretamente relacionada à relação entre o investimento e a sua capacidade de geração de benefícios econômicos futuros, exclusivamente no contexto da operação de investidora/adquirente. Precisamente em razão disso, esse resultado positivo representa uma nova manifestação acerca da perspectiva de avaliação do patrimônio, não podendo se falar em aquisição de renda, a despeito do reconhecimento de um acréscimo patrimonial segundo a contabilidade.

4.6.4 O negócio jurídico de incorporação de ações

Por fim, imagine-se que duas grandes empresas que atuam em um mesmo segmento resolvam unificar as suas atividades. Do ponto de vista operacional, decidem alterar a denominação social de uma das sociedades, que passará a adotar um novo nome, representativo do grupo formado em razão da associação promovida. Ato contínuo, resolvem que a companhia que teve a denominação social alterada deverá incorporar as ações da outra, transformando-a em sua subsidiária integral. Com isso, os antigos acionistas da sociedade que teve as ações incorporadas passam à condição de acionistas da companhia incorporadora, em razão da substituição compulsória de suas ações.

Segundo entendimento dos advogados que estruturaram a operação, não há apuração de ganho de capital para os acionistas da companhia que teve as suas ações incorporadas. Dentre os argumentos apontados, merecem maior destaque aqueles que dizem respeito à natureza jurídica da operação de incorporação de ações, cujo objetivo final seria sempre o de transformar uma companhia em subsidiária integral de outra, o que não poderia acontecer sem que os titulares das ações incorporadas recebessem em troca ações da companhia incorporadora. Portanto, estar-se-ia diante de uma transação com efeitos semelhantes ao de uma permuta, sem qualquer possibilidade de variação patrimonial. Além disso, os atos não são praticados pelos acionistas, mas sempre pelos administradores da companhia, o que eliminaria qualquer possibilidade de incidência do imposto de renda, em razão da ausência do elemento volitivo dos acionistas titulares das ações incorporadas.

Em razão do cenário acima delineado, surgem algumas questões. Pode-se falar em acréscimo de valor no contexto de uma operação de incorporação de ações? Se sim, ele preenche os pressupostos necessários para fins de determinação da existência de renda? Os titulares das ações incorporadas manifestam a sua vontade no que diz respeito ao valor atribuído na operação de troca estabelecida?

O ponto de partida para a solução dessa questão deve levar em conta tratar-se a incorporação de ações de uma operação típica, regulada pela art. 223 e seguintes da Lei nº 6.404/76, que tem o propósito de transformar uma sociedade anônima em subsidiária integral de outra.[539] Para tanto, realiza-se um aumento de capital na companhia

---

[539] "A incorporação de ações é negócio típico peculiar ao Direito Societário. É típico porque não decorre do exercício genérico da autonomia privada, devendo ser celebrado com

CAPÍTULO 4
DELIMITAÇÃO DO ESPECTRO DE INFLUÊNCIA DA CONTABILIDADE SOBRE A DEFINIÇÃO DO FATO GERADOR... | 271

incorporadora, pelos titulares das ações incorporadas, para que eles possam receber ações da companhia incorporadora, em troca das suas ações incorporadas. O resultado final é uma substituição de participações, em que os acionistas da companhia incorporadora mudam de posição, passando a ser acionistas da companhia que agora é titular da integralidade das ações incorporadas. A razão econômica por trás de uma operação como essa é permitir combinações de negócios entre empresas de grande porte, sem que seja necessário o desembolso de recursos financeiros, cujos valores certamente prejudicariam a viabilidade de operações dessa natureza.[540]

Em razão da tipicidade desse negócio jurídico, é preciso levar em conta que a incorporação de ações não é o resultado de uma série de atos isolados, mas uma operação regulada pela lei societária, o que impõe o devido respeito ao seu regime jurídico. Em situações normais, portanto, o intérprete deve se vincular aos efeitos típicos que se espera da incorporação de questões, não podendo tratar cada uma das suas etapas isoladamente. Por esse motivo, não se pode ignorar o efeito permutativo dessa operação, em que ações da companhia incorporada são substituídas, no patrimônio dos acionistas, por ações da companhia incorporadora, de quem a companhia incorporada se torna subsidiária integral.

Na sequência, é preciso considerar que o aumento de capital necessário para que as ações incorporadas passem à titularidade da incorporadora deve ser entendido apenas como um meio necessário para que o resultado de um negócio jurídico típico seja atingido. Isso é relevante, pois não se trata de uma simples conferência de bens ao capital social de uma companhia, mas uma exigência do regime legal aplicável a uma operação societária típica e que tem como únicos participantes as companhias envolvidas, sem qualquer participação efetiva dos

---

observância a um esquema, um *tipo*, disciplinado de maneira particular pelo Direito positivo. E é peculiar ao ao Direito Societário porque não se vislumbra a possibilidade de aproximá-lo com qualquer outro tipo negocial previsto pelo Direito Privado". (SCHOUERI, Luís Eduardo; ANDRADE JR., Luiz Carlos de. Incorporação de ações: natureza societária e efeitos tributários. *Revista Dialética de Direito Tributário*, São Paulo, n. 200, p. 40-72, 2012, p. 45).

[540] "Esse é, a rigor, o método preferido na combinação de negócios no mercado internacional, especialmente por grandes companhias. Ele permite que os recursos disponíveis nos caixas das companhias envolvidas continuem a ser utilizados para as suas atividades, ao invés de serem direcionados para os acionistas da empresa adquirida ou combinada. As incorporações permitem ainda a combinação entre empresas que não poderiam, de outro modo, adquirir ou se unir a outras, por não disporem de liquidez suficiente". (OLIVEIRA, Ricardo Mariz. *Incorporação de ações no Direito Tributário*. São Paulo: Quartier Latin, 2014, p. 10. (Prefácio Maria Helena Santana)).

acionistas. Esses apenas observam um movimento compulsório de substituição de sua participação atual, dado que a companhia da qual eram acionistas passou a ter um único acionista, pessoa jurídica, que os substituiu.[541] Salta aos olhos, portanto, a ausência do elemento volitivo, uma vez que os atos são praticados pela diretoria da companhia e não pelos acionistas, individualmente considerados.[542]

É de fundamental importância notar que o resultado das considerações desenvolvidas até aqui impõe a existência de um efeito apenas permutativo, como resultado da incorporação de ações, em que as participações recebidas, sob a perspectiva do patrimônio jurídico do acionista, devem substituir aquelas que foram incorporadas, por deliberação da diretoria. Isso não significa dizer que não possa haver diferenças de valor na operação, pois parece óbvio que as novas ações podem possuir um valor patrimonial superior às antigas, justamente como resultado da comparação entre os patrimônios das companhias envolvidas, que fundamentam os termos da relação de troca havida entre as partes. O que deve ficar claro, entretanto, é que essa diferença, quando existente, terá como único fundamento a exigência legal de que um valor seja atribuído às ações incorporadas, necessário para que o capital social da companhia incorporada seja aumentado.

Uma vez mais, o referido valor é o resultado de uma avaliação e não pode ser tratado como preço, pois ele não decorre de uma efetiva operação de alienação levada a efeito pelo titular de uma participação societária. Assim como mencionado no item relativo à permuta, em uma relação de troca não se pode falar em preço,[543] uma vez que a finalidade vinculada à incorporação de ações pressupõe que as partes

---

[541] Há na doutrina bem fundamentada posição em sentido diverso da ausência de manifestação de vontade do acionista, por aplicação do que se chamou de *princípio majoritário*. Nesse sentido: SCHOUERI, Luís Eduardo; ANDRADE JR., Luiz Carlos de. Incorporação de ações: natureza societária e efeitos tributários. *Revista Dialética de Direito Tributário*, São Paulo, n. 200, p. 40-72, 2012, p. 53.

[542] "Na incorporação de ações verifica-se uma substituição de ações, posto que os acionistas da companhia cujas ações são incorporadas recebem ações da incorporadora, independentemente de sua vontade. A única forma de se oporem à operação é a saída. Há, portanto, mera troca de ações, sem aumento do patrimônio do acionista da sociedade incorporada. Tal substituição de ações caracteriza uma modalidade de sub-rogação real, já que um bem (a ação da incorporada) é trocado compulsoriamente por outro, da mesma natureza (a ação da incorporadora). (OLIVEIRA, Ricardo Mariz. *Incorporação de ações no Direito Tributário*. São Paulo: Quartier Latin, 2014. p. 22 (Prefácio Nelson Eizirik)).

[543] "Porém, o valor derivado da avaliação e a quantidade de ações emitidas no ato para os novos acionistas não se confundem com preço de aquisição e de alienação, como aquele que é fixado em razão de tratativas negociais entre partes de um negócio jurídico e que é solvido em dinheiro, nem as ações recebidas em troca podem ser consideradas pagamento de preço. Isto inobstante na linguagem corrente se aluda a preço de emissão, ou preço de

envolvidas tenham concordado em ter as suas ações compulsoriamente substituídas por outras, emitidas com essa finalidade pela companhia incorporadora.[544] A ideia de substituição atrai o que Polizelli[545] chama de *situações de continuidade*, em que se enquadrariam as operações de permuta e das operações societárias que não alteram a situação patrimonial jurídica das partes envolvidas, pois a coisa representa o objeto predominante da operação e não o seu valor.

Entrando um pouco mais no detalhe do valor atribuído às ações incorporadas, ele é representado por um laudo de avaliação, que é utilizado como referência para a emissão das ações que são entregues aos titulares das ações incorporadas, não existindo qualquer vinculação com o valor que a elas tinha sido atribuído pelos antigos titulares. Uma vez mais, na incorporação de ações deve ser atribuído um protagonismo absoluto às participações societárias envolvidas e à relação de troca estabelecida entre elas, de modo que se possa atestar a equivalência de prestações.[546] Por essa razão o laudo de avaliação elaborado pela companhia incorporadora não pode gerar qualquer efeito no patrimônio jurídico-tributário dos acionistas titulares das ações incorporadas, seja porque o valor diz respeito a uma análise que considera as premissas adotadas pelas companhias envolvidas na operação, seja porque o efeito dependeria de que o valor fosse transformado em preço, ocasião em que os antigos acionistas aceitariam a diferença de valor patrimonial existente entre as ações incorporadas e aquelas recebidas.

Dito isso, ainda que haja diferença de valores, eventual acréscimo patrimonial não poderá ser considerado renda, uma vez que a sua origem está na mudança de perspectiva acerca do patrimônio de um terceiro, que não foi chancelada por um preço.[547] Na linha do que vem

---

subscrição". (OLIVEIRA, Ricardo Mariz. *Incorporação de ações no Direito Tributário*. São Paulo: Quartier Latin, 2014, p. 91).

[544] Em sentido diverso: "vê-se que a subscrição envolve um elemento que é estranho à permuta, a saber, o preço". (SCHOUERI, Luís Eduardo; ANDRADE JR., Luiz Carlos de. Incorporação de ações: natureza societária e efeitos tributários. *Revista Dialética de Direito Tributário*, São Paulo, n. 200, p. 40-72, 2012, p. 66).

[545] POLIZELLI, Victor Borges. *O princípio da realização da renda*: reconhecimento de receitas e despesas para fins do IRPJ. São Paulo: Quartier Latin, 2012, p. 367.

[546] "Portanto, nesse contrato, independentemente do valor das coisas trocadas, a causa se manifesta pela troca 'res' por 'res' e não 'res' por 'pretium', e, mesmo quando as partes procuram equalizar valores, tal equalização não representa a fixação de um preço, mas a verificação de valores com vistas à comutatividade das obrigações recíprocas". (OLIVEIRA, Ricardo Mariz. *Incorporação de ações no Direito Tributário*. São Paulo: Quartier Latin, 2014, p. 96).

[547] "De qualquer modo, auxilia o raciocínio a constatação de que, na avaliação das ações para fins de incorporação, há algo semelhante à possível valorização de bens permutados, que

sendo defendido até aqui, o acréscimo de valor apurado em razão da relação de troca é uma manifestação do patrimônio, pois leva em conta apenas uma expectativa acerca da ocorrência de fluxos de caixa futuros, que não conta com a aquiescência dos titulares das ações incorporadas, o que retira da operação de incorporação de ações a presença do elemento volitivo, absolutamente indispensável para que um determinado acréscimo de valor possa revelar a existência de renda em sentido jurídico.

Assim como para os demais casos, a diferença de valor está centrada em questões econômico-contábeis, relacionadas a uma informação financeira apta a fornecer dados úteis para que os seus usuários possam tomar decisões.[548] A questão, portanto, passa longe de considerações acerca da compatibilidade entre o reconhecimento do acréscimo de valor e o conceito de renda para fins tributários.[549] Conforme discutido à exaustão ao longo do presente estudo, a atual estrutura conceitual básica da contabilidade está centrada na figura do ativo, de modo que parte dos registros em contas de receitas e despesas não se ligam à atividade da entidade em sentido estrito, representando apenas a contrapartida a um ajuste, positivo ou negativo, do patrimônio. Esse é o caso da incorporação de ações, em que eventual acréscimo de valor existe apenas no contexto de uma relação de troca, necessária para que seja estabelecida uma equivalência de prestações.

---

não se confunde com precificação do negócio, mas, sim, visa a comutatividade que é ínsita aos negócios jurídicos, principalmente no meio empresarial, em que administradores devem prestar contas dos seus atos". (OLIVEIRA, Ricardo Mariz. *Incorporação de ações no Direito Tributário*. São Paulo: Quartier Latin, 2014, p. 94).

[548] "Novamente, o abandono dos antigamente rigorosos princípios do custo como base de valor e da realização financeira para registro da receita. Mas sem geração de qualquer disponibilidade financeira para pagamento de tributo sobre o acréscimo de valor. Antes aceitava-se o registro pelo valor contábil precedente do valor patrimonial da ação da incorporada, mas, agora, sabendo-se que no mundo dos negócios a essa participação é atribuído um valor, obriga-se ao seu registro para incremento informacional". (OLIVEIRA, Ricardo Mariz. *Incorporação de ações no Direito Tributário*. São Paulo: Quartier Latin, 2014, p. 22. (Prefácio Nelson Eizirik)).

[549] Em sentido diverso é a posição de Schoueri e Andrade Jr.: "[c]omo acima evidenciado, na incorporação de ações, existe uma verdadeira alienação (disposição do direito de propriedade) das ações da sociedade 'incorporada'. Logo, eventuais diferenças entre o valor de alienação de tais ações e o respectivo custo poderiam gerar a apuração de ganho (se positiva a diferença) ou perda (se negativa a diferença) de capital. O ganho de capital seria tributável para ambas as espécies de acionistas; a perda de capital seria dedutível na apuração do IRPJ devido pela pessoa jurídica tributada com base no lucro real". Nesse sentido: SCHOUERI, Luís Eduardo; ANDRADE JR., Luiz Carlos de. Incorporação de ações: natureza societária e efeitos tributários. *Revista Dialética de Direito Tributário*, São Paulo, n. 200, p. 40-72, 2012, p. 60.

Entender que o acréscimo de valor apurado no contexto de uma relação de troca seja considerado renda é tributar o valor resultado de presunções, que não passa de uma expectativa de valor, baseada em premissas que não contaram com a participação efetiva do titular da riqueza nova. A consequência, portanto, é a imposição de um tributo sobre materialidade distinta da renda, o que não encontra qualquer espécie de respaldo constitucional. Como repetido ao longo do trabalho, embora toda renda pressuponha um acréscimo patrimonial, nem todo acréscimo patrimonial pode ser tratado como renda.

CAPÍTULO 5

CONSIDERAÇÕES FINAIS

Em razão de todo o exposto, foi possível concluir que a busca por um conceito jurídico de renda não pode partir de uma suposta superioridade de definições econômicas e contábeis, que, em razão de sua aparente proximidade com a realidade, deveriam constranger a atividade do legislador e do intérprete. Ao contrário, deve-se adotar a concepção de que o direito tem ampla autonomia para qualificar os fatos patrimoniais, de modo a construir um conceito adaptado às suas necessidades e que respeite as limitações que dele decorrem. Por isso, deve ser considerada inválida qualquer afirmação no sentido de que o verdadeiro conceito jurídico de renda somente seria alcançado quando as diferenças entre as rendas jurídica e econômica ficassem reduzidas à menor distância possível.

Partindo-se desse pressuposto, o conceito jurídico de renda não pode se distanciar da necessária verificação de um acréscimo patrimonial, que deve ser apurado sob a perspectiva da manutenção do capital e que deve considerar a necessidade de prévia realização, assim entendida a relação entre a ocorrência voluntária de um ato ou negócio jurídico e o ganho dela decorrente. É preciso destacar que acréscimos de valor não realizados representam apenas uma renda em potencial, fruto de uma mudança sob a perspectiva de valor do patrimônio. Portanto, para o direito tributário a certeza exigida para a caracterização da renda faz com que a situação de fato não possa estar baseada na presunção de futura ocorrência de uma transação, por mais provável que ela se revele.

Por essas razões, deve-se ter muita cautela na interpretação dos efeitos das recentes modificações de práticas contábeis, atualmente alinhadas ao padrão IFRS, e que têm na figura do ativo o seu principal protagonista. A contabilidade atual está se aproximando cada vez mais de uma consideração do patrimônio em perspectiva, de modo que os fatos ocorridos no passado têm o seu valor mensurado também com base na expectativa de efeitos futuros, ainda que para tanto se observe um distanciamento em relação às formas jurídicas e seus efeitos. Nos dias de hoje não há qualquer constrangimento no registro contábil de receitas e despesas que não estejam vinculadas a uma transação, tampouco que o seu reconhecimento não esteja baseado em um título jurídico de propriedade.

Esse cenário revela a inegável diversidade de objetivos entre o que pretendem as normas brasileiras de contabilidade e ao que está limitado/vinculado o legislador tributário, em razão da existência de um conceito jurídico de renda. De um lado, tem-se o pressuposto de uma informação contábil capaz de revelar a melhor estimativa atual acerca dos fluxos de caixas futuros, cuja fidedignidade requer um julgamento desvinculado das formas jurídicas. De outro lado, tem-se o conceito jurídico de renda, que não possui qualquer relação com acréscimos patrimoniais futuros, de ocorrência incerta, uma vez que a existência de capacidade contributiva exige, além de situações definitivas, que a sua mensuração leve em conta critérios jurídicos e não econômicos ou contábeis.

Nessa linha, a simples consideração de que o resultado contábil deixa de estar vinculado a atos ou negócios jurídicos já ocorridos faz com que se deva ter a preocupação de depurá-lo para retirar os efeitos das estimativas relacionadas a uma mudança de perspectiva do patrimônio, que acabam por considerar receitas e despesas ainda não realizadas. Justamente por isso, não se pode deixar de ter em mente a distinção entre os conceitos de renda e patrimônio. A principal diferença reside na ideia de movimento, pois enquanto o conceito de patrimônio remete a uma situação estática, renda pressupõe necessariamente um fluxo oriundo de transações.

Portanto, sob a perspectiva jurídica, sem o pressuposto da ocorrência de um ato ou negócio jurídico, não é possível afirmar que eventual acréscimo de valor tenha definitivamente se incorporado ao patrimônio do contribuinte. Acréscimos de valor não realizados indicam apenas a presença de uma expectativa de renda, seja em razão da possibilidade de sua reversão no futuro, seja em razão da inexistência de uma manifestação de vontade do contribuinte. Ignorada essa diferença, o resultado tributário passará a conter não apenas receitas e despesas ligadas a atos ou negócios jurídicos *(receitas e despesas-renda),* como também as receitas e despesas relacionadas à mera oscilação de valor de ativos e passivos *(receitas e despesas-patrimônio).*

Dito isso, não se pode tolerar que a base de cálculo do imposto de renda considere receitas e despesas cuja existência leve em conta fatos patrimoniais ainda não ocorridos, a despeito do quão provável seja a sua efetiva ocorrência no futuro. Ademais, a mensuração do acréscimo patrimonial, quando relacionado a eventos passados, deverá desconsiderar duas situações principais: *(i)* as hipóteses em que o registro contábil abandona o critério do custo histórico, pelo simples fato de que a adoção do valor justo traz consigo a conjugação entre passado e futuro, a primazia da substância econômica sobre a forma jurídica e a consideração de resultados não realizados; *(ii)* todas as situações em que o registro contábil de transações passadas desconsiderar a forma jurídica adotada pelas partes, em busca da melhor representação dos seus efeitos patrimoniais.

Em suma, por mais atraentes que se mostrem os argumentos em torno de uma maior convergência do resultado contábil à base de cálculo do imposto de renda, não se pode jamais deixar de levar em conta a inexistência de um conceito fundamental de renda. Ao direito compete, com base em uma qualificação da realidade que atenda aos ditames de cada ordenamento jurídico, construir o seu próprio conceito de renda, o que impõe alguns obstáculos intransponíveis, que irão significar um necessário distanciamento em relação às definições encontradas nas ciências econômicas e contábeis.

REFERÊNCIAS

AARNIO, Aulis. *The rational as reasonable:* a treatise on legal justification. Dordrecht, Holland: D. Reidel Publishing Company, 1986. (Law and Philosophy Library).

ABE, Cesar Henrique Shogi. *Teorias contábeis sobre o patrimônio líquido e teoria da renda-acréscimo patrimonial:* um estudo interdisciplinar. 2007. 92 f. Dissertação (Mestrado) – Faculdade de Economia, Administração e Contabilidade, Universidade de São Paulo (USP), São Paulo, 2007.

ABREU, Alice G.; GREENSTEIN, Richard K. Defining Income. *Florida Tax Review*, v. 11, n. 5, p. 295-348, May 2011.

AGUIAR, Nina. Do commercial accounts and the tax base have to be aligned? In: MAX PLANCK EUROPEAN POSTDOCTORAL CONFERENCE ON TAX LAW, Munich 21 and 22 November 2011.

AKERLOF, George A.; SHILLER, Robert J. *Animal Spirits:* how human psychology drives the economy, and why it matters for global capitalism. Princeton, NJ: Princeton University Press, 2009.

ALMEIDA, Carlos Otávio Ferreira de. *Tributação internacional da renda:* a competitividade brasileira à luz das ordens tributária e econômica. São Paulo: Quartier Latin, 2014.

ALVES, Raquel de Andrade Vieira. *Federalismo fiscal brasileiro e as contribuições.* Rio de Janeiro: Lumen Juris, 2017.

AMARO, Luciano. Imposto de Renda: regimes jurídicos. In: MARTINS, Ives Gandra da Silva (Coord.). *Curso de Direito Tributário.* 4. ed. rev. e atual. Belém: Editora Cejup, 1995. v. 1. p. 313-338.

AMARO, Luciano. O imposto de renda nas doações, heranças e legados. In: ROCHA, Valdir de Oliveira (Coord.). *Imposto de Renda:* alterações fundamentais. São Paulo: Dialética, 1998. v. 2. p. 101-112.

ANDRADE, Mairo Caldeira de. Imposto sobre a renda – a aquisição de disponibilidade jurídica ou econômica – limite de sua incidência. *Revista de Direito Tributário*, São Paulo, v. 12, n. 43, p. 144-164, jan./mar. 1988.

ANDREWS, William D. Personal deductions in an ideal income tax. In: CARON, Paul L.; BURKE, Karen C.; McCOUCH, Grayson M.P. *Federal income tax anthology.* 4 ed. rev. Cincinnati : Anderson Publishing Company, 1997. p. 278-279.

ANDREWS, William D. The Achilles heel of the comprehensive income tax. In: WALKER, Charles E.; BLOOMFIELD, Mark A. (Ed.). *New directions in federal tax policy for the 1980s.* Cambridge, MA: Ballinger, 1983. p. 278-285.

ANTONINI, Luca. *Dovere Tributario, interesse fiscale e Diritti Costituzionali.* Milano: Giuffrè, 1996.

ASSEIS, Pedro Augusto do Amaral Abujamra. O Ajuste a Valor Justo (AVJ) analisado sob o conceito jurídico de renda. *Revista Direito Tributário Atual (RDTA)*, São Paulo, n. 32, p. 275–296, 2014.

ATALIBA, Geraldo. *Sistema constitucional tributário brasileiro*. São Paulo: Editora Revista dos Tribunais, 1966.

ÁVILA, Humberto. Argumentação jurídica e a imunidade do livro eletrônico. *Revista Diálogo Jurídico* – Centro de Atualização Jurídica (CAJ), Salvador, v. 1, n. 5, ago. 2001.

ÁVILA, Humberto. *Competências Tributárias*. São Paulo: Malheiros, 2018.

ÁVILA, Humberto. *Conceito de renda e compensação de prejuízos fiscais*. São Paulo: Malheiros, 2011.

ÁVILA, Humberto. Contribuição social sobre o faturamento. Cofins. Base de cálculo. Distinção entre receita e faturamento. Jurisprudência do Supremo Tribunal Federal. *Revista Dialética de Direito Tributário*, São Paulo, v. 107, p. 95-109, ago. 2004.

ÁVILA, Humberto. Eficácia do novo Código Civil na legislação tributária. In: GRUPPENMARCHER, Betina Treiger (Coord.). *Direito Tributário e o novo Código Civil*. São Paulo: Quartier Latin, 2004. p. 61-79.

ÁVILA, Humberto. Lucro de filial no exterior não pode ser tributado. *Consultor Jurídico*, 07 de fevereiro de 2012.

ÁVILA, Humberto. Regra-Matriz versus princípios. In: SCHOUERI, Luís Eduardo (Coord.). *Direito Tributário:* homenagem a Paulo de Barros Carvalho. São Paulo: Quartier Latin, 2008. p. 67-77.

ÁVILA, Humberto. *Segurança jurídica. Entre permanência, mudança e realização no Direito Tributário*. São Paulo: Malheiros, 2011.

ÁVILA, Humberto. *Sistema constitucional tributário*. 4. ed. São Paulo: Saraiva, 2010.

ÁVILA, Humberto. *Teoria da igualdade tributária*. São Paulo: Malheiros, 2008.

ÁVILA, Humberto. *Teoria dos princípios*. 18. ed. São Paulo: Malheiros, 2018.

AVI-YONAH, Reuven S. *Taxation as regulation*: carbon tax, health care tax, bank taxand other regulatory taxes. Michigan: *University of Michigan Press*, August, 2010. (Working Paper nº 216).

AVI-YONAH, Reuven S. The three goals of taxation. *Tax Law Review*, v. 60, n. 1, p. 1-28, 2006.

AYERS, Benjamin C.; JIANG, John (Xuefeng); YEUNG, P. Eric. Discretionary accruals and earnings management: an analysis of pseudo earnings targets. *The Accounting Review*, v. 81, n. 3, p. 617-652, May 2006.

BACKER, Morton. Determination and measurement of business income. In: BACKER, Morton (Ed.). *Handbook of modern accounting theory*. New York: Prentice-Hall, 1955. p. 209-247.

BAKKER, Anuschka; VAN DEN BERG, Tjeerd; JANSSEN, Bart (Ed.). *Tax accounting*: unreavelling the mystery of income taxes. Amsterdam: IBFD Publications, 2015.

BALEEIRO, Aliomar. *Limitações constitucionais ao poder de tributar*. 7. ed. rev. e complementada, à luz da Constituição de 1988 até a Emenda Constitucional nº 10/1996, por Misabel Abreu Machado Derzi. Rio de Janeiro: Forense, 2006.

BALEEIRO, Aliomar. *Limitações constitucionais ao poder de tributar*. 12. ed. rev. e atualizada por Misabel Abreu Machado Derzi. Rio de Janeiro: Forense, 2013.

BANKMAN, Joseph; GRIFFITH, Thomas. Social welfare and the rate structure: a new look at progressive taxation. In: CARON, Paul L.; BURKE, Karen C.; McCOUCH, Grayson M.P. *Federal income tax anthology*. 4 ed. rev. Cincinnati: Anderson Publishing Company, 1997. p. 121-128.

BANKMAN, Joseph; SHAVIRO, Daniel N.; STARK, Kirk J. *Federal income taxation*. 16th ed. New York: Wolters Kluwer, 2012.

BANKMAN, Joseph; SHAVIRO, Daniel. *Piketty in America:* a tale of two literatures. New York: University Law and Economics, 2014. (Working Papers, nº 390).

BARKER, Richard. On the definitions of income, expenses and profit in IFRS. *Accounting in Europe*, v. 7, n. 2. p. 147-158, Nov. 2010.

BARKER, William B. A comparative approach to income tax law in the United Kingdom and the United States. *Catholic University Law Review*, v. 46, n. 1, p. 7-76, Fall 1996.

BARRETO, Paulo Ayres. *Contribuições*: regime jurídico, destinação e controle. São Paulo, Noeses, 2006.

BARRETO, Paulo Ayres. *Elisão tributária*: limites normativos. 2008. 288 f. Tese (Livre Docência) – Faculdade de Direito, Universidade de São Paulo (USP), São Paulo, 2008.

BARRETO, Paulo Ayres. *Imposto sobre a renda e preços de transferência*. São Paulo: Dialética, 2001.

BARRETO, Paulo Ayres. *Planejamento Tributário*: limites normativos. São Paulo: Noeses, 2016.

BARROSO, Luís Roberto. *Interpretação e aplicação da constituição*. 7. ed. São Paulo: Saraiva, 2014.

BARTH, Mary E.; BEAVER, William H.; LANDSMAN, Wayne. The relevance of value relevance literature for financial accounting standard setting: another view. *Journal of Accounting and Economics*, v. 31, p. 77-104, 2001.

BATCHELDER, Lily L. Taxing the poor: income averaging reconsidered. *Harvard Journal on Legislation*, v. 40, p. 395-452, 2003.

BEAVER, W. *Financial reporting*: an accouting revolution. 3rd ed. London: FT Prentice Hall, 1998.

BEAVER, W.; DEMSKI, Joel S. The nature of income measurement. *The Accounting Review*, v. 54, n. 1, Jan. 1979.

BECKER, Alfredo Augusto. *Teoria Geral do Direito Tributário*. 5. ed. São Paulo: Noeses, 2010.

BEISSE, Heinrich. O critério econômico na interpretação das leis tributárias segundo a mais recente jurisprudência alemã. In: MACHADO, Brandão (Coord.) *Direito Tributário*: estudos em homenagem ao Prof. Ruy Barbosa Nogueira. São Paulo: Saraiva, 1984. p. 5-39.

BELLI, Juarez Torino. *Aspectos da manutenção do capital*. 1994. 196 f. Dissertação (Mestrado em Ciências Contábeis) – Pontifícia Universidade Católica de São Paulo, São Paulo, 1994.

BENSHALOM, Ilan; STEAD, Kendra. Realization and progressivity. *Columbia Law Journal of Tax Law*, v. 3, n. 1, p. 43-8[5], 2011.

BERTOMEU, Jeremy; LIANG, Pierre Jinghong. *New classical income measurement*: a choice-theoretic axiomatic approach. Carnegie Mellon University, July 2006.

BETTI, Emilio. *Interpretazione della legge e degli atti giuridici*. Milano: Giuffrè Editore: 1971.

BEZERRA, Fábio Luiz de Oliveira. Imunidade do mínimo existencial na tributação do Imposto de Renda Pessoa Física. *Revista Dialética de Direito Tributário*, São Paulo, n.159, p 19-30, dez. 2002.

BIANCO, João Francisco. Aparência econômica e natureza jurídica. In: LOPES, Alexsandro Broedel; MOSQUERA, Roberto Quiroga (Coord.). *Controvérsias Jurídico-Contábeis*: aproximações e distanciamentos. São Paulo: Dialética, 2010. p. 174-184.

BIFANO, Elidie Palma. Evolução do regime contábil tributário no Brasil. In: LOPES, Alexsandro Broedel; MOSQUERA, Roberto Quiroga (Coord.). *Controvérsias Jurídico-Contábeis*: aproximações e distanciamentos. São Paulo: Dialética, 2012. v. 3. p. 140-156.

BITTKER, Boris I.; LOKKEN. Lawrence. Constitutional status of federal income tax. In: _____. *Federal taxation of income, estates and gifts*. Boston: Warren Gorham & Lamont of the RIA Group, 2006.

BITTKER, Boris. A "Comprehensive Tax Base" as a goal of income tax reform. *Harvard Law Review*, v. 80, n. 5, p. 925-985, Mar. 1967.

BLUM, Walter J.; KALVEN, Harry. The uneasy case for progressive taxation. *The University of Chicago Law Review*, v. 19, n. 3, p. 417 – 520, Spring 1952.

BOSELLO, Furio. A formulação da norma tributária e as categorias jurídicas civilísticas. In: MACHADO, Brandão (Coord.) *Direito Tributário*: estudos em homenagem ao Prof. Ruy Barbosa Nogueira. São Paulo: Saraiva, 1984. p. 43-58.

BREYNER, Frederico Menezes. *Normas tributárias e direitos sociais*. 2017. 376 f. Tese (Doutorado) – Faculdade de Direito, Universidade Federal de Minas Gerais (UFMG), Belo Horizonte, 2017.

BRIGGS, Charles W. Taxation is not for fiscal purposes only. *American Bar Association Journal*, v. 52, n. 1. p. 45-49, Jan. 1966.

BROMWICH, Michael; MACVE, Richard; SUNDER, Shyam. Hicksian income in the conceptual framework. *Abacus,* v. 46, n. 3, p. 348-376, Sept. 2010.

BROOKS, Kim. Delimiting the concept of income: the taxation of in-kind benefits. *McGill Law Journal / Revue de Droit de McGill*, v. 49, p. 255-307, 2004.

BROWN, Cary; BULOW, Jeremy I. The definition of taxable business income. In: PECHMAN, Joseph A. (Ed.). *Comprehensive income taxation*. Washington, D. C.: Brookings Institution, 1977. cap. 7, p. 241.

BROWN, Fred B. "Complete" accrual taxation. *San Diego Law Review*, v. 33, n. 4, p. 1559-1680, 1996.

BRUNSON, Samuel D. Elective taxation of risk-based financial instruments: a proposal. *Houston Business and Tax Journal*, v. 8, n. 1, p. 1-36, Sept. 2008.

BULLEN, Halsey G.; CROOK, Kimberley. *Revisiting the concepts. A new conceptual framework project.* Financial Accounting Standards Board; International Accounting Standards Board, May 2005.

REFERÊNCIAS | 285

BUSHMAN, Robert M.; PIOTROSKI, Joseph D. Financial reporting incentives for conservative accounting: the influence of legal and political institutions (January 1, 2005). *Journal of Accounting and Economics*, v. 42, p. 107-148, Oct. 2006.

CANNING, John B. *The economics of accounting*: a critical analysis of accounting theory. New York: The Ronald Press Company, [c1929].

CANTO, Gilberto de Ulhôa. A aquisição de disponibilidade e o acréscimo patrimonial no Imposto sobre a renda. In: MARTINS, Ives Gandra da Silva (Coord.). *Estudos sobre o Imposto de renda (em memória de Henry Tilbery)*. São Paulo: Resenha Tributária, 1994. p. 33-40.

CANTO, Gilberto Ulhôa; MUNIZ, Ian de Porto Alegre; SOUZA, Antonio Carlos Garcia de. *Imposto sobre a renda e proventos de qualquer natureza*. São Paulo: Resenha Tributária, 1986. p. 1-44. (Caderno de Pesquisas Tributárias, v. 11).

CAPANO, Raffaele. L'Imposizione personale a base piana tra vinculi di progressività e di coerenza del sistema. In: BERLIRI, Claudio; PERRONE, Leonardo (Org.). *Diritto tributario e Corte costituzionale*. Napoli: Edizione Scientifiche Italiane, 2006. p. 339-364.

CARRAZZA, Roque Antônio. *Curso de Direito Constitucional Tributário*. 23. ed. São Paulo: Malheiros, 2007.

CARRAZZA, Roque Antônio. *Imposto sobre a renda*: perfil constitucional e temas específicos. 2. ed. São Paulo: Malheiros, 2006.

CARRIS, David. Capital gains taxation: a full circle? *Tax Marshall Law Review*, v. 14, p. 43-[55], 1989.

CARVALHO, Fábio Junqueira de; MURGEL, Maria Inês. A nova Lei das S/As e seus possíveis reflexos na tributação pelo Imposto sobre a Renda. In: ROCHA, Sérgio André (Coord.). *Direito Tributário, Societário e a reforma da Lei das S/A*: inovações da Lei 11.638. São Paulo: Quartier Latin, 2008. p. 103-119.

CARVALHO, João Rafael L. Gândara de. *Forma e substância no Direito Tributário*. São Paulo: Almedina, 2016.

CARVALHO, Nelson. Essência x Forma na contabilidade. In: MOSQUERA, Roberto Quiroga; LOPES, Alexsandro Broedel (Coord.). *Controvérsias Jurídico-Contábeis*: aproximações e distanciamentos. São Paulo: Dialética, 2010. p. 371-380.

CARVALHO, Nelson; CARMO, Carlos Henrique Silva do. A primazia da essência sobre a forma na prática contábil. In: MOSQUERA, Roberto Quiroga; LOPES, Alexsandro Broedel (Coord.). *Controvérsias Jurídico-Contábeis*: aproximações e distanciamentos. São Paulo: Dialética, 2013. v. 4. p. 237-250.

CARVALHO, Nelson; CARMO, Carlos Henrique Silva do. Reconhecimento contábil de receitas: o que vem (ou pode vir) por aí. In: MOSQUERA, Roberto Quiroga; LOPES, Alexsandro Broedel (Coord.). *Controvérsias Jurídico-Contábeis*: aproximações e distanciamentos. São Paulo: Dialética, 2012. v. 3. p. 281-296.

CARVALHO, Paulo de Barros. *Curso de Direito Tributário*. 22. ed. São Paulo: Saraiva, 2010.

CARVALHO, Paulo de Barros. *Direito Tributário*: linguagem e método. 3. ed. rev. e ampl. São Paulo: Noeses, 2009.

CARVALHO, Paulo de Barros. O absurdo da interpretação econômica do "fato gerador" – Direito e sua autonomia – O paradoxo da interdisciplinariedade. *Revista de Direito Tributário*, São Paulo, v. 97, p.7-17, [2007].

CARVALHOSA, Modesto. Imposto de Renda: conceituação no sistema tributário da Carta Constitucional. *Revista de Direito Público*, São Paulo, v. 1, n. 1, p. 188-196, jul./set. 1967.

CHAMBERS, R. J. Edwards and Bell on income measurement in retrospect. *Abacus*, Sydney, v. 18, n. 1, p. 3-39, June 1982.

CHANCELLOR, Thomas. Imputed income and the ideal income tax. *Oregon Law Review*, v. 67, p. 561-610, 1988.

CHIASSONI, Pierluigi. *Tecnica dell'interpretazione giuridica*. Bologna: Il Mulino, 2007.

CHIRELSTEIN, Marvin A.; ZELENAK, Lawrence. *Federal income taxation*. 12th ed. Washington, D.C.: Foundation Press, 2012.

CHORVAT, Terrence R. *Perception and income*: the behavioral economics of the realization doctrine. Arlington, VA: George Mason University, 2003. (George Mason Law & Economics Research Paper nº 03-23).

CHUA, Wai Fong. Radical developments in accounting thought. *The Accounting Review*, v. 61, n. 4, p. 601-632, Oct. 1986.

CLARK, Braedon. The meaning of income: the implications of stone v. FCT. *Revenue Law Journal*, v. 14, n. 1, Article 9, 2004.

COÊLHO, Sacha Calmon Navarro. *Curso de Direito Tributário Brasileiro*. 13. ed. rev. atual. e ampl. Rio de Janeiro: Forense, 2014.

COÊLHO, Sacha Calmon Navarro. Heranças, Doações e o Imposto de Renda. In: ROCHA, Valdir de Oliveira (Coord.). *Imposto de renda:* alterações fundamentais. São Paulo: Dialética, 1998. v. 2. p. 213-223.

COÊLHO, Sacha Calmon Navarro. Interpretação no Direito Tributário Brasileiro. In: NASCIMENTO, Carlos Valder do (Org.). *Interpretação no Direito Tributário*. São Paulo: Editora Revista dos Tribunais, 1989. p. 71-100. (Estudos de Direito Tributário, v. 1).

COÊLHO, Sacha Calmon Navarro. O Imposto de Renda – Progressividade – Situação na Europa dos Doze (CEE) – Comparação com o Brasil – Rudimentos para uma Reforma Tributária Justa e Eficaz. In: MARTINS, Ives Gandra da Silva (Coord.). *Estudos sobre o Imposto de Renda (em memória de Henry Tilbery)*. São Paulo: Resenha Tributária: 1994. p. 145-153.

COÊLHO, Sacha Calmon Navarro. *Teoria geral do tributo, da interpretação e da exoneração tributária:* o significado do art. 116, parágrafo único, do CTN). 3. ed. São Paulo: Dialética, 2003.

COMPARATO, Fábio Konder. O irredentismo da "Nova Contabilidade" e as operações de "Leasing". *Revista de Direito Mercantil Industrial, Econômico e Financeiro*, São Paulo, v. 26, n. 68, p. 50-62, out./dez. 1987.

COSTA, Alcides Jorge. Capacidade Contributiva. *Revista de Direito Tributário*, São Paulo, v. 15, n. 55, p. 297-302, jan./mar. 1991.

COVEN, Glenn E. The decline and fall of taxable income. *Michigan Law Review*, v. 79, n. 8, p. 1525-1572, Aug. 1981.

CUNNINGHAM, Noël B; SCHENK, Deborah H. Taxation without realization: a "Revolutionary" approach to ownership. *Tax Law Review*, v. 47, 1992.

DE ANGELIS, Lorenzo. Quale "modernizzazione" per il diritto contabile italiano? *Giurisprudenza Commerciale*, v. 37, n. 4, p. 561-583, 2010.

DELMOTTE, Charles. The right to autonomy as a moral foundation for the realization principle in income taxation. In: BHANDARI, Monica (Ed.). *Philosophical foundations of tax law*. Oxford: Oxford University Press, 2017. cap. 12, p. 281-303.

DERZI, Misabel Abreu Machado. Concorrência tributária e seus efeitos nos conceitos de renda e consumo. In: ROCHA, Valdir de Oliveira (Coord.). *Grandes questões atuais do Direito Tributário*. São Paulo: Dialética, 2013. v. 17. p. 198-217.

DERZI, Misabel Abreu Machado. *Direito Tributário, Direito Penal e Tipo*. 2. ed. São Paulo: Editora Revista dos Tribunais, 2007.

DERZI, Misabel Abreu Machado. *Modificações da jurisprudência no Direito Tributário*: proteção da confiança, boa-fé objetiva e irretroatividade como limitações constitucionais do poder judicial de tributar. São Paulo: Noeses, 2009.

DERZI, Misabel Abreu Machado. O planejamento tributário e o buraco do Real. Contraste entre a completabilidade do Direito Civil e a vedação da completude no Direito Tributário. In: FERREIRA, Eduardo Paz; TORRES, Heleno Taveira; PALMA, Clotilde Celorico (Org.). *Estudos em homenagem ao Professor Doutor Alberto Xavier*: economia, finanças públicas e direito fiscal. Coimbra: Almedina, 2013. v. 2. p. 399-414.

DERZI, Misabel Abreu Machado. *Os conceitos de renda e de patrimônio*: efeitos da correção monetária insuficiente no imposto de renda. Belo Horizonte: Del Rey, 1992.

DERZI, Misabel Abreu Machado. Os conceitos econômicos e contábeis e sua influência no Direito Tributário. *Revista de Direito Tributário*, São Paulo, v. 125, p. 163-167. 2016.

DERZI, Misabel Abreu Machado. Princípio de cautela ou não paridade de tratamento entre o lucro e o prejuízo. In: CARVALHO, Maria Augusta Machado de (Coord.). *Estudos de Direito Tributário em homenagem à memória de Gilberto de Ulhôa Canto*. Rio de Janeiro: Forense, 1998. p. 255-265.

DIAMOND, Peter; SAEZ, Emmanuel. The case for a progressive tax: from basic research to policy recommendations. *Journal of Economic Perspectives*, v. 25, n. 4, p. 165-190, Fall 2011.

DICHEV, Ilia D. *On the balance sheet-based model of financial reporting*. New York: Columbia Business School – Center for Excellence in Accounting & Security Analysis CEASA, Sept. 2007. 28 p. (Occacional Paper Series).

DONIAK JUNIOR, Jimir. Considerações gerais sobre a adaptação da legislação do Imposto sobre a Renda às novas normas contábeis. In: ROCHA, Sérgio André (Coord.). *Direito Tributário, Societário e a reforma da Lei das S/A*: desafios da neutralidade tributária e do Direito Societário. São Paulo: Quartier Latin, 2012. v. 3.

DUINDAM, S.; VERSTEGEN, B. Theory for Accounting or Accounting Theory: An Essay on the Interaction between Economics and Accounting. *European Journal of Law and Economics*, v. 10, p. 125-138, 2000.

DWORKIN, Ronald. *Is democracy possible here? Principles for a new political debate*. Princeton/Oxford: Princeton University Press, 2008.

DWORKIN, Ronald. *Justiça para ouriços*. Tradução Pedro Elói Duarte. Coimbra: Almedina, 2012.

EDWARDS, Edgar O.; BELL, Philip W. *The theory and measurement of business income*. Berkeley: University of California Press, 1961.

EICHBERGER, Michael. Fundamentos do Direito Tributário Alemão e sua base constitucional. In: SEMINÁRIO INTERNACIONAL BRASIL-ALEMANHA, 3., São Paulo, 2011. Brasília: Conselho da Justiça Federal, Centro de Estudos Judiciários, 2013, p. 50-65. (Série Cadernos do CEJ nº 28).

EIZIRIK Nelson. Incorporação de ações. Natureza jurídica e principais características. In: CARVALHOSA, Modesto; EIZIRIK, Nelson. *Estudos de Direito Empresarial*. São Paulo: Saraiva, 2010. p. 85-97.

ELKINS, David. The myth of realization: mark-to-market taxation of publicly-traded securities. *Florida Tax. Review*, v. 10, n. 5, p. 375-407, 2010.

EMERTON, Patrick; JAMES, Kathryn. The justice of the tax base and the case for income tax. In: BHANDARI, Monica (Ed.). *Philosophical Foundations of Tax Law*. Oxford: Oxford University Press, 2017. p. 125-166.

ENDRES, Dieter et al. The *Determination of corporate taxable income in the EU Member States*. Netherlands: Kluwer Law International. 2007.

ENDRES, Dieter; SPENGEL, Christoph. *International Company Taxation and Tax Planning*. Netherlands: Wolters Kluwer Law & Business, 2015.

EPSTEIN, Richard A; HENDERSON, M. Todd. Do accounting rules matter? The dangerous allure of mark to market. *Journal of Corporation Law*, v. 36, p. 513-549, 2011.

ESSERS, Peter et al. *The influence of IAS/IFRS on the CCTB, Tax accounting, disclosure and corporate law*. New York: Wolters Kluwer Law & Business, 2009.

ESSERS, Peter H. J.; RIJKERS, Arie (Ed.). *The notion of income from capital:* EATLP Congress, Cologne 12-14 June 2003. [Amsterdam]: IBFD, International Bureau of Fiscal Documentation, 2005. (EATLP International tax series, v. 1).

EVANS, Thomas L. The realization doctrine after cottage savings. In. CARON, Paul L.; BURKE, Karen C.; McCOUCH, Grayson M.P. *Federal Income Tax Anthology*. Cincinnati: Anderson, 1997. p. 221-223.

FALCÃO, Amílcar Araújo. *Fato gerador da obrigação tributária*. Rio de Janeiro: Edições Financeiras, 1964.

FALSITTA, Gaspare. *Manuale di Diritto Tributario*. 6. ed. Padova: CEDAM, 2008.

FALSITTA, Gaspare. *Manuale di Diritto Tributario:* parte speciale. 7. ed. Padova: CEDAM, 2010.

FAMA, Eugene F. *Foundations of finance. Portfolio decisions and securities prices*. Oxford, NY: Basil Blackwell, Basic Books, 1977.

FAMA, Eugene F. *Random walks in stock-market prices. Financial Analysts Journal*, v. 21, n. 5, p. 55-59, Sept. Oct. 1965.

FAMA, Eugene F. The behavior of stock-market prices. *Journal of Business*, v. 38, n. 1, p. 34-105, Jan., 1965.

FAMA, Eugene F.; MILLER, Merton H. *The theory of finance*. Illinois: Dryden Press, 1971.

FELLOWS, Mary Louise. A comprehensive attack on tax deferral. *Michigan Law Review*, v. 88, n. 4, p. 722-813, Fev.1990.

FERNANDES, Edison Carlos. *Imposto sobre a Renda da Pessoa Jurídica – IRPJ e Contribuição Social sobre o Lucro Líquido – CSLL*. São Paulo: Atlas, 2015.

FERRAZ JÚNIOR, Tércio Sampaio. *A Ciência do Direito*. São Paulo: Atlas, 2012.

FISHER, Irving. *The nature of capital and income*. New York: The Macmillan Company, 1930.

FLORES, Eduardo; BRAUNBECK, Guillermo Oscar. What is better: to be roughly right or exactly wrong? The role of quantitative methods in financial accounting. *International Journal of Multivariate Data Analysis (IJMDA)*, v. 1, n. 2, p. 162-170, 2017.

FOLLONI, André. *Ciência do Direito Tributário no Brasil*. São Paulo: Saraiva, 2013.

FOLLONI, André. Crítica ao dualismo entre fato e evento na ciência do Direito Tributário. *Revista Direito Tributário Atual (RDA)*, São Paulo, n. 32, p. 9-30, 2014.

FREEDMAN, Judith. *Financial tax accounting: transparency and 'Truth'*. Oxford: University of Oxford, Jan. 2008. (Faculty of Law Legal Studies Research Paper Series Working Paper nº 2/2008).

FREEDMAN, Judith. Treatment of Capital Gains and Losses. In: ESSERS, Peter; RIJKERS, Arie. (Ed.) *The notion of income from capital*: EATLP Congress, Cologne 12-14 June 2003. [Amsterdam]: IBFD Publications, International Bureau of Fiscal Documentation, 2005. p. 191-215. (EATLP International Tax series, v. 1).

FREITAS, Rodrigo de. *Reconhecimento, mensuração e tributação da renda no setor imobiliário*. 2012. 333 f. Dissertação (Mestrado em Direito Econômico e Financeiro). Faculdade de Direito, Universidade de São Paulo (USP), São Paulo, 2012.

GALLO, Franco. *Le ragioni del fisco. Etica e giustizia nella tassazione*. 2. ed. Bologna: Mulino, 2011.

GASSNER, Wolfgang. The influence of tax principles on the taxation of income from capital. In: ESSERS, Peter; RIJKERS, Arie (Ed.). *The notion of income from capital*: EATLP Congress, Cologne 12-14 June 2003. [Amsterdam]: IBFD Publications, International Bureau of Fiscal Documentation, 2005. p. 33-52. (EATLP International Tax series, v. 1).

GIOIA, D. A.; PITRE, E. Multiparadigm perspectives on theory building. *The Academy of Management Review*, v. 15, n. 4, 1990.

GLAUTIER, M. W. E.; UNDERDOWN, B. *Accounting theory and practice*. 7th ed. Harlow: Prentice Hall, 2001.

GOMES, Orlando. *Contratos*. 18. ed. Rio de Janeiro: Forense, 1999.

GONÇALVES, José Artur Lima. *Imposto sobre a Renda. Pressupostos constitucionais*. São Paulo: Malheiros, 2002.

GRAETZ, Michael J. *Foundations of International Income Taxation*. Foundation of International Income Taxation Press, 2003.

GRAU, Eros Roberto. *Ensaio e discurso sobre a interpretação/aplicação do Direito*. 5. ed. São Paulo: Malheiros, 2009.

GRECO, Marco Aurélio. *Planejamento tributário*, 2. ed. São Paulo: Dialética, 2008.

GRICE, Paul. *Aspects of reason*. Londres: Oxford, 2001.

GRIFFITH, Thomas D. Progressive taxation and happiness. *Boston College Law Review*, v. 45, n. 5, p. 1363-1398, 2004.

GRIFFITH, Thomas D. Theories of personal deductions in the income tax. *Hastings Law Journal*, v. 40, n. 2, p. 343-395, 1989.

GROSSFELD, Bernhard; BRYCE, James D. A brief comparative history of the Origins of the Income Tax in the Great Britain, Germany and The United States. *The American Journal of Tax Policy*, v. 2, p. 211-251, 1983.

GUASTINI, Riccardo. *L'interpretazione dei documenti normativi*. Milano: Dott. A. Giuffrè Editore, 2004.

GUASTINI, Riccardo. *La Sintassi Del Diritto*. G. Torino: Giappichelli Editore. Roma, 2014.

HAIG, Robert Murray. The concept of income – economic and legal aspects. In: HAIG. Robert Murray. *The Federal Income Tax*. New York: Columbia University Press, 1921. p. 1-28.

HAIG, Robert Murray. *The Federal Income Tax*. New York: Columbia University Press, 1921.

HALL, Arthur P. *Competing concepts of income and the double taxation of saving*. Lawrence: University of Kansas., Sept. 2005. (Technical Report 05-0926).

HALPERIN, Daniel. Erwin N. Griswold lecture before the American College of Tax Counsel: rethinking the advantage of tax deferral. *Tax Lawyer*, v. 62, n. 3, p. 535-553, Spring 2009.

HALPERIN, Daniel. Saving the income tax: an agenda for research. *Tax Notes*, v. 77, p. 967-977, Nov. 1997.

HASEN, David M. A realization-based approach to the taxation of financial instruments. *Tax Law Review*, v. 57, p. 397-482, 2003-2004.

HASEN, David M. Financial options in the real world: an economic and tax analysis. *Florida State University Law Review*, Colorado, Santa Clara University School of Law, v. 37, p. 789 – 840, Summer 2010.

HENDRIKSEN, Eldon S; VAN BREDA, Michael F. *Accounting theory*. 5th ed. Boston: Irwin, 1991.

HENDRIKSEN, Eldon S; VAN BREDA, Michael F. *Teoria da contabilidade*. Tradução Antônio Zoratto Sanvicente. São Paulo: Atlas, 2007.

HICKS, John R. *Value and capital:* an inquiry into some fundamental principles of economic theory. 2nd ed. Oxford: Clarendon Press, 1946.

HINES, Ruth D. Financial accounting: in communicating reality, we construct reality. *Accounting, Organizations and Society*, v. 13. n. 3. p. 251-261, 1988.

HOLMES, Kevin. *The concept of income:* a multi-disciplinary analysis. Amsterdam: IBFD Publications BV, 2000. (Doctoral series, 1).

HOLTHAUSEN, R. W.; WATTS, R. L. The relevance of the value relevance literature for financial accounting standard setting. *Journal of Accounting & Economics*, n. 31, 2001.

HOOGENDOORN, Martin N. Accounting and Taxation in Europe – A Comparative Overview. *The European Accounting Review*, v. 5, Supplement 1, p. 783-794, 1996.

REFERÊNCIAS | 291

HOPP, João Carlos; LEITE, Hélio de Paula. O crepúsculo do lucro contábil. *Revista de Administração de Empresas*, São Paulo, v. 28, n. 4, p. 55-63, out./dez. 1988.

HUNG, Mingyi; SUBRAMANYAM, K. R. *Financial statement effects of adopting international accounting standards*: the case of Germany. Los Angeles, CA: University of Southern California, November 2004. 48 p.

HURLEY, Timothy. "Robbing" the rich to give to the poor: abolishing realization and adopting mark-to-market taxation. *Thomas M. Cooley Law Review*, v. 25, p. 529, 2008.

IUDÍCIBUS, Sérgio. *Contribuição à teoria dos ajustamentos contábeis*. 1966. 123 f. Tese (Doutorado em Ciências Contábeis) – Faculdade de Economia, Administração e Contabilidade, Universidade de São Paulo (USP), São Paulo, 1966.

IUDÍCIBUS, Sérgio. *Teoria da contabilidade*. 11. ed. São Paulo: Atlas, 2015.

IUDÍCIBUS, Sérgio. *Teoria da contabilidade*. São Paulo: Atlas, 1980.

IUDÍCIBUS, Sérgio; MARTINS, Eliseu; GELBCKE, Ernesto Rubens. *Manual de contabilidade das sociedades por ações*: aplicável às demais sociedades. 7. ed. São Paulo: Atlas, 2008.

IUDÍCIBUS, Sérgio; MARTINS, Eliseu; LOPES, Alexsandro Broedel. Os vários enfoques da contabilidade. In: LOPES, Alexsandro Broedel; MOSQUERA, Roberto Quiroga (Coord.). *Controvérsias jurídico-contábeis*: aproximações e distanciamentos. São Paulo: Dialética, 2012. v .3. p. 348-354.

JARACH, Dino. *El hecho imponible*: teoria general del derecho tributario sustantivo. 2. ed. Buenos Aires: Abeledo-Perrot, 1971.

JENSEN, Erik M. The taxing power, the sixteenth amendment, and the meaning of "Incomes". *Arizona State Law Journal*, v. 33, p. 1057-1114, 2001.

KABIR, M. Humayun. Positive accounting theory and science. *Journal of CENTRUM Cathedra*, v. 3, n. 2, p. 136-149, Sept. 2010.

KALDOR, Nicholas. *An expenditure tax*. London: Routledge, 1955.

KAMIN, David. How to tax the rich. *Tax Notes*, v. 146, n. 1, Jan. 2015.

KAMIN, David. *Reducing poverty, not inequality*: what changes in the tax system can achieve. New York University Law and Economics Working Papers, 2013. (Working Paper nº 333).

KAMIN, David. What is a progressive tax change?: Unmasking hidden values in distributional debates. *New York University Law Review*, v. 83, p. 241-292, Apr. 2008.

KAMIN, David. *When does money matter? How health status affects the marginal utility of income*. Oct. 2008. (Working Paper).

KAPLOW, Louis. *Taxation and redistribution*: some clarifications. Harvard Law School. John M. Olin Center for Law, Economics, and Business, 2003. (Discussion Paper 424).

KAPLOW, Louis. *Why (Ever) Define Markets?* Harvard Public Law, 29 Jan. 2011. 82 p. (Series Working Paper nº 11-08).

KAUFMANN, Arthur. *Filosofia do direito*, 5. ed. Tradução Antonio Ulisses Cortês. Lisboa: Fundação Calouste Gulbenkian, 2014.

KELMAN, Mark G. Personal deductions revisited: why they fit poorly in an "ideal" income tax and why they fit worse in a far from ideal world. *Stanford Law Review*, v. 31, n. 5, p. 831-883, May 1979.

KING, Mervyn. *The end of alchemy*: money, banking, and the future of the global economy. New York: W.W. Norton & Company, 2016.

KLEINBARD, Edward D; EVANS, Thomas L. The role of mark-to-market accounting in a realization based tax system. *Tax Notes*, v. 75, p. 788-823, Dec. 1997.

KOPCZUK, Wojcieh. *Tax bases, tax rates and the elasticity of reported income.* Cambridge, MA: National Bureau of Economic Research, Oct. 2003. (Working Paper 10044).

KORNHAUSER, Marjorie E. Equality, liberty and a fair income tax. 23 *Fordham Urban Law Journal*, v. 23, p. 607-[619], 1996.

KORNHAUSER, Marjorie E. The constitutional meaning of income and the income taxation of gifts. *Connecticut Law Review*, v. 25, p. 1-[37], 1992.

KORNHAUSER, Marjorie E. The story of *Macomber*: the continuing legacy of realization. In: CARON, Paul (Ed.). *Tax Stories*. 2nd ed. New York: West Academic, 2009. cap. 3, p. 93-135. (Law Stories).

KWALL, Jeffrey L. When should asset appreciation be taxed?: The case for a disposition standard of realization. *Indiana Law Journal*, v. 86, p.77-117, 2011.

LAFOND, Ryan; WATTS, Ross L. The information role of conservatism. *The Accounting Review*, v. 83, n. 2, 2008.

LAMB, M., NOBES, C. W., ROBERTS, A. D. International variations in the connections between tax and financial reporting. *Accounting and Business Research*, London, v. 28, n. 3, p. 173-188, 1998.

LAND, Stephen B. Defeating deferral: a proposal for retrospective taxation. *Tax Law Review*, New York, v. 52, p. 65-73, 1996.

LANG, Joachim. The influence of tax principles on the taxation of income from capital. In: ESSERS, Peter; RIJKERS, Arie (Ed.). *The notion of income from capital:* EATLP Congress, Cologne 12-14 June 2003. [Amsterdam]: IBFD Publications, International Bureau of Fiscal Documentation, 2005, p. 17-18. (EATLP International Tax series, v. 1).

LARENZ, Karl. *Metodologia da Ciência do Direito*. 3. ed. Tradução José Lamego. Lisboa: Fundação Calouste Gulbekian. 1997.

LAVEZ, Raphael Assef. *Fundamentos e Controle da Progressividade no Imposto sobre a Renda.* 2017. 260 f. Dissertação (Mestrado) – Faculdade de Direito Econômico e Financeiro, Universidade de São Paulo (USP), São Paulo, 2017.

LEÃO, Martha Toribio. A (Des)Proporcionalidade da progressividade do Imposto de Renda da Pessoa Física no sistema brasileiro. *Revista de Direito Tributário Atual*, São Paulo, n. 28, p. 188-205, 2012.

LEÃO, Martha Toribio. *Controle da extrafiscalidade*. São Paulo: Quartier Latin, 2015.

LEDERMAN, Leandra. W(h)ither economic substance. *Iowa Law review*, v. 95, p. 389-444, 2010.

LEHNER, Moris. Consideração econômica e tributação conforme a capacidade contributiva. Sobre a possibilidade de uma interpretação teleológica de normas com finalidades arrecadatórias. In: SCHOUERI, Luís Eduardo; ZILVETI, Fernando Aurelio (Coord.). *Direito Tributário:* estudos em homenagem a Brandão Machado. São Paulo: Dialética, 1998. p. 143-154.

LEMGRUBER, Andrea. A tributação do capital: o imposto de renda da pessoa jurídica e o imposto sobre operações financeiras. In: BIDERMAN, Ciro; ARVATE, Paulo (Org.). *Economia do Setor Público no Brasil*. Rio de Janeiro: Campus/Elsevier, 2004. cap 12, p. 206-230.

LEMKE, Gisele. *Imposto de Renda:* os conceitos de renda e de disponibilidade econômica e jurídica. São Paulo: Dialética, 1998.

LITTLETON, A. C. Variety in the concept of income. In: CHATFIELD, Michael (Ed.). *Contemporary studies in the evolution of accounting thought*. Belmont, California: Dickenson Publishing Company, 1968. p. 289-296.

LOPES JÚNIOR, Jorge Ney de Figueirêdo; ASSEIS, Pedro Augusto do Amaral Abujamra. A adoção do IFRS no direito brasileiro e os limites da conciliação do contábil com o legal tributário. In: LOPES, Alexsandro Broedel; MOSQUERA, Roberto Quiroga (Coord.). *Controvérsias jurídico-contábeis:* aproximações e distanciamentos. São Paulo: Dialética, 2015. v. 6. p. 284-310.

LOPES, Alexsandro Broedel. *"A Informação Contábil e o Mercado de Capitais"*. São Paulo: Pioneira Thomson Learning, 2002.

LOPES, Alexsandro Broedel; IUDÍCIBUS, Sérgio de. *Teoria Avançada da Contabilidade*. São Paulo: Atlas, 2004.

LOPES, Alexsandro Broedel; MARTINS, Eliseu. *Teoria da contabilidade. Uma nova abordagem*. São Paulo: Atlas, 2007.

LOPES, Roberto da Motta Salles Carvalho de. *Efeitos do processo de convergência contábil no imposto de renda das pessoas jurídicas:* os limites impostos pelo conceito de renda e pelo princípio da proteção da confiança. 2014. 479 f. Tese (Doutorado em Direito) – Faculdade de Direito, Universidade Federal de Minas Gerais (UFMG), Belo Horizonte, 2014.

LOUIE, Mark L. Realizing appreciation without sale: accrual taxation of capital gains on marketable securities. *Stanford Law Review*, v. 34, n. 4, p. 857-876, 1982.

MACDONALD, Graeme. *The taxation of business income. Aligning taxable income with accounting income*. London: The Institute for Fiscal Studies, Apr. 2002. (TLRC Discussion Paper nº 2).

MACHADO, Brandão. Breve exame crítico do art. 43 do CTN. In: MARTINS, Ives Gandra da Silva (Coord.). *Estudos sobre o Imposto de Renda (em memória de Henry Tilbery)*. São Paulo: Resenha Tributária, 1994. p. 107-124.

MACHADO, Hugo de Brito. Arts 52 a 62; 71 a 73. In: NASCIMENTO, Carlos Valder do; PORTELLA, André (Coord.). *Comentários ao Código Tributário Nacional*. 7. ed. Rio de Janeiro: Forense: 2008. 520 p.

MACHADO, Hugo de Brito. O conceito legalista de renda. *Revista CEJ / Conselho da Justiça Federal (CJF)*, Centro de Estudos Judiciários (CEJ), Brasília, v. 13, n. 47, p. 5-9, out./dez. 2009.

MACHADO, Raquel Cavalcanti. *Competência tributária:* entre a rigidez do sistema e a atualização interpretativa. 2013. 278 f. Tese (Doutorado em Direito Econômico e Financeiro) – Faculdade de Direito, Universidade de São Paulo (USP), São Paulo, 2013.

MAGILL, Roswell. The taxation of unrealized income. *Harvard Law Review*, v. 39, n.1, p. 82-100, Nov. 1925.

MAGILL, Roswell. When is income realized. *Harvard Law Review*, v. 46, n. 6, p. 933-953, Apr. 1933.

MANEIRA, Eduardo. Sistema tributário nacional e princípio da legalidade. In: COÊLHO, Sacha Calmon Navarro (Coord.). *Segurança jurídica*: irretroatividade das decisões judiciais prejudiciais aos contribuintes. Rio de Janeiro: Forense, 2013. p. 381-402.

MANICAS, Peter. Accounting as human science. *Accounting Organizations and Society*, v. 18, n. 2-3, p. 147-161, Apr. 1993.

MARTINEZ, Antonio Lopo. Limites dos conceitos contábeis no fato gerador do Imposto de Renda. In: LOPES, Alexsandro Broedel; MOSQUERA, Roberto Quiroga (Coord.). *Controvérsias jurídico-contábeis*: aproximações e distanciamentos. São Paulo: Dialética, 2015. v. 6. p. 71-90.

MARTINS, Eliseu (Org.). *Avaliação de empresas*: da mensuração contábil à econômica. São Paulo: Atlas, 2012.

MARTINS, Eliseu. Avaliação de empresas: da mensuração contábil à econômica. *Caderno de Estudos*, São Paulo, Fipecafi, v. 13, n. 24, p. 28-37, jul./dez. 2000.

MARTINS, Eliseu. *Contribuição à avaliação do ativo intangível*. 1972. 109 f. Tese (Doutorado) – Faculdade de Economia e Administração, Departamento de Contabilidade e Atuaria, Universidade de São Paulo (USP), São Paulo, 1972.

MARTINS, Eliseu. Ensaio sobre a evolução do uso e das características do valor justo. In: LOPES, Alexsandro Broedel; MOSQUERA, Roberto Quiroga (Coord.). *Controvérsias jurídico-contábeis*: aproximações e distanciamentos. São Paulo: Dialética, 2010. p. 138-146.

MARTINS, Eric Aversari. *Pesquisa contábil brasileira*: uma análise filosófica. 2012. 249 f. Tese (Doutorado em Ciências Contábeis) – Departamentos de Contabilidade e Atuária, Faculdade de Economia, Administração e Contabilidade, Universidade de São Paulo, São Paulo, 2012.

MARTINS, Ives Gandra da Silva. Inconstitucionalidade do artigo 35 da Lei 7.713/88. In: ROCHA, Valdir de Oliveira (Coord.). *Imposto de Renda*: questões atuais e emergentes. São Paulo: Dialética, 1995. p. 59-84.

MARTINS, Natanael. *Contabilidade e Direito Tributário – do fato (jurídico) contábil ao fato jurídico tributário*: a construção da renda tributável. 2012. 187 f. Dissertação (Mestrado) – Faculdade de Direito, Pontifícia Universidade Católica de São Paulo (PUC), São Paulo, 2012.

MATTESSICH, Richard. *Critique of accounting*: examination of the foundations and normative structure of an applied discipline. Westport, Conn.: Quorum Books, 1995.

MATTESSICH, Richard. Methodological preconditions and problems of a general theory of accounting. *The Accounting Review*, v. 47, n. 3, p. 469-487, july 1972.

MATTESSICH, Richard. *Reality and accounting:* ontological explorations in the economic and social sciences. Abingdon-on-Thames, UK: Routledge, 2014. (Routledge New Works in Accounting History).

MATTESSICH, Richard. *Two hundred years of accounting research*: an international survey of personalities, ideas and publications (from the beginning of the nineteenth century to the beginning of the twenty-first century). Abingdon-on-Thames, UK: Routledge, 2008. (Routledge New Works in Accounting History).

McCAFFERY, Edward J. *Income tax law*. Oxford: Oxford University Press, 2012.

McCAFFERY, Edward J. *The fair timing of tax*. USC Law and Public Policy, Sept. 2003. 153 p. (Research Paper nº 03-21).

McCAFFERY, Edward J. *The uneasy case for capital taxation*. Los Angeles, California: USC Center in Law, Economics and Organization, Sept. 2005. (Research Paper nº C05-19).

McMAHON, Martin J.; ZELENAK, Lawrence A. Damages received on account of personal physical injuries or physical sickness. In: DONALDSON, Samuel A. *Federal income taxation of individuals*: cases, problems and materials 2th ed. Thomson West, February 2, 2007. (American Casebook Series).

MELLO, José Eduardo Soares de. *Imposto sobre a renda e proventos de qualquer natureza*. São Paulo: Resenha Tributária/Centro de Estudos de Extensão Universitária, 1986. (Cadernos de Pesquisas Tributárias, v. 11).

MELLO, Marco Aurélio. Interpretação constitucional e controvérsias tributárias. In: GRUPPENMACHER, Betina Treiger (Coord.). *Tributação*: democracia e liberdade. São Paulo: Noeses, 2014. p. 1135-1166.

MILLER, David S. A progressive system of mark-to-market taxation. *Tax Notes – Tax Analysts Special Report*, p. 1047-1080, Nov. 21 2005.

MILLER, David S. A progressive system of mark-to-market taxation. *Tax Notes – Tax Analysts Special Report*, v. 121, p. 213-218, Oct. 2008.

MILLER, David S. *How mark-to-market taxation can lower the corporate tax rate and reduce income inequality*. October 20, 2015.

MILLER, David S. The zuckerberg tax. *The New York Times*, New York, Today's Paper, p. A27, 7 Feb. 2012.

MILLER, David S. Toward an economic model for the taxation of derivatives and other financial instruments. *Harvard Business Law Review Online*, v. 3, p. 108-119, 2013.

MORGAN, Gareth. Accounting as a reality construction: towards a new epistemology for accounting practice. *Accounting, Organizations and Society*, v. 13, n. 5, p. 477-485, 1988.

MOSQUERA, Roberto Quiroga. IR sobre doações ou heranças e a Lei n. 9.532/97. In: ROCHA, Valdir de Oliveira (Coord.). *Imposto de Renda. Alterações fundamentais*. São Paulo: Dialética, 1998. v. 2. p. 201-212.

MOSQUERA, Roberto Quiroga. *Renda e proventos de qualquer natureza. O imposto e o conceito constitucional*. São Paulo: Dialética, 1996.

MOST, K. S. *Accounting theory*. Columbus, Ohio: Grid, 1977.

MURPHY, Liam; NAGEL, Thomas. *The myth of ownership*: taxes and justice. Oxford: Oxford University Press, 2002.

MUSGRAVE, Richard A. Progressive taxation, equity, and tax design. In: SLEMROD, Joel (Ed.). *Tax progressivity and income inequality*. Cambridge, University Cambridge Press, 1994. p. 341-356.

MUSGRAVE, Richard A.; MUSGRAVE, Peggy B. *Finanças públicas*: teoria e prática. Tradução Carlos Alberto Primo Braga. São Paulo: Editora da Universidade de São Paulo, 1980.

MUSGRAVE, Richard A.; THIN, Tun. Income tax progression. *Journal of Political Economy*, v. 56, n. 6, 1948.

NABAIS, José Casalta. *Direito Fiscal*. 6. ed. Coimbra: Almedina, 2010.

NIÑO, Carlos Santiago. *Introducción al análisis del derecho*. 2. ed. ampliada y revisada. Buenos Aires: Editorial Astrea, 2003. (Filosofía y Derecho , 5).

NOBES, Christopher, PARKER, Robert. *Comparative international accounting*. 11th ed. London: FT Prentice Hall, 2010.

O'CONNOR, Matthew J. Finding the "income" in "income tax": a look at murphy v. I.R. and an attempt to pick up pieces of glenshaw glass. *Indiana Law Journal*, v. 83, n. 4, article 19, p. 1695-1714, 2008.

OLIVEIRA, Eduardo Alves. *Discussão sobre a tributação de renda na fonte em contratos de swap*. 2011. 102 f. Dissertação (Mestrado em Controladoria e Contabilidade) – Faculdade de Economia, Administração e Contabilidade, Universidade de São Paulo (USP), São Paulo, 2011.

OLIVEIRA, Ricardo Mariz de. A indissolúvel relação entre o Código Civil e o Direito Tributário. In: SOUZA. Arivaldo Santos; SANTOS, Guilherme; MACHADO, Hugo de Brito; MARTINS, Ives Gandra da Silva (Coord.). *Direito Tributário*: estudos em homenagem a Edvaldo Brito. São Paulo: Atlas, 2014. p. 600-613.

OLIVEIRA, Ricardo Mariz de. A tributação da renda e sua relação com os princípios contábeis geralmente aceitos. In: LOPES, Alexsandro Broedel; MOSQUERA, Roberto Quiroga (Coord.). *Controvérsias jurídico-contábeis*: aproximações e distanciamentos. São Paulo: Dialética, 2010. p. 398-417.

OLIVEIRA, Ricardo Mariz de. Depurações do lucro contábil para determinação do lucro tributável. In: LOPES, Alexsandro Broedel; MOSQUERA, Roberto Quiroga (Coord.). *Controvérsias jurídico-contábeis*: aproximações e distanciamentos. São Paulo: Dialética, 2014. v. 5. p. 359-378.

OLIVEIRA, Ricardo Mariz de. Disponibilidade econômica de rendas e proventos, princípio da realização da renda e princípio da capacidade contributiva. In: MARTINS, Ives Gandra da Silva; PASIN, João Bosco Coelho. *Direito Tributário contemporâneo*: estudos em homenagem ao Prof. Luciano da Silva Amaro. Saraiva: São Paulo, 2012. p. 285-306.

OLIVEIRA, Ricardo Mariz de. *Fundamentos do Imposto de Renda*. São Paulo: Quartier Latin, 2008.

OLIVEIRA, Ricardo Mariz de. *Incorporação de ações no Direito Tributário*. Prefácio Eliseu Martins. São Paulo: Quartier Latin, 2014.

OLIVEIRA, Ricardo Mariz de. Princípios fundamentais do Imposto de Renda. In: SCHOUERI, Luís Eduardo; ZILVETI, Fernando Aurélio (Coord.). *Direito Tributário*: estudos em homenagem a Brandão Machado. São Paulo: Dialética, 1998. p. 197-227.

OLIVEIRA, Ricardo Mariz de. Reconhecimento de receitas – questões tributárias importantes (uma nova noção de disponibilidade econômica?). In: LOPES, Alexsandro Broedel; MOSQUERA, Roberto Quiroga (Coord.). *Controvérsias Jurídico-Contábeis*: aproximações e distanciamentos. São Paulo: Dialética, 2012. v. 3. p. 297-314.

OLIVEIRA, Ricardo Mariz de; FAJERSZTAJN, Bruno; SILVA, Fabiana Carsoni Alves Fernandes da; SANTOS, Ramon Tomazela. Aspectos polêmicos do Imposto de Renda e Proventos de Qualquer Natureza. In: MARTINS, Ives Gandra da Silva (Coord.) *Pesquisas*

Tributárias. Porto Alegre: Coedição de Centro de Estudos Tributários e Lex Magister, 2014. p. 175-218. (Série CEU – Lex Magister, nº 2).

ORDOWER, Henry. Revisiting realization: accretion taxation, the constitution, Macomber, and mark to market. *Virginia Tax Review*, v. 13, n. 1, p. 1-99, 1993.

PAREJA, Sergio. Taxation without liquidation: rethinking "ability to pay". *Wisconsin Law Review*, v. 2008, n. 5, p. 841-896, 2008.

PATON, William Andrew. *Accountant's handbook. 3rd ed.* New York: The Ronald Press Company, 1943.

PATON, William Andrew. *Accounting theory, with special reference to the corporate enterprise*. New York: The Ronald Press Company, 1922.

PATON, William Andrew; LITTLETON, Ananias Charles. *An introduction to corporate accounting standards*. [Chicago]: American Accounting Association, 1940. (Monograph (American Accounting Association), nº 3).

PATON, William Andrew; PATON JR., William A. *Corporation accounts and statements*. New York: The Macmillan Company, 1955.

PECZENIK, Aleksander. *On law and reason*. New York: Springer, 2009.

PEDREIRA, José Luiz Bulhões. *Imposto sobre a renda – Pessoas Jurídicas*. Rio de Janeiro: Justec, 1971. v. 1.

PENHA, José Ribamar Barros. *Imposto de Renda Pessoa Física:* norma, doutrina, jurisprudência e prática. 2. ed. São Paulo: MP Editora, 2011.

PEREIRA, Caio Mário da Silva. *Instituições de Direito Civil:* contratos. Rio de Janeiro: Forense, 2014. v. 3.

PEREIRA, Caio Mário da Silva. *Instituições de Direito Civil:* introdução ao Direito Civil – Teoria Geral de Direito Civil. 27. ed. revista e atualizada por Maria Celina Bodin de Moraes. Rio de Janeiro: Forense, 2014. v. 1.

PIZZOLIO, Reinaldo. *Competência tributária e conceitos constitucionais*. São Paulo: Quartier Latin, 2006.

POLIZELLI, Victor Borges. *O princípio da realização da renda:* reconhecimento de receitas e despesas para fins do IRPJ. São Paulo: Quartier Latin, 2012.

PONTES DE MIRANDA, Francisco Cavalcanti. *Tratado de Direito Privado*: parte geral. Introdução. Pessoas físicas e jurídicas. Atualização Judith Martins-Costa, Gustavo Haical, Jorge Cesar Ferreira da Silva. São Paulo: Editora Revista dos Tribunais, 2012. t. 1.

PONTES DE MIRANDA, Francisco Cavalcanti. *Tratado de Direito Privado*: parte geral. Bens. Fatos jurídicos. Atualização Ovídio Rocha Barros Sandoval. São Paulo: Editora Revista dos Tribunais, 2012. t. 2.

PONTES DE MIRANDA, Francisco Cavalcanti. *Tratado de Direito Privado*: parte geral. Negócios jurídicos. Representação. Conteúdo. Forma. Prova. Atualização Marcos Bernardes de Mello, Marcos Ehrhardt Júnior. São Paulo: Editora Revista dos Tribunais, 2012. t. 3.

PONTES DE MIRANDA, Francisco Cavalcanti. *Tratado de Direito Privado*: parte geral. Eficácia jurídica. Determinações inexas e anexas. Direitos. Pretensões. Ações. Atualização

Marcos Bernardes de Mello e Marcos Ehrhardt Jr. São Paulo: Editora Revista dos Tribunais, 2013. t. 5.

PONTES DE MIRANDA, Francisco Cavalcanti. *Tratado de Direito Privado*: parte especial. Direito das Obrigações. Compra e venda. Atualização Claudia Lima Marques. São Paulo: Editora Revista dos Tribunais, 2012. t. 39.

POSNER. Richard. *Problemas de Filosofia do Direito*. São Paulo: Martins Fontes, 2007.

QUEIROZ, Luís Cesar Souza de. *Imposto sobre a Renda. Requisitos para uma tributação constitucional*. Rio de Janeiro: GZ Editora, 2017.

QUEIROZ, Luís Cesar Souza de. Os conceitos de renda e de disponibilidade no art. 43 do CTN. In: CARVALHO, Paulo de Barros (Coord.). *50 Anos do Código Tributário Nacional*. São Paulo: Noeses, 2016. p. 767-815.

QUEIROZ, Mary Elbe. *Imposto sobre a Renda e proventos de qualquer natureza*. Barueri: Manole, 2004.

RAJAN, Raghuran G.; ZINGALES, Luigi. *Saving capitalism from the capitalists*. Princeton, NJ: Princeton University Press, 2003.

RATTI, Giovanni Battista. *Norme, principi e logica*. Roma: Aracne, 2009.

RATTI, Giovanni Battista. *Studi sulla logica del diritto e dela scienza girudica*. Madrid: Marcial Pons, 2013.

REES, Lynn L., SHANE, Philip B. Academic research and standard-setting: the case of other comprehensive income. *Accounting Horizons*, v. 26, n. 4, p. 789-815, Dec. 2012.

REIS, Elcio Fonseca. *Federalismo Fiscal*. Belo Horizonte: Mandamentos, 2000.

REZENDE, Douglas. Imposto de renda e educação: limites dedutivos incompatíveis com o Estado Democrático brasileiro. *Revista Direito Tributário Atual* (IBDT), São Paulo, n. 35, p. 90-110. 2016.

RIAHI-BELKAOUI, Ahmed. *Accounting theory*. 5th ed. Stanford, Connecticut: Cengage Learning EMEA; February 26, 2004.

RIAHI-BELKAOUI, Ahmed. *Accounting*: by principle or design? Westport, Connecticut: Praeger, 2003.

ROCHA, Paulo Victor Vieira da. A competência da União para tributar a renda, nos termos do art. 43 do CTN. *Revista de Direito Tributário Atual*, São Paulo, n. 21, p. 292-316, 2007.

ROCHA, Sérgio André. Questões fundamentais do Imposto de Renda após a MP nº 627. In: LOPES, Alexsandro Broedel; MOSQUERA, Roberto Quiroga (Coord.). *Controvérsias jurídico-contábeis*: aproximações e distanciamentos. São Paulo: Dialética, 2014. v. 5. p. 379-392.

ROEHNER, Edward T; ROEHNER, Sheila M. Realization: administrative convenience or constitutional requirement. *Tax Law Review*, v. 8, p. 173-200, 1953.

RUGGLES, Richard; RUGGLES, Nancy D. *National Income Accounts and Income Analysis*. Second Edition. New York: Mc Graw-Hill Book Company, Inc., 1956.

SACHES, J. L. Saldanha. *Manual de Direito Fiscal*. 3. ed. Coimbra: Almedina, 2007.

SALIERS, Earl A.; HOLMES, Arthur W. *Basic accounting principles.* Chicago: Richard D. Irwin, Inc., 1947.

SANDERS, Thomas Henry; HATFIELD, Henry Rand; MOORE, Underhill. *A statement of accounting principles.* New York: American Institute of Accountants, 1938.

SANTOS, Ariovaldo dos. Reconhecimento da inflação nas demonstrações contábeis: infelizmente, uma lição ainda não aprendida por muitos. *Boletim do Ibracon,* p. 1-9. out./ nov. 1998.

SANTOS, João Victor Guedes. *Teoria da tributação e tributação da renda nos mercados financeiro e de capitais.* São Paulo: Quartier Latin, 2013.

SANTOS, Ramon Tomazela. A progressividade do imposto de renda e os desafios de política fiscal. *Revista Direito Tributário Atual,* São Paulo, n. 33, p. 327-358, 2015.

SCHAUER, Frederick. *Playing by the rules. A philosophical examination of rule-based decision-making in law and in life.* New York: Oxford University Press, 1991.

SCHENK, Deborah H. A positive account of the realization rule. *Tax Law Review,* v. 57, p. 355-396, 2004.

SCHENK, Deborah H. An efficiency approach to reforming a realization-based tax. *Tax Law Review,* v. 57, p. 503-548, 2004.

SCHIZER, David M. Realization as subsidy. *New York University Law Review,* v. 73, p. 1549-1626, Nov. 1998.

SCHLUNK, Herwig J. A lifetime income tax. *Virginia Tax Review,* v. 25, p. 939-976, 2006.

SCHÖN, Wolfgang. International accouting standards: a "starting point" for a common european tax base? *European Taxation,* v. 44, n. 10, p. 426-440, Oct. 2004.

SCHOUERI, Luís Eduardo. *Direito Tributário.* São Paulo: Saraiva, 2011.

SCHOUERI, Luís Eduardo. Discriminação de competências e competência residual. In: SCHOUERI, Luís Eduardo; ZILVETI, Fernando Aurelio (Coord.). *Direito Tributário:* estudos em homenagem a Brandão Machado. São Paulo: Dialética, 1998. p. 82-115.

SCHOUERI, Luís Eduardo. Juros sobre capital próprio: natureza jurídica e forma de apuração diante da "Nova Contabilidade". In: LOPES, Alexsandro Broedel; MOSQUERA, Roberto Quiroga (Coord.). *Controvérsias jurídico-contábeis:* aproximações e distanciamentos. São Paulo: Dialética, 2012. v. 3. p. 169-193.

SCHOUERI, Luís Eduardo. *Normas tributárias indutoras e intervenção econômica.* Rio de Janeiro: Forense, 2005.

SCHOUERI, Luís Eduardo. Nova contabilidade e tributação: da propriedade à *beneficial ownership.* In: LOPES, Alexsandro Broedel; MOSQUERA, Roberto Quiroga (Coord.). *Controvérsias jurídico-contábeis:* aproximações e distanciamentos. São Paulo: Dialética, 2014. v. 5. p. 200-221.

SCHOUERI, Luís Eduardo. O mito do lucro real na passagem da disponibilidade jurídica para a disponibilidade econômica. In: LOPES, Alexsandro Broedel; MOSQUERA, Roberto Quiroga (Coord.). *Controvérsias jurídico-contábeis:* aproximações e distanciamentos. São Paulo: Dialética, 2010. p. 241-265.

SCHOUERI, Luís Eduardo; ANDRADE JR., Luiz Carlos de. Incorporação de ações: natureza societária e efeitos tributários. *Revista Dialética de Direito Tributário*, São Paulo, n. 200, p. 40-72, 2012.

SCOTT, William R. *Financial accounting theory*. 6th ed. Toronto: Pearson, 2012.

SEFTON, J. A.; WEALE, M.R. The concept of income in a general equilibrium. *Review of Economic Studies*, v. 73, n. 1, p. 219-249, 2006.

SELIGMAN, Edwin R. A. Are stock dividends income? *American Economic Review*, v. 9, n. 3, p. 517-536, Sept. 1919.

SELIGMAN, Edwin R. A. *The income tax*: a study of the history, theory and practice of income taxation at home and abroad. New York: The Macmillan Company, 1914.

SERRA LIMA, Daniel Batista Pereira. *Definição, concretização, e evolução das normas de competência tributária.* 2017. 225 f. Dissertação (Mestrado) – Faculdade de Direito, Universidade de São Paulo (USP), São Paulo, 2017.

SHAKOW, David J. Taxation Without realization: a proposal for accrual taxation. *University of Pennsylvania Law Review*, v. 134, p. 1111-1205, 1986.

SHAVIRO, Daniel N. An efficiency analysis of realization and recognition rules under the federal income tax. *Tax Law Review*, v. 48, p. 1-68, 1992.

SHAVIRO, Daniel N. Psychic income revisited: response to Professors Johnson and Dodge. *Tax Law Review*, v. 45, n. 4, p. 707, Summer 1990.

SHAVIRO, Daniel N. *Rethinking tax expenditures and fiscal language.* New York: NYU Law School, Sept. 2003. p. 1-67. (Public Law and Legal Theory Research Paper Series, nº 72).

SHAVIRO, Daniel N. The forgotten Henry Simons. *Florida State University Law Review,* v. 41, p. 1-38, 2013.

SHAVIRO, Daniel N. *The optimal relationship between taxable income and financial accounting income*: analysis and a proposal. New York: *NYU Law and Economics,* Sept. 2007. (Research Paper Series nº 07-38).

SHILLER, Robert J. *Finance and the good Society.* Princeton, NJ: Princeton University Press, 2012.

SHILLER, Robert J. From efficient markets theory to behavioral finance. *Journal of Economic Perspectives*, v. 17, n. 1, p. 83-104, Winter 2003.

SHILLER, Robert J. *Irrational exuberance*. Princeton, NJ: Princeton University Press, 2000.

SILVA, Natalie Matos. A integração da tributação das pessoas jurídicas e das pessoas físicas: análise dos modelos teóricos e de sua adequação ao princípio da capacidade contributiva. *Revista Direito Tributário Atual*, São Paulo, n. 23, p. 366-401, 2009.

SIMONS, Henry C. *Personal income taxation:* the definition of income as a problem of fiscal policy. Chicago: Chicago University Press, 1938.

SIMS, Theodore S. Income taxation and asset valuation (i): economic depreciation, accrual taxation, and the Samuelson Theorem. *Tax Law Review*, v. 66, p. 217, 2012-2013.

SLEMROD, Joel. *Taxing ourselves*. 4th ed. Cambridge: The Mit Press, 2008.

SLEMROD, Joel. *The economics of taxing the rich*. Cambridge, MA: National Bureau of Economic Research (NBER), May 1998. (Working Paper nº 6584).

SLEMROD, Joel; BAKIJA, Jon. *Does growing inequality reduce tax progressivity? Should it?* Cambridge, MA: National Bureau of Economic Research (NBER), Mar. 2000. (Working Paper nº 7576).

SLEMROD, Joel; KOPCZUK, Wojcieh. *The optimal elasticity of taxable income*. Cambridge, MA: National Bureau of Economic Research (NBER), Sept. 2000. (Working Paper nº 7922).

SMITH, Adam. *An inquiry into the natures and causes of the wealth of nations*. Digital edition. MetaLibri, 2007.

SMITH, Charles Robinson. Retroactive income taxation. *Yale Law Journal*. v. 33, n. 1, p. 35-48, 1923.

SOLOMONS, David. Economic and accounting concepts of income. *The Accounting Review*, v. 36, n. 3, p. 374-383, Jul. 1961.

SOUSA, Rubens Gomes de. *Compêndio de legislação tributária*. 4. ed. São Paulo: Editora Resenha Tributária, 1962.

SOUSA, Rubens Gomes de. *Pareceres – 1 – Imposto de Renda*. São Paulo: Resenha Tributária, 1976.

SPENGEL, Christoph; ZÖLLKAU, York (Ed.). *Common Corporate Tax Base (CC(C)TB) and Determination of Taxable Income*: an international comparison. Heidelberg: Springer, 2012.

SPRAGUE, Charles Ezra. *The philosophy of accounts*. 4th ed. New York :The Ronald Press Company, 1918.

STEPEK, Michael J. Tax reform act of 1986: simplification and the future viability of accrual taxation. *Notre Dame Law Review*, v. 62, n. 4, p. 779-795, 1987.

STERLING, Robert R. *Theory of the measurement of enterprise income*. Lawrence: University Press of Kansas, 1970.

STIGLITZ. Joseph. Regulation and failure. In: MOSS, David A.; ⊗CISTERNINO, John A. (Ed.). *New perspectives on regulation*. Cambridge, MA: The Tobin Project, 2009.

SUGIN, Linda. Theories of distributive justice and limitations on taxation: what rawls demands from tax systems. *Fordham Law Review*, v. 72, p. 1991-2014, June 2004.

SUMMERS, Robert S. *Essays in legal theory*. Netherlands: Springer-Science Business Media, 2000. (Law and Philosophy Library, 46).

SUMMERS, Robert S. *Form and function in a legal system. A general study*. New York: Cambridge University Press, 2006.

SURREY, Stanley S. The *Supreme Court* and the *federal income tax*: *some implications* of the *recent decisions. Illinois Law Review Northwestern University*, v. 35, p. *779-791, 1941*.

SURREY, Stanley; McDANIEL, Paul. *Tax expenditures*. Cambridge: Harvard University Press, 1985.

SZUSTER, Natan. *Análise do lucro passível de distribuição*: uma abordagem reconhecendo a manutenção do capital da empresa. 1985. 534 f. Tese (Doutorado em Contabilidade) – Faculdade de Economia, Administração e Contabilidade, Universidade de São Paulo (USP), São Paulo, 1985.

TARELLO, Giovanni. *L'Interpretazione della legge*. Milano: Giuffrè Editore: 1980.

TAVARES, Tomás Cantista. *IRC e contabilidade. Da realização ao justo valor*. Coimbra: Almedina, 2011.

TESAURO, Francesco. *Istituzioni di Diritto Tributario*: parte speciale. 8ª ed. Torino: UTET Giuridica. 2008. v. 2.

THALER, Richard H. *Misbehaving*: the making of behavioral economics. New York: W.W. Norton & Company, 2015.

THALER, Richard H. *Quasi rational economics*. New York: Russell Sage Foundation, 1991.

THURONYI, Victor. The concept of income. *Tax Law Review*, v. 46, p. 45-53, 1990.

TILBERY, Henry. *Imposto de Renda Pessoa Jurídica. Integração entre sociedade e sócios*. São Paulo: Atlas, 1985.

TILBERY, Henry. *O novo Imposto de Renda do Brasil*. São Paulo: IOB, 1989.

TIPKE, Klaus. Fundamentos da justiça fiscal. In: TIPKE, Klaus; YAMASHITA, Douglas. *Justiça fiscal e capacidade contributiva*. São Paulo: Malheiros, 2002. p. 15-50.

TORRES, Heleno Taveira. *Direito Constitucional Tributário e segurança jurídica*: metódica da segurança jurídica do sistema Constitucional Tributário. São Paulo: Editora Revista dos Tribunais, 2011.

TÔRRES, Heleno Taveira. *Direito Tributário e Direito Privado. Autonomia privada, simulação e elisão tributária*. São Paulo: Editora Revista dos Tribunais, 2003.

TORRES, Ricardo Lobo. *Sistemas Constitucionais Tributários*. Rio de Janeiro: Forense, 1986.

TRIBE, Laurence; DORF, Michael. *Hermenêutica constitucional*. Tradução Amarílis de Souza Birchal. Belo Horizonte: Del Rey, 2007.

VAN PARIJS, Philippe; VANDERBORGHT, Yannick. *Basic income*: a radical proposal for a free society and a sane economy. Cambridge, Massachusetts: Harvard University Press, 2017.

VELLOSO, Andrei Pitten. *Conceitos e competências tributárias*. São Paulo: Dialética, 2006.

VIARD, Alan D. Moving away from the realization principle. *Tax Notes*, v. 145, n. 7, p. 847-854, Nov. 2014.

VLADIMIROVA, Iana. Solving the realization problem with a consumption tax: reconsidering Andrew's proposal. *Fordham Journal of Corporate and Financial Law*, v. 18, n. 2, p. 489-517, 2013.

WATTS, Ross L.; ZIMMERMAN, Jerold L. Positive accounting theory: a ten year perspective. *The Accounting Review*, v. 65, n. 1, p. 131-156, Jan. 1990.

WATTS, Ross L.; ZIMMERMAN, Jerold L. The demand for and supply for accounting theories: the market for excuses. *The Accounting Review*, v. 54, n. 2, p. 273-305, Apr. 1979.

WEISBACH, David A. *Taxes and torts in the redistribution of income*. Chicago, IL: The Law School. The University of Chicago, 2002. (John Olin Program in Law & Economics Working Paper, nº 148).

WHEELER, John T. Economics and accounting. In: BACKER, Morton (Ed.). *Handbook of modern accounting theory*. Englewood Cliffs, NJ: Prentice-Hall, 1953.

REFERÊNCIAS | 303

WHITAKER, Celia. Bridging the Book-Tax Accounting Gap. *The Yale Law Journal, New Haven,CT,* v. 115, n. 3, p. 680-726, Dec. 2005.

WHITE, Patricia D. Realization. Recognition, reconciliation, rationality and the structure of the federal income tax system. *Michigan Law Review,* Ann Arbor, Michigan, v. 88, n. 7, p. 2034-2096, June 1990.

WOLK, H. I. et al. *Accounting theory:* conceptual issues in a political and economic environment. 7th ed. Los Angeles: Sage, 2008.

WURLOD, Marcel. *Forme juridique et réalité économique dans l'application des lois fiscales.* 1947. 149 f. Thèse (Doctorat) – Faculté de Droit, Université de Lausanne, Suisse, 1947.

XAVIER, Alberto. Incorporação de ações: natureza jurídica e regime tributário. In: CASTRO, Rodrigo R. Monteiro de; ARAGÃO, Leandro Santos de (Coord.). *Sociedade Anônima – 30 anos da Lei 6.404/76.* São Paulo: Quartier Latin, 2007. p. 119-143.

ZELENAK, Lawrence A. Cancellation-of-indebtedness income and transactional accounting. *Virginia Tax Review, Charlottesville, VA,* v. 29, p. 277-328, 2009.

ZILVETI, Fernando Aurelio. O princípio da realização da renda. In: SCHOUERI, Luís Eduardo (Coord.). *Direito Tributário:* homenagem a Alcides Jorge Costa. São Paulo: Quartier Latin, 2003. v. 1. p. 297-328.

Esta obra foi composta em fonte Palatino Linotype, corpo 10
e impressa em papel Offset 75g (miolo) e Supremo 250g (capa)
pela Laser Plus Gráfica, em Belo Horizonte/MG.